Praxisleitfaden Kinderschutz in Kita und Grundschule

Die Würde des Kindes ist unantastbar

Deutsche Kinderhilfe e.V. (Hrsg.)

1. Auflage 2016

Carl Link

Bibliographische Information der Deutschen Nationalbibliothek
Die Deutsche Nationalbibliothek verzeichnet diese Publikation in der Deutschen Nationalbibliografie; detaillierte bibliografische Daten sind im Internet über http://dnb.d-nb.de abrufbar.

ISBN: 978-3-556-07104-5
Art.-Nr. 07104000

© 2016 Wolters Kluwer Deutschland GmbH · Köln/Kronach
1. Auflage

Carl Link Verlag
Programmbereich Kitamanagement
Luxemburger Str. 449, 50939 Köln
info@kita-aktuell.de

www.kita-aktuell.de

Der Inhalt dieses Werkes, alle Vorschriften, Erläuterungen, Anregungen und weiterführenden Fachinformationen, ist mit größter Sorgfalt zusammengestellt. Dies begründet jedoch nicht einen Beratungsvertrag und keine anderweitige Bindungswirkung gegenüber dem Verlag. Es kann schon wegen der nötigen Anpassung an die individuellen Gegebenheiten des Einzelfalls keine Gewähr für Verbindlichkeit, Vollständigkeit oder auch Fehlerfreiheit gegeben werden, obwohl wir alles tun, einen aktuellen und korrekten Stand zu erhalten.
Alle Rechte vorbehalten. Das Werk einschließlich aller seiner Teile ist urheberrechtlich geschützt. Jede Verwendung außerhalb der engen Grenzen des Urheberrechtsgesetzes ist ohne Zustimmung des Verlages unzulässig und strafbar. Das gilt insbesondere Vervielfältigungen, Bearbeitungen, Übersetzungen, Verfilmungen oder die Einspeicherung und Verarbeitung in elektronischen Systemen.

Umschlagfoto: © Robert Kneschke - www.fotolia.com
Satz: MainTypo, Reutlingen
Druck: Williams Lea & Tag GmbH, München

Inhaltsverzeichnis

Vorwort des Herausgebers VI

Vorwort von Juri Winkler VII

Zitate der Kinder aus der Kinderkonferenz 1

Handhabung 3

1 Wozu Kinderrechte? 5
   1.1 Kinder und ihre Rechte in Deutschland – viel erreicht, noch viel zu tun 12

2 Was ist Gewalt? 15
   2.1 Kinder als Opfer von Gewalt – Die Fallzahlen der Polizeilichen Kriminalstatistik 16
   2.2 (Sexuelle) Gewalt an Kindern und Jugendlichen mit Behinderungen ... 20
   2.3 Das Recht der Kinder auf gewaltfreie Erziehung in Kita und Grundschule und der Umgang mit »Strafen« 23
   2.4 Was ist los mit Nina? – Rituell Gewalt erkennen, verstehen und handeln 29

3 Was ist Physische Gewalt? 34
   3.1 Erkennen von Gewalt: Unterscheidung von Unfall- und Misshandlungsverletzungen 36
   3.2 Das Schütteltrauma 41
   3.3 Die Kinderschutzambulanz am Institut für Rechtsmedizin der LMU München 45
   3.4 … aus der Sicht der Rechtsmedizin 48
   3.5 Die Rolle der Polizei in Fällen häuslicher Gewalt 51
   3.6 Kinderschutz nach häuslicher Gewalt und Stalking im Interventionsprozess 55

4 Was ist Psychische Gewalt? 61
   4.1 Körperliche und psychische Folgen von Kindesmisshandlung 63
   4.2 Auswirkungen von Partnergewalt auf die miterlebenden Kinder 68
   4.3 Ex-Partner Stalking. Was wenn der Vater stalkt? 74
   4.4 Parental Alienation (Syndrome) – Eine ernst zu nehmende Form von psychischer Kindesmisshandlung 79
   4.5 Was ‚richtig' und ‚falsch' mit Gewalt zu tun hat – erzieherische Macht und bedürfnisorientierte Kommunikation 85

Inhaltsverzeichnis

5 Was ist Vernachlässigung? 90
    5.1 Warum musste Lea sterben oder Was ist Vernachlässigung? 92
    5.2 Vernachlässigung und Gewalt durch mangelhafte Grundversorgung . 95
    5.3 Die Vorsorgeuntersuchung als Werkzeug für den Kinderschutz 100
    5.4 Unzureichende Beaufsichtigung 109

6 Was ist Sexuelle Gewalt? 116
    6.1 Sexualentwicklung von Kindern – Was passiert wann? 118
    6.2 Das geht zu weit! – Sexuelle Übergriffe von Kindern 125
    6.3 Sexuelle Gewalt gegen Kinder 132
    6.4 Wie schützt das deutsche Strafrecht Kinder vor sexueller Gewalt? 139
    6.5 Was brauchen Kinder und Jugendliche nach (sexuellen) Gewalt-
         erfahrungen? 145
    6.6 Mythen und Fakten bei sexualisierter Gewalt gegen Jungen 152
    6.7 Ein Kind wurde sexuell missbraucht. Was kann ich tun? – Tipps für
         Mütter, Väter und Pädagogen/-innen 159

7 Kinderschutz in der Kinder- und Jugendhilfe 162
    7.1 Das Kindeswohl: Zwischen elterlicher Verantwortung und
         staatlichem Wächteramt 163
    7.2 Überblick über die Aufgaben der Kinder- und Jugendhilfe 166
    7.3 Was macht eigentlich das Jugendamt? 171
    7.4 »Warum hilft mir denn keiner richtig?« – Zur strukturellen Grund-
         problematik in der Kinder- und Jugendhilfe 175
    7.5 »Und sie geht ja doch wieder nach Hause« – Ambivalenz bei der
         Annahme von stationärer Hilfe bei Jugendlichen 183
    7.6 Der Familienrat 188
    7.7 Wie erleben Kinder Fremdunterbringung? 193
    7.8 Stationäres Wohnen verstehen – Wie Schule, Kita und Einrich-
         tungen stationär untergebrachte Kinder begleiten können 198

8 Kinderschutz im familienrechtlichen Verfahren 204
    8.1 Trennung und Scheidung – Was Sie über das familienrechtliche
         Verfahren wissen sollten 205
    8.2 Kindeswille und der Einfluss auf das familiengerichtliche Verfahren .. 210
    8.3 Der Verfahrensbeistand für das Kind im gerichtlichen Verfahren bei
         Kindeswohlgefährdung 218
    8.4 Wer entscheidet über Kita, Schule und Co. bei Trennung oder
         Scheidung? 225

9 Kinderschutz im strafrechtlichen Verfahren 230
    9.1 Nicht zu unterschätzen: Die erste Aussage bei der Polizei 231
    9.2 Was Sie im Strafverfahren erwartet – Abläufe, Beteiligte und die
         Nebenklage 236

9.3 Psychosoziale Prozessbegleitung für Kinder und Jugendliche im
StrafverfahrenPsychosoziale Prozessbegleitung im Strafverfahren 243
9.4 Tierische Helfer – Psychosoziale Prozessbegleitung mit Hund 248

10 Kinderschutz in meiner Einrichtung 253

10.1 Mit einem Bein im Gefängnis? – Mythos und Wirklichkeit in
Sachen Handlungspflichten und Haftungsrisiko 254
10.2 Und wenn es doch geschieht?
Hilfreiche Tipps zur Entwicklung eines Krisenleitfadens 269
10.3 Prävention in Kita und Grundschule – Produkte für die
Präventionsarbeit mit Kindern 281
10.4 Fortbildungen und Schulungen stärken und schützen Kinder 285

Autoren/-innenverzeichnis 289

Abkürzungsverzeichnis 293

Vorwort des Herausgebers

Liebe Leserinnen und Leser,

»die Würde des Kindes ist unantastbar« lautet der Untertitel unseres Buches. Eigentlich eine Selbstverständlichkeit und dennoch viel zu selten Realität. Wer glaubt, die Verletzung von Kinderrechten sei kein Thema in Deutschland, der irrt. Gewalt gegen Kinder ist noch immer Alltag in unserem Land, genauso wie die Ausgrenzung von Kindern von den sie betreffenden Entscheidungen und Verfahren.

Gewalt hat viele Formen. Wir sprechen von Vernachlässigung, von physischer, psychischer und sexueller Gewalt. Allen Gewaltformen ist eins gemein: sie entwürdigen und beeinträchtigen Kinder – oft ein Leben lang.

Gewalt macht Angst. Nicht nur den Betroffenen, sondern jeder und jedem, die oder der sich mit Gewalt konfrontiert sieht. Man möchte sich weigern, die Augen verschließen, doch Tatsache ist: Gewalt ist real. Auch gegen Kinder. Auch in Ihrer Nähe. Und wir alle stehen in der Pflicht, betroffene Kinder zu schützen, zu stärken und für sie einzutreten.

Gleichsam dürfen wir (betroffene) Kinder nicht nur als Opfer oder schwach verstehen, sondern müssen auch ihre Stärken und Fähigkeiten erkennen und ihnen die Chance geben, aktiv an allen sie betreffenden Vorgängen und Entscheidungen mitzuwirken. Die biologische Abhängigkeit der Kinder von Erwachsenen wird immer wieder irrtümlich als Mangel an Gleichwertigkeit verstanden.

Kinder sind nicht nur die Zukunft, sie sind auch heute Teil unserer Gesellschaft. Indem wir die Emanzipation von Kindern fördern, stärken und schützen wir sie auch vor Grenzüberschreitungen und Gewalt, denn selbstbewussten Kindern gelingt es eher, Grenzen zu setzen und Unterstützung zu suchen.

Familien, Schulen und Kitas sind neben Justiz, Politik, Kinder- und Jugendhilfe, Nachbarschaft und Kinderrechtsorganisationen ein unverzichtbarer Teil der Kinderschutz- und Präventionsgemeinschaft. Sie können Kinder schnell und effektiv erreichen, Verhaltensveränderungen und Hilferufe bemerken und das Schutzsystem aktivieren.

Mit diesem Buch möchten wir Ihnen Mut machen, zu dem berühmten ersten Schritt, der den Hilfeprozess anstößt und betroffene Kinder auffängt. Angelehnt an Neil Armstrong könnte man sagen: Es ist nur ein kleiner Schritt für Sie – aber ein großer Schritt für unsere Kinder.

Rainer Becker
Vorstandsvorsitzender
Deutsche Kinderhilfe e.V.

Franziska Breitfeld
Volljuristin
Deutsche Kinderhilfe e.V.

Vorwort von Juri Winkler

Ich wünsche mir, dass ich und meine Freunde es später anders machen, als die Erwachsenen heute!

Viele Erwachsene nehmen Kinder nicht ernst wenn sie mit ihnen über Themen wie Politik und das Engagement dieser Kinder sprechen. Allerdings zieht sich dieses »nicht-für-voll nehmen« von Erwachsenen oder älteren Jugendlichen gegenüber Kindern, durch alle möglichen harmlosen, aber auch ernst zu nehmenden Bereiche. Das ist vermutlich (neben der meist vorhandenen körperlichen Unterlegenheit von Kindern gegenüber Erwachsenen) auch der Grund dafür, dass Kinder so oft Opfer von sexueller Gewalt oder körperlichen Misshandlungen werden.

Ich glaube, dass Erwachsene die Gewalt gegenüber Kindern ausüben, Menschen sind, die indem sie Gewalt gegenüber Schwächeren ausüben, ihre (oft nicht vorhandene) Dominanz demonstrieren wollen. Sie suchen sich Kinder aus, weil sie denken, dass Kinder sich nicht wehren können und ihnen ausgeliefert sind. Oft passiert es, dass immer wieder dasselbe Kind, Opfer vom selben/derselben Täter/-in wird, weil es Angst hat anderen Erwachsenen zu sagen, was los ist. Wenn es passiert, dass einem Kind dann nicht geglaubt wird, dann muss es noch mehr Angst haben von den Täter/-innen bedroht zu werden.

Wenn Kinder Angst haben sich Erwachsenen anzuvertrauen, auch wenn ihnen Schreckliches passiert, dann hängt das auch damit zusammen, dass Kindern oft nicht geglaubt wird und sie eben oft nicht ernst genommen werden. Auch nicht von Erwachsenen die ihnen nichts Böses wollen. Wenn Kinder aber ernst genommen werden und sie Vertrauen in Erwachsene haben, dann würde so etwas seltener passieren. Glaube ich.

Ich bin froh, dass niemand von meinen Freunden so etwas Schlimmes erlebt hat und ich kenne niemanden der misshandelt wird. Aber dass Erwachsene der Meinung sind über Kinder bestimmen zu dürfen, oder zu wissen was gut und richtig für sie ist, das kenne ich auch.

In der Schule habe ich es schon erlebt, dass Lehrer/-innen bei Konflikten unter Schüler/-innen nicht objektiv sind. Oft wird denjenigen Schüler/-innen geglaubt, die sich gut durchsetzen können oder in der Klasse beliebt sind. Ich glaube auch, dass manche Lehrer/-innen Kinder bevorzugen, deren Eltern in der Lage sind Einfluss zu nehmen. Z.B. wenn es um Noten oder Beurteilungen geht.

Vor allem muss ein Kind Mut haben, wenn es einen Konflikt mit einem/r Lehrer/-in hat. Häufig wird ihm nicht nur nicht geglaubt, sondern es muss befürchten, dass es Nachteile hat, wenn es sich wehrt und andere Lehrer/-innen einschaltet. Das heißt, obwohl uns in der Schule in Fächern wie Ethik vermittelt wird, uns zu engagieren und kritisch zu sein, ist davon in der Realität nicht immer viel übrig. Dann heißt es oft: »Ich bin der/die Lehrer/-in und ich habe Recht. Ende der Diskussion!«

Vorwort von Juri Winkler

Ich wünsche mir, dass alle Lehrer/-innen ihre Schüler/-innen ernst nehmen und ihre Macht nicht missbrauchen.

Ich weiß, dass wir Kinder in Deutschland viel bessere Möglichkeiten haben zu lernen und Spaß zu haben als die Kinder der meisten anderen Länder auf der Welt. Viele Kinder müssen arbeiten, können nicht oder nur kurz zur Schule gehen, oder müssen sogar hungern und wachsen im Krieg auf. Das ist sehr ungerecht. Vor allem weil die Industrieländer teilweise davon profitieren. Z.B. wenn wir billige Kleider kaufen können und die Menschen die sie produzieren nur sehr schlecht davon leben können. Erwachsene müssten sich viel mehr dafür einsetzen, dass sich das ändert. Aber auch viele Kinder die in Deutschland geboren sind, haben kein gutes Leben. Wenn z.B. ihre Eltern Hartz 4 bekommen, haben auch sie oft viel schlechtere Chancen, als Kinder die das Glück haben eine Familie zu haben, wo genug Geld da ist, um viele Sachen zu machen die Geld kosten. Am schlimmsten ist, dass diese Kinder sehr oft in der Schule benachteiligt sind, obwohl es heißt, dass in Deutschland alle Kinder die gleiche Chance haben sollen.

Ich wünsche mir, dass ich und meine Freunde es später anders machen, als die Erwachsenen heute!

Juri Winkler
Schauspieler
Schüler des Albert-Einstein Gymnasiums Berlin

Zitate der Kinder aus der Kinderkonferenz

**Kinder
der Stationären Facheinrichtung
Kind in Düsseldorf (KID)**
Hilfe für gewaltgeschädigte Kinder

Wieviel könnt ihr in eurer Wohngruppe mitbestimmen?

»Ich würde schätzen, so etwa 60 – 65 % können wir bestimmen.« (Junge, zehn Jahre)

»Es gibt schon sehr viel, was wir mitbestimmen dürfen, z.B. was wir an Ausflügen machen.« (Mädchen, fünfzehn Jahre)

»Es wird uns nicht alles vor die Nase gesetzt.« (Mädchen, fünfzehn Jahre)

»Z.B. Kinderkonferenz, da sind wir ja eigentlich die Veranstalter, außer, wenn es um Erwachsenenthemen geht.« (Junge, zehn Jahre) »Und dass bei der KiKo alle [Erwachsene wie Kinder] dabei sind.«

»Und am Wochenende, da gucken die Pädagogen/-innen, wer z.B. rausgehen möchte und wer nicht, also dass es für jeden etwas gibt, was er gerne machen will.« (Mädchen, fünfzehn Jahre)

»Es ist gut, dass wir auch gefragt werden.« (Mädchen, sieben Jahre) »Ich finde aber nicht gut, dass ich gezwungen werde, was zu lernen, für die Schule.« »Aber es ist gut, dass die Erwachsenen darauf achten, sonst würde man ja nichts lernen. Für die Kleinen ist das ja noch schwierig so mit der Einteilung und der Reihenfolge, also was mache ich zuerst, Hausaufgaben, Arzttermine oder Freizeit oder so.« (Junge, zehn Jahre)

»Also ich wünsche mir, dass wir z.B. mal am Wochenende die Erwachsenen sein können und die Erwachsenen sind die Kinder.« (Mädchen, sieben Jahre)

»Also ich find das doof, dass wir Kleinen am Wochenende nur eine Stunde DS spielen dürfen und die Großen dürfen zwei Stunden. Und das ist unfair.« (Mädchen, sieben Jahre) »Ja aber die Großen müssen dafür auch viel mehr Sachen erledigen, also z.B. mehr Ämter in der Gruppe oder so. Die haben auch mehr Pflichten und dann dürfen die halt auch länger DS spielen. Die Großen bekommen mehr Verantwortung, aber die Kleinen bekommen dafür auch mehr Hilfe.« (Junge, zehn Jahre)

Was sollen die Erwachsenen tun? Was erwartest du von den Erwachsenen?

»Also ich wünsche mir mehr, dass die Erwachsenen die Regeln auch mit einhalten, also dass die z.B. auch die Hausschuhe anziehen müssen und die Regeln nicht nur für uns gelten.« (Mädchen, fünfzehn Jahre)

Zitate der Kinder aus der Kinderkonferenz

»Also ich wünsche mir, dass ich mal bei einer Freundin übernachten darf. Da sagen die Erwachsenen immer, dass ich dazu noch zu klein bin.« (Mädchen, sieben Jahre)

»Ich wünsche mir mehr Unterstützung von den Erwachsenen bei Konflikten, also z.B. bei Streitigkeiten mit anderen Kindern.« (Junge, zehn Jahre)

»Ich wünsche mir mehr Zeit mit den Erwachsenen, also dass die dann wirklich Zeit für mich haben.« (Mädchen, sieben Jahre)

»Also wenn man als Großer was von den Pädagogen/-innen will, dann sagen die immer »Später, später«, und dann kommen aber die Kleinen und bei denen muss es immer sofort sein und dann machen die Pädagogen/-innen hinterher schnell, schnell.« (Junge, zwölf Jahre)

Habt ihr schon mal was von Kinderrechten gehört? Was bedeutet das für euch?

»Kinderrechte sind z.B. ein Recht auf Bildung, also dass man in die Schule gehen darf, ein Recht auf Gesundheit und gesunde Ernährung, ein Recht auf Privatsphäre, ein Recht auf elterliche Fürsorge, ein Recht auf Schutz, ein Recht auf freie Meinung und auf Schutz vor Gewalt. Und das Recht auf Gleichberechtigung. Da kam auf meiner Schule eine Frau vorbei und die hat uns dann so Kärtchen mit den Kinderrechten vorbeigebracht. Ich hab die Kärtchen dann verschenkt.« (Junge, zehn Jahre)

Es hat ja einen Grund, dass ihr nicht zu Hause wohnt, sondern in einer Gruppe. Glaubt ihr, dass es Kinder, die zu Hause wohnen, immer besser haben?

»Nicht immer. Manche Kinder, die zu Hause wohnen, die helfen gar nicht im Haushalt. Die lernen gar nicht, wie man z.B. eine Spülmaschine ausräumt oder so. Hier kann man ja irgendwann ins Apartment ziehen [Erklärung: Angebot in dieser Wohngruppe zur Verselbständigung]. Hier lernt man viel mehr, selbständig zu leben.« (Mädchen, vierzehn Jahre)

»Also Kinder, die zu Hause eine Mama haben, die sich kümmern kann, die haben es besser, wenn die zu Hause wohnen können.« (Mädchen, sieben Jahre)

»Es ist ein Nachteil, dass man die Eltern nicht so oft sieht, aber es ist auch gut, wenn man z.B. ein Einzelkind ist wie ich, dass man lernt, wie es ist, mit anderen Kindern zu leben.« (Junge, zehn Jahre)

»Nicht alle. Also z.B. der Peter [Anmerkung: Namen geändert], der hat richtig schlechte Noten und wird von seinen Eltern immer angemotzt, der hat´s nicht so gut zu Hause. Aber der Tom, hat´s richtig gut, der kann bei seinen Eltern leben, der hat die besten Noten und der hat das große Lotterielos gezogen. Aber der hat z.B. nicht so gut die Erfahrung gemacht, wie man seine eigene Meinung durchbringt, der ist im Sportunterricht gar nicht zu Wort gekommen und da musste ich ihm dann helfen. Aber bei anderen Sachen hat er es richtig gut.« (Junge, zehn Jahre)

Handhabung

> »Die Gewalt lebt davon, daß sie von Anständigen
> nicht für möglich gehalten wird.«
> (Jean-Paul Sartre)

Die Angst vor Falschverdächtigung und die Unsicherheit Vieler im Umgang mit Verdachtsfällen ist groß. Leider ist dies der beste Schutz für Täter/-innen. Diesen Schutz können wir ihnen nehmen, indem wir Gewalt- und Kinderschutz verstehbar und handhabbar machen.

Mit diesem Buch möchten wir Ihnen einen Praxisleitfaden zur Verfügung stellen, der Sie durch den Alltag begleitet. Dieses Buch versteht sich als Ratgeber insbesondere für Einsteiger/-innen, also all jene, die erst seit kurzem mit oder für Kinder arbeiten, die bisher vor der Thematik zurückgescheut sind oder die noch nicht den richtigen Einstieg gefunden haben. Dieses Buch eignet sich jedoch auch für fortgeschrittene Leser/-innen, um bestehendes Wissen aufzufrischen und neue Informationen zu erlangen.

Qualifizierte Experten/-innen haben sich bereit erklärt, uns bei diesem Buchprojekt zu unterstützen. Unsere Autor/-innen haben sich aktueller und traditioneller Themen und Fragestellungen angenommen und für Sie kurze und niedrigschwellig Erklärungen und Lösungen erarbeitet. Dieses Buch soll Ihnen den Umgang mit Gewalt und Verdachtsfällen im Alltag erleichtern und Präventionsangebote bereithalten.

Das Praxishandbuch ist dabei so konzipiert, dass Sie es nicht von Anfang bis Ende lesen müssen, um ein tieferes Verständnis von Kinderschutzthemen zu erhalten. Vielmehr ist es darauf ausgerichtet, dass Sie bei Interesse an einem bestimmten Themenbereich oder aktuellem Beratungsbedarf auf Grund eines möglichen Verdachtsfalles schnell und einfach die richtigen Beiträge aufschlagen und auch bei wenig Zeit einen ersten Überblick erhalten können. Um dies zu ermöglichen, haben wir in Kauf genommen, dass sich der ein oder andere Hinweis mehrfach wiederfindet.

Ganz nach Ihren persönlichen Bedürfnissen können Sie mit diesem Buch in die Thematik Kinderschutz einsteigen oder bestehende Kenntnisse auffrischen. In den Fußnoten finden Sie zusätzliche Informationen und Hinweise auf weiterführende Literatur, welche für Sie zur Vertiefung interessant sein könnte.

Gerne stehen wir Ihnen für weitere Fragen und Informationen zur Verfügung. Wir freuen uns auch über Ihre Meinung zu unserem Praxisleitfaden! Schreiben Sie uns einfach an: info@kindervertreter.de!

1 Wozu Kinderrechte?

Das Bild des Kindes

1962 analysiert Philippe Ariès in seinem Buch »Geschichte der Kindheit« die Darstellung von Kindern in der mittelalterlichen Kunst und Literatur. Er schlussfolgerte, dass im Mittelalter kein klares Bewusstsein von Kindheit bestanden habe. Kinder seien übergangslos Teil der Gesellschaft der Erwachsenen geworden, sobald sie der ständigen Pflege der Erwachsenen nicht mehr bedurften. Aries begründete dies mit der hohen Kindersterblichkeit, durch welche die (elterlichen) Bezugspersonen des Kindes erst dann eine emotionale Beziehung zu dem Kind aufzubauen begannen, wenn das Überleben des Kindes gesichert war. Zudem kam Kindern ein höherer ökonomischer als sentimentaler Wert zu, da auf ihre Arbeitskraft nicht verzichtet werden konnte. Mit dem Aufbringen von Arbeitskraft wurde Kindern Selbstständigkeit zugesprochen.[1]

Das Bild des Kindes veränderte sich im Laufe der Jahrhunderte. Insbesondere die Beziehung von Eltern und Kindern und die kindlichen Kompetenzen und Fähigkeiten standen im Mittelpunkt dieser Betrachtungen. Kinder wurden in der Regel als »becomings«, also unfertige Erwachsene verstanden.

Thomas Hobbes ging davon aus, dass alle Menschen, und damit auch Kinder, von Natur aus böse seien und deshalb strenger Regeln und Kontrolle durch einen Machthaber – bei Kindern die Eltern – bedürften. Andernfalls entstünde ein rechtsfreier Raum, welcher einen Krieg aller gegen alle zur Folge hätte.[2]

Dagegen war John Locke der Überzeugung, dass Kinder bei ihrer Geburt weder gut noch schlecht, sondern gleich einer leeren Tafel (lat. »tabula rasa«) seien. Kinder hätten spezifische Bedürfnisse, die zu berücksichtigen seien. Als Produkt der elterlichen Erziehung könnten Kinder durch die richtige Erziehung, Bildung, Erfahrung und Umgebung zum Guten herangezogen werden.[3]

In seinem Werk »Emile« vermittelt Jean-Jacques Rousseau 1762 ein Kinderbild, nach dem Kinder unschuldig, verletzlich und natürlich zur Welt kämen und erst durch die Erziehung/Beeinflussung der Erwachsenen zum Bösen heranwachsen würden.

Der Wert von Kindern wandelte sich mit der Zeit von einem ökonomischen zu einem emotionalen. Ein wesentlicher Faktor dafür war, dass sich Ende des 19./Anfang des 20. Jahrhunderts das Wohlfahrtsstaatssystem und die professionalisierte Erziehung durch verstärkte Beschulung von Kindern entwickelte und zu verbesserten Lebensbedingungen für Kinder und Familien führte.[4] Gesetze, wie die Schulpflicht,

---
1 Woodhead, M./Montgomery, H. (2003), S. 55 f.
2 Ebd. S. 63.
3 Ebd. S. 64.
4 Kränzl-Nagl (2007), S. 11.

basierten auf dem Grundgedanken der Schutzbedürftigkeit von Kindern.[5] Aus dem »Elternrecht auf das Kind [entwickelte sich] die Elternverantwortung für das Kind und seine Entwicklung«.[6]

1900 veröffentlichte die schwedische Pädagogin und Feministin Ellen Key ihr Werk »Das Jahrhundert des Kindes«. Key trat für die Rechte der Kinder ein und forderte, das einzelne Kind und seine Entwicklung in den Mittelpunkt der Erziehung zu stellen. Das Buch hatte eine Impulswirkung auf das gesellschaftliche Bild des Kindes hin zu einer kindzentrierten Pädagogik.

Die emotionale Nähe zwischen Eltern und Kindern verstärkte die Bedeutung der Familie und führte zu einer Abschirmung des Privatlebens nach außen. »Das Leitbild der bürgerlichen Kernfamilie« setzte sich durch und das Eltern-Kind Verhältnis entwickelte sich insbesondere in den 1960er und 1970er Jahren von der »Erziehung hin zur Beziehung«. Die Machtverhältnisse zwischen Kindern und Eltern blieben jedoch weitgehend unberührt.[7]

Kinderrechte wurden erstmals in der Genfer Konvention von 1924 erwähnt. In der 1959 von der UN-Vollversammlung verabschiedeten »Erklärung der Rechte des Kindes« wurden Kinder erstmals als eigenständige Rechtsträger bezeichnet, auch wenn die Erklärung nicht verbindlich war.[8] In den 1990er Jahren erfuhren Kinder durch die Verstärkung der Partizipationsrechte eine Aufwertung zu vollwertigen Rechtssubjekten. Diese Entwicklung ist nicht zuletzt auf die am 20. November 1989 durch die UN-Generalversammlung verabschiedete und 1992 durch Deutschland ratifizierte UN-KRK zurückzuführen.

Die UN-Kinderrechtskonvention

Die UN-KRK haben aller Länder der Erde, mit Ausnahme der USA, ratifiziert. Kein anderes völkerrechtliches Abkommen wurde je von so vielen Staaten unterzeichnet. Die Unterzeichnenden haben sich verpflichtet, die in der UN-KRK festgelegten Rechte zu achten und zu gewährleisten, indem sie geeignete Gesetzgebungs-, Verwaltungs- und sonstige Maßnahmen zur Verwirklichung des Übereinkommens treffen.[9]

Die UN-KRK besteht aus 54 Artikeln. Die Artikel eins bis 41 umfassen die materiellen Bestimmungen, die Artikel 42 bis 45 betreffen die Umsetzung und die Artikel 46 bis 54 beinhalten die sogenannten Schlussbestimmungen, welche Regelungen zum Inkrafttreten, etc. enthalten.

---

5   Woodhead, M./Montgomery, H. (2003), S. 66.
6   Surall (2009), S. 252.
7   Kränzl-Nagl (2007), S. 16.
8   Ivanitss (2016), S. 8.
9   Art. 4 UN-KRK.

Wozu Kinderrechte?

Kinderrechte sind Menschenrechte. Auch Kindern stehen damit die Rechte zu, welche Erwachsenen zukommen. Darüber hinaus beinhaltet die UN-KRK weitere spezielle Rechte, welche sich aus der besonderen Stellung von Kindern ergeben.

Die UN-KRK definiert selbst, wen die Vertragsstaaten als Kind ansehen. Gemäß Art. 1 UN-KRK

»ist ein Kind jeder Mensch, der das achtzehnte Lebensjahr noch nicht vollendet hat, soweit die Volljährigkeit nach dem auf das Kind anzuwendenden Recht nicht früher eintritt.«

Dies entspricht der Regelung zur Minderjährigkeit im deutschen Recht. Trotz zehnjähriger kontroverser Verhandlungen konnten die Verhandlungsführenden keine Einigung hinsichtlich der Frage erzielen, ob die UN-KRK erst ab der Vollendung der Geburt oder bereits vorher Geltung entfaltet. Bis heute wurde zur Frage des Schutzes des ungeborenen Lebens keine Regelung getroffen.

Die drei P

Die Rechte der Kinder lassen sich in drei Kategorien unterteilen, welche üblicherweise als die drei »P« bezeichnet werden: protection rights (Schutzrechte), participation rights (Teilnahme- bzw. Teilhaberechte) und provision rights (Versorgungs- und Förderungsrechte).

Die Rechte der UN-KRK sind ganzheitlich zu verstehen. Das bedeutet, dass alle Rechte gleichrangig sind und keine Norm der anderen vorgeht. Alle Regelungen bauen aufeinander auf und sind fest miteinander verbunden. Trotzdem haben sich vier zentrale Grundprinzipien herausgebildet, welche im Folgenden betrachtet werden sollen:

Die vier zentralen Grundprinzipien

Art. 2 – Diskriminierungsverbot

Gemäß Art. 2 UN-KRK haben die Vertragsstaaten alle geeigneten Maßnahmen zu treffen, um sicherzustellen, dass das Kind vor allen Formen der Diskriminierung oder Bestrafung wegen des Status der Tätigkeiten, der Meinungsäußerungen oder der Weltanschauung seiner Eltern, seines Vormunds oder seiner Familienangehörigen geschützt wird. Kinder dürfen zudem nicht aufgrund der Rasse, der Hautfarbe, des Geschlechts, der Sprache, der Religion, der politischen oder sonstigen Anschauung, der nationalen, ethnischen oder sozialen Herkunft, des Vermögens, einer Behinderung, der Geburt oder des sonstigen Status des Kindes, seiner Eltern oder seines Vormunds diskriminiert werden.

Art. 3 – Kindeswohl

»Bei allen Maßnahmen, die Kinder betreffen, gleichviel ob sie von öffentlichen oder privaten Einrichtungen der sozialen Fürsorge, Gerichten, Verwaltungsbehörden oder Gesetz-

gebungsorganen getroffen werden, ist das Wohl des Kindes ein Gesichtspunkt, der vorrangig zu berücksichtigen ist.«

Den Vorrang des Kindeswohls kennen wir im deutschen Recht etwa aus Familien- oder Kinder- und Jugendhilferecht. Was das Kindeswohl genau ist, wird jedoch weder in der UN-KRK noch im nationalen Recht definiert. Juristen sprechen von einem unbestimmten Rechtsbegriff. Dieser ist unter Zugrundelegung der verfassungsrechtlichen Regelungen im Einzelfall zu bestimmen, die Auslegung unterliegt voller gerichtlicher Kontrolle.

Die Definition des Kindeswohls gilt als besondere Herausforderung. Es beinhaltet den umfassenden (körperlichen, geistigen und seelischen) Schutz des Kindes.[10] Erläuternd wird teilweise auf § 1 Abs. 1 SGB VIII zurückgegriffen, wonach »jeder junge Mensch ein Recht auf Förderung seiner Entwicklung und auf Erziehung zu einer eigenverantwortlichen und gemeinschaftsfähigen Persönlichkeit.« hat. Auch die Wechselwirkung mit den Elternrechten (Art 6 GG) ist zu berücksichtigen.

Das brandenburgische Oberlandesgericht versteht unter dem Kindeswohl »die grundlegenden, unverzichtbaren Lebensbedürfnisse des beteiligten Kindes [...], auf deren vollständige und sichere, unbedingte, voraussetzungslose Erfüllung es in seinem gerade erreichten Stand des Entwicklung angewiesen ist.« Die Oberlandesgerichte und auch die höchstrichterliche Rechtsprechung des Bundesgerichtshofs und des Bundesverfassungsgerichts weichen von dieser Definition in verschiedenen Bereichen ab.

Art. 6 – Recht auf Leben

Art. 6 umfasst das Recht des Kindes auf Leben. Die Vertragsstaaten haben in größtmöglichem Umfang nicht nur das Überleben sondern auch die Entwicklung von Kindern zu gewährleisten. Welchen Beurteilungsspielraum die Einzelstaaten bei der Umsetzung dieses Rechts haben, ist umstritten.

Art. 12 – Kindeswille

»Die Vertragsstaaten sichern dem Kind, das fähig ist, sich eine eigene Meinung zu bilden, das Recht zu, diese Meinung in allen das Kind berührenden Angelegenheiten frei zu äußern, und berücksichtigen die Meinung des Kindes angemessen und entsprechend seinem Alter und seiner Reife.«

Ziel des Artikels ist es, Kinder als Akteure und Rechtssubjekte aktiv an allen sie betreffenden Entscheidungen teilhaben zu lassen. Höchst umstritten ist, wann, ja sogar ob, Kinder fähig sind, eine eigene Meinung zu bilden. Während einige Stimmen diese Fähigkeit grundsätzlich verneinen, gehen andere davon aus, dass Kinder ab dem ersten Tag wissen, was gut für sie ist, auch wenn Erwachsene dies, mangels Artikulationsfähigkeit des sehr jungen Kindes, nicht immer verstehen würden.[11]

---

10 Palandt (2012), § 1666, Rn. 9.
11 Wapler (2015): Kinderrechte und Kindeswohl: Eine Untersuchung zum Status des Kindes im Öffentlichen Recht, S. 394, Tübingen.

Die in der juristischen Literatur und Rechtsprechung am häufigsten vertretene Auffassung ist jene der graduellen Autonomie des Kindes. Danach sind Kinder nicht entweder autonom oder nicht autonom, sondern durchlaufen eine dynamische Entwicklung von Autonomie und Abhängigkeit.[12] Diese Wahrnehmung spiegelt sich auch im Gesetz wieder, etwa in § 1626 Abs. 2 BGB.

Insbesondere in Gerichts- und Verwaltungsverfahren hat ein Kind das Recht, angehört zu werden. Wie die Anhörung konkret ausgestaltet wird, bleibt dabei dem Staat überlassen. Er regelt dies im Prozessrecht. Das Kind kann selbst vor Gericht erscheinen oder von einem Vertreter repräsentiert werden. Das Recht gehört zu werden geht über die Möglichkeit des Kindes, sich zu äußern, hinaus. Die Meinung des Kindes muss auch berücksichtigt, also in den jeweiligen Abwägungsprozess einbezogen und gewichtet werden. Doch obwohl das deutsche Recht Kindern etwa im Kinder- und Jugendhilferecht und im Familienrecht Partizipationsrechte zugesteht, basiert unser Rechtssystem noch immer auf einem paternalistischen Grundmuster, welches Kindern, wenn auch wohlmeinend, die Selbstbestimmung erschwert oder gar unmöglich macht.

Wozu Kinderrechte?

Wie aufgezeigt, hatten Kinder in der Geschichte lange Zeit eine Sonderstellung. Zwar wurden ihre besonderen Bedürfnisse nach und nach erkannt, Kinder wurden jedoch in der Regel Erwachsenen zugeordnet. Im römischen Recht etwa galten sie als Eigentum des pater familias – des männlichen Familienoberhauptes. Das Machtverhältnis zwischen Kindern und Erwachsenen besteht bis heute. Traditionell wird davon ausgegangen, dass Erwachsene allein auf Grund ihrer Alters Kompetenzen und Fähigkeiten zukommen, auf Grund derer sie sich über die Interessen und Wünsche von Kindern hinwegsetzen dürfen. Die Kinderrechte sollen helfen, dieses Machtgefälle auszugleichen.

In der Präambel der UN-KRK betonen die Vertragsstaaten, dass »das Kind wegen seiner mangelnden körperlichen und geistigen Reife besonderen Schutzes und besonderer Fürsorge, insbesondere eines angemessenen rechtlichen Schutzes vor und nach der Geburt« bedürfe. Dies gelte insbesondere für Kinder, welche in außerordentlich schwierigen Verhältnissen lebten. Die Vertragsstaaten gehen zudem davon aus, dass Kinder »zur vollen und harmonischen Entfaltung [ihrer] Persönlichkeit in einer Familie und umgeben von Glück, Liebe und Verständnis aufwachsen … [und] umfassend auf ein individuelles Leben in der Gesellschaft vorbereitet [werden] sollte[n].Der Familie als Grundeinheit der Gesellschaft und natürlicher Umgebung für das Wachsen und Gedeihen aller ihrer Mitglieder, insbesondere der Kinder, [sollte] der erforderliche Schutz und Beistand gewährt werden, damit sie ihre Aufgaben innerhalb der Gemeinschaft voll erfüllen kann.«

---

12 Wapler ebd., S.10, 416.

Kinderrechte

Je älter und reifer Kinder werden, desto mehr verlagert sich ihr Bedürfnis nach Schutz hin zu einem Verlangen nach Teilhabe. Ihre wachsenden Fähigkeiten wiederum beschränken nach und nach die Eingriffs- und Entscheidungsrechte von Eltern und anderen Verantwortlichen. In jedem Einzelfall muss deshalb eine ausführliche Abwägung erfolgen, in deren Mittelpunkt das Kindeswohl steht. Ohne die Kinderrechte fehlte es Kindern an einer rechtlichen Grundlage für ihre Forderungen.

Kinderrechte in Schule und Kita: typische Einwände

Kinderrechte werden gemeinhin als etwas Positives und Unterstützens wertes angesehen. Gerade pädagogische Fachkräfte fühlen sich den ihnen mehr oder – zumeist – weniger vertrauten Regelungen, zumindest aber dem Grundgedanken von Kindesschutz, Förderung/Versorgung und Partizipation schon von Berufes wegen verbunden. Trotzdem finden die Kinderrechte kaum Eingang in die Curricula der Bildungsstätten, geschweige denn in den gelebten Kita- und Schulalltag.

Abgesehen von der Vielzahl der Aufgaben und Verantwortlichkeiten, welche in den Institutionen tagtäglich zu erfüllen sind und der steigenden Anforderungen, welche an die pädagogischen Fachkräfte gestellt werden, finden sich auch einige typische Einwände gegenüber der Einbeziehung von Kinderrechten in den Berufsalltag.[13]

»Kinderrechte betreffen Kinder in Entwicklungsländern, nicht in Deutschland.«

Die Polizeiliche Kriminalstatistik für das Jahr 2015 wies 130 getötete und 3.929 körperlich misshandelte Kinder aus. 13.928 Fälle sexueller Gewalt gegen Kinder wurden registriert. Die Statistik zeigt dabei nur das Hellfeld und versteht, im Gegensatz zu § 1 UN-KRK, Kinder als Personen bis zu einem Alter von 14 Jahren. Auch die Zahl der Inobhutnahmen steigt stetig (Quelle: Statistisches Bundesamt) Im KidsRights Index 2015, welcher jährlich die Fortschritte der Kinderrechtsumsetzung in den Bereichen Leben, Gesundheit, Bildung, Schutz und Ermächtigungsmöglichkeiten beurteilt, erreichte Deutschland nur den 13. Platz und lag damit hinter wirtschaftlich schwächeren Ländern wie Tunesien und der Slowakei. Dies sind Beispiele, die verdeutlichen, dass Deutschland in den Bereichen Kinderschutz und Kinderrechte noch immer großen Nachholbedarf hat.

»Das ist was für die Politik/die Verwaltung/Juristen.«

Die UN-KRK verpflichtet als völkerrechtlicher Vertrag die Staaten. Gemäß Art. 20 Abs. 3 GG sind damit alle staatlichen Organe, also etwa die Gerichte oder die Verwaltung, an die Regelungen der UN-KRK gebunden. Kinderrechte gehen jedoch alle an, insbesondere jene, welche mit und für Kinder arbeiten, denn sie erreichen Kinder am schnellsten und besten, nehmen ihr Verhalten im Alltag wahr, sehen Veränderungen und können bei Hinweisen auf Kindeswohlgefährdungen das Hilfesystem aktivieren. Auch führen sie die Beziehungspartnerschaft mit den Eltern. Pädagogisches Fachpersonal ist daher bei der Umsetzung der UN-KRK unverzichtbar.

---

13 Anregung nach Schneider: UNICEF Deutschland, abgedruckt in: Kittel (2008): Kinderrechte. Ein Praxishandbuch für Kindertageseinrichtungen.

»Die Kinder sind zu klein dafür.«

Kinder sind grundsätzlich daran interessiert, an ihrem Leben und ihrer Umgebung mitzuwirken. Schritt für Schritt und angepasst an ihre Fähigkeiten und Bedürfnisse können Menschen- und Kinderrechtsfragen spielerisch in den Alltag eingebracht werden. Hier geht es nicht darum, gemeinsam die Schulordnung zu verfassen, sondern im Kleinen Mitsprache zu ermöglichen. Sei es bei der Frage nach Gabel oder Löffel, der Wahl des Spieles am Nachmittag oder das Aufteilen von Spielsachen. Inzwischen gibt es viele Materialien und Anregung auch für kleinere Kinder, so etwa das Compasito Handbuch, Kinderrechte memory Spiele, Quizspiele, u.v.m.

»Am Ende sollen noch die Kinder alles bestimmen.«

Kinder sollen an allen sie betreffenden Entscheidungen beteiligt und ihre Perspektive eingenommen und berücksichtigt werden. Das heißt nicht, dass Kinder die letztliche Entscheidung treffen. Dabei würden sie in der Regel überfordert und dies verstieße gegen das Kindeswohlprinzip. Vielmehr geht es darum, Kinder einzubeziehen, ihnen Mitspracherechte einzuräumen und auch zu erklären, warum man ihrem Vorschlag, nicht gefolgt ist. Dies sorgt für ein gutes Klima und hilft letztlich allen.

»Bekommen wir Ärger mit den Eltern?«

Kinderrechte und Elternrechte stehen sich nicht feindlich gegenüber. Im Gegenteil, auch die UN-KRK betont die Wichtigkeit der Eltern und sieht sie als Partner.

Fazit

Kinder sind nicht nur unsere Zukunft, sie sind auch unsere Gegenwart. Kinder haben das Recht ihr Leben mitzubestimmen und aktiver Partner bei der Gestaltung unserer Gesellschaft zu sein. Dieses Recht kommt ihnen kraft ihres Mensch- und Kindseins zu und wurde in den UN- Kinderrechten verbindlich für alle Mitgliedsstaaten verschriftlicht. Doch nicht nur die Staaten tragen die Verantwortung für die Umsetzung. Wir alle stehen in der Pflicht, Kindern die Hand zu reichen, sie zu schützen, zu versorgen, sie teilhaben und entscheiden zu lassen.

Literatur

Ivanits (2016): Keine Beteiligung des Kindes bei elterlichem Einvernehmen? In: NZFam.

Kränzl-Nagl/Mierendorff (2007): Kindheit im Wandel. Annäherungen an ein komplexes Phänomen. In: SWS Rundschau 47, S. 3-25, online verfügbar unter http://www.kindergartenpaedagogik.de/1613.pdf

Montgomery/Woodhead (Hrsg.) (2003): Understanding childhood. An interdisciplinary approach. Chichester, Wiley.

Palandt/Bassenge (2012): Bürgerliches Gesetzbuch. 71. Aufl., München.

Surall (2009): Ethik des Kindes, Kinderrechte und ihre theologisch-ethische Rezeption. Stuttgart.

Taylor (2011): Reconceptualizing the »nature« of childhood. University of Canberra, Australia.

Wapler (2015): Kinderrechte und Kindeswohl: Eine Untersuchung zum Status des Kindes im Öffentlichen Recht. Tübingen.

1.1 Kinder und ihre Rechte in Deutschland – viel erreicht, noch viel zu tun

Susann Rüthrich (SPD)

Viel erreicht

Es war ein Meilenstein für die Rechte der Kinder fast überall auf der Welt: 1990 verabschiedeten die Vereinten Nationen die UN-KRK. Erstmals waren die Kinderrechte nicht nur benannt und damit ins Bewusstsein vieler politischer und gesellschaftlicher Akteure gerückt. Das allein wäre schon viel wert gewesen. Durch die Ratifizierung in den Nationalstaaten erhielten die in der UN-KRK verbrieften Rechte Gesetzeskraft. Auch Deutschland machte sich die Kinderrechte zu Eigen. 2010 verzichtete Deutschland dann auch endlich darauf, einen Vorbehalt für zu uns geflüchtete Kinder aufrecht zu erhalten.

Seit der Übernahme der UN-KRK durch Deutschland hat sich für die Mehrzahl der Kinder eine Menge getan, sei es im Familienrecht, im Kinderschutz, der Möglichkeit der Partizipation im öffentlichen Leben und der Bildung.

Wenn also an nicht eingehaltene Kinderrechte gedacht wird, denken viele Menschen hierzulande zunächst an ausgebeutete, hungernde, leidende Kinder anderswo auf der Welt. Und es stimmt wohl auch: Im Vergleich geht es den meisten Kindern in Deutschland sehr gut.

Und doch: Kein Land auf der Welt setzt tatsächlich alle Rechte der Kinder vollumfänglich um. Auch Deutschland nicht. Das mahnen Kinder- und Jugendverbände, Hilfsorganisationen, Kinderärztinnen und -ärzte, wie auch internationale Organisationen wie eben die Vereinten Nationen regelmäßig an.

Und auch die Kinderkommission des Deutschen Bundestages hat sich anlässlich des 25. Geburtstages der UN-KRK damit beschäftigt, wann und warum es für Kinder schwer ist, das ihnen zustehende Recht wirksam werden zu lassen.

Noch viel zu tun!

Kinderarmut ist weiterhin ein Problem in Deutschland. Arme Kinder sind in der Regel höheren gesundheitlichen Gefahren ausgesetzt, sie haben schwerere Zugänge zu Bildung in einem sehr selektiven Schul- und Ausbildungssystem, sie haben weniger Ressourcen, sich beteiligen zu können an Angelegenheiten, die sie betreffen, was auch Kindern in besser situierten Elternhäusern schon nicht immer leicht gemacht wird.

Beispielhaft seien weitere problematische Bereiche erwähnt: Kinder mit Einschränkungen und Behinderungen kämpfen immer wieder damit, ihnen zustehende Zugänge zu Bildung und Beteiligung zu realisieren. Das Recht auf eine eigene Identität und Selbstbestimmung ist für intergeschlechtlich geborene Kinder oder transgeschlechtliche Kinder nicht realisiert, solange Eltern und Ärztinnen und Ärzte die Möglichkeit haben, irreversible Operationen an ihnen vorzunehmen oder im Falle von Transkindern/-jugendlichen diese zu verweigern. Kinder mit Migrationsgeschichte in der Familie haben durch bewusste oder unbewusste/strukturelle Ausgrenzungsprozesse einen schwereren Stand.

Eine besonders gefährdete Gruppe stellen die zu uns geflüchteten Kinder dar, sowohl diejenigen, die in Begleitung ihrer Eltern oder anderer erwachsener Verwandter kommen, wie auch die unbegleiteten Minderjährigen.

Das Asylrecht selbst nimmt beispielsweise kinderspezifische Fluchtgründe nicht systematisch auf. Es ist aber nun einmal ein besonderes Risiko speziell von jungen Mädchen, zur Kinderbraut zu werden. Kindersoldat kann ebenfalls nur ein Kind werden. In der Praxis zum Asylverfahren gelten zu oft nur die Fluchtgründe der Eltern.

Zentrale Asylunterkünfte sind kein kinderrechtssensibler Ort. Standards, die das Bundeskinderschutzgesetz festschreibt, gelten dort nicht. Schutzräume, Privatsphäre, kinderrechtsbasierte Betreuung und Beratung ist nicht verpflichtend. Selbst das Recht auf Bildung kann nicht in jedem Fall ausreichend schnell gewährt werden.

Dabei sind mit Sicherheit auch tatsächliche logistische wie strukturelle Schwierigkeiten zu beachten angesichts einer erheblichen Anzahl von Kindern, die etwa 2015 nach Deutschland geflüchtet sind. Doch diese können nicht dauerhaft einen schlechteren Schutzstandard rechtfertigen. Zumindest das Ziel muss bleiben: Kinderrechte gelten für jedes Kind. Es gibt keine Kinder erster und zweiter Klasse.

Kinderrechte ins Bewusstsein bringen und verbindlich machen

Weitere Beispiele für Kinderrechtsverletzungen lassen sich aufzählen. Ein Problem besteht aus meiner Sicht darin, dass Kinderrechte zu wenig bekannt und verinnerlicht sind, um ihnen tatsächlich gerecht zu werden. Wer denkt schon über die fachlich Eingeweihten hinaus beim Thema Kinderrechte daran, dass jedes Kind etwa das Recht auf Spiel und Selbstbestimmung hat. Dass jedes Kind das Recht auf das Zusammensein mit seiner Familie hat – wozu aus meiner Sicht auch Pflegefamilien gehören. Dass jedes Kind altersangemessen an den es betreffenden Entscheidungen zu beteiligen ist. Und das von Anfang an.

An den Schutz vor Gewalt denken wohl die Meisten. Doch auch hier geht es um alle Gewaltformen, auch psychische.

Die offiziellen Zahlen der Polizeilicher Kriminalitätsstatistik (PKS) 2015 alleine entsetzen wohl jede und jeden von uns: 130 Kinder kamen allein 2015 durch Gewalt ums Leben. 3.929 mussten aufgrund von gewaltsamen körperlichen Misshandlungen behandelt werden bzw. werden von den Behörden registriert. Es ist davon auszugehen, dass die Dunkelziffer trotz gestiegener Sensibilität hoch ist. Oft stammen die Täter/-innen aus dem eigenen Elternhaus oder zumindest aus dem nahen sozialen Umfeld der Kinder.

Kinderrechte

Dabei ist bei vielen Kindern, die auf diese Weise auf die massivste Weise in ihrem Recht auf Unversehrtheit zu Schaden kommen, das Risiko bereits lange vor der registrierten Tat bekannt gewesen. Oftmals sind viele Akteure in der Begleitung der jeweiligen Familie involviert. Es ist eine unserer Aufgaben, das Bundeskinderschutzgesetz sowie die Ausstattung der begleitenden Instanzen (noch) besser zu machen, um sie tatsächlich in die Lage zu versetzen, die Kinder wirksam zu schützen.

Das alles funktioniert jedoch nur, bei wachsamen, handlungskompetenten und verantwortungsvollen Mitmenschen der Kinder, seien es Nachbarn/-innen, Erzieher/-innen, Lehrer/-innen, Sozialpädagogen/-innen, Jugendamtsmitarbeiter/-innen, Kinderärzte/-innen, etc. pp. Sie alle, wir alle sind verantwortlich dafür, dass Kinder geschützt werden.

Was also ist den Kindern zu wünschen, um sie in ihren Rechten zu stärken?

Zunächst sind das selbstverständlich ihnen zugewandte Menschen, denen die Rechte der Kinder wichtig sind. Es braucht Kinder, die ihre Rechte kennen. Sie müssen Ermutigung, Begleitung und Räume haben, um ihre Rechte zu verwirklichen.

Ich wünsche mir von jeder Einrichtung, in der Kinder sind, Schutzkonzepte, Kinderrechteschulungen, aber auch Beschwerdestellen. Mir erscheint es plausibel, dass Kinder es gewohnt sein müssen, sich über Dinge, die sie stören, beklagen zu können und damit eine Wirkung zu erzielen. Und wenn es »nur« das Mittagessen ist. Wenn sie sich solchermaßen als wirksam erlebt haben, werden sie sich leichter auch dann beschweren und anvertrauen können, wenn ihnen Gewalt oder Misshandlung angetan wird.

Ich wünsche mir in jeder Ebene – von der Kommune über die Bundesländer bis zum Bund – Beteiligung von Kindern und Beschwerdestellen, sei es durch Kinderbüros, durch Kinderbeauftragte oder andere verlässliche Instanzen. Jede der Ebenen trifft Entscheidungen, die für das Leben von Kindern Auswirkungen haben. Doch können Kinder mangels Wahlrecht (leider) darauf nicht einwirken. Also braucht es andere Kanäle, um die Kinder und ihre Rechte wirksam werden zu lassen.

Das kommt nicht von allein. Gute Ansätze gibt es in Einrichtungen und Kommunen überall im Land. Aber es ist ein Flickenteppich. Es besteht keine Verbindlichkeit. Die Festschreibung der Kinderrechte wie Beteiligung, Förderung, Bildung, Selbstbestimmung, Gesundheit und Fürsorge im Grundgesetz würde sie überall in Deutschland einklagbar machen. Allein die öffentliche Debatte um eine Änderung des Grundgesetzes hebt die Kinderrechte stärker ins öffentliche Bewusstsein. Doch bei dieser eher symbolischen Wirkung bleibt es nicht.

Alle Gesetzgebung in Deutschland muss der Überprüfung standhalten, ob sie dem Grundgesetz entspricht. Dabei werden wir heute zu anderen Schlussfolgerungen kommen als die Generationen vor und nach uns. Denn auch die Kinderrechte und das Verständnis, wie diese aussehen, was dazu gehört, entwickeln sich weiter.

Doch die Verankerung im Grundgesetz setzt die Basis, hinter die dann nicht mehr ohne Konsequenz zurückgegangen werden kann.

2 Was ist Gewalt?

> »*Gewalt bringt keine Pflanze zum Wachsen. Sie reißt höchstens ihre Wurzeln aus.*«
> (Walter Ludin)

Gewalt ist ein in unserer Gesellschaft weit verbreitetes Phänomen. Sie trifft, trotz gesetzlicher Gewaltverbote, auch die Jüngsten. Statistiken wie die jährliche Polizeiliche Kriminalstatistik zeigen auf, dass in jeder Woche Kinder und Jugendliche in unserem Land durch Gewalt ums Leben kommen, dass jeden Tag Kinder misshandelt und vernachlässigt werden, ihnen sexuelle Gewalt angetan und diese aufgezeichnet und im Internet verbreitet wird.

Gewalt betrifft nicht nur die Randbereiche unserer Gesellschaft, sie findet sich in allen Gesellschaftsschichten und allen Regionen der Bundesrepublik. Die Täter/-innen entstammen in einer Vielzahl der Fälle der Familie oder dem Nahbereich der Kinder. Statistiken zeigen, dass insbesondere junge Kinder und Kinder mit Behinderung verstärkt von Gewalt betroffen sind.

Das Wort Gewalt stammt aus dem Indogermanischen und bedeutet stark sein oder beherrschen.[14] Es gibt keine einheitliche Definition von Gewalt, vielmehr variierte diese im Laufe der Jahrhunderte und ist geprägt von den gesellschaftlichen Normen, Werten und Hierarchien.

Auch die unterschiedlichen Fachdisziplinen verwenden unterschiedliche Gewaltbegriffe. In der Soziologie beispielsweise bedeutet Gewalt den Einsatz physischer oder psychischer Mittel, um einer anderen Person gegen ihren Willen Schaden zuzufügen, sie dem eigenen Willen zu unterwerfen (sie zu beherrschen) oder der solchermaßen ausgeübten Gewalt durch Gegengewalt zu begegnen.[15]

Das Strafrecht definiert Gewalt als »körperlich wirkenden Zwang durch die Entfaltung von Kraft oder durch sonstige physische Einwirkung, die nach ihrer Intensität dazu geeignet ist, die freie Willensentschließung oder Willensbetätigung eines anderen zu beeinträchtigen.«[16]

Diesen und anderen Definitionen ist gemein, dass sie ein Machtungleichgewicht zwischen einem/r Unterdrückenden und einer/m Unterdrückten aufzeigen.

Gewalt tritt in unterschiedlichsten Formen auf und wird in der Wissenschaft in verschiedene Kategorien unterteilt: so etwa in physische, psychische und sexuelle Gewalt, sowie Vernachlässigung.

---

14 Lamnek/Luedtke/Ottermann/Vogl (2012): Tatort Familie: häusliche Gewalt im gesellschaftlichen Kontext, S. 11.
15 Schubert/Klein (2016): Das Politiklexikon, Dietz. Bundeszentrale für politische Bildung.
16 BGH NJW 1995, 2643.

2.1 Kinder als Opfer von Gewalt – Die Fallzahlen der Polizeilichen Kriminalstatistik

Holger Münch

Kaum eine Woche vergeht, ohne dass in den Medien über schreckliche Verbrechen an Kindern berichtet wird. Mütter töten ihre neugeborenen Babys. Säuglinge werden zu Tode geschüttelt weil sie schreien. Kinder verhungern und verdursten, weil ihre Eltern sie vernachlässigen und nicht einmal mit dem Nötigsten versorgen, geschweige denn, ihnen Liebe und Zuwendung geben. Kinder werden geschlagen und zum Teil über viele Jahre sexuell missbraucht. Manche Täter/-in dokumentieren diese Misshandlungen mit Videos und Fotos, um sie dann auf entsprechenden Plattformen im Internet einzustellen, wo sie von Dritten konsumiert werden.

Die Zahlen der PKS sind trauriger Beleg vieler solcher Einzelfälle. Die PKS wird einmal jährlich vom Bundeskriminalamt auf der Grundlage der Zahlen aus den 16 Bundesländern erstellt. Die dem BKA zu Verfügung gestellten Informationen werden tabellarisch und grafisch aufbereitet, kommentiert und veröffentlicht.[17]

Dieser Beitrag befasst sich mit Entwicklungen und aktuellen Zahlen der PKS zu Tötungsdelikten an Kindern, Misshandlungen von Kindern, sexueller Gewalt gegenüber Kindern und dem Besitz und der Verbreitung von Kinderpornografie.

Bei der Lektüre dieses Beitrages ist zu beachten, dass die PKS alle der Polizei bekannt gewordenen rechtswidrigen Straftaten enthält. Erfasst werden eine Reihe von Angaben wie die Zahl der ermittelten Tatverdächtigen und das (Beziehungs-)Verhältnis von Täter/-in und Opfer. Die PKS ist insofern ein wichtiges Instrument, um Ausmaß und Entwicklung von Kriminalität nachvollziehen zu können. Gleichzeitig ist die Aussagekraft der PKS naturgemäß begrenzt, da sie nur das sogenannte Hellfeld, d.h. die polizeilich bekannt gewordenen Fälle, erfasst. Die registrierte Kriminalität ist von einer Vielzahl von Faktoren abhängig, wie etwa dem Anzeigeverhalten der Bevölkerung, der Kontrolldichte durch die Polizei, Änderungen im Strafrecht und der Bevölkerungsentwicklung. Ein Anstieg der Fallzahlen der PKS muss daher nicht zwangsläufig einen Anstieg der Kriminalität bedeuten.

Zudem müssen wir uns bei der Auseinandersetzung mit Kriminalitätsstatistiken stets vor Augen führen, dass jede einzelne Straftat – insbesondere, wenn sie wie in diesen Kriminalitätsbereichen die schwächsten und schützenswertesten Mitglieder unserer Gesellschaft trifft – ein Fall zu viel ist.

Tötungsdelikte an Kindern

Im Bereich der Tötungsdelikte verzeichnet die PKS einen Rückgang der Fälle.

---

17 Unter anderem auf der Homepage des BKA www.bka.de.

Während die PKS im Jahr 2000 rund 180 vorsätzliche Tötungen (Mord und Totschlag) an Kindern[18] ausweist, dokumentiert sie im Jahr 2015 rund 100 Fälle. Darüber hinaus fielen laut PKS im Jahr 2000 rund 130, im Jahr 2015 etwa 70 Kinder einer fahrlässigen Tötung, bei der der Täter/-in den Tod des Kindes zwar nicht wollte, die erforderliche Sorgfalt aber außer Acht ließ, zum Opfer. Im Bereich der Körperverletzung mit Todesfolge weist die PKS für das Jahr 2000 41 Fälle, im Jahr 2015 8 Fälle aus.

Der Blick zurück offenbart trotz dieses Rückgangs ein trauriges Bild: Seit dem Jahr 2000 sind über 4.000 Kinder gewaltsam zu Tode gekommen und davon rund 2.500 Kinder vorsätzlich getötet worden. Oft handelte es sich bei den Tätern um den Kindern nahestehende Personen.

Misshandlungen von Kindern

Auch bei Misshandlungen belegt die PKS, dass die Täter/-innen in aller Regel den Kindern nahestehende Personen sind. Sie zeigt außerdem, dass Jungen etwas häufiger Opfer von Misshandlungen werden als Mädchen.

Im Jahr 2000 dokumentierte die PKS ca. 2.400 Fälle, im Jahr 2010 ca. 4.440 Fälle und im Jahr 2015 rund 3.960 Fälle der Kindesmisshandlung. Vermutlich erfährt die Polizei nicht von allen Fällen, da die Opfer noch zu klein und zu hilflos sind, um auf sich aufmerksam zu machen, manchmal werden sie nicht ernst genommen und leider wird auch immer wieder einfach weggeschaut.

Sexuelle Gewalt gegenüber Kindern

Die körperliche Misshandlung von Kindern verletzt die Menschenwürde jedes betroffenen Kindes, sie greift die körperliche und psychische Unversehrtheit der Schutzwürdigsten unserer Gesellschaft an. Gleiches gilt, wenn Kindern sexuelle Gewalt angetan wird. Oftmals sind die Opfer dauerhaft traumatisiert, erleiden schwerste seelische Verletzungen, die sie ohne professionelle Hilfe zumeist nicht bewältigen können.

Hinzukommt, dass die Kinder, ebenso wie im Bereich der Tötungsdelikte und Misshandlungen, häufig von den Menschen sexuell missbraucht werden, die ihnen nahe stehen, denen sie eigentlich vertrauen können sollten. Dieses Vertrauen wird durch die Täter/-innen schamlos ausgenutzt und missbraucht.

Während die PKS im Jahr 2000 rund 400 Vergewaltigungen und sexuelle Nötigungen sowie ca. 19.700 Fälle des sexuellen Missbrauchs registrierte, sind es 2015 etwa 200 Vergewaltigungen und sexuelle Nötigungen und rund 13.730 Fälle des sexuellen Missbrauchs.

---

18 Gemeint sind immer Kinder unter 14 Jahren.

Das bedeutet, dass im Jahr 2015 Tag für Tag durchschnittlich 40 Kinder sexuell missbraucht wurden. Vermutlich sind es sogar mehr, da zu befürchten ist, dass die Polizei auch in diesem Bereich nicht von allen Taten erfährt. Die Opfer sind in diesem Deliktsbereich meist Mädchen.

Besitz und Verbreitung von Kinderpornografie

Das Leid der Opfer von sexueller Gewalt wird durch die zunehmende Nutzung des Internet zur Verbreitung von Kinderpornografie, die grausamste Gewaltausübungen an Kindern dokumentiert, verschärft.

Mit der Verbreitung von Kinderpornografie im Internet findet Kindesmissbrauch dauerhaft statt: Opfererfahrungen werden digital ohne zeitliche Grenze fortgesetzt, denn »das Netz vergisst nichts«. Um diese Folgeviktimisierungen einzudämmen, sorgt das BKA mit seinen nationalen und internationalen Partnern dafür, dass Internetseiten, die Kinderpornografie zeigen, möglichst schnell gelöscht werden.

In den letzten 15 Jahren beobachteten wir zunächst einen Anstieg, seit Mitte der 2000er Jahre einen Rückgang der Fallzahlen im Bereich Kinderpornografie. Im Jahr 2015 registrierte die PKS ca. 2.700 Fälle der Verbreitung und rund 3.700 Fälle des Besitzes und Verschaffens von Kinderpornografie. Um die Tragweite dieser Zahlen zu verstehen, muss man sich vor Augen führen, dass hinter jeder einzelnen Fallzahl der reale Missbrauch eines Kindes steht.

Wie perfide und grausam die Täter/-innen sind, verdeutlicht folgender Fall: In einem Strafverfahren gelang es der Polizei, einem streng abgeschotteten Ring, der weltweit rund 500 Personen umfasste, das Handwerk zu legen. Die Mitglieder dieses Rings tauschten in eigens hierfür eingerichteten Foren umfangreiches Bild- und Videomaterial und eigene Erfahrungen beim sexuellen Missbrauch von Kindern aus. Besonders perfide war, dass neue Mitglieder nur aufgenommen wurden, wenn sie selbst kinderpornographisches Material bereitstellten. Es gab außerdem einen speziellen Bereich, der ausschließlich für Mitglieder eingerichtet wurde, die nachweislich selbst Kinder sexuell missbrauchten. Und dies ist kein Einzelfall: Ermittlungsverfahren gegen die sogenannte pädosexuelle Underground Community führen immer wieder zur Aufdeckung von Tätern, die sowohl Konsumenten als auch Missbraucher sind.

Kinderpornografie ist zu einem Massenphänomen geworden, zunehmende Anonymisierung und Kryptierung der Onlineaktivitäten sind eine Herausforderung für die Strafverfolgungsbehörden.

Das Internet dient jedoch nicht nur der Verbreitung von Kinderpornografie. Sexualstraftäter/-innen nutzen es auch zur Kontaktaufnahme zu Kindern und Jugendlichen, um sie im Weiteren gezielt zu manipulieren und für sexualisierte Handlungen gefügig zu machen.

Fazit

Um die Tötung von Kindern, deren Misshandlung und die Verbreitung von Kinderpornografie zu verhindern oder zumindest einzudämmen, müssen gerade diese Straftaten mit aller Entschlossenheit verfolgt werden.

Vorrangig für die Polizei ist es hierbei immer, einen andauernden Missbrauch zu stoppen, bevor z.B. gegen etwaige Konsumenten von Kinderpornografie ermittelt wird. Der Polizei stehen dabei verschiedene Ermittlungsinstrumente zur Verfügung. Ein Beispiel ist die Schulfahndung. Selbige setzt die Polizei ein, wenn Bilder des Opfers, aber keine weiterführenden Hinweise auf den/die Täter/-in vorliegen. Lehrer/-innen werden hierbei unverfängliche oder Ausschnitte von Bildern der geschädigten Kinder gezeigt. In der Vergangenheit konnten Opfer so immer wieder erfolgreich identifiziert und die Täter/-innen überführt werden.

Um Kindesmissbrauch und Kinderpornografie zu bekämpfen sind ferner rechtliche Möglichkeiten auf der Höhe der Zeit und ein vertrauensvolles, international abgestimmtes polizeiliches Vorgehen unverzichtbar.

Gleichzeitig ist es notwendig, dass Prävention und Strafverfolgung ineinander greifen und als gesamtgesellschaftliche Aufgabe verstanden werden. Hierzu müssen Sicherheitsbehörden, Politik, Justiz, kommunale Behörden und auch private Akteure zusammenarbeiten.

Unerlässlich ist ferner, dass im Verdachtsfall Anzeige erstattet wird. Jede/r Bürger/-in ist gefragt, wachsam zu sein und nicht wegzuschauen. Und gegenüber unseren Kindern gilt: Wir müssen ihre Signale ernst nehmen, sie auf mögliche Gefahren vorbereiten, ihnen zuhören und ihre Fragen beantworten und sie zu sicherheitsbewusstem Verhalten anleiten. Das gilt auch und in immer zunehmendem Maße für den virtuellen Raum.

2.2 (Sexuelle) Gewalt an Kindern und Jugendlichen mit Behinderungen

Prof. Dr. Kerstin Ziemen

Gewalt kennzeichnet jeden vermeidbaren Angriff auf die menschlichen Grundbedürfnisse und das Leben im Allgemeinen.[19]

Kinder und Jugendliche mit Behinderung sind vielfach sowohl offener als auch verdeckter bzw. struktureller Gewalt ausgesetzt. Strukturelle Gewalt im Sinne von Penetration, Normalisierung und Marginalisierung[20] kann in jeglichen sozialen Feldern und Situationen in Erscheinung treten[21].

Das Thema Gewalt gilt bis in die Gegenwart hinein als tabuisiert. Besonders deutlich zeigt sich dieses an sexueller Gewalt (resp. sexuellem Missbrauch). Sexuelle Gewalt beginnt beim Nichtbeachten der persönlichen Integrität. Dabei wird die eigene Würde und das Recht auf körperliche, geistige und emotionale Unversehrtheit missachtet bzw. beschädigt. Sexuelle Gewalt bezieht sich auf die intimsten Bereiche menschlichen Lebens.

Kinder und Jugendliche mit Behinderung sind in erhöhtem Maße gefährdet, Opfer von sexueller Gewalt zu werden.

Die Ursachen dafür können sehr unterschiedlich sein, so z.B.:

- sich nicht bzw. kaum sprachlich mitteilen zu können,
- sich nicht selbst wirksam zu erleben,
- in erhöhtem Maße von Anderen (»Dritten«) abhängig zu sein bzw. bestimmt zu werden,
- durch soziale Isolation,
- durch mangelnde Aufklärung und Information zur Thematik Sexualität und Gewalt.

(Sexuelle) Gewalt von Kindern, Jugendlichen und Erwachsenen mit geistiger Behinderung blieb über lange Zeit unsichtbar. Beobachtbares Verhalten (z.B. Aggressivität, selbstverletzendes Verhalten, Stereotypien) wurde zumeist als Ausdruck des Wesens der Menschen wahrgenommen. Heute kann davon ausgegangen werden, dass die Verhaltensänderungen, z.B. die wahrgenommenen Verhaltensauffälligkeiten die Folge von Marginalisierungs-, Isolations- und Exklusionserfahrungen sind. Nach massiven Gewalterfahrungen sind zumeist psychische Traumatisierungen die Folgen. Gewalterfahrungen können zu Angst, Hilflosigkeit, Wahrnehmungsveränderungen, Aggressionen, Depressionen, Kontrollverlust und Handlungsunfähigkeit führen. Gewalt an Kindern und Jugendlichen bewirkt einen tiefen Einschnitt in die Entwicklung der Persönlichkeit.

---

19 Vgl. Galtung (1997), S. 913.
20 Vgl. ebd. S. 913ff.
21 Vgl. Ziemen (2007), S. 153ff.

»Übererregung, Intrusion (ungewollt sich aufdrängende Erinnerungen und Gedanken an das traumatische Ereignis) und Konstriktion (Vermeidung von Situationen, die als bedrohlich empfunden werden), psychische Erstarrung«[22] sind Folgen von psychischen Traumatisierungen. Oftmals geht der »Zusammenhang zwischen traumatischen Symptomen und ihrem Auslöser verloren, die Symptome verselbständigen sich«[23]. Gilt dies für Kinder, Jugendliche (bzw. alle Menschen) mit und ohne Behinderungen gleichermaßen, sind die Folgen sexueller Gewalt bei Kindern, Jugendlichen und Erwachsenen mit geistiger Behinderung noch gravierender, da die Abwehr- und Bewältigungsmöglichkeiten zumeist reduziert sind.

Sexuelle Gewalt findet zumeist in sozialen Nahbeziehungen statt. Das sogenannte »Grooming« kennzeichnet die Täterstrategie und bedeutet so viel wie »vorbereiten«[24]. Sexuelle Gewalt ist eine »bewusste und geplante Tat«[25]. Dabei wird das Vertrauen des Kindes bzw. Jugendlichen gewonnen; zumeist wird ein Kind/ein Jugendlicher bevorzugt; das Kind oder der Jugendliche wird isoliert, d.h. von der Gruppe der Kinder und Jugendlichen, den Eltern, Geschwistern und Freunden entfernt; ein Geheimnis wird mit dem Kind bzw. Jugendlichen z.B. durch Versprechungen oder Drohungen vereinbart[26]. Damit entsteht für das Kind/den Jugendlichen eine äußerst schwierige Situation.

Institutionen sind in der Verantwortung, die eigenen Rahmenbedingungen, d.h. die »strukturellen und zwischenmenschlichen Faktoren«[27], die sexuelle Gewalt begünstigen, zu analysieren und so zu verändern, dass Gewalt eliminiert bzw. minimiert werden kann. Dazu sind alle in den jeweiligen Institutionen Tätige für das Thema zu sensibilisieren.

Prävention und Unterstützung

Die Prävention richtet sich sowohl an die Kinder und Jugendlichen als auch an die Fachkräfte in den Institutionen. In Aus-, Fort- und Weiterbildungen werden entsprechende Angebote vorgehalten, die die Situation der Kinder und Jugendlichen mit Behinderung, die institutionellen Risikofaktoren, die sexuelle Entwicklung von Kindern und Jugendlichen, die mögliche Offenbarung, die Ursachen und Folgen und das Vorgehen bei vermuteter sexueller Gewalt thematisieren.

Angebote, die an die Kinder und Jugendlichen gerichtet sind, beziehen sich auf den eigenen Körper und dessen Veränderungen, auf die eigenen Gefühle, auf die Vermittlung sprachlichen Vokabulars, ebenso auf die Selbstverteidigung, auf Schutzstrategien und die Möglichkeiten, Hilfe zu holen. Relevante Themen können sein:

---

22 Herman (1993), S. 56.
23 Ebd. S. 55.
24 Vgl. Unstaller (2009), S. 17f.
25 Ebd.
26 Vgl. ebd. S. 19.
27 Mattke (2012), S. 110.

Was ist Gewalt?

- Mein Körper – erleben des eigenen Körpers, der Körperteile und ihrer Funktionen;
- Was kann ich fühlen – Tasterfahrungen am eigenen Körper (»Was gefällt mir, was nicht?«)
- Personen, die ich kenne. Wer darf meinen Körper berühren und wer nicht?
- Wie kann ich mit anderen sprechen? Möglichkeiten sich auszudrücken
- Wie komme ich anderen nahe, wie halte ich Abstand? Wie nah dürfen mir Andere kommen?
- Ja und Nein-Sagen – Entscheidungen (»Was will ich und was nicht?«)
- Was ich alles kann – eigene Interessen und Stärken, Selbstverteidigung
- Wie ich Hilfe hole – Gefahrensituationen erkennen lernen, Hilfe holen
- Wie ich mich schützen kann – Selbstverteidigung.

Die Prävention richtet sich auch an die Eltern/Familien von Kindern und Jugendlichen mit Behinderung. Einerseits sind die Eltern über die Thematik umfassend zu informieren, andererseits sollten sie ihre eigenen Gefühle, ihren Standpunkt und ihre Gedanken persönlich mitteilen können. Zu berücksichtigen ist, dass Eltern in ihrer Kindheit bzw. Jugend selbst Opfer sexueller Gewalt gewesen sein könnten, dieses Thema ggf. bis heute verdrängen oder es mit Gefühlen, wie Wut, Scham, Ekel und Angst verbinden.

Ist es zur sexuellen Gewalt gekommen oder wird diese vermutet, muss sehr behutsam vorgegangen werden. Berücksichtigt werden sollte, dass die betroffenen Kinder und Jugendlichen den Weg zur Aufklärung entscheidend bestimmen. Alle Mitteilungen der Betroffenen sind als wichtige Signale wahrzunehmen, so bzw. plötzlich veränderte Verhaltensweisen, (sprachliche) Äußerungen, Zeichnungen, in Rollenspielen Dargestelltes u.a.m.

Bedeutsam für die Aufklärung ist des Weiteren die Zusammenarbeit verschiedener Personen, Institutionen und Dienste. Pädagogen/-innen, Mediziner/-innen, Berater/-innen, Therapeuten/-innen, Psychologen/-innen, Sozialarbeiter/-innen u.a. Professionelle mehr sind gleichermaßen gefordert. Ein Netzwerk an professionell Tätigen, die sich den Fragen von Gewalt, insbesondere der sexuellen Gewalt annehmen, ist für die konkrete Arbeit hilfreich.

Literatur

Galtung (1997): Gewalt. In: Wulf (Hrsg.): Vom Menschen. Weinheim/Basel, S. 913-919.

Herman (1993): Die Narben der Gewalt. München.

Mattke (2012): Sexuelle Gewalt in (heil-)pädagogischen Beziehungen. Analysen, Forschungsergebnisse, Prävention. In: Ztschr. Teilhabe, 3/2012, S. 109-115.

Unstaller (2009): Zahlen, Fakten, Mutmaßungen. Was wir über sexuellen Missbrauch an Mädchen und Jugend mit Behinderungen wissen. In: Amyna e.V. (Hrsg.): Sexualisierte Gewalt verhindern. Selbstbestimmung ermöglichen. Schutz und Vorbeugung für Mädchen und Jungen mit unterschiedlichen Behinderungen. München.

Ziemen (2007): Gewalt. In: Theunissen/Kulig/Schirbort (Hrsg.): Handlexikon Geistige Behinderung. Stuttgart, S. 153-154.

2.3 Das Recht der Kinder auf gewaltfreie Erziehung in Kita und Grundschule[28] und der Umgang mit »Strafen«

Prof. Marion Hundt

Rechtliche Rahmenbedingungen für den Schutz der Kinder vor Gewalt

Der Schutz der Kinder vor Gewalt wurde nach vielen Anläufen in Deutschland (endlich) im Jahre 2000 als ein eigenes Recht gegenüber ihren Eltern gesetzlich festgeschrieben.[29] Nach § 1631 Abs. 2 BGB haben Kinder in Deutschland seitdem ein **Recht auf gewaltfreie Erziehung**. Dieses gesetzlich verankerte Recht soll verdeutlichen, dass das Kind die Achtung seiner Menschenwürde, seiner Persönlichkeit und letztlich der körperlichen Unversehrtheit auch von den Eltern und Dritten verlangen kann.[30] Das Grundgesetz enthält für die Eltern gegenüber ihren Kindern das sogenannte Elternrecht.[31] Danach sind Pflege und Erziehung der Kinder das natürliche Recht der Eltern und die zuvörderst ihnen obliegende Pflicht. Es handelt sich mithin nicht nur um ein Grundrecht, sondern auch gleichzeitig um eine Pflicht der Eltern gegenüber ihren Kindern. Deshalb wird häufig nicht nur vom Elternrecht, sondern von der **Elternverantwortung** gesprochen wird.[32] Dieses Grundrecht umfasst auch die Entscheidungsfreiheit der Eltern, welchen Erziehungsstil sie für die Erziehung ihrer Kinder wählen.[33] Solange sich dieser im Rahmen des Vertretbaren hält, hat der Staat alle elterlichen Erziehungsmittel hinzunehmen und darf nicht gegen den Willen der Eltern für die aus seiner Sicht bestmögliche Erziehung des Kindes sorgen.[34] Wo aber das Wohl des Kindes gefährdet ist, kommt das **Wächteramt des Staates** zum Tragen. Das staatliche Wächteramt ermöglicht und verpflichtet den Staat zur Intervention bei Kindeswohlgefährdungen in Fällen des Elternmissbrauchs oder elterlichen Versagens. Durch Einführung des Gesetzes zum Schutz der Kinder vor Gewalt wurde deutlich, dass der Staat nunmehr davon ausging, dass Gewalt gegenüber Kindern keinen akzeptierten Erziehungsstil mehr darstellt.

---

28 Die Fragen des Umgangs mit gewaltfreier Erziehung lassen sich unmittelbar auf die pädagogische Arbeit an der Grundschule übertragen, auch wenn die landesrechtlichen Rechtsgrundlagen in den unterschiedlichen Schulgesetzen im Artikel nicht unmittelbar besprochen werden. Bitte prüfen Sie hierfür ggf. Ihre Landesgesetze.
29 Vgl. die Darstellung in der Gesetzesbegründung (BT-Drs. 14/1247 S. 3 und 4) zur rechtsgeschichtlichen Entwicklung von »Züchtigungsrecht des Vaters« über die Züchtigung als »Erziehungsmittel der Eltern« zu den Diskussionen und Anläufen ab 1971 ein Recht auf gewaltfreie Erziehung zu schaffen bis hin zur Einführung des Gesetzes zum Schutz des Kindes vor Gewalt in der Erziehung vom 02.11.2000 (BGBl. I 2000, 1479).
30 Art. 1 Abs. 1 S. 1, Art. 2 Abs. 1 i.V.m. Art. 1 Abs. 1, Art. 2 Abs. 2 GG.
31 Art. 6 Abs. 2 S. 1 GG.
32 BVerfGE 24, 119, 143.
33 Vgl. zur Erziehungsmethode oder der Frage der Erziehungsfähigkeit: Hundt (2015), Lexikon Kita-Recht, S. 72 f.
34 BVerfG, NJW 2006, 1723.

Was ist Gewalt?

In die Diskussionen um die Einführung des Rechts auf gewaltfreie Erziehung spielte auch die im Jahre 1992 von Deutschland ratifizierte UN-KRK eine Rolle.[35] In der **UN-KRK** haben sich die Vertragsstaaten verpflichtet u. a., alle geeigneten Gesetzgebungsmaßnahmen zu treffen, um das Kind vor jeder Form körperlicher oder geistiger Gewaltanwendung zu schützen.[36]

Die gesetzliche Regelung zur gewaltfreien Erziehung gilt seit Einführung unverändert bis auf den heutigen Tag.

Das Recht auf gewaltfreie Erziehung

Die Ächtung jeglicher Körperstrafen war notwendig, um der Gewaltanwendung schon von Kindheit an jegliche Legitimation zu nehmen, denn sie stellen für Kinder stets eine Demütigung dar, die die Würde des Kindes und sein Persönlichkeitsrecht verletzt.[37] Es ist also jegliche Art **körperlicher Bestrafung** unzulässig, und zwar auch dann, wenn diese körperliche Bestrafung nicht den Grad einer Misshandlung erreicht.[38]

Hiernach sind z.B. verboten:

- Schlagen (mit der Hand, mit Schlaggegenständen), z.B. »Klaps« oder »Ohrfeige«
- festes Zupacken oder Zerren an dem Kind
- an den Haaren oder Ohren ziehen
- Schütteln
- starkes Festhalten, Festgurten im Rahmen der sogenannten Festhaltetherapie
- angstauslösendes Bedrängen
- das gewaltsame Füttern gegen den Willen

Selbstverständlich steht der Grundsatz gewaltfreier Erziehung nicht dem **Eingreifen bei Gefahrensituationen** entgegen. Vielmehr fordert die gesetzliche Aufsichtspflicht[39] im Rahmen der elterlichen Sorge[40], das Kind zu schützen und alle erforderlichen Maßnahmen zu ergreifen, um einen Schaden vom Kind oder anderen abzuhalten. Wenn beispielsweise ein Kind, das sich plötzlich losreißt und auf die Straße laufen will, von den Aufsichtspflichtigen mit körperlichem Zwang (z.B. durch Festhalten oder festes Zupacken) geschützt wird, ist dies nicht nur zulässig, sondern im Rahmen der Aufsichtspflicht geboten.

Darüber hinaus verbietet das Gesetz **seelische Verletzungen.** Darunter wird ein kränkendes und herabsetzendes Verhalten von Eltern oder von Dritten mit Duldung der Eltern erfasst.

---

35 Vgl. die Gesetzesbegründung (BT-Drs. 14/1247 S. 5).
36 Art. 19 UN-KRK.
37 Gesetzesbegründung (BT-Drs. 14/1247, S. 8).
38 Ebd.
39 Vgl. hierzu Hundt (2015) ausführlich, S. 23 f.
40 Vgl. § 1631 Abs. 1 BGB.

> **Hiernach sind z.B. verboten:**
>
> - das Bloßstellen des Kindes vor Freunden, Verwandten, Geschwistern, pädagogischen Fachpersonal wie Erzieher/-innen oder Lehrer/-innen
> - das altersunangemessene Alleinlassen
> - das Miterleben von häuslicher Gewalt der Eltern
> - das langandauernde Nichtansprechen oder Nichtbeachten als eine Form des Liebesentzugs

Soweit das Gesetz schließlich **entwürdigende Maßnahmen** nennt, handelt es sich um den Oberbegriff einen Auffangtatbestand.[41]

Das Gewaltverbot in der Erziehung ist in der gesetzlichen Vorschrift nicht unmittelbar an eine **Sanktion** gekoppelt, so dass es nicht unmittelbar durchsetzbar und erzwingbar ist. Im Falle einer Kindeswohlgefährdung durch die Anwendung von Gewalt in der Erziehung sind familiengerichtliche Maßnahmen[42] zum Schutz des Kindeswohls möglich. Darüber hinaus sind Verstöße gegen das Gewaltverbot gegebenenfalls als Körperverletzungen strafrechtlich zu verfolgen.[43]

Die Bedeutung des Rechts auf gewaltfreie Erziehung im Kita-Alltag

Die Eltern haben für ihre Kinder die Erziehungsverantwortung und können entscheiden, ob und welche Betreuungsangebote wahrgenommen werden. Entscheiden sich die Eltern für die Förderung ihrer Kinder in einer Kita, wird auf der Grundlage eines Betreuungsvertrages die Förderung des Kindes in der Familie ergänzt und die Eltern in der Wahrnehmung des Erziehungsauftrages unterstützt.[44] Der Förderauftrag der Kita umfasst gleichermaßen die drei Elemente Erziehung, Bildung und Betreuung und bezieht sich auf die soziale, emotionale, körperliche und geistige Entwicklung des Kindes.[45] Dieses »**abgeleitete**« **Erziehungsrecht**[46] der pädagogischen Fachkräfte in der Kita unterliegt, ebenso wie das Erziehungsrecht der Eltern, dem Gewaltverbot. Das Kind hat somit auch in der Kita ein Recht auf gewaltfreie Erziehung und **jegliche Art von körperlichen Bestrafungen, seelische Verletzungen und entwürdigende Maßnahmen sind unzulässig**.

Für die Kita gelten letztlich die gleichen Grundsätze, wie für das Recht der Kinder auf gewaltfreie Erziehung gegenüber ihren Eltern. Insbesondere kann die **Aufsichtspflicht**[47], die von Eltern durch den Betreuungsvertrag für die Zeiten der Betreuung in der Kita übertragen wird, gerade dazu führen, dass zur Abwendung von Gefahren und Schäden ein körperliches Eingreifen erforderlich ist, z.B. wenn

---

41 Rakete-Dombek, in: Kaiser/Schnitzler/Friederici (2010): BGB, Familienrecht, Bd. 4, § 1631, Rn. 4.
42 Vgl. § 1666 BGB, § 1666 a BGB.
43 §§ 223 ff. StGB.
44 § 22 Abs. 1 Nr. 2 SGB VIII.
45 § 22 Abs. 3 SGB VIII.
46 Vgl. hierzu auch § 22 Abs. 2 Nr. 2 SGB VIII.
47 Vgl. hierzu ausführlich Hundt (2015): Lexikon Kita-Recht, S. 23, 24.

Was ist Gewalt?

ein Kind auf die Straße laufen will oder sich oder andere beim Spielen zu verletzen droht.

Im Kita-Alltag können unterschiedliche Situationen unterschieden werden:

- Körperliche Gewalt, seelische Verletzungen oder entwürdigenden Maßnahmen gegen die Kinder gehen **vom pädagogischen Fachpersonal selbst** aus.

> **Hierunter können z.B. folgende Situationen fallen:**
>
> - alle körperliche oder sexuelle Übergriffe durch Erzieher/-innen (z.B. Schlagen, Zerren, starkes Festhalten, Schütteln, Zwang zur körperlichen Nähe, wie z.B. Streicheln gegen den Willen des Kindes oder sexuell motivierte Handlungen)
> - Fixieren von Kindern zum Essen (z.B. Teller auf das Lätzchen stellen, in ein Kinderstuhl zwängen, so dass keine Bewegungsfreiheit mehr vorhanden ist)
> - Strafen durch vor die Tür stellen
> - Androhung von Zwangsmaßnahmen oder Strafen
> - Isolierung eines Kindes als Strafe
> - Bloßstellen von Kindern in der Gruppe
> - ehrverletzende Äußerungen eines Kindes

- Die Kinder werden durch das **pädagogische Fachpersonal vernachlässigt** oder es stehen zu wenig oder zu unqualifiziertes Personal durch den Träger der Einrichtung zur Verfügung:

> **Hierunter können z.B. folgende Situationen fallen:**
>
> - unzureichende hygienische Maßnahmen (kein ausreichender Wechsel der Windel, nasse Bekleidung wird nicht gewechselt, Kinder sind stark am Körper verschmutzt)
> - mangelnde Essens- oder Getränkeversorgung
> - mangelnde Aufsicht (z.B. in Gefahrensituationen oder auch bei körperlichen, psychischen oder sexuellen Übergriffen von Kindern an Kindern).

- Es besteht der **Verdacht einer Kindeswohlgefährdung durch die Eltern** oder andere Personen im privaten Umfeld des Kindes:

> **Folgende Anhaltspunkte oder Situationen geben Hinweise:**[48]
>
> - Körperliche Bestrafungen des Kindes vor dem pädagogischen Fachpersonal
> - blaue Flecken, Narben oder andere Merkmale für körperliche Übergriffe
> - seelische Gewalt durch Herabsetzungen

---

48 Vgl. hierzu ausführlich die »Checklisten zur Risikoeinschätzung einer Kindeswohlgefährdung«, sowie Hundt (2014): Kindeswohlgefährdung erkennen und vermeiden, S. 89–92.

- unversorgte Wunden
- Unterernährung
- witterungsunangemessene Kleidung
- auffällige psychische Erscheinung (traurig, schreckhaft, apathisch etc.)
- auffälliges Verhalten in der Gruppe
- auffällige Rötungen und Entzündungen im Anal- oder Genitalbereich
- sexualisiertes Verhalten des Kindes gegenüber anderen

Welche rechtlichen Konsequenzen hat die Verletzung des Rechtes auf gewaltfreie Erziehung im Kita-Alltag?

Wird das Recht auf gewaltfreie Erziehung der Kinder in der Kita verletzt, sind die unterschiedlichen Rechtspositionen und deren Rechte und Pflichten zu unterscheiden:

- Die **Eltern** können die konkrete Situation mit den pädagogischen Fachkräften, der Leitung und dem Träger der Einrichtung besprechen. Lässt sich keine gemeinsame Lösung finden, können sich die Eltern an die öffentliche Erlaubnisbehörde der Kita wenden. Der Betrieb einer Kita ist davon abhängig, dass das Wohl der Kinder in der Kita gewährleistet ist.[49] Dementsprechend ist die Erlaubnisbehörde verpflichtet einzugreifen, wenn diese Voraussetzung nicht gewährleistet ist. Sie kann an den Träger nachträgliche Auflagen zur Sicherung des Wohls der Kinder erteilen und bei dauerhafter Untätigkeit des Trägers oder akuter Gefährdungssituationen einen unangemeldeten Kontrollbesuch in der Einrichtung machen[50] oder die Einrichtung sogar schließen.[51] Zudem kann dem Träger untersagt werden, bestimmte ungeeignete Mitarbeiter/-innen weiter zu beschäftigen.[52] Die Eltern können den Betreuungsvertrag kündigen und in eine andere Einrichtung wechseln. Bei erheblichen Vorfällen und nachweislichen Schädigungen des Kindes kommen zudem zivilrechtliche Schadensersatzansprüche gegen die betroffenen Erzieher/-innen, die Leitung und den Träger sowie möglicherweise entsprechende Strafanzeigen in Betracht.
- Erleben **andere Mitarbeiter/-innen im Kita-Alltag Gewaltsituationen** wäre auch hier der erste Schritt gemeinsam im Team und mit der Leitung über die Situation zu sprechen und so eine sofortige und dauerhafte Abhilfe für das Kind/die Kinder zu erreichen. Die Eltern sind zu informieren und je nach den Umständen der Träger in die Situation einzubeziehen. Der Träger einer Einrichtung ist verpflichtet an die Betriebsaufsicht eine Meldung weiterzuleiten.[53] Dabei geht es um Ereignisse oder Entwicklungen, die geeignet sind, das Wohl der Kinder zu beeinträchtigen. Eine unterlassene, nicht richtige oder nicht rechtzeitige Meldung des

---

49 § 45 Abs. 2 S. 1 SGB VIII.
50 § 46 SGB VIII.
51 § 45 Abs. 4, Abs. 7 SGB VIII.
52 § 48 SGB VIII.
53 § 47 Nr. 2 SGB VIII.

Trägers kann als Ordnungswidrigkeit verfolgt werden.[54] Besteht der Verdacht einer Kindeswohlgefährdung durch die Eltern ist ein eigenes Kinderschutzverfahren in der Kita unter Einbeziehung der insoweit erfahrenen Fachkraft durchführen.[55]

- Die **Leitung einer Einrichtung und/oder die Geschäftsleitung des Trägers** sollten bei einem Fehlverhalten von Mitarbeiter/-innen ein entsprechendes Personalgespräch führen und gegebenenfalls arbeitsrechtliche Maßnahmen prüfen. Entsprechend der Umstände und der Schwere des Vorfalls kann von einer Abmahnung über eine mögliche Versetzung sogar eine – möglicherweise fristlose – Kündigung in Betracht kommen. Wie bereits dargestellt, ist der Träger einer Einrichtung verpflichtet Ereignisse oder Entwicklungen, die geeignet sind, das Wohl der Kinder zu beeinträchtigen an die Betriebsaufsicht zu melden.

---

54 § 104 Abs. 1 Nr. 3 SGB VIII.
55 § 8 a Abs. 4 SGB VIII; vgl. hierzu ausführlich: Hundt (2014).

2.4 Was ist los mit Nina? – Rituell Gewalt erkennen, verstehen und handeln

Pauline Frei, Renate Schusch

»Nein! Nein!« schreit Nina, »ich will das nicht!«. Die Erzieherin schreckt auf, was ist denn da plötzlich los? Bis gerade eben hat Nina noch glücklich und verträumt in der Puppenecke gespielt, dann kam Jonas auf sie zu, sagte irgendetwas zu ihr und jetzt diese grellen Schreie! Sie geht auf Nina zu und will sie trösten. Nina hat ganz offensichtlich Angst. Ihre Augen sehen sie erschreckend weit aufgerissen an. Die Erzieherin will sie schützend in die Arme nehmen, aber Nina weicht angstvoll und panikartig zurück. »So hab ich sie ja noch nie erlebt. Nina ist doch sonst so ausgeglichen und harmonisch«, denkt die Erzieherin. Etwas ratlos macht sie ihr dann ein Angebot. »Nina, wenn es dir gerade nicht so gut geht, dann bleib doch einfach mal eine Weile hier in der Puppenecke. Wir anderen spielen in der anderen Ecke weiter. Wenn du dich wieder besser fühlst, kommst du dazu. Okay?«

Die Erzieherin geht zu den anderen Kindern. Sie hört Nina im Hintergrund mit sich selbst flüstern und reden. »Hörst du es auch? …Niemand kann mir helfen… Sie kommen, um mich zu holen… Ich bin ganz allein.« Wenn die Erzieherin es nicht genau wüsste, würde sie mehrere Kinder bei Nina vermuten, denn sie hört unterschiedliche Stimmen, aber nein, sie ist tatsächlich alleine.

Es dauert eine Weile. Dann kommt Nina aus ihrer Puppenecke gerannt und ruft lachend den anderen Kindern zu: »Wer will mich fangen?«

Was ist los mit Nina? Natürlich kann sie eine Zeit lang einfach nur schlechte Laune gehabt haben. In angemessener Form steht das jedem Kind und jedem Erwachsenen zu. Aber vielleicht ist mehr dahinter? Neigt Nina zu

- plötzlicher Angst und Panik,
- Zwangshandlungsmustern,
- depressiven Stimmungen,
- scheinbarer Gefühlskälte,
- Überangepasstheit,
- starken Stimmungswechseln,
- Handlungen, Reaktionen die man nicht einordnen kann…

Wenn ja, gibt es hierfür sicherlich immer noch viele beruhigende Erklärungen. Aber es könnte auch sein, dass sich diese und weitere Symptome nur im Zusammenhang mit der perfidesten Gewaltform erklären lassen, die der Mensch je entwickelt hat: der rituellen Gewalt.

Die Tatsache, dass Ihnen diese Gewaltform bis heute (weitgehend) unbekannt ist, ist bereits ein Beleg für ihre Perfidität. Sie glauben, rituelle Gewalt betrifft Sie nicht, weil sie vielleicht irgendwo, aber nicht in Ihrer Nähe ausgeübt wird? Sie glauben,

Was ist Gewalt?

rituelle Gewalt wird von ein paar »Kutten-Spinnern« praktiziert, die sich auf einem Friedhof vergnügen und um Grabsteine herumtanzen? Sie irren!

Rituelle Gewalt ist allgegenwärtig. Nur sieht man sie nicht, sie ist quasi unsichtbar. Und das zu sein, ist ihr erklärtes Ziel und macht sie so mächtig.

Als rituelle Gewalt bezeichnet man die systematische Anwendung schwerer körperlicher, psychischer und sexueller Gewalt.

Tätergruppen die rituelle Gewalt ausüben sind z.B.:
- Satanisten, oder die sich als solche ausgeben
- Sekten oder Kulte, »Orden« und »Logen«,
- Gruppen, die einer extremen Ideologie verfallen sind (z.B. Faschismus)
- Sex-Ringe (Kindes-Missbrauch, -Misshandlung, -Prostitution, -Pornografie) Sie verfolgen häufig auch eine Ideologie z.B. faschistische oder satanistische, oder sie kooperieren mit Gruppen, die in einer solchen Ideologie leben.

Rituelle Gewalt ist eine schwere Form der Misshandlung von Erwachsenen, Jugendlichen und Kindern. Intention ist die Traumatisierung der Opfer. Rituelle Gewalt umfasst physische, sexuelle und psychische Formen von Gewalt, die planmäßig und zielgerichtet im Rahmen von Zeremonien ausgeübt werden.

Diese Zeremonien können einen ideologischen Hintergrund haben oder auch zum Zwecke der Täuschung und Einschüchterung inszeniert sein. Dabei werden Symbole, Tätigkeiten oder Rituale eingesetzt, die den Anschein von Religiosität, Magie, oder übernatürlichen Bedeutungen haben. Ziel ist es, die Opfer zu verwirren, in Angst zu versetzen, gewaltsam einzuschüchtern und mit religiösen, spirituellen oder weltanschaulich-ideologischen Glaubensvorstellungen zu indoktrinieren. Meist handelt es sich bei rituellen Gewalterfahrungen nicht um singuläre Ereignisse, sondern um Geschehnisse, die über einen längeren Zeitraum wiederholt werden.[56]

Mitglieder dieser Gruppen (Täter/-innen) sind Männer und Frauen aller geografischen Bereiche und sozialer Herkunft, also auch Lehrer/-innen, Ärzte/-innen, Richter/-innen, Anwälte/-innen, Polizisten/-innen und auch Psychiater/-innen. Ihre Familien befinden sich oft seit Generationen im Kult. Folglich werden auch ihre Kinder dort hineingeboren. Ihre Eltern sind anschließend an der konsequenten Abrichtung ihrer Kinder für rituelle Handlungen meist beteiligt. Sie sorgen dafür, dass sie in ihrem Alltag möglichst unauffällig bleiben und meiden dazu tunlichst auch Kontakte außerhalb ihrer Gruppe. Im »Schutz« der Familie durchleiden die Kinder häufig sexuelle Misshandlungen und Inzest. Außerhalb der Familie werden sie gerne gewinnbringend an Pädophile oder Sex-Ringe »ausgeliehen«.

Die Kinder (Opfer) unterliegen durch die Täter/-innen einer systematischen Abrichtung, mit dem Ziel, eine innere Parallelwelt zu erschaffen, durch die sie jederzeit abrufbar und steuerbar sind und für die das Kind und später der Erwachsene keine bewusste Erinnerung hat. Die Kinder sind bei der Verarbeitung und Bewältigung der

---

56 http://download.beckertho.de/open/Definition_Rituelle_Gewalt.pdf (Becker/Fröhling), Stand: 08.04.2016

für sie potentiell lebensbedrohlichen Ereignisse überfordert. Sie werden mit Gefühlen der Hilflosigkeit, Entsetzen und intensiver (Todes-)Angst überflutet. Sie können ihr Überleben im frühkindlichen Alter letztlich nur sichern, indem sie instinktiv auf einen Mechanismus zurückgreifen, den ihnen die Natur schenkt: die Dissoziation.

Hierbei werden in Situationen höchster Not Gedanken, Gefühle, Handlungen oder Körperempfindungen von der aktuellen Identität abgespalten und in eine neue, zu diesem Zeitpunkt entstehende Identität, gerettet. So entsteht ein weiteres Ich im vorhandenen Körper. Dieser Vorgang, diese Spaltung kann sich bei weiteren traumatisierenden Ereignissen wiederholen.

Die dissoziative Identitätsstörung/-struktur (auch multiple Persönlichkeit genannt) ist eine Reaktion des Gehirns auf traumatische Erlebnisse (meist in sehr früher Kindheit).

Dissoziation ist ein psychischer Bewältigungsmechanismus – man kann auch von Abwehrmechanismus reden – der dazu dient, unerträgliche Gefühle, Körperempfinden, Erinnerungen, Wahrnehmungsinhalte abzuspalten, um auf diese Weise eine Situation erträglich zu machen, d.h. überleben zu können. Dissoziation ist ein anderes Wort für Spaltung oder Auseinanderfallen. Die Grundlage der Abspaltung sind bedrohliche Situationen, die das Kind ohne diesen Schutzmechanismus nicht überleben würde. Aufgrund seines Alters kann es weder fliehen noch sich verteidigen, daher sucht es einen Ausweg aus der lebensbedrohlichen Lage und spaltet bzw. entwickelt unabhängige Persönlichkeiten.

Das Phänomen der Dissoziation ist sicher für »Normale« an dieser Stelle nicht nachvollziehbar, weil es einfach zu unvorstellbar klingt, um wahr zu sein. Aber Mutter Natur ist oft schlauer als wir.

Woran erkennt man Dissoziation bei Kindern?

Grundsätzlich sind Dissoziationen bei Kindern weniger klar zu erkennen, als bei Erwachsenen. Die meisten Kinder möchten (und dürfen) nicht auffallen, zudem denken sie, sie sind abartig und irgendwie falsch, diese Selbsteinschätzung entspricht auch häufig den Reaktionen des Umfeldes. Zusätzlich zu den bereits beschriebenen Symptomen kommen beispielhaft noch dazu:

- Störung von Affekten und Impulsen, inklusive Selbstverletzung,
- Depression,
- Fehlen der Körperwahrnehmung,
- Umwandlung von Gut und Böse (und umgekehrt),
- Umwandlung von Schmerz in Freude,
- Unterschiedliche Handschriften, Malstile, -techniken,
- Unterschiedliche Stimmen, Gestik, Mimik,
- Phobien und Amnesien,
- Destruktives Verhalten.

Viele Elemente der rituellen Gewalt sind dissoziationsfördernd, wie die: sadistische Gewalt, extreme Einschüchterung, Todesängste schüren, Geheimniskrämerei,

Was ist Gewalt?

Schweigegebot, dem Kind versprechen es sei auserwählt, nur der Täter/die Täterin kann die Tat als tatsächlich geschehen bestätigen und glaubhaft machen. Alles kaum zu glauben, aber leider wahr. Es gibt Beweise für Netzwerke solcher Gruppen; sie tauschen Kinder und Strategien aus.

Vielleicht können Sie jetzt die folgenden Schilderungen schon mit anderen Augen sehen:

Nina wird von Philipp geärgert. Ihre Augen funkeln, ihr Mund lacht. Sie zischt: »Pass auf, was du tust und was du sagst. Weißt du, was die machen mit Verrückten? Sie treiben sie in einen großen, dunklen Saal. Überall in allen dunklen Ecken sind sie. Im Schrank, unter dem Bett und auch im Klo. Sie werden dich kriegen. Und das ist erst der Anfang von dem, was sie machen, mit den Verrückten. Pass gut auf, dass du nicht dorthin kommst, zu den Verrückten. Pass auf, was du sagst.« Philipp zittert und hat Angst. Fast weint er. Nina lächelt, streichelt ihn. »Musst keine Angst haben. Ich bin ja da und pass gut auf dich auf.«

Wieso wissen wir davon so wenig?

Täter/-innen und Opfer täuschen nach außen eine bürgerliche Existenz vor und begehen gleichzeitig innerhalb der Gruppierungen schwerste Straftaten. Die Menschen leben in zwei Welten. Die Kinder lernen sehr früh, sich einerseits in unserer Welt angepasst zu verhalten und andererseits den Regeln der Sekten zu folgen. Ein effektiver Schutzmechanismus für die Sekte ist das absolute Schweigegebot aller Mitglieder. Unter Androhung extremster Strafen und Tötungen wird das Schweigegebot installiert und aufrechterhalten. Darüber hinaus werden die Kinder systematisch verwirrt und mit falschen Informationen versorgt.

Beispiele
- Ein als Polizist verkleidetes Gruppenmitglied vermittelt den Kindern, dass es gefährlich ist, mit Polizisten zu sprechen.
- Einem Kind wird vorgeführt wie das Drücken eines Schalters eine Explosion auslöst und das Lieblingstier in Stücke zerreißt. Das Kind hat lebenslang eine panische Angst vor (harmlosen) Schaltern.
- Ein Kind wird zu einem Arzt gebracht, der Mitglied der Sekte ist, und in dessen Praxis gefoltert. Das Kind wird immer Angst vor Ärzten haben.
- Den Kindern wird beigebracht, dass alle roten Verkehrszeichen signalisieren, dass die Bösen alles sehen. Die Kinder/Erwachsenen haben Angst vor der Farbe Rot und fühlen sich permanent beobachtet.
- Die Kinder werden angeleitet, anderen Kindern und Erwachsenen Schmerzen zuzufügen.
- Die Kinder werden zu Straftaten gezwungen und leiden ihr Leben lang unter Schuldgefühlen usw.[57]

---

57 http://www.schulische-praevention.de/wissensbereich-sexualisierte- gewalt/kontexte-sexueller-uebergriffe/sekten-rituelle-kontexte/ (B. Hahn)

Egal, ob Sie Pädagoge/-in oder Therapeut/-in sind, in welchem Berufsfeld Sie sich auch immer bewegen: Wenn Sie mit einem solchen Kind in Kontakt kommen, lernt es möglicherweise eine Beziehungsform kennen die ganz neu und bis dahin unbekannt ist. Dass jemand nett und verständnisvoll auf das Kind eingeht und mit ihm redet, ist ihm bis dahin möglicherweise ganz fremd. Sie können dem Kind zu verstehen geben: sie merken, dass etwas nicht in Ordnung ist, vielleicht gibt es ein Geheimnis, das vorläufig noch nicht erzählt werden darf. Lassen Sie das Kind aber wissen, dass schlechte Geheimnisse prinzipiell gelüftet werden sollen und müssen, wenn die Zeit kommt. Dann nämlich, wenn das Kind genügend geschützt ist. Und: Das Kind hat das Recht, dass es in Sicherheit kommt und geschützt wird. Das ist Kindern, die von klein auf in missbräuchlichen Verhältnissen aufwachsen, nicht klar![58]

In unserer Gesellschaft, wird das Kind immer mehr zu einer »Ware«. Leicht kann man im Internet auf Seiten kommen, um sich sexualisierte Gewalt an Kindern anzuschauen. Die »angebotenen« Kinder werden immer jünger und dafür extra »trainiert«. – Die Grundlage hierfür ist, die Anwendung von ritueller Gewalt.

Vielleicht begegnet Ihnen ja auch mal eine Zeichnung und vielleicht, bzw. hoffentlich klingen dann bei Ihnen alle Alarmglocken. Lieber einmal mehr reagieren als einmal zu wenig. Denn die armen Kinder, die ihrem Schicksal und Peinigern komplett ausgeliefert sind, sind auf Ihre Achtsamkeit und Hilfe angewiesen!

Abb. 1: Kinderzeichnung, Titel: Kind

Abb. 2: Kinderzeichnung, Titel: Kreuz
© http://emanuelstiftung.info/

Literatur

Anaconda (2011): Vom Körperhaus und seinen Bewohnern: Was bedeutet es, multipel zu sein? books on demand.

Huber (2010): Multiple Persönlichkeiten. Paderborn.

Huber (2003): Trauma und die Folgen. Paderborn.

Fliß/Igney (2010): Handbuch rituelle Gewalt. Lengerich.

Lindstrøm/Sniehotta (2016): Abwegig – Überleben und Therapie bei ritueller Gewalt. Kröning.

http://www.schulische-praevention.de/wissensbereich-sexualisierte-gewalt/kontexte-sexueller-uebergriffe/sekten-rituelle-kontexte/ (B.Hahn)

---

58 Huber: Viele Sein – Ein Handbuch, Junfermann-Verlag, S. 310.

3 Was ist Physische Gewalt?

> »Wer die Hand als erster zum Schlag erhebt, gibt zu,
> dass ihm die Ideen ausgegangen sind.«
> (Franklin Delano Roosevelt)

Schläge, Tritte, Bisse, Stöße, Würgen, Boxen, Schütteln, an den Haaren oder Ohren ziehen, Verbrühen oder Verbrennen – physische Gewalt hat viele Formen. Sie richtet sich gegen den Körper des betroffenen Kindes. Neben dem körperlichen Schmerz erleiden die betroffenen Kinder auch seelische Qualen. Sie fühlen sich gedemütigt und herabgesetzt, das Vertrauensverhältnis zum/r Täter/-in – in der Regel die Eltern oder den Kindern nahestehende Personen – ist beeinträchtigt.

Körperliche Gewalt gegen Kinder geschieht jeden Tag. Tausende Fälle körperlicher Misshandlung von Kindern tauchen seit Jahren auf gleichbleibend hohem Niveau in der polizeilichen Kriminalstatistik auf. Doch diese erfasst nur das Hellfeld. Experten/-innen gehen davon aus, dass das Dunkelfeld mindestens fünf Mal größer ist. Ein Grund dafür ist, dass das, was hinter der verschlossenen Tür der Familienwohnung passiert, als privat gilt. Insbesondere von häuslicher Gewalt betroffene Kinder und Jugendliche können deshalb von Polizei, Justiz und Jugendämtern nur schwer erreicht werden.

Gewalt gegen Kinder wird immer noch verharmlost. So genannte »leichtere Formen« körperlicher Gewalt gegen Kinder wie der »Klaps auf den Po« gelten in vielen Familien noch immer als Erziehungsmittel. In einer repräsentativen Forsa-Umfrage unter 1.003 deutschsprachigen Personen ab 18 Jahre mit mindestens einem Kind bis 14 Jahre für die Zeitschrift »Eltern« (2011) gaben 40 % der Befragten an, ihr Kind mit einem Klaps auf den Po bestraft zu haben. 10 % der Eltern hatten ihr Kind geohrfeigt, vier % gaben an, ihrem Kind zur Strafe den Hintern versohlt zu haben. Die Häufigkeit der Sanktionsmaßnahme schwankte dabei von »alle paar Tage« bis zu »1-2 Mal in den letzten 12 Monaten«.

Deutlich festzuhalten ist: Das Gesetz zur Ächtung der Gewalt in der Erziehung, welches seit dem Jahr 2000 besteht (§ 1631 Abs. 2 BGB), verbietet jegliche Art der körperlichen Züchtigung. Es kommt weder auf die Intensität der Einwirkung noch auf das Hinterlassen von Spuren an. Eine Rechtfertigung gibt es nicht.

Die negativen Folgen von körperlicher (aber auch psychischer und anderer) Gewalt gegen Kinder werden heute nicht mehr in Frage gestellt und auch Eltern schlagen kaum noch aus Überzeugung zu. Vielmehr wird als häufigste Ursache die Überforderung der Eltern und Erziehenden genannt. Kann der/die Betreuende einer stressigen Situation nicht mehr standhalten, kommt es zu unüberlegten Reaktionen, welche, wie etwa beim Schütteln eines Babys, schwere Verletzungen oder den Tod des Kindes herbeiführen können.

Für Außenstehende ist es oft schwer, zu erkennen, ob es sich bei bestimmten Spuren am Körper eines Kindes um Hinweise auf Gewalteinwirkung oder aber, wie oft behauptet wird, um die Folgen eines Sturzes oder Streites unter Geschwistern handelt. Fachkräfte wie Kinderärzte/-innen, Rechtsmediziner/-innen oder die Teams der Kinderschutzambulanzen können hier zuverlässige Auskunft geben.

Ein Fallbeispiel

Maria hat zwei Kinder. Ihr Sohn Finn ist vier Jahre alt, die Tochter Leila drei Monate. Die Kinder haben unterschiedliche Väter, zum Vater von Finn hat Maria seit der Geburt des Kindes kaum Kontakt, er zahlt keinen Unterhalt. Mit dem Vater von Leila, Daniel, ist Maria seit knapp zwei Jahren liiert, doch die Beziehung ist von Gewalt geprägt. Daniel schreit viel und schlägt Maria und Finn, den er nicht akzeptieren kann. Maria glaubt, sie könne es alleine nicht schaffen. Sie möchte nicht, dass die Kinder, so wie sie, ohne Vater aufwachsen. Außerdem könne sie Daniel nicht verlassen. Er finanziert die Familie, die Wohnung gehört ihm. Maria wüsste auch nicht, wohin sie sollte.

Maria verdrängt die blauen Flecken an Finns Körper, sie ist wütend, wenn er nachts wieder ins Bett macht und verzweifelt, wenn ihr Sohn sie immer wieder bittet, schnell weit weg zu gehen.

Die Kita wird auf die Verletzungen des Jungen an Schläfen und Rücken aufmerksam. Die Gesprächsversuche der Erzieherinnen wehrt Maria ab, sodass die Kita-Leitung nach Rücksprache mit einer insofern erfahrenen Fachkraft das Jugendamt informiert. Ein Mitarbeiter des Allgemeinen Sozialen Dienstes erscheint noch am selben Tag in der Wohnung der Familie. Maria wirkt aufgelöst, entnervt und kraftlos. Als der Jugendamtsmitarbeiter Leila betrachtet, fällt ihm auf, dass das Mädchen an Armen und Beinen zittert und ihr Weinen unnatürlich schrill klingt. Die Kindsmutter berichtet, Leila würde Tag und Nacht schreien und seit zwei Tagen nicht mehr richtig trinken.

Der ASD-Mitarbeiter bietet Maria Hilfe an und lässt Leila und Finn in der Kinderschutzambulanz untersuchen. Die Rechtsmediziner stellen fest, dass Leila geschüttelt und Finn über einen längeren Zeitraum geschlagen worden sei. Maria gibt an, Finn sei ein lebhafter Junge, der seine Grenzen teste und deshalb oft hinfalle.

3.1 Erkennen von Gewalt: Unterscheidung von Unfall- und Misshandlungsverletzungen

Dr. Stefanie Märzheuser

Verletzungen sind die häufigste Todesursache im Kindesalter und der zweithäufigste Grund für Krankenhauseinweisungen von Kindern. Verletzungen haben zwei Seiten: Eine Verletzung kann Folge eines unbeabsichtigten Ereignisses (Unfall) oder einer Gewaltanwendung (Misshandlung) sein.

Das höchste Risiko, einen schweren Unfall zu erleiden, haben Kinder in der Altersgruppe von 0 – 5 Jahren. Der häufigste Unfallort in dieser Altersgruppe sind das Zuhause und die unmittelbare Wohnumgebung.

Die häufigste unfallbedingte Todesursache im Säuglingsalter (< 1 Jahr) ist das Ersticken, während im Kleinkindalter (ein bis vier Jahre) das Ertrinken im häuslichen Umfeld die Haupttodesursache darstellt. Tödliche Stürze aus Gebäuden und Verbrennungen mit Rauchgasvergiftungen durch Wohnungsbrände sind weitere typische Todesursachen bei Kindern unter fünf Jahren.

Im Schulalter dominiert die Straße als Unfallort. Schulkinder verunfallen an häufigsten tödlich mit dem Fahrrad. Sowohl bei den häuslichen Unfällen als auch bei den Verkehrsunfällen liegt das Unfallrisiko für Jungen deutlich über dem der Mädchen.

Tödliche Unfallverletzungen bei Kindern in Deutschland sind nur die Spitze des Eisbergs, da die Todesursachenstatistik lediglich tödliche Unfälle systematisch erfasst. Es gibt keine zuverlässigen Daten zu der Anzahl unfallbedingter Verletzungen bei Kindern. Die Krankenhausdiagnosestatistik kann die Frage nach der Dimension dieses Problems nicht beantworten, da hier nur Verletzungen, aber nicht deren Ursache angegeben werden.

Die Datenlage zu körperlichen Misshandlungen ist lückenhaft, die Dunkelziffer ist hoch. Eine Auswertung der nachgewiesenen Fälle körperlicher Misshandlung erbrachte, dass Jungen und Mädchen etwa gleich häufig betroffen sind. Ähnlich wie bei den Unfällen, sind Kinder unter drei Jahren besonders misshandlungsgefährdet.

Absichtliche Verletzungen durch Gewalt oder Vernachlässigung und Unfallverletzungen zu unterscheiden ist nicht einfach.

Einer Platzwunde am Kopf ist nicht anzusehen, ob sie Folge eines Sturzes auf dem Spielplatz ist, oder ob das Kind geschubst wurde und deshalb mit dem Kopf gegen eine Kante geprallt ist. In beiden Fällen entsteht eine Wunde.

Woran lässt sich erkennen, ob eine Wunde Folge einer Gewalteinwirkung ist oder ob sie Folge eines Unfalls ist?

Es gibt Hinweise, die die Vermutung nahelegen, dass eine Verletzung im Kontext von Gewalt entstanden ist. Der Umgang der Eltern mit der Verletzung ihres Kindes kann aufschlussreicher sein als Form oder Lokalisation einer Wunde.

Zu jeder Verletzung gehört eine Geschichte

Das typische Verhalten von Eltern bei einer Verletzung ihres Kindes durch einen Unfall ist, dass sie das Bedürfnis haben, zu erklären, wie es zu dieser Verletzung kommen konnte. Die Eltern haben Schuldgefühle und versuchen ihr Verhalten zu erklären und zu entschuldigen. Sie bereuen den kurzen Moment der Unachtsamkeit im Haushalt, haben Schuldgefühl, weil ein Telefongespräch wichtiger war als die Aufsicht für das Kind. Die Eltern werfen sich selbst oder ihrem Partner die mangelnde Aufsicht in Gegenwart einer Gefahrenquelle wie heißer Flüssigkeit vor. Indem sie die Geschichte des Unfalls erzählen, versuchen sie sich vor sich selbst und anderen zu entschuldigen.

Bei gewaltbedingten Verletzungen fehlt dieses Erklärungsbedürfnis. Es gibt keine Geschichte, die erzählt werden kann.

Manchmal wird ein Unfallhergang berichtet, aber die Entstehungsgeschichte der Verletzung variiert bei jeder Wiederholung. Wer einen Unfallhergang erfindet, braucht ein gutes Gedächtnis. Einmal war das Kind im Kinderbett und die Mutter hat geschlafen, als das Kind aus dem Bett stürzte. In der nächsten Version war die Mutter in der Küche und kam am Kinderzimmer vorbei und sah, dass das Kind aus dem Bett stürzte. Solche Varianten eines Unfallhergangs sind kritisch zu bewerten und können auf eine Misshandlung hindeuten.

Eine weitere Konstellation, die Anlass zu Nachforschung geben sollte, ist eine schwere Verletzung, die plötzlich ganz von allein entstanden sein soll. Hat ein kleines Kind eine große, schwappende Beule am Kopf, ohne, dass ein Unfallhergang, der die Entstehung der Verletzung schlüssig erklärt, angegeben werden kann, sollte dies skeptisch stimmen.

Ein Hinweis auf eine gewaltbedingte Verletzung kann auch sein, dass schwere Verletzungen oder Wunden mit einer zeitlichen Verzögerung von mehreren Tagen einem/r Arzt/Ärztin zur Behandlung vorgestellt werden. Wenn eine gravierende Verletzung völlig ohne ärztliche Behandlung geblieben ist, sollte geklärt werden, warum diese Gefährdung des Kindes von den Eltern hingenommen wurde.

Auf die Frage, wie eine Verletzung entstanden ist, beschuldigen Eltern im Gespräch dritte Personen die Wunde hervorgerufen zu haben. Es werden Geschwisterkinder als Täter/-innen genannt. »Der kleine Bruder – drei Jahre alt – hat mit dem Spielzeug auf den Kopf des Säuglings geschlagen«. Diese Geschichte wird als Erklärung für eine schwere Schädelverletzung mit einer Kopfplatzwunde angegeben. Die Beschuldigung Dritter, die selbst keine Auskunft zu dem Unfall geben können, kann ein Hinweis auf eine Kindeswohlgefährdung sein

Was ist Physische Gewalt?

Unfallhergang und Schwere der Verletzung müssen zueinander passen

Es gibt seltene dumme Zufälle, die zu schweren Verletzungen führen. Die meisten Unfälle im Kindesalter folgen typischen Abläufen und lassen sich nachvollziehen. Unfallszenarien bei Kinderunfällen wiederholen sich. In der Lauflernphase stolpern Kinder über kleine Unebenheiten im Boden und stürzen.

Ein solcher Sturz auf der Ebene, kann zu einem verschobenen Knochenbruch eines großen Röhrenknochens (Arm oder Bein) führen. Eine häufigere Konsequenz aus kleinen Unfällen sind jedoch Bagatellverletzungen. Deshalb ist es entscheidend, dass die Geschichte des Unfalls und die Schwere der Verletzung zueinander passen. Ein Bruch des Oberschenkelknochens, des größten Knochens im Körper, kann nur durch massive Gewalteinwirkung verursacht werden. Zahlreiche Knochenbrüche ohne Unfall bei einem Kind sind bei der seltenen »Glasknochenkrankheit« (Osteogenesis imperfecta) möglich. Durch eine Störung des Knochenstoffwechsels brechen die Knochen der betroffenen Kinder ohne, dass große Krafteinwirkung erforderlich ist. Daher fehlen meist die sonst durch die Wucht eines Sturzes oder Schlages verursachten Blutergüsse, die den Knochenbruch begleiten. Kinder mit Glasknochenkrankheit haben zudem weitere Krankheitszeichen, die diese Diagnose nahelegen.

Kind und Unfall müssen zusammen passen

Ein Unfallhergang, der nicht zu dem Entwicklungsstand des Kindes passt, ist unwahrscheinlich. Das bedeutet, dass Alter und Entwicklungsstand des Kindes und der Unfallmechanismus stimmig sein müssen. Ein Sturz aus dem Gitterbett bei einem Kind, das noch nicht in der Lage ist, sich zum Stand hochzuziehen, ist schwer zu erklären und Bedarf der Nachforschung.

Körperregionen

Manche Körperregionen werden häufiger bei Unfällen verletzt. Jeder kennt aufgeschlagene Knie vom Rollschuh oder Inliner fahren oder Schienbeine übersät mit blauen Flecken vom Fußballspielen. Typische Lokalisationen von Wunden und Blutergüssen durch Sturzverletzungen sind Stirn, Nase, Kinn, Hinterkopf, Ellbogen, Handballen, Knöchel, Knie und Schienbein.

Bei Misshandlungen werden andere Körperregionen verletzt. Schläge richten sich gegen den Oberkopf, Auge, Ohren und Wangen. Striemen finden sich häufig an den Streckseiten der Unterarme und der Hände, Rücken und Gesäß. Durch Zwangsfüttern wird die Mundschleimhaut verletzt. Es können zahlreiche Blutergüsse unterschiedlichen Alters gleichzeitig bestehen.

Manche Hautverletzungen verraten durch ihre Form, Farbe und Gestalt die Ursache ihrer Entstehung

Menschliche Bissmarken, deren Durchmesser vier Zentimeter überschreitet, stammen nicht von einem kindlichen Gebiss. Es bedarf erheblicher Bisskraft, um einen bleibenden Abdruck einer Zahnreihe zu hinterlassen. In einem Selbstversuch im Studentenunterricht wurden Studenten zu Beginn der Unterrichtsstunde aufgefordert, sich selbst so fest in den Arm zu beißen, wie sie es ertragen konnten. Am Ende der Stunde hatte kein Student eine sichtbare Bissverletzung davongetragen. Dieser Selbstversuch hilft dabei zu verstehen, dass es sich bei sichtbaren Bissmarken nicht um einen zärtlichen Biss, sondern um eine massive Gewalteinwirkung gehandelt hat.

Striemen am Rücken durch Gürtel hinterlassen oft einen Abdruck der Gürtelschnalle, der so eindeutig ist, dass die Gürtelschnalle identifiziert werden kann. Das gleiche gilt für Stockabdrücke oder Handabdrücke im Gesicht. Auch Fesselmarken sind eindeutig zu erkennen und lassen sich nur sehr mühsam durch einen Unfall erklären.

Der typische Unfallmechanismus bei Verbrühungen im Kindesalter ist das Überschütten mit heißer Flüssigkeit. Deshalb zeigen akzidentelle Verbrühungen meist ein inhomogenes Spritz- und Tropfmuster. Es sind überwiegend Kopf, Hals- Schulter und Brustkorbbereich mit irregulär begrenzten Wunden bedeckt. Die maximale Schwere des Verbrennungsgrades findet sich am Ort des ersten Auftreffens der heißen Flüssigkeit. Körperregionen, die später Kontakt mit dem schädigenden Stoff hatten, sind, korrespondierend zur geringeren Temperatur der Substanz, weniger schwer verletzt.

Scharf begrenzte handschuhförmige Verletzungen an den Händen und strumpfförmige Verletzungsmuster an den Füßen und das Fehlen von Tropfspuren sind misshandlungsverdächtig. Sie entstehen durch Eintauchen von Händen oder Füßen in heiße Flüssigkeit.

Verbrennungen an der Innenseite der Hände oder an den Fingerbeeren entstehen durch kindliche Neugier. Die Kinder wollen ihre Umgebung begreifen und fassen mit ihren tastenden Fingern dabei zum Beispiel auf eine Herdplatte. Deshalb sind bei kleinen Kindern oft die Fingerbeeren oder die Innenseite der Hände verletzt.

Geformte Abdrücke von Gegenständen oder spezifische geometrische Muster entstehen durch Kontaktverbrennungen, z.B. wenn ein Bügeleisen auf die Hand gedrückt wird. Symmetrische Verbrühungen oder Verbrennungen im Anogenitalbereich sind Folgen des zwanghaften Sitzens auf einer heißen Unterlage zum Beispiel einer Herdplatte.

Auf der Haut ausgedrückte Zigaretten hinterlassen eine typische, scharf begrenzte, kreisrunde Wunde.

Genitalverletzungen

Verletzungen des Genitals müssen gewissenhaft untersucht werden. Die Unterscheidung zwischen sexualisierter Gewalt und Unfallverletzungen stellt in diesem sensiblen Bereich eine besondere Herausforderung dar.

Was ist Physische Gewalt?

Viele Geschichten zu Frauenschicksalen basieren darauf, dass die Protagonistin der Geschichte mit gespreizten Beinen auf eine Kante gefallen ist und dabei ihr Jungfernhäutchen zerstört wurde. Ein solches Anpralltrauma wie es ein Sturz mit gespreizten Beinen auf eine Kante ist, lässt das Jungfernhäutchen unverletzt. Nach Stürzen finden sich asymmetrische Blutergüsse an den kleinen Schamlippen und Teilabrisse der Schamlippen.

Sexuelle Übergriffe bei Kindern hinterlassen im Gegensatz zu Sturzverletzungen oft keine sichtbaren Wunden mit körperlichen Spuren.

Es gibt keine scharfe Trennlinie zwischen der Gefährdung durch Unfallverletzungen und durch Gewalt bedingte Verletzungen. Viele soziale Faktoren nehmen Einfluss auf die Wahrscheinlichkeit mit der ein Kind gefährdet ist, schwer verletzt zu werden. Diese Faktoren wirken sowohl auf die Wahrscheinlichkeit mit der ein Kind durch einen Unfall verletzt wird als auch darauf mit welcher Wahrscheinlichkeit es körperlicher Misshandlung ausgesetzt ist. Studienergebnisse belegen, dass gestörte Eltern-Kind-Beziehung, geringe Erziehungskompetenz, Überforderung, Suchtprobleme, niedriger sozialer Status, Bindungsstörungen zum Kind und psychische Erkrankungen der Eltern das Risiko erhöhen, dass ein Kind in der Familie verletzt wird.

Es gibt fließende Übergänge zwischen unzureichender elterlicher Aufsicht, billigendem in Kauf nehmen von gefährlichen Situationen und gezielter Aggression gegenüber Kindern.

Risikofaktoren für Verletzungen im Kindesalter sind bekannt

Es gibt Präventionsprogramme gegen Kinderunfälle und gewaltbedingte Verletzungen, aber es fehlt an der Vernetzung beider Bereiche.

Für beide Verletzungsarten gibt es gemeinsame Risikokonstellationen, Schnittstellen und übergreifende Handlungsansätze. Unfälle und Gewalt finden an den gleichen sozialen Orten und in ähnlichen Kontexten und Gefährdungssituationen statt.

Im internationalen Kontext werden Verletzungen durch Gewalt und durch Unfälle als ein Ganzes angesehen, so z.B. im World Injury Report der Weltgesundheitsorganisation WHO oder im Europabericht von Eurosafe. In Deutschland werden beide Bereiche traditionell getrennt betrachtet und sind bisher nur in wenig miteinander kommunizierenden Fachszenen angesiedelt. Von Ausnahmen abgesehen, befasst sich die Jugendhilfe mit gewaltbedingten Verletzungen und das Gesundheitswesen mit unfallbedingten Verletzungen.

Unfälle und Gewalt gefährden gleichermaßen die Gesundheit und das Leben des Kindes und sollten unter dem Begriff Kindeswohlgefährdung gemeinsam betrachtet werden.

3.2 Das Schütteltrauma

Wiebke Siska

Tim und Sarah sind seit dreieinhalb Monaten Eltern der kleinen Leonie. Manchmal kommt die Kleine abends schwer zur Ruhe. Sie möchte herumgetragen werden und beklagt sich lautstark, wenn sie in ihr Bettchen gelegt werden soll. Sarah würde gerne mal wieder etwas Zeit für sich haben und wünscht sich mehr Hilfe von Tim. Sie kommen überein, dass sie einen Abend mit Freundinnen verbringt, an dem Tim dann für Leonie da sein wird. Wickeln und Füttern hat er schließlich schon oft übernommen. Tim möchte zeigen, dass er ein guter Vater ist: »Mach dir keine Sorgen, wir beide machen uns einen schönen Abend!« sagt Tim.

Zunächst genießt er das Zusammensein mit der Tochter. Sie kuscheln und spielen. Dann ist es Zeit für das Fläschchen. Tim ist nach dem anstrengenden Arbeitstag müde – hoffentlich schläft Leonie nach der Flasche! Leider ist das nicht der Fall. Leonie will nicht alles austrinken und beginnt, ausdauernd zu quengeln. Das Quengeln geht in Schreien über. Tim probiert alles, trägt die Kleine herum, redet mit ihr, wechselt die Windel, versucht, Spielzeug anzubieten – alles ohne Erfolg.

Er überlegt kurz, Sarah anzurufen, schämt sich dann aber. Er wird doch wohl seine Tochter zur Ruhe bringen können, es ist doch nur ein einziger Abend! Leonie bäumt sich in seinem Arm auf und schreit jetzt aus Leibeskräften. Was will sie denn bloß? Tim hat doch alles versucht! Wie eine Welle ergreift ihn plötzlich eine verzweifelte Wut – er packt Leonie am Oberkörper und schüttelt sie heftig hin und her: »Jetzt sei endlich still, hör auf!« Leonie ist tatsächlich ganz still. Sie liegt blass in Tims Arm. Er möchte alles ungeschehen machen, denkt: »Es war bestimmt nicht so schlimm!« und küsst und streichelt Leonie. Die spuckt in hohem Bogen die ganze Milch wieder aus und schläft dann ein.

Morgens erbricht Leonie noch zwei Mal, verdreht die Augen nach oben und zuckt ein paar Mal. Tim erzählt nichts von seinem nächtlichen Stress. Sarah bekommt Angst und ruft die Feuerwehr.

Leonie krampft in der Klinik nochmals. Im Ultraschall vom Köpfchen und später in einer MRT (Bilder vom Inneren des Kopfes) sehen die Ärzte eine massive subdurale Hirnblutung. Außerdem stellt ein Augenarzt fest, dass auch im Augenhintergrund Blutungen zu sehen sind, auf einer Seite ist sogar die Netzhaut gerissen. Leonie muss sofort operiert werden. Das Blut wird aus ihrem Köpfchen entfernt und ein kleiner Schlauch ins Gehirn gelegt, damit weitere Flüssigkeit abfließen kann. Das Gehirn ist geschwollen. Sie wird beatmet und auf die Intensivstation gebracht. Die Ärzte in der Klinik haben rasch den Verdacht, dass bei Leonie ein schweres Schütteltrauma-Syndrom vorliegt.

Wenn zu dem auffälligen Verhalten wie bei Leonie Netzhaut- und Hirnblutungen hinzukommen und Eltern kein besonderes Vorkommnis wie z.B. einen Unfall angeben können, liegt der Verdacht auf ein Schütteltrauma-Syndrom nahe.

Was ist Physische Gewalt?

Äußere Verletzungen fehlen häufig. In besonders schweren Fällen kommt zu dem Schütteln das Anschlagen des Köpfchens z.B. an eine Wand oder durch Hinwerfen hinzu (shaken impact), sodass auch eine Schädelfraktur festgestellt wird.

Die Diagnose ist manchmal nicht einfach zu stellen. Sorgfältige körperliche Diagnostik muss einhergehen mit intensiven Familiengesprächen, um Belastungsfaktoren zu erkennen und zu einer Einschätzung der Kindeswohlgefährdung zu kommen.

Hierfür ist ein interdisziplinäres (Kinderschutz)-Team notwendig, das es mittlerweile an vielen Kinderkliniken gibt. Das Jugendamt muss einbezogen werden, ggf. erfolgt eine Strafanzeige.

Symptome nach einem Schütteltrauma sind z.B.

- reduzierter Allgemeinzustand
- Trinkschwäche/Nahrungsverweigerung
- Erbrechen (durch Hirndruck)
- Schläfrigkeit/Apathie
- Krampfanfälle
- Koma
- Atemstillstand
- Tod

Was passiert beim Schütteltrauma?

Ein kleiner Säugling kann seinen Kopf nicht allein halten. Die Nackenmuskulatur ist kaum ausgebildet. Zudem ist das Köpfchen im Verhältnis zum Körper recht groß und schwer.

Der Kopf wird durch das Schütteln in Bewegung versetzt und schleudert unkontrolliert hin und her. Venen verlaufen zwischen der Sichel der harten Hirnhaut und dem Gehirn und drainieren das Blut von der Oberfläche des Gehirns in den zentralen Blutleiter. Das Gehirn ist nicht fest mit der Hirnhaut und dem Schädelknochen verbunden, außerdem schwingt es träger, da es in Flüssigkeit liegt.

Durch die Bewegungen in alle Richtungen wird das Gehirn vom Schädelknochen und der Hirnhaut abgeschert und die ableitenden Blutgefäße reißen. Blut läuft in den Spalt zwischen harter Hirnhaut (Dura) und Gehirn, eine subdurale Schädelinnenraumblutung ist entstanden.

Meist entstehen auch in der Netzhaut des Auges Blutungen. Brüche der Rippen (durch festes Anpacken) oder der Wachstumszonen in den Armen und Beinen (durch die Schleuderbewegungen) können auftreten.

Die Schädelinnenraumblutungen sind jedoch nur ein Teil des Problems:

Bei einem Schütteltrauma kommt es darüber hinaus aufgrund der auftretenden Scherkräfte überall im Gehirn (also diffus) zu Zerreißungen der Nervenzellfortsätze (Axone). Diese diffusen axonalen Schädigungen sind für die in etwa 90 % der überlebten Fälle auftretenden und meist unwiderruflichen Folgen wie Krampfanfälle, Seh- und Hörbehinderung, Lähmungserscheinungen sowie geistige und/oder körperliche Behinderungen verantwortlich.

Für jedes fünfte Kind endet das Schütteltrauma tödlich.[59]

Risikofaktoren sind u.a.

- Hauptschreialter des Säuglings zwischen 6 Wochen und 4 Monaten: Schreien (aufgrund von frühkindlichen Regulationsstörungen als wichtigster Risikofaktor und Auslöser!)
- ungelöste biografische Konflikte (z.B. eigene Gewalterfahrung!)
- Partnerkonflikte
- fehlende soziale Ressourcen und Hilfen
- prekäre Lebenssituation
- Defizite an Elternkompetenz
- unangemessene Erwartungen an das Kind
- mangelnde Impulskontrolle[60]

Das Schütteltrauma ist die schwerste Form der Misshandlung bei Kindern im ersten Lebensjahr. Schätzungen zufolge gibt es jedes Jahr in Deutschland bis zu 200 Fälle.

Es kommt in allen Bevölkerungsschichten vor.

Aus einem vollkommen gesund geborenen Baby kann durch einen kurzen Kontrollverlust ein schwer behindertes Kind werden. Eine Tragödie für das Kind, aber auch für die Familie. Die meisten Familien zerbrechen. Weil die Schäden in den meisten Fällen unwiderruflich sind, kommt der Prävention eine besondere Bedeutung zu!

Maßnahmen der Prävention

Hebammen, Kinder – und Frauenärzte/-innen, Pflegepersonal in der Geburtshilfe, Mitarbeiter/-innen der frühen Hilfen etc. haben eine besonders wichtige Funktion in der Prävention. Sie müssen sensibel sein für Anzeichen der Überforderung und für das Erkennen von Belastungsfaktoren. Verschiedene Maßnahmen z.B. der frühen Hilfen können bewirken, dass Überforderungssituationen gar nicht erst entstehen. Niedrigschwellige Angebote wie Familienhebammen, aufsuchende Elternhilfe, ehrenamtliche Hilfen rund um die Geburt, Babylotsenprojekte in Geburtskliniken etc. leisten wertvolle Arbeit, die sehr zur Entlastung in den ersten anstrengenden Monaten nach der Geburt eines Kindes beiträgt.

Eltern müssen informiert werden, dass Schreien (auch über längere Zeiträume) für einen Säugling eine normale Möglichkeit ist, sich auszudrücken, genauso wie Lächeln. Sie müssen ihr Baby kennenlernen und ausprobieren, was ihm hilft, wenn es weint. Ein schreiendes Baby jedoch, das sich nicht beruhigen lässt, kann in Eltern Gefühle von Traurigkeit, Frustration, Hilflosigkeit, Verzweiflung, Wut und mitunter

---

59 Dr. Saskia Etzold, Ärztin für Rechtsmedizin, Charité Universitätsmedizin Berlin, 2016.
60 Vgl. Herrmann/Dettmeyer/Banaschak/Thyen (2010): Kindesmisshandlung. Heidelberg, S.37.

sogar Hass auslösen. Dabei ist es nicht unbedingt ausschlaggebend, wie lange das Schreien anhält. Wie viel Toleranz Eltern für das Schreien aufbringen, ist sehr individuell. Viele Eltern setzen sich unter Druck, weil sie denken, sie seien nur dann gute Eltern, wenn das Baby allzeit glücklich und ruhig ist!

Es ist wichtig, mit Eltern über die o.g. Gefühle zu sprechen – sie sind nachvollziehbar und unbedingt ernst zu nehmen!

Sie dürfen aber niemals und unter keinen Umständen dazu führen, dass ein Baby geschüttelt wird! Die Aufklärung über den Umgang mit kindlichem Schreien und die Gefahren und Folgen des Schüttelns muss Bestandteil jeder Beratung von jungen Familien sein, am besten schon in der Schwangerschaft und rund um die Geburt.

Eltern oder Betreuungspersonen, die sich erschöpft und hilflos fühlen, benötigen dringend und zeitnah Beratung und Hilfe!

Was funktioniert im Augenblick der größten Belastung?

Drei »**H**« muss man sich merken:

> Baby **H**inlegen, **H**inausgehen, **H**ilfe holen.

Es ist besser, das schreiende Baby sicher in sein Bettchen zu legen und in einen anderen Raum zu gehen, um sich zu beruhigen, als die Nerven zu verlieren!

Oft genügen entlastende Gespräche mit Familie oder Freund/-innen, mit der Hebamme oder dem/der Kinderarzt/-ärztin. In vielen Städten und Gemeinden gibt es Krisentelefone, die rund um die Uhr besetzt sind. Im Notfall kann man die Rettungsstelle einer Kinderklinik aufsuchen. Familien mit Schreibabys sollten sich an eine Schreibabyambulanz wenden.

Eltern untereinander sollten Zeichen von Überforderung niemals ignorieren! Wenn der Eindruck entsteht, ein Elternteil komme mit dem Schreien nicht zurecht, reagiert gereizt oder hilflos, sollte das unbedingt angesprochen und der oder diejenige zunächst möglichst nicht mit dem Säugling allein gelassen werden.

Alle Eltern wollen gute Eltern sein – sie haben ein Recht, dabei unterstützt zu werden.

Tipp

Weiterführende Informationen gibt es im Internet z.B. unter www.bitte-nicht-schütteln.de

www.trostreich.de bietet umfassende Informationen zum Thema »Schreibabys« u.a. mit hilfreichen Adressen

3.3 Die Kinderschutzambulanz am Institut für Rechtsmedizin der LMU München

Lea-Marie Brandau, Peter Hofer, Stefanie J. Lochner, Elisabeth Mützel

Aktuelle Statistiken zu Kindeswohlgefährdungen bilden stets nur das Hellfeld, also die gemeldeten Fälle, ab. Um einen Beitrag zur Aufhellung des Dunkelfelds und damit zum Kinderschutz zu leisten, wurde im Jahr 2011 eine Kinderschutzambulanz am Institut für Rechtsmedizin der LMU München eröffnet, welche vom Bayerischen Staatsministerium für Arbeit und Soziales, Familie und Integration gefördert wird.

Die Kinderschutzambulanz bietet einen niederschwelligen Zugang zur rechtsmedizinischen Einschätzung von Verdachtsfällen der Kindeswohlgefährdung. Das Angebot steht Ärzten/-innen, Privatpersonen, Sorgeberechtigen und Jugendämtern offen.

Das Angebot der Kinderschutzambulanz besteht aus drei Modulen. Zunächst besteht telefonisch die Möglichkeit Kontakt zu Mitarbeiter/-innen des Ambulanzteams aufzunehmen. Die Mitarbeiter/-innen sind sowohl beratend tätig, als auch als Vermittler/-innen. Die Kinderschutzambulanz hat sich in Bayern als Kompetenzzentrum etabliert und ist in ein Netzwerk von Institutionen, sozial-therapeutischen Einrichtungen und Ärzten/-innen aller Fachrichtungen eingebunden, die sich mit dem Thema Kinderschutz beschäftigen. Somit kann zum einen der medizinische Rat eines/einer Experten/-in zur Frage des Vorliegens einer Kindeswohlgefährdung bzw. (arzt-)rechtlichen Aspekten eingeholt werden, als auch ggf. Rat bei der Suche nach dem/der richtigen Ansprechpartner/-in oder der passenden Hilfsorganisation für weitere Betreuung und Beratung eingeholt werden. Über den telefonischen Kontakt besteht nach Klärung der Sachlage auch die Möglichkeit der Terminvereinbarung für eine körperliche Untersuchung.

Kinder und Jugendliche mit dem Verdacht auf einen sexuellen Missbrauch und/oder eine körperliche Misshandlung können nach Klärung der Sorgerechtsfrage in der Ambulanz vorgestellt werden. Die Vorstellung erfolgt in den meisten Fällen durch das Jugendamt oder ein Elternteil. Über die Gewaltformen seelische Gewalt und Vernachlässigung können aufgrund der fehlenden Expertise von Rechtsmedizinern in diesen Bereichen keine Aussagen getroffen werden, als Teil eines interdisziplinären Kompetenzzentrums kann das Team der Kinderschutzambulanz Betroffene jedoch an Experten/-innen auf diesen Gebieten weitervermitteln.

Die körperliche Untersuchung ermöglicht es Verletzungen zu dokumentieren und Spuren zu sichern. Zugleich können geschilderte Tatvorgänge mit tatsächlichen Befunden verglichen werden und auf ihre Plausibilität hin überprüft werden. Ziel ist es, anhand von Verletzungsmustern den Verdacht auf eine Kindeswohlgefährdung zu überprüfen.

Als drittes Modul wurde im Jahr 2012 ein Telemedizinportal geschaffen. Für Mitarbeiter/-innen von bayerischen Jugendämtern sowie für Kinder- und Jugendmediziner, wurde mit dem Telemedizinportal Remed-online die Möglichkeit geschaffen, Verdachtsfälle der Kindeswohlgefährdung anonym zu schildern, Fotoaufnahmen sowie Röntgenbilder einzustellen und eine rechtsmedizinische Einschätzung zu erhalten.

Über Flyer der Ambulanz (in deutscher, arabischer, türkischer und serbokroatischer Sprache erhältlich), Vorträge, Schulungen und einen Internetauftritt wird über das Angebot der Kinderschutzambulanz informiert. Unter der Telefonnummer: **089-2180-73011** kann die Terminvereinbarung für eine körperliche Untersuchung erfolgen.

Zur Vereinbarung eines Termins wird keine Überweisung von einem/einer Arzt/Ärztin benötigt. Nach einer Terminvereinbarung gibt es keine Wartezeiten und die Untersuchung erfolgt kostenlos. Die Betroffenen werden in eigens dafür eingerichteten, geschützten Räumlichkeiten des Instituts untersucht. Die Vorstellung in der Ambulanz kann nicht anonym erfolgen, die persönlichen Daten der Betroffenen werden aufgenommen und unterliegen der ärztlichen Schweigepflicht.

Nach einem standardisierten Schema wird eine körperliche sowie, je nach Sachlage, eine anogenitale Untersuchung durchgeführt. Die Befunde werden auf einem Dokumentationsbogen festgehalten, die gerichtsverwertbar in Wort und Bild erfolgt. Die Möglichkeit einer Sicherung von Spuren, wie z.B. Hautabriebe oder Abstriche aus der Genitalregion, besteht ebenfalls. Dokumentationsbogen, Fotos und asservierte Spuren werden im Institut für Rechtsmedizin aufbewahrt und können jederzeit von der oder dem Betroffenen bzw. den Sorgeberechtigten angefordert werden. Auf Wunsch kann kostenpflichtig ein gerichtsverwertbares Gutachten angefertigt werden.

Zahlen und Daten

Im Jahr 2010 wurden 38 körperliche Untersuchungen an Kindern und Jugendlichen in der Kinderschutzambulanz durchgeführt (Ambulanz als Pilotprojekt gestartet). Im Jahr 2015 waren es bereits 65 Untersuchungen (Abb. 1). Bei den Auftraggebern handelte es sich in den meisten Fällen um das Jugendamt oder um einen oder beide Elternteile. In den meisten Verdachtsfällen handelte es sich um den Verdacht auf einen sexuellen Missbrauch.

Hinsichtlich der Telefongespräche, 31 im Jahr 2010 und 336 im Jahr 2015, wird ebenso deutlich, dass die Kinderschutzambulanz sich als Ansprechpartner in Verdachtsfällen der Kindeswohlgefährdung sowohl bei Jugendämtern, als auch bei Ärzten/-innen und Privatpersonen, in Bayern etabliert hat (Abb. 1). Bei der Auswertung der Telefongespräche zeigte sich, dass u.U. in einem einzelnen Fall viele Telefonate zur Klärung und Lösungsfindung notwendig sind.

Im Jahr 2012 wurde das Telemedizinportal Remed-online für Jugendämter und Ärzte/-innen in Bayern eröffnet. Die Anzahl der Anfragen steigerte sich von 29 im Jahr 2012 auf 65 im Jahr 2015 (Abb. 1). Oftmals bitten Kinderärzte/-innen um eine rechtsmedizinische Einschätzung von Verletzungsmustern. Das Einschalten von Jugendämtern und Strafverfolgungsbehörden kann bei einem nicht fundiert begründeten Verdacht schwerwiegende Folgen für die Familien nach sich ziehen. Somit ist es von großer Bedeutung, bei bestehender Unsicherheit, weitere Meinungen einzuholen.

Module der Kinderschutzambulanz

Jahr	Körperliche Untersuchung	Remed-online	Telefongespräche
2011	71		113
2012	54	29	173
2013	64	42	248
2014	58	68	363
2015	65	65	336

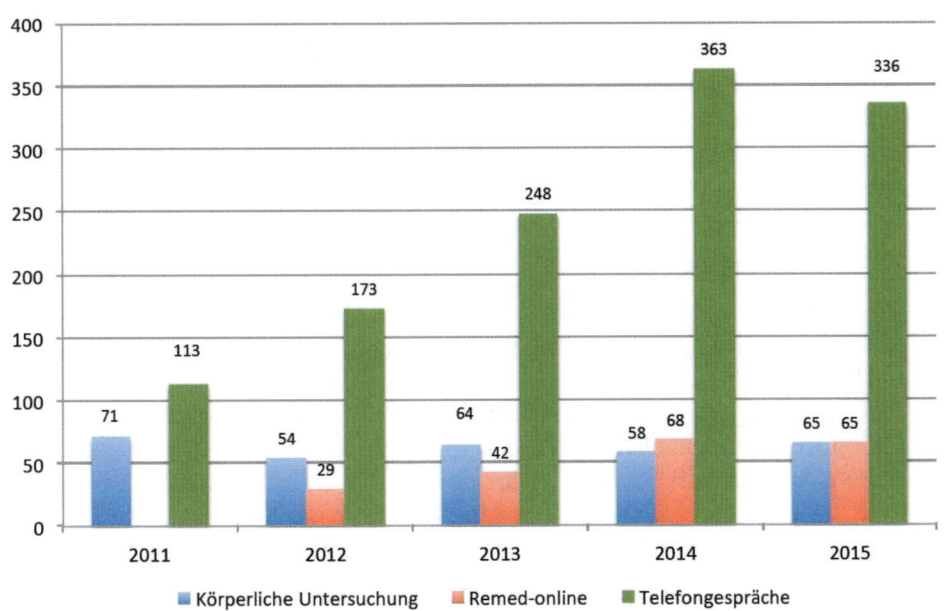

Abb. 1: Nutzung der Module der Kinderschutzambulanz 2011 bis 2015

Besonders aus dem Inhalt der Telefongespräche und den Anfragen bei »Remed-online« wird deutlich, dass Unsicherheit im Hinblick darauf, wie im Falle einer Kindeswohlgefährdung vorgegangen werden soll bzw. in der Beurteilung, ob eine solche besteht, nach wie vor herrscht. Um dieser Unsicherheit entgegen zu wirken wurden in den vergangenen drei Jahren, organisiert von der Kinderschutzambulanz, Schulungen für Klinikärzte zum Thema »Kindeswohlgefährdung« abgehalten. Zusammen mit Experten/-innen aus den Bereichen Medizin, Politik, Jugendamt und Familiengericht wurden Klinikärzte/-innen zu Multiplikatoren für die Implementierung von Kinderschutzgruppen und weiteren Ambulanzstrukturen ausgebildet.

Mit Hilfe von Vorträgen an Landratsämtern (Jugendämter und Kokis) und Kliniken soll für die zentrale Thematik sensibilisiert werden. Ziel ist es, Schulungen auch für niedergelassene Kollegen durchzuführen.

Trotz großer Fortschritte im Bereich des Kinderschutzes besteht weiterhin die Notwendigkeit Kommunikations- und Netzwerkstrukturen zwischen Gesundheitswesen und Jugendhilfe zu etablieren und zu stärken. Eine Sensibilisierung für das Thema Kindeswohlgefährdung und eine Kommunikation auf Augenhöhe ist wünschenswert. Weitere Informationen erhalten Sie unter: http://www.kinderschutz-zentren.org/zentren-vor-ort

3.4 ... aus der Sicht der Rechtsmedizin

PD Dr. med. Ulrich Hammer, Verena Blaas

Als ich Tim begrüße, nimmt er mich an die Hand und will mir sein Zimmer zeigen. »Sein« Zimmer, das er seit dem Vortag bewohnt nachdem er durch das Jugendamt in Obhut genommen wurde. An die andere Hand nimmt er seinen Betreuer, den Tim ebenfalls erst seit dem Vortag kennt. Eigene Kleidung hat Tim nicht dabei, andere Kinder aus der Einrichtung haben ihm welche geliehen. Das Jugendamt hat mich beauftragt, das Kind rechtsmedizinisch zu untersuchen. Nachdem ich dem 7-Jährigen erklärt habe, wer ich bin und dass ich mir seine Verletzungen angucken möchte, zieht er sich bereitwillig aus, nur den Verband am Fuß darf ich nicht entfernen. »Den hat Mama für mich gemacht.« Als ich Tim frage, was ihm denn passiert sei, erklärt er mit kindlicher Selbstverständlichkeit und Gelassenheit, ohne jegliches Unrechtsbewusstsein, dass sein Stiefvater – »Papa« – ihm einen »Arschtritt verpasst« habe, weil Tim vergessen habe, die Kühlschranktür zu schließe und ihn danach über den Betonboden geschleift habe. Tim zeigt mir sein Gesäß, bis an den Rücken reichend flächig grün-blau verfärbt. Der Junge weiß nicht, dass sein »Papa« etwas Verbotenes getan hat, denn Tim kennt es nicht anders: Bereits vor 5 Jahren wurde Tim rechtsmedizinisch untersucht, das Verfahren wurde jedoch aufgrund mangelnder Beweise eingestellt.

Der Fall von Tim ist rechtsmedizinischer Alltag: Rechtsmediziner/-innen untersuchen – entgegen geläufiger Klischees – nicht nur Verstorbene, sondern auch lebende Männer, Frauen und Kinder, die Opfer von Gewalt geworden sind. Das Spektrum umfasst beispielsweise Kneipenschlägereien, sexuelle oder häuslicher Gewalt, aber auch Untersuchungen nach mutmaßlichen Kindesmisshandlungen gehören zur täglichen rechtsmedizinischen Arbeit.

In den meisten Fällen gründet der Verdacht einer Kindesmisshandlung auf erkennbaren, körperlichen Verletzungen. Die Dokumentation und Beurteilung von Fällen fraglicher Kindesmisshandlung gehört seit jeher zu den Kernaufgaben der klinischen Rechtsmedizin. Dabei stehen neben der Erhebung von Befunden, ihrer gründlichen Dokumentation und Sicherung von Asservaten auch die Rekonstruktion der Geschehen und ihre Vereinbarkeit mit den geschilderten Abläufen im Zentrum der rechtsmedizinischen Untersuchung. Kindesmisshandlungen, Vernachlässigungen und sexueller Missbrauch gehören dabei zu der täglichen, rechtsmedizinischen Routine, denn oftmals können erst mithilfe einer rechtsmedizinischen (Mit-)Beurteilung gezielte (Schutz-)Maßnahmen ergriffen werden. Während Fälle von sogenannter stumpfer Gewalt zwar überwiegen, darunter v.a. Schläge, aber auch Sonderformen, wie das Schütteltrauma (shaken-baby-syndrome, siehe Kapitel 3.2. Das Schütteltrauma), gehören auch thermische (Verbrühungen/Verbrennungen) und scharfe Gewalt zur rechtsmedizinischen Praxis.

Die rechtsmedizinische Untersuchung kann niedrigschwellig durch Privatpersonen, Jugendämter, klinische Kollegen/-innen – etwa im Rahmen eines Konsils oder ambulant -, aber auch durch Ermittlungsbehörden wie die Polizei, Staatsanwaltschaften oder Gerichte angefordert werden.

Unabhängig von dem/der Auftraggeber/-in ist der Ablauf der Untersuchung ähnlich: Nach einer ausführlichen und möglichst genauen Anamnese erfolgt die Inspektion der gesamten Körperoberfläche und die Dokumentation der Befunde. Eine häufige Frage, die es im Rahmen der Untersuchung zu beantworten gilt, ist die Unterscheidung von spiel- oder unfallbedingten Verletzungen und Misshandlungsfolgen: Während sich Unfallfolgen größtenteils plausibel erklären lassen, fehlen nachvollziehbare Erklärungen in den meisten Misshandlungsfällen, so dass fehlende, vage oder unpassende, aber auch wechselnde Angaben zum Geschehen zunächst als verdächtig eingestuft werden. Auch eine verzögerte Vorstellung beim Arzt/der Ärztin ist typisch für Misshandlungen, da nach Unfällen üblicherweise zügig ein/e Arzt/Ärztin aufgesucht wird.

Darüber hinaus wird geprüft, ob ein angegebener Unfallmechanismus überhaupt dem Entwicklungsstand des Kindes entsprechen kann: So darf beispielsweise angezweifelt werden, dass ein erst mehrere Wochen alter Säugling sich Hämatome am Gesäß selbst zufügt, indem es sich gegen Möbelstücke drückt. Darüber hinaus sollten die medizinische Vorgeschichte und mögliche Vorerkrankungen des Kindes abgefragt werden, da eine erhöhte Blutungsneigung häufig auftretende Hämatome erklären könnten, chronische Erkrankungen aber auch als potentieller Stressor anzusehen sind. Dass rechtsmedizinische Untersuchungen durchaus auch zu einer Entlastung der Eltern beitragen können, lässt sich an dem Beispiel der »Mongolenflecken« aufzeigen: Diese für junge, asiatische Kinder typische Pigmentierung an Rücken oder Gesäß kann vom Ungeschulten leicht als ein Hämatom fehlinterpretiert werden.

An die Anamneseerhebung schließt sich die körperliche Untersuchung an: Besondere Beachtung finden die misshandlungs-typischen Lokalisationen wie tief liegende Regionen am Gesicht – Augen, Mundschleimhäute, der Bereich hinter den Ohren – und die Körperrückseite. Neben der Inspektion der gesamten Körperoberfläche wird – um mögliche Folgen einer sexuellen Misshandlung nicht zu übersehen – auch der Anogenitalbereich des Kindes untersucht. Die Befunde werden anschließend in Übersichts- und Detailaufnahmen fotodokumentiert. Um eine Gerichtsverwertbarkeit zu gewährleisten wird ein Winkellineal mit Farbskala als Größenreferenz verwendet. Darüber hinaus werden in einem Körperschema handschriftliche Skizzen angefertigt. Bildgebende Verfahren, wie CT-, MRT- oder Ultraschallaufnahmen, aber auch Laboruntersuchungen können wertvolle Zusatzinformationen zur rechtsmedizinischen Untersuchung liefern. Derartige rechtsmedizinische Dokumentationen gehen in Umfang und Detailtiefe über das Maß klinischer Dokumentationen hinaus. Sie beinhalten zudem Befunde, die keiner medizinischen Behandlung bedürfen und somit keine unmittelbare klinische Bedeutung haben, wohl aber für die retrospektive Beurteilung und juristische Würdigung bedeutsam sein können.

Im Anschluss an die Untersuchung wird interdisziplinär das weitere Vorgehen besprochen, um bei einem dringenden Misshandlungsverdacht den Umfang möglicher

Maßnahmen durch das Jugendamt oder das Familiengericht festzulegen oder um eine Strafanzeige zu erstatten.

Wenn die Anklage zur Hauptverhandlung zugelassen wird, werden die rechtsmedizinischen Sachverständigen häufig geladen, um ihr Gutachten zu vertreten. Dabei sehen sie die zum Beispiel vormals verletzte Person jetzt zum zweiten Mal, ohne unbedingt die zwischenzeitlichen Ermittlungsergebnisse zu kennen. Zum Ende der Beweisaufnahme heißt es dann: »Bitte erstatten Sie Ihr Gutachten«. Dabei geht es oft vertiefend um Art, Intensität, Zahl und Reihenfolge von Gewalteinwirkungen, um die Differenzialdiagnose Misshandlung vs. Spielunfall und um fraglich länger wirkende körperliche und psychische Folgen von Gewalt.

Sollten Betreuungspersonen den Verdacht einer Kindesmisshandlung haben und eine rechtsmedizinische Untersuchung des Kindes wünschen, kann diese nur mit dem Einverständnis der Sorgeberechtigten erfolgen. Eine Ausnahme stellt der § 8a SGB VIII dar: Erlangt das Jugendamt Kenntnis von einer potentiellen Kindeswohlgefährdung, hat es diesen Sachverhalt aufzuklären und das Gefährdungsrisiko abzuschätzen. Sollte hierzu eine rechtsmedizinische Mitbeurteilung nötig sein, kann diese auch ohne das elterliche Einverständnis erfolgen. Im Zweifelsfall stehen die jeweiligen Rechtsmediziner für Rücksprachen bereit, um das individuelle Vorgehen zu planen.

Da nicht in allen Regionen Deutschlands Rechtsmediziner/-innen vertreten sind, werden klinische Kollegen in forensicher Befunddokumentation und ihre rechtlichen Handlungsrahmen geschult. Daneben stellt auch die Aus- und Fortbildung Studierender und anderer im Kinderschutz Tätigen einen wesentlichen Ansatzpunkt zum frühzeitigen Erkennen von Misshandlungsfolgen dar.

Tim kehrte nach wenigen Tagen wieder zu seiner Mutter und seinem Stiefvater zurück. Was aus ihm geworden ist, habe ich nie erfahren. Zumindest habe ich ihn – bislang – nicht wieder gesehen. Das ist schon einmal ein gutes Zeichen.

Literatur

Herrmann/Dettmeyer/Banaschak/Thyen (2008): Kindermisshandlung – Medizinische Diagnostik, Intervention und rechtliche Grundlagen. Berlin.

3.5 Die Rolle der Polizei in Fällen häuslicher Gewalt

Rainer Becker

Was ist häusliche Gewalt?

Für den Begriff »Häusliche Gewalt« gibt es bis heute keine einheitliche Definition, grob formuliert handelt es sich um (Gewalt-)Straftaten zwischen Personen in einer partnerschaftlichen Beziehung, die besteht, sich in Auflösung befindet oder aufgelöst ist oder die in einem Angehörigenverhältnis zueinander stehen.

Die Zuständigkeit der Polizei für Maßnahmen in Zusammenhang mit häuslicher Gewalt ergibt sich zum einen aus dem jeweiligen Landes-Gefahrenabwehrrecht, zum anderen aus dem so genannten Legalitätsprinzip des § 163 StPO. Hiernach ist die Polizei verpflichtet, strafbare Handlungen ausnahmslos und ohne Ansehen der Person zu verfolgen. In Fällen häuslicher Gewalt besteht in aller Regel zumindest ein Anfangsverdacht, dass Körperverletzungsdelikte nach dem Strafgesetzbuch begangen worden sein dürften.

Zum Begriff der Gefahr

Eine Gefahr ist, vereinfacht ausgedrückt, ein Zustand, der die Besorgnis begründet, dass ein schädigendes Ereignis wie z.B. eine Schädigung an der Gesundheit durch eine Körperverletzung eintreten könnte. Sie steht bevor, wenn sich der Geschehensablauf bereits klar abzeichnet. In solchen Fällen sind der Anlass, der-/diejenige, der/die betroffen ist, der-/diejenige, der/die die Gefahr verursacht, der Ort und die Zeit usw. bekannt.

Die Gefahr ist darüber hinaus gegenwärtig, wenn der Schadenseintritt unmittelbar oder in allernächster Zeit droht – oder aber, wenn bereits ein Schaden eingetreten ist. In Fällen von häuslicher Gewalt ist die betroffene Person in aller Regel bereits durch Schläge, Tritte u.ä. verletzt worden, so dass die Gefahr als gegenwärtig betrachtet werden kann.

Da die Gefahr mindestens dem bedeutsamen Rechtsgut Gesundheit droht, ist sie darüber hinaus als erheblich zu betrachten, so dass die Polizei in jedem Fall weitere Ermittlungen aufzunehmen hat, vergleiche hierzu § 3 SOG M-V.[61]

Da ein bloßer Anruf, dass jemand seine Frau schlägt und sie um Hilfe ruft, nicht ausreicht, um die Situation abschließend beurteilen zu können, suchen die Polizeibeamten den angegebenen Ereignisort auf, um zu klären ob, und wenn ja, welche weiteren Maßnahmen zum Schutz der Betroffenen geboten sind.

---

[61] In diesem Beitrag werden die Normen des Landes M-V herangezogen, für andere Bundesländer gilt das jeweilige Landesrecht.

Was ist Physische Gewalt?

Die getrennte Befragung

Vor Ort versuchen sie grundsätzlich mit der mildesten Maßnahme zu beginnen, in aller Regel mit einer Befragung der Beteiligten gemäß § 28 SOG M-V.

Bei der Befragung werden der wahrscheinliche Angreifer und die von dem Angriff betroffene Person getrennt und in unterschiedlichen Räumen zu der Auseinandersetzung befragt. Gewöhnlich erfolgt die Befragung in der Wohnung der Beteiligten.

Wenn sich jemand weigert, die Polizei hereinzulassen, kann diese die Räume nach § 59 SOG M-V auch gegen seinen Willen betreten, da tatsächliche Anhaltspunkte vorliegen, dass in der Wohnung Straftaten wie z.B. eine Körperverletzung begangen worden sind. Dies gilt insbesondere dann, wenn nur der/die vermeintliche Tatverdächtige die Wohnungstür öffnet und die wahrscheinlich Betroffenen nicht zu sehen oder zu hören sind. In diesen Fällen wird die Wohnung nach den anderen Personen durchsucht.

Bei der Befragung wird geklärt, wer der/die Angreifer/-in und wer der/die Betroffene war, ob der/die Betroffene Verletzungen erlitten hat und wenn ja, welcher Art, ob er/sie medizinischer Hilfe bedarf, ob die Gefahr weiterer Angriffe besteht, ob und welche Rolle Alkohol, Drogen oder psychische Erkrankungen gespielt haben, ob es Zeugen/-innen gab, ob Kinder in der Wohnung sind, wo sie sich aktuell aufhalten und ob sie die Auseinandersetzung miterlebt haben, ob überhaupt Kinder zum Haushalt gehören, ob sie zu ihrem Schutz in Obhut genommen werden müssen und viele Dinge mehr, die sich aus dem Gesprächsverlauf ergeben.

Während der Befragung achten die Beamten/-innen darüber hinaus auf alles, was für die weitere Beurteilung des Sachverhaltes von Bedeutung sein könnte, wie z.B. gefährliche Gegenstände, ausgesprochene oder behauptete Drohungen, Blut- oder andere Spuren in der Wohnung, Angriffsspuren, Abwehrspuren, Kampfspuren, mögliche Tatwerkzeuge, Alkohol und Drogen, Hinweise auf Verwahrlosung wie Wäscheberge, verschmutztes Geschirr von mehreren Tagen, Tiere und Tierexkremente, verschmutzte Betten oder Matratzen, wenn Kinder zu Wohnung gehören.

Ganz wichtig dabei ist die Beurteilung, ob Angaben plausibel sind, um dann zu entscheiden, ob weitere Gefahren für die Betroffenen und dritte Personen wahrscheinlich sind oder nicht. Nicht selten können in diesem Zusammenhang auch Nachbarn/-innen wertvolle Hinweise geben.

Im Rahmen eines Datenabgleichs gemäß § 43 SOG M-V kann und sollte geklärt werden, ob der/die Täter/-in bereits wegen anderer Delikte in Erscheinung getreten ist, ob es in der Vergangenheit bereits Auseinandersetzungen zwischen den Beteiligten gegeben hat und wer damals der/die Täter/-in und wer die Betroffenen waren.

Platzverweis bei häuslicher Gewalt

In den meisten Fällen können gerade nach einer Gewalteskalation weitere Angriffe nicht ausgeschlossen werden, so dass der/die Täter/-in und die von seinen/ihren Aggressionen Betroffenen zu trennen sind. In diesem Fall kommt der Grundsatz »Wer schlägt, der geht« zum Tragen.

Gemäß § 52 SOG M-V kann die Polizei einer Person für mehrere Tage (oft bis zu 14 Tagen) unabhängig von dem erklärten Willen der anderen Bewohner und unabhängig davon, ob der/die vermeintliche Täter/-in Mieter/-in oder Eigentümer/-in der Räume ist, zur bereits erläuterten Abwehr einer gegenwärtigen Gefahr für Leib, Leben oder Freiheit einer Person einen so genannten Platzverweis – verbunden mit einem Betretungsverbot – aussprechen.

Durch diese vorläufige polizeirechtliche Maßnahme soll den in der Wohnung verbliebenen Betroffenen Gelegenheit gegeben werden, bis zum Ablauf der Wegweisungsfrist zivilrechtliche Schutz-Beschlüsse nach dem Gewaltschutzgesetz zu beantragen.

Widersetzt sich die weggewiesene Person der polizeilichen Anordnung, besteht die Möglichkeit, sie zur Durchsetzung des Platzverweises gemäß § 55 SOG M-V in Gewahrsam zu nehmen. Dies bedeutet, dass sie ggf. mit körperlicher Gewalt zur Polizeidienststelle mitgenommen und dort vorübergehend in einer Gewahrsamszelle untergebracht wird.

Gebietsverbot

Gibt es Anhaltspunkte, wie z.B. Verhalten in der Vergangenheit, Ankündigungen, Drohungen u.a., die es wahrscheinlich machen, dass sich die Person nicht an das Betretungsverbot halten wird oder dass sie anderweitig, z.B. durch Nachstellung versuchen wird, Kontrolle über die in der Wohnung verbliebenen Betroffenen auszuüben, kann ergänzend ein sogenanntes Gebietsverbot ausgesprochen werden. Der Weggewiesene darf dann ein bestimmtes Gebiet wie die Umgebung der Wohnung der Betroffenen, oder bestimmte Örtlichkeiten wie die Kita oder Schule der Kinder oder den Arbeitsplatz der Betroffenen für einen längeren Zeitraum nicht aufsuchen.

Selbstverständlich hat der Weggewiesene das Recht, die polizeilichen Maßnahmen gerichtlich überprüfen zu lassen.

Zusammenarbeit der Polizei mit Jugendamt, Justiz und weiteren Stellen

Eine wesentliche Rolle beim Schutz der Betroffenen kommt der Zusammenarbeit mit anderen Behörden oder Stellen zu. So hat die Polizei andere zuständige Behörden über ihre Maßnahmen gemäß § 7 Abs. 1 Nr. 2 SOG M-V zu unterrichten und gemäß Nr. 3 bis zu deren Einschreiten an deren Stelle unaufschiebbare Maßnahmen zu treffen.

In Bezug auf Kinder ist das Jugendamt ein besonders wichtiger Partner. Das Jugendamt entscheidet in Fällen häuslicher Gewalt über vorläufige Inobhutnahmen gefährdeter Kinder und ruft bei Erfordernis längerfristiger Maßnahmen das zuständige Familiengericht an.

Was ist Physische Gewalt?

Ist das Jugendamt nicht oder nicht schnell genug erreichbar, trifft die Polizei vorläufig die erforderlichen Maßnahmen zum Schutz betroffener Kinder, z.B. weil nach einer Wohnungswegweisung die verletzte Mutter eines Kindes in ein Krankenhaus gebracht werden muss oder aber, weil die Betroffenen unter Einfluss von Alkohol oder Drogen stehen.

Eine Unterrichtung des Jugendamtes sollte nicht nur bei vor Ort angetroffenen Kindern erfolgen, sondern in allen Fällen, in denen Kinder in dem Haushalt gemeldet sind.

Bei Hinweisen auf Gewalt gegen die Kinder, sollte möglichst ein Facharzt für Rechtsmedizin hinzugezogen werden.

Ist eine besondere Beschleunigung des Verfahrens geboten (z.B. wegen einer Gefährdung der Kinder durch Umgang mit dem/der Täter/-in oder ein Missbrauch des Umgangsrechts, um Kontrolle über die in der Wohnung verbliebenen Betroffenen auszuüben, empfiehlt es sich, eine Berichtsdurchschrift, die gewöhnlich erst an das Jugendamt geht, bereits zeitgleich an das zuständige Familiengericht zu senden. Denn ein Familiengericht kann nur so schnell und angemessen sorgerechtliche oder umgangsrechtliche Entscheidungen zu Gunsten eines Kindes treffen, wie es informiert ist, siehe hierzu § 1666 BGB und § 1684 BGB.

Ein wichtiger Partner beim Schutz der Betroffenen sind so genannte Interventionsstellen oder vergleichbare Einrichtungen, die insbesondere betroffenen Frauen und ihren Kindern dabei helfen, ihr Leben nach der Gewalt neu zu organisieren.

Die Gefährderansprache

Je nach Situation erfolgt noch in der Wohnung gemäß § 13 SOG M-V eine so genannte Gefährderansprache. Hierbei wird dem/der Täter/-in verdeutlicht, was er den Betroffenen angetan hat, dass er sich strafbar gemacht hat und was es für Folgen haben wird, wenn es noch einmal zu Gewalthandlungen kommen wird. Bei stark erregten Tätern oder solchen, die unter Einfluss von Alkohol oder Drogen/Medikamenten stehen, wird diese Gefährderansprache gewöhnlich in den Folgetagen noch einmal gezielter wiederholt, damit sie sich nicht darauf berufen können, diese in der Aufregung nicht richtig erfasst zu haben.

Sonstige Maßnahmen

Die Betroffenen werden parallel dazu darauf hingewiesen, wie sie sich am besten verhalten sollten, falls der/die Täter/-in weiter versuchen sollte, mit ihnen zu kommunizieren oder ihnen nachzustellen versucht.

Strafverfolgend werden bei Feststehen der Person des/der Täters/-in Spuren und Beweismittel sichergestellt, bei Tätern/-innen unter Alkoholeinfluss wird eine Blutprobenentnahme durch eine/n Arzt/Ärztin angeordnet, um seine/ihre Schuldfähigkeit einschätzen zu können. Darüber hinaus werden Zeugenaussagen niedergeschrieben.

3.6 Kinderschutz nach häuslicher Gewalt und Stalking im Interventionsprozess

Kati Voß

Häusliche Gewalt, in folgendem Text auch Partnerschaftsgewalt genannt, kommt relativ häufig in Deutschland vor und kann in Form von psychischer und/oder physischer Gewalt auftreten.[62] Folgen dieser Art der Gewalt, die überwiegend im privaten Raum stattfindet, sind zum Beispiel: Brandverletzungen, Knochenbrüche, Blutergüsse, ausgerissene Haare, Prellungen, Schnittverletzungen, aber auch Selbstwertverlust, Depressionen, soziale Isolation u.v.m. Von häuslicher Gewalt sind überwiegend Frauen betroffen.[63]

Stalking

Stalking in Form der Nachstellung und Verfolgung von ehemaligen Partnern erfolgt zum Beispiel durch ständige Kontaktaufnahme über elektronische Medien wie SMS, E-Mails, WhatsApp oder aber durch ein Verfolgen in der Öffentlichkeit, die dauerhafte Anwesenheit vor dem Zuhause der Betroffenen, das Warten vor Einrichtungen, in welche die Kinder gehen. Auch die Kontaktaufnahme über Dritte (wie Eltern, Freunde, Arbeitskollegen usw.) ist keine Seltenheit. Selbst vor Sachbeschädigung und körperlichen Übergriffen wird nicht zurückgeschreckt. Diese Art der permanenten Überwachung und Beeinflussung des Lebens der Betroffenen hat gravierende Auswirkungen. So kommt es zu schwerwiegenden Ängsten und Unsicherheiten im Alltag. Weitere Folgen sind Schlaflosigkeit, sozialer Rückzug, massiver Vertrauensverlust zu *allen* Menschen, Depression, Essstörungen, aber auch physische Beeinträchtigungen wie psychosomatische Erkrankungen oder Verletzungen durch gewalttätige Übergriffe. Die in der Familie lebenden Kinder und Jugendlichen werden in die Handlungen des übergriffigen Elternteils einbezogen. Sie werden somit als Zuträger für Botschaften, zur sozialen Überwachung und Informationsbeschaffung benutzt.

Das Miterleben von Partnerschaftsgewalt und Stalking

Das Miterleben von Partnerschaftsgewalt und Stalking hat für betroffene Kinder und Jugendliche zahlreiche negative Auswirkungen und gefährdet somit massiv das Kindeswohl. Dies können schwerwiegende Verhaltensstörungen, starke Beeinträchtigungen des Lernerfolges in der Schule, Entwicklungsverzögerungen und Belastungsstörungen durch Traumata sein. Die internationalen Forschungsergebnisse sind diesbezüglich sehr eindeutig. Vor allem in den Altersstufen von 0 – 6 Jahren

---

[62] Siehe: Naranjos Velazquez (2015): Wenn Kinder elterliche Partnerschaftsgewalt miterlebt haben- Biographische Reproduktion von Gewalt. Saarbrücken.
[63] »Jahresbericht der Interventionsstelle Rostock 2014« unter www.fhf-rostock.de

Was ist Physische Gewalt?

können Verhaltensveränderungen wie z.B. eine starke Minderung der Neugier, die Entwicklung von großen Verlustängsten, eine extreme Wut und Verzweiflung bei alltäglichen Aufgaben, der Rückzug mit auffälliger Interesselosigkeit, der Verlust vorhandener sozialer Kompetenzen ein Zeichen für das Miterleben von häuslicher Gewalt sein. Durch die direkte psychische Belastung (und häufig auch physische Gefährdung) der betroffenen Kinder und Jugendlichen ist eine zeitnahe Intervention in Richtung Schutz, Sicherheit und Unterstützung angezeigt.

Beratungsansatz der Interventionsstelle

Da Kinder und Jugendliche davon abhängig sind, dass ihre Eltern Schutzmaßnahmen treffen, beide Elternteile in einer solchen Krisensituation hierzu jedoch nur unzureichend in der Lage sind, sind die Maßnahmen durch den pro-aktiven Beratungsansatz der Interventionsstellen gegen häusliche Gewalt und Stalking in M-V auf die zeitnahe Kontaktaufnahme nach einem Polizeieinsatz zu dem von Gewalt betroffenen Elternteil ausgerichtet. Die Beratung ist freiwillig und umfasst in der Regel folgende Inhalte:

- Information über rechtliche Schutzmöglichkeiten und Unterstützung beim Erlangen derselben,
- psychosoziale Beratung und Stabilisierung der Betroffenen,
- Gefährdungsprognose, Schutz- und Sicherheitsplan,
- Begleitung zu Ämtern und Behörden,
- Beratung zum Kinderschutz und Vermittlung an die Kinder- und Jugendberatung der Interventionsstelle.

Durch das Erwirken von gesetzlichen Schutzmaßnahmen nach dem Gewaltschutzgesetz, durch stabilisierende Beratungsgespräche und einer Verhaltensberatung für die Betroffenen, können weitere Gewaltvorfälle vermieden werden.

Unterstützung speziell für Kinder und Jugendliche

Um auch den betroffenen Kindern und Jugendlichen Handlungs- und Verarbeitungsmöglichkeiten aufzuzeigen, gibt es seit 2008 an allen fünf Interventionsstellen Mecklenburg-Vorpommerns eine Kinder- und Jugendberatung.[64] Dadurch können Heranwachsende in der belastenden Situation aufgefangen werden. Ziel ist es, ihnen Unterstützung und Hilfe anzubieten und ihre Handlungskompetenzen und Widerstandskräfte zu aktivieren. Dabei werden ihre Bedürfnisse in der Krisensituation wahrgenommen und in den Schutz- und Sicherheitsplan für das von Gewalt betroffenen Elternteil integriert. Dies gilt vor allem auch bei Fragen des Umgangs mit dem gefährdenden Elternteil nach einer Trennung der Eltern sowie bei Fragen und Entscheidungen zum gemeinsamen Sorgerecht. Hier ist es von großer Wichtig-

---

[64] Siehe Broschüre »Pro-aktiver Kinderschutz bei häuslicher Gewalt – Noch immer eine Frage der Wahrnehmung? Erfahrungen aus 10 Jahren Kinder- und Jugendberatung in Mecklenburg-Vorpommern«, Rostock 2016.

keit, weitere Gefährdungspotenziale (zum Beispiel in Form der Gewaltdynamik und dem Gewalttypus) des gewaltausübenden Elternteils zu eruieren und darüber hinaus präventive Maßnahmen wie Umgangsaussetzung, Festlegung eines beaufsichtigten Umgangs, Übertragung des alleinigen Sorgerechts auf das gewalterleidende Elternteil anzustreben. Auch Auflagen wie Antiaggressionstraining und/oder eine Suchtberatung für das gewaltausübende Elternteil tragen maßgeblich und langfristig zum Schutz und zur Sicherheit der Kinder und Jugendlichen bei.

Die Interessen der Kinder und Jugendlichen in einen solchen, oben näher bezeichneten Prozess der Intervention einzubetten, sorgt häufig dafür, dass die Kinder und Jugendlichen wieder Vertrauen fassen, Selbstwirksamkeit spüren und so die schädlichen Auswirkungen reduziert werden können. Die ressourcenorientierte Kurzzeitberatung für Kinder und Jugendliche ist an der Bedarfslage selbiger orientiert und kann bis zu zwanzig Beratungstermine beinhalten. Anwendung finden hier verschiedene Methoden aus den verschiedensten Bereichen der Sozialarbeit, um die Kinder und Jugendlichen einerseits zu stabilisieren, aber auch das Ausmaß der schädigenden Wirkung des Miterlebens der Partnerschaftsgewalt zu erfassen. Heranwachsende agieren in den hier beschriebenen Krisensituationen häufig mit unbewussten Strategien, die mitunter für Außenstehende nicht nachvollziehbar sind, doch den Kindern und Jugendlichen Sicherheit geben. Das können zum Beispiel die Idealisierung des gewaltausübenden Elternteils und die Verharmlosung bzw. Verdrängung der Gewalttätigkeiten, der Rückfall in kleinkindliches Verhalten, ein Schuld-auf-sich-nehmen und die Übernahme der Elternrolle sein. Diese Strategien zu benennen und ihnen bewusst zu machen, ist Teil der Beratung. So können sie ihr eigenes Verhalten besser verstehen und gemeinsam mit den Mitarbeiter/-innen der Kinder- und Jugendberatung nach besseren Bewältigungsstrategien suchen.

Die begleitende Beratung des gewaltbetroffenen Elternteils wird inhaltlich von Themen wie dem Umgang mit Verhaltensauffälligkeiten, gewaltfreie Erziehung, Umgang mit Geschwisterkonflikten, Auswirkungen und Folgen des Miterlebens der Partnerschaftsgewalt, wirksame Schutzmöglichkeiten für Kinder sowie Jugendliche dominiert.

Transparenz, Wertschätzung und Sicherheit – Kinder und Jugendliche unterstützen

Wichtig für alle Professionen, die mit Kindern arbeiten, ist, abrupte Verhaltensveränderungen oder Verhaltensauffälligkeiten wahrzunehmen und für die betroffenen Kinder und Jugendlichen in einem sicheren Raum ein Kommunikationsangebot zu schaffen, damit sie über ihre Probleme reden können. Notwendige Maßnahmen zur Intervention und zum Schutz sollten mit Mitarbeitern/-innen von Fachberatungsstellen, wie zum Beispiel den Interventionsstellen, besprochen und koordiniert werden. Besonders wichtig ist es, gegenüber den betroffenen Kindern und Jugendlichen transparent und wertschätzend zu sein, sie an den Entscheidungen zu beteiligen und auch über Maßnahmen zu informieren, die sie selbst nicht mitentscheiden können. Bei häuslicher Gewalt und Stalking ist es wichtig, das von Gewalt betroffene Elternteil anzusprechen und Unterstützung anzubieten. Auch hier gilt es, in einem sicheren Raum ein vertrauensvolles Kommunikationsangebot zu schaffen, da die übergriffigen Verhaltensweisen der gewaltausübenden Person (Macht und Kontrolle) eine permanente Gefährdung darstellen. Eigene Unsicherheiten derFachkräfte sollten durch kollegiale Beratung oder anonyme Fallberatung bei den Beratungsstellen für häusliche Gewalt und Stalking überwunden werden. Häufig ist dies der erste Schritt, Kindern und Jugendlichen zukünftig ein gewaltfreies Leben zu ermöglichen.

Aufklärung der Kinder und Jugendlichen über häusliche Gewalt sowie Stalking und mögliche Schutzmaßnahmen sind weitere Schritte, um sie vor nochmaligem Miterleben zu schützen. Hier gibt es zum Beispiel die Möglichkeit, die Ausstellung »Hier wohnt Familie Schäfer« oder die zugehörige Broschüre zu nutzen.[65] Das Thematisieren von geschlechtlichen Rollenbildern in der Gesellschaft, die Unterscheidung von Meinungsstreit und Gewalt, der Umgang mit unangenehmen Gefühlen und das Vorstellen von Kinderrechten können ebenso dazu beitragen, häusliche Gewalt einzudämmen. Kinder und Jugendliche könnten somit vor einem Erleben und den Folgen dieser spezifischen Form der Gewalt bewahrt werden, so dass folgende Aussagen am Ende gar vermieden werden könnten.

Zitate von betroffenen Kindern und Jugendlichen:

»Ich war starr vor Angst, als mein Vater meine Mutter laut brüllend durch den Flur zerrte.« (Carolin 14).

»Immer wieder das Geschrei und die Schläge, ich habe oft davon geträumt.« (Leon 10)

»Wenn Papa betrunken war, war es besonders schlimm.« (Jenny 7)

»Meine schulischen Leistungen haben sich dadurch sehr verschlechtert. Die Prüfungen werde ich wohl nicht schaffen.« (Laura 16)

»Der Papa hat ganz doll auf die Brust der Mama gehauen.« (Marvin 5)

»Einschlafen kann ich nicht mehr, immer habe ich Angst.« (Ben 8)

»Ich bin froh, dass er weg ist. Jetzt geht es mir viel besser und Mama lacht auch mal wieder.« (Lisa 15)

»Ich wollte Mama beschützen, da habe ich auch Schläge abbekommen.« (Arne 11)

Wie sollte bei einem Verdacht gehandelt werden?

Wichtig ist vor allem, agieren Sie nicht alleine! Stimmen Sie nötige Handlungsschritte mit Kollegen/-innen und zuständigen Beratungsstellen ab.

---

65 Via Internet über www.fhf-rostock.de zu beziehen.

Wie können Sie das von Gewalt betroffene Elternteil unterstützen?

- Schaffen Sie eine vertrauliche Gesprächssituation.
- Drücken Sie ihre Sorge in Ich-Botschaften aus.
- Geben Sie ausreichend Raum und Zeit zum Reden.
- Nehmen Sie keine Bewertungen/Abwertung vor.
- Entlasten Sie das betroffene Elternteil, Gewalt in der Ehe/Partnerschaft ist durch Nichts zu rechtfertigen.
- Informieren Sie über vorhandene Hilfsangebote. Bei Bedarf geben Sie die Gelegenheit für ein Telefonat im geschützten Rahmen oder erfragen Sie die Erlaubnis, die Telefonnummer an ein Hilfsangebot weiterzuleiten
- Sensibilisieren Sie für die Bedürfnisse der Kinder.

Wie können Heranwachsende unterstützt werden?

Helfen Sie dabei die Gewalt zu enttabuisieren.

- Gewalt ist nicht okay, Kinder haben ein Recht auf gewaltfreie Erziehung.
- Kinder tragen keine Schuld an der Gewalt.
- Auch andere Kinder erleben häusliche Gewalt.
- Initiieren Sie Angebote zum Thema für die Heranwachsenden.
- Machen Sie die betroffenen Kinder sichtbar.
- Geben Sie dem Kind in einem geschützten Rahmen die Möglichkeit, über das Erlebte zu sprechen.
- Achten Sie darauf, dass es Wahlmöglichkeiten hat und seien Sie dem Kind gegenüber transparent, wenn Entscheidungen anstehen.
- Unterstützen Sie das Kind darin, die Erlebnisse auszudrücken.
- Hören Sie aktiv zu und schenken Sie dem Kind Glauben.
- Ermöglichen Sie dem Kind, sich und seine Verhaltensweisen zu verstehen.
- Geben Sie Hinweise, wie sich das Kind besser schützen kann.
- Bestärken Sie das Kind darin, dass es ist richtig ist, um Hilfe zu bitten.
- Verdeutlichen Sie dem Kind, dass es nicht für die Sicherheit des gewaltbetroffenen Elternteils verantwortlich ist.
- Seien Sie für das Kind eine verlässliche Bezugsperson außerhalb der Familie.

Wie kann die Versorgungsumgebung verbessert werden?

- Unterstützen Sie das von Gewalt betroffenen Elternteil bei Stärkung und Rehabilitation der Elternfunktion.
- Fördern Sie die Verantwortungsübernahme des Gewalt ausübenden Elternteils.
- Sensibilisieren und mobilisieren Sie das soziale Umfeld.

Was ist Physische Gewalt?

Wie können Sie Heranwachsende für die Zukunft stärken?

- Fördern Sie eine geschlechterstereotypenfreie[66] Erziehung.
- Üben Sie mit den Kindern die Differenzierung der Eigenwahrnehmung durch Gefühle- und Körperwahrnehmungsübungen.
- Stärken Sie das Selbstwertgefühl der Kinder.
- Vermitteln Sie gewaltfreie Konfliktlösungsstrategien.
- Unterstützen Sie die Herausbildung von sozialen Kompetenzen im Miteinander.
- Ermöglichen Sie das Erleben von positiven Ereignissen.

Wir können Heranwachsende leider nicht immer vor diesen bedrückenden Erlebnissen schützen, umso wichtiger ist es hinzuschauen, wahrzunehmen und zu handeln.

Gehen Sie davon aus, dass das Miterleben von Gewalt zwischen den Eltern oder einem Elternteil und neuen Partnern grundsätzlich als mögliche Ursache für Verhaltensauffälligkeiten und abrupte negative Verhaltensveränderungen von Heranwachsenden in Betracht gezogen werden muss. Zum Abschluss noch ein Zitat von Aristoteles.

»*Wir können den Wind nicht ändern, aber die Segel richtig setzen.*«

---

[66] Das kann das Aufbrechen von Geschlechterrollenbildern wie »typisch weiblich« und »typisch männlich« sein. Dabei sollten keinem Geschlecht Fähigkeiten, Wesensmerkmale und Verhaltensweisen deskriptiv oder präskriptiv zugeschrieben werden.

4 Was ist Psychische Gewalt?

»Alle jene Meinungen und Betrachtungsweisen der Dinge, an die wir uns von unserer Kindheit an gewöhnt haben, wurzeln in uns so tief, daß es trotz aller Mittel, welche Vernunft und Erfahrung bieten, uns unmöglich ist, sie auszurotten.«

(David Hume)

»Du bist zu blöd für alles.«

»Wenn ich das gewusst hätte, hätte ich keine Kinder bekommen.«

»Wenn du nicht brav bist, sag ich es Papa, du wirst schon sehen, was du davon hast.«

»Entweder du tust das jetzt sofort oder es gibt Schläge.«

»Du bist ein Arschloch, bescheuert, eklig.«

»Mit dir muss man sich überall schämen.«

»Hört ihr nicht auf zu streiten, kommt ihr ins Heim.«

»Wenn du lieber zu Papa willst, hab ich dich nicht mehr lieb.«

»Wenn du nicht sofort aufräumst, schließ ich dich in dein Zimmer ein.«

»Womit habe ich bloß solche Monster als Kinder verdient.«

»Euren Vater bin ich schon los, glaubt nicht, dass ich euch nicht auch loswerde.«

»Du wirst nie so gut sein wie ich, kein Wunder, du kommst nach deiner Mutter.«

Diese und andere Sätze werden uns und anderen Beratenden immer wieder berichtet. Es sind schmerzhafte Erinnerungen von Kindern, aber auch Erwachsene haben teils bis ins hohe Alter mit solchen Kindheitserfahrungen zu kämpfen.

»Psychische Gewalt beschreibt alle Formen der emotionalen Schädigung und Verletzung einer Person. Sie hat viele unterschiedliche Dimensionen. Dazu zählen verbale Erniedrigungen und Beleidigungen, Beschimpfungen, Bedrohungen, Beschuldigungen oder Mobbing.«[67] Auch Liebesentzug (Deprivation), Ignoranz und demonstratives Schweigen gegenüber einem Kind fallen darunter.

Psychische Gewalt gegen Kinder wird noch immer unterschätzt. Mangels unmittelbar sichtbarer körperlicher Spuren wird psychische Gewalt bagatellisiert, oft wird betont, dass »nur Worte fallen.« Auch Eltern und Bezugspersonen, welche körperliche Gewalt gegen Kinder ablehnen, finden sich unter den Verfechtern wieder. Dies verwundert, zeigt doch ein immer größer werdendes Forschungsfeld, dass psychische Gewalt Kinder nicht minder schwer beeinträchtigt als physische Gewalt.

---

67 Bundesverband Frauenberatungsstellen und Frauennotrufe, Berlin.

Was ist Psychische Gewalt?

Auch hier greift das gesetzliche Gewaltverbot nach § 1631 Abs. 2 BGB, wonach seelische Verletzungen und andere entwürdigende Maßnahmen unzulässig sind. Immer wieder werden Experten/-innen mit der Frage konfrontiert, wo psychische Gewalt anfinge, denn immerhin sei ein unüberlegter Satz wie »Man, stellst du dich doof an.« schnell gesagt. Eine allgemeine Antwort darauf gibt es nicht, doch klar ist: jedes Wort hinterlässt Spuren. Diese müssen nicht unbedingt gegen das Kind selbst gerichtet sein. Auch das Miterleben von Partner-/ häuslicher Gewalt beeinträchtigt die kindliche Psyche stark. Gleiches gilt für Kinder, welche bei Trennung oder Scheidung der Eltern zwischen die Fronten geraten und zum Spielball zwischen Eltern werden, welche Beziehungs- und Elternebene nicht mehr zu trennen in der Lage sind. Wichtig ist es hier, den Kreislauf der Gewalt zu durchbrechen, das eigene Verhalten zu hinterfragen und sich auf die kindlichen Bedürfnisse zurückzubesinnen.

> **Ein Fallbeispiel**
>
> Oskar ist sechs Jahre alt. Wie fast jede Nacht liegt er wach in seinem Bett. Die Eltern streiten mal wieder und er kann an der Stimme seines Vaters hören, dass es gleich wieder soweit ist. Gleich wird er Oskars Mutter wieder schlagen. So wie jeden Abend. So wie jeden Tag.
>
> Oskar zieht sich die Decke über den Kopf, er will es nicht hören. Er kann nichts tun, der Vater ist so stark.
>
> Oskar findet es ganz schlimm, wenn sein Vater seine Mutter schlägt. Das passiert ganz oft. Manchmal weint Papa danach und sagt, das sei wegen der schlimmen Dinge, die Oma und Opa mit ihm gemacht haben. Aber niemand spricht darüber.
>
> Oskar versteht nicht, was das heißt. Er denkt, dass seine Eltern streiten, weil er nicht immer artig ist. Und manchmal macht er auch absichtlich etwas kaputt. Dann ist Papa auf ihn wütend, nicht auf Mama. Papa sagt dann manchmal, er schickt Oskar ins Heim oder dass er ihn totschlägt, wenn er nicht aufhört, zu weinen. Geschlagen hat er ihn aber noch nie.
>
> Oskar glaubt, dass ihn sein Vater nicht besonders mag. Sonst würde er nicht immer zu ihm sagen, dass er dumm sei und man sich für ihn schämen müsste. Manchmal spricht der Vater tagelang nicht mit ihm und dreht sich weg, wenn Oskar zu ihm kommt. »Er ist wie aus Eis«, denkt sich der Junge dann.
>
> Oskar möchte seine Mutter nicht belasten, deshalb sagt er ihr nicht, wie es ihm geht. Manchmal wünscht er sich, ganz weit weg zu laufen. Aber das haben Mama und er schon einmal gemacht. Da sind sie in eine andere Stadt gezogen und Oskar durfte seinen Freunden in der Kita nicht sagen, wo hin sie gehen. Der Vater hat sie gefunden. Dann hat er ganz oft angerufen und war überall dort, wo Mama und Oskar auch waren. Da hat Mama auch viel geweint. Und irgendwann sind sie mit Papa wieder zurück in die alte Wohnung gezogen.

4.1 Körperliche und psychische Folgen von Kindesmisshandlung

PD Dr. med. Sibylle Winter

Kindesmisshandlung reicht von körperlicher Kindesmisshandlung über körperliche oder emotionale Vernachlässigung bis hin zu emotionaler Gewalt und sexuellem Missbrauch. Am häufigsten geht Kindesmisshandlung von Betreuungspersonen aus dem Nahumfeld aus. Die Folgen von Kindesmisshandlung wurden bisher meist in retrospektiven Studien erfasst, das heißt Erwachsene werden nach möglicher Kindesmisshandlung in der Kindheit gefragt. Erst in jüngerer Zeit werden zunehmend auch prospektive Studien durchgeführt. Hierzu sei ein Beispiel erwähnt: Unter der Verbundleitung von Frau Prof. Dr. Heim werden in der Berliner Kinderstudie aktuell 3-5 jährige Kinder, die Misshandlungserfahrung haben, hinsichtlich körperlicher und psychischer Folgen über einen Zeitraum von zwei Jahren untersucht.

In der Literatur wird zwischen Kurzzeit- und Langzeitfolgen unterschieden. Kurzzeitfolgen treten innerhalb von zwei Jahren nach der Kindesmisshandlung auf, die Langzeitfolgen werden erst in der Adoleszenz oder im Erwachsenenalter sichtbar. Die genaue Ausprägung der Folgen hängt von der Misshandlungsform – und schwere ab. Ein langjähriger intrafamiliärer sexueller Missbrauch hat beispielsweise schwerere Folgen als eine einmalige Situation von sexueller Nötigung durch eine/-n Fremdtäter/-in. Welche Folgen Kindesmisshandlung hat, ist zudem auch vom Entwicklungsalter und den Bewältigungsmöglichkeiten des Opfers zum Tatzeitpunkt, von den familiären Ressourcen und weiterer sozialer Unterstützung durch Freunde etc. abhängig.

In der Forschung gibt es die meisten Studien zu Folgen von sexuellem Missbrauch und zu körperlicher Misshandlung. Die weitreichenden Folgen von Vernachlässigung und emotionaler Gewalt sind in den Studien bisher weniger vertreten. In den früheren Studien wurden hauptsächlich die psychischen Folgen von Kindesmisshandlung aufgezeigt. Neue Erkenntnisse zeigen unmittelbar biologische Mechanismen der Einbettung von Kindesmisshandlung. Aufgrund dieser biologischen Mechanismen können sich im weiteren Lebensverlauf eine Vielzahl von psychischen, aber auch körperlichen Erkrankungen entwickeln, die auch eine erhöhte Sterblichkeit bedingen.

Aus diesem Grund folgt an erster Stelle die Beschreibung der unmittelbar biologischen Bedingungen und Mechanismen, die bisher durch die intensiven aktuellen Forschungen in diesem Bereich bekannt sind.

In früheren Studien fiel immer wieder auf, dass es einen bestimmten Prozentsatz von Kindern gibt, die trotz schwerer Misshandlungserfahrung wenig Auffälligkeiten entwickelt haben. Mittlerweile wissen wir, dass die genetische Ausstattung über sogenannte Vulnerabilitätsgene die Wahrscheinlichkeit steuern kann, ob es nach

Misshandlungserfahrung zu Auffälligkeiten kommt. Sogenannte »Sonnenblumenkinder« haben eine genetische Ausstattung, die sie gegenüber negativen Einflüssen eher schützt, demgegenüber sind sogenannte »Orchideenkinder« sensibler gegenüber schädigenden Einflüssen.

Die Forschung hat im Weiteren gezeigt, dass die Gehirnentwicklung und damit das Verhalten maßgeblich von der Versorgung durch die Betreuungspersonen in der frühen Kindheit beeinflusst werden. Zunächst haben tierexperimentelle Befunde gezeigt, dass die Qualität der emotionalen Erfahrung strukturelle und funktionale neuronale Veränderungen im Gehirn bedingt. Dies konnte in Studien mit Erwachsenen nach Misshandlungserfahrung in der frühen Kindheit bestätigt werden, auch bei Kindern mit Misshandlungserfahrung gibt es aktuell erste Hinweise auf die beschriebenen Veränderungen. Diese Veränderungen beziehen sich auf Hirnstrukturen wie den präfrontale Kortex (Schaltstelle für Handlungsplanung), den Hippocampus (Schaltstelle für Gedächtnis) oder die Amygdala (Schaltestelle für die Verarbeitung von Emotionen). Zum anderen beziehen sich diese Veränderungen auf funktionale Netzwerke wie die Verbindungen zwischen Synapsen (Nervenzellenendigungen). Dies betrifft vor allem sensorische (Empfindungen) und motorische (Bewegung) Systeme, aber auch die präfrontalen (Stirnhirn, Schaltstelle für die Handlungsplanung) und limbischen Schaltkreise (Zentrale Schaltstelle für Gefühle), (Tab. 1).

Eine funktionelle Entwicklung und Optimierung der Gehirnentwicklung ist nur in einer anregenden und fördernden Umwelt möglich. Schon während des letzten Drittel der Schwangerschaft wird die neuronale Entwicklung durch Stress beeinflusst. Die neuronalen Netzwerke entwickeln sich weiter, indem häufig genutzte Verbindungen verstärkt werden und wenig genutzte Verbindungen abgebaut werden. Wenn die neuronalen Netzwerke einer negativen Umwelt ausgesetzt sind, ist das Risiko für spätere psychische Störungen erhöht.

Welche Mechanismen sind in der Lage, die Gehirnentwicklung in der beschriebenen Weise zu beeinflussen?

In erster Linie sind epigenetische Mechanismen beteiligt. Die genetische Information wird im Laufe unseres Lebens durch Umweltfaktoren über epigenetische Mechanismen verändert. Was sind epigenetische Mechanismen? Es handelt sich nicht um eine Veränderung des Erbguts an sich, sondern die Lesbarkeit des Erbguts wird über molekulare Mechanismen (chemische Reaktionen) verändert.

Der Forscher Meany konnte dies 2004 anhand von emotional gut und schlecht versorgten Ratten beweisen. Die Qualität der emotionalen Versorgung beeinflusst die Lesbarkeit der Gene. Bei gut versorgten Ratten war die Lesbarkeit der Gene deutlich erhöht im Vergleich zu den schlecht versorgten Ratten. Die bessere Lesbarkeit der Gene beeinflusst dabei die Gehirnentwicklung positiv und die Stress-Hormonachse im Sinne von Stärkung der Stressverarbeitung mit niedrigeren Stresshormonwerten. Umgekehrt bei schlechterer Lesbarkeit der Gene wird die Gehirnentwicklung negativ beeinflusst und die Stress-Hormonachse im Sinne von Schwächung der Stressverarbeitung mit höheren Stresshormonwerten. Das heißt, dass bei den Betroffenen in Belastungssituationen eine ungebremste Stressreaktion mit erhöhten Stresshormonen erfolgt, die hirnstrukturelle und hirnfunktionelle Veränderungen bedingen. Zudem schwächt chronischer Stress das Immunsystem und führt zu einer Erhöhung von Entzündungsparametern (Tab. 1)

Für die Gesunderhaltung ist allerdings eine kontrollierte Stressreaktion unbedingt notwendig, da wir jeden Tag in unterschiedlicher Form gestresst werden. Bei einer Schwächung der Stressverarbeitung im Sinne von ungebremster Stressreaktion ist davon auszugehen, dass sich im weiteren Lebenslauf in Belastungssituationen verschiedene körperliche oder psychische Krankheiten manifestieren können. Dazu gehören **körperliche** Krankheiten wie Schmerzstörungen, Herz-Kreislauf- Erkrankungen, autoimmunbezogenen Erkrankungen, Übergewicht, Diabetes und **psychische** Erkrankungen wie Depressionen, Angststörungen, Essstörungen, Suchterkrankungen, psychosomatische Störungen.

Zusammenfassend konnte die bisherige Forschung zeigen, dass Kindesmisshandlung in der frühen Kindheit je nach genetischer Ausstattung eine optimale Gehirnentwicklung verhindern und Narben in biologischen Strukturen hinterlassen, die zeitnah psychische Auffälligkeiten bedingen und lebenslang die Stressverarbeitung erschweren und damit eine Vielzahl von Erkrankungen im Erwachsenenalter nach sich ziehen.

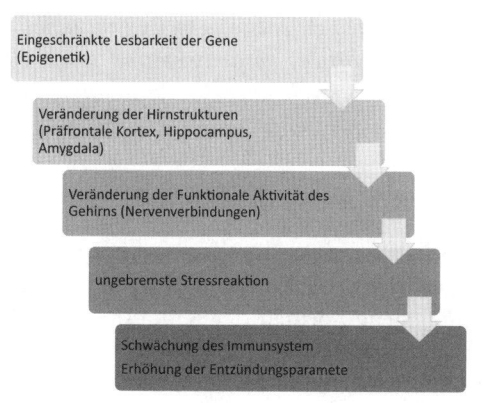

Abb. 1: Körperliche Folgen bei Kindesmisshandlung

Haben diese Erkenntnisse Einfluss auf präventive und therapeutische Ansätze?

Es ist davon auszugehen, dass die körperlichen Folgen von Kindeswohlmisshandlung bei einer bestimmten Ausprägung oder bei einer bestimmten Länge der Einwirkung irreversibel sind. Insofern ist jede Form von Kindesmisshandlung unbedingt zu vermeiden! Als präventive Maßnahmen sollten Risikogruppen gezielt untersucht werden. Liegen Hinweise auf Kindesmisshandlung vor, sollten unterstützende Maßnahmen unbedingt initiiert werden. Ein Beispiel soll die Möglichkeiten der Prävention zeigen: Schon anhand der Beobachtung der Mutter-Kind-Interaktion im Alter von 3 Monaten können Hinweise auf Kindesmisshandlung gesehen werden. Bei ablehnenden und misshandelnden Müttern ist die Mutter-Kind-Interaktion auffälliger als bei Müttern, die ihre Kinder gut versorgen. Eine standardisierte Untersuchung in diesem Alter im Rahmen der Vorsorgeuntersuchungen beim/bei der Kinderarzt/-ärztin könnte entsprechende Risikokinder identifizieren.

Wenn schon körperliche Folgen aufgetreten sind, konnte in tierexperimentellen Experimenten belegt werden, dass bei Stress während der Schwangerschaft neuronale Veränderungen z.T. verhindert bzw. korrigiert werden können, wenn die Tiere nach der Geburt mit vermehrter Zuwendung versorgt werden. Auch die Behandlung mit Psychopharmaka hat in Tierexperimenten belegt, dass stressinduzierte Veränderungen der Nervenverbindungen bzw. Verhaltensauffälligkeiten rückgängig gemacht werden können.

Bei erwachsenen Patienten konnte in Studien gezeigt werden, dass Psychotherapie und soziale Unterstützung die Stressreaktion positiv beeinflussen. Es liegt eine interessante Studie von Frau Prof. Dr. C. Heim vor, die festgestellt hat, dass bei depressiven Patienten mit frühkindlicher Traumatisierung eine Psychotherapie besser wirkt als Medikation. Es gibt erste Hinweise auf medikamentöse Möglichkeiten, die Stress-Hormonachse positiv zu beeinflussen. Bei Kindern liegen diesbezüglich bislang wenig systematische Untersuchungen vor.

Da Kinder nach Misshandlungserfahrungen zu einer Hochrisikogruppe gehören, zeitnah oder zeitlebens Auffälligkeiten zu entwickeln und manifest krank zu werden, sollte jedes betroffene Kind eine ausführliche körperliche und psychische Diagnostik erhalten, um dann bei Notwendigkeit entsprechende Unterstützungsmaßnahmen bekommen zu können.

Psychische Folgen von Kindesmisshandlung

Es gibt kein spezifisches Misshandlungssyndrom, d.h. spezifische Misshandlungsformen bedingen nicht spezifische psychische Störungen. Zu berücksichtigen ist dabei auch, dass häufig verschiedene Formen der Kindesmisshandlung gleichzeitig stattfinden. Somit kann sich insgesamt ein vielfältiges Bild von Symptomen ergeben. Wenn sich Symptome entwickeln, zeigen sich diese im Baby- und Kleinkindalter vor allem im Bereich Bindung und Entwicklung. Im Schulalter und in der Adoleszenz können sich verschiedene Symptome zeigen (Tab. 1). Internalisierende Symptome zeigen sich eher hinsichtlich emotionaler Auffälligkeiten mit Depressionen oder Ängsten. Externalisierende Symptome verursachen Verhaltensauffälligkeiten mit Aggression oder motorischer Unruhe. Häufig gehen diese Auffälligkeiten mit erheblichen Schulschwierigkeiten einher, sodass die Ausbildungschancen bei diesen Jugendlichen eher gering sind. Zum Teil kommt es auch zu gesetzeswidrigem Verhalten, sodass eine erfolgreiche Integration in die Gesellschaft erheblich erschwert ist. Im frühen Erwachsenenalter sind die Betroffenen häufig nicht in der Lage partnerschaftliche Beziehungen einzugehen, eine Familie zu gründen oder eine Berufstätigkeit auszuüben. Berücksichtigt werden sollte auch, dass Bindungsauffälligkeiten und Gewalterfahrung häufig von Generation zu Generation weitergegeben werden.

Literatur

Deegener/Körner (2005): Kindesmisshandlung und Vernachlässigung. Göttingen.

Spitzer/Grabe (2013): Kindesmisshandlung. Psychische und körperliche Folgen im Erwachsenenalter. Stuttgart.

	Baby	Kleinkind	Schulalter	Adoleszenz
Bindung	Unsichere Bindung Weit geöffnete Augen und Mimikarmut Soziales Lächeln eingeschränkt	Bindungsstörungen Emotionslose Reaktion bei Trennung von der Bezugsperson, übermäßiges Vertrauen in fremde Personen	Soziale Kontaktschwierigkeiten/ Isolation	Schwierigkeiten in der Peer-Group und in sexuellen Beziehungen
Entwicklung	Motorische Entwicklungsstörungen	Sprachliche Entwicklungsstörungen	Kognitive Entwicklungsstörungen Lernprobleme Konzentrationsprobleme	Schulschwierigkeiten Schulschwänzen Problem an der Ausbildungsstelle
Internalisierend	Essstörungen Schlafstörungen	Essstörungen Schlafstörungen Depression Ängste	Schlafstörungen, Depressionen, Ängste Selbstwertprobleme, Psychosomatische Beschwerden (Bauchschmerzen, Kopfschmerzen), Einnässen, Einkoten	Essstörungen, Schlafstörungen, Depressionen, Ängste Selbstentwertung, Psychosomatische Beschwerden (Bauchschmerzen, Kopfschmerzen, Atembeschwerden), Stimmungsschwankungen, Suizidalität, Selbstverletzendes Verhalten, Posttraumatische Belastungsstörung
Externalisierend		Hyperaktivität, Aggressivität, Unfallneigung, Sexualisiertes Verhalten	Hyperaktivität, Aggressivität, Unfallneigung, sexualisiertes Verhalten, Vergehen gegen das Gesetz	Aggressivität, Prostitution, Weglaufen, Vergehen gegen das Gesetz (Diebstahl, Zerstören von Eigentum, Körperverletzung), Suchtverhalten

Tab. 1: Psychische Folgen von Kindesmisshandlung

4.2 Auswirkungen von Partnergewalt auf die miterlebenden Kinder

Dr. med. Khalid Murafi

Familienhaushalte mit physischer Gewalt zeigen eine Prävalenz von ca. einem Drittel in Deutschland (laut einer Untersuchung der katholischen Hochschule Eichstätt 2002, durchgeführt durch Jens Luedtke und Siegfried Lamnek[68] mittels 1.263 verwertbarer Telefoninterviews bei 2.800 Anrufen). In 4 % der Familienhaushalte findet Gewalt sowohl auf Partnerebene, als auch gegen die Kinder statt, Gewaltanwendung durch Eltern gegen die Kinder ohne Gewalt auf der Partnerebene in 28 % der Fälle, so dass davon ausgegangen werden muss, dass die Schwelle, gemeinsam oder als einzelner Elternteil gegen Kinder gewaltsam tätig zu werden, offensichtlich niedriger ist, als auf der Partnerebene Gewalt anzuwenden. Auf der anderen Seite kann dieses Ergebnis gegebenenfalls auch durch den Status der Alleinerziehenden erklärt werden, also bei nicht vorhandenem Partner keine Möglichkeit zur Gewalt auf Partnerebene.

Verantwortung und Schuld – Loyalität – Identität

Hier möchte ich mir erlauben, Gedanken betroffener Kinder zu zitieren und kurz zu kommentieren.

Verantwortung und Schuld

»Meine Eltern streiten sich wegen mir!«

Es darf vermutet werden, dass kleine Kinder gerade auch im Rahmen einer sogenannten entwicklungspsychologisch als physiologisch verstandenen narzisstischen Phase davon ausgehen, dass die Welt um sie herum ihrem Einfluss unterliegt und damit auch Wirksamkeit auf ihre Umwelt haben. Auf der anderen Seite bedeutet Wirksamkeit und Effektivität auch immer Verantwortungsübernahme, d.h. Dinge, die in meiner Umgebung geschehen, geschehen wegen mir oder durch mich.

Insofern sind Kinder hier nicht ausreichend in der Lage zu verstehen, dass die elterliche Dynamik ganz unabhängig von ihnen stattfindet, so dass im Rahmen der eigenen Identitätsstiftung und Selbstwertentwicklung eine Überverantwortlichkeit entsteht, die auf Dauer nicht erträglich ist. Die Kinder engagieren sich im weiteren Verlauf entweder weitergehend übermäßig für andere, ohne für sich selbst sorgen zu können, oder aber werden gleichgültig gegenüber den äußeren sozialen Geschehnissen – dies auch vor dem Hintergrund der Kränkung und Frustration, nicht ausreichend wirksam gewesen zu sein.

---

68 Lamnek/Luedtke/Ottermann (2006): Tatort Familie – Häusliche Gewalt im gesellschaftlichen Kontext. Wiesbaden.

Der zuvor schon erwähnte Kränkungsaspekt wird auch in dem Gefühl

> »Wäre ich ein genügend gutes Kind, würden meine Eltern das doch für mich alles lassen!«

deutlich. Hier zeigt sich, dass die Verantwortlichkeit schnell zu einer Deformierung des Selbstbildes führt, dies aber auch mit Kränkung und Enttäuschung einhergeht und letztendlich auch Wut, wobei die Wut zu richten schwer fällt, gegenüber der Mutter, die Opfer ist, schuldhaft verarbeitet wird, gegenüber dem Vater, der aggressiv ist, ängstlich verarbeitet wird, da man bei Zeigen der eigenen Wut Gefahr läuft, selbst misshandelt zu werden. Das heißt, es kommt noch hinzu

> »Ich bin es, aber darf nicht gekränkt und wütend sein!«
> »Ich muss meine Mutter schützen!«

Im Grunde ist dies eine der Konkretisierungen im Sinne einer Rollenumkehr des zuvor Beschriebenen. Hier besteht dann auch die Gefahr, dass die Kinder in den Konflikt konkret hineingeraten und damit auch Opfer von Gewalt durch den misshandelnden Partner werden.

> »Ich muss meinen Vater beruhigen!«

Die betroffenen Kinder entwickeln oft ein ausgeprägtes Feingefühl für Stimmungslagen der sie umgebenden Menschen. Sie können schnell erfassen, ob eine aggressive Grundstimmung herrscht, ob eine vermehrte Reizbarkeit vorhanden ist und sind dann bemüht, zum Beispiel den Vater abzulenken, zu »bespaßen« und alles zu tun, damit kein väterlicher Impulskontrollverlust auftritt. Dies wird natürlich durch Alkoholkonsum auf Seiten des Vaters erschwert, so dass die Kinder auch hier versuchen, durch Verstecken von gefüllten Flaschen etc. eine Eskalation zu vermeiden.

Häufig zeigen die betroffenen Kinder außerhalb des intrafamiliären Kontextes ein angepasstes Verhalten, versuchen eigene Bedürfnisse zurückzunehmen und haben sich selbst ein inneres Gebot auferlegt, nämlich

> »Ich darf meine Eltern nicht noch mehr belasten!«

und

> »Ich muss meinen Eltern Anlasse zur Freude sein!«.

Gerade bei Kindern mit guten Schutzfaktoren und Ressourcen, zum Beispiel guter Intelligenz, guter Verbalisierungsfähigkeit, eher aktivem Temperament und mindestens einer guten Beziehung außerhalb des familiären Kontext, kann es eine scheinbar positive äußere Entwicklung geben, die aber auch Ausdruck der Überanpassung an die belastende Lebenssituation innerfamiliär ist.

Teilweise fühlen sich die Kinder dann auch im Sinne von

> »Ich muss meine Eltern zusammenbringen!«

zu einer vermittelnden Rolle zwischen den Eltern hingezogen, ebenfalls wieder um den Preis, die eigenen Bedürfnisse in den Hintergrund zu stellen.

Was ist Psychische Gewalt?

Gerade die mütterliche Opfersituation führt zu massiven Schuldgefühlen auf Seiten der Kinder, zum Beispiel in Gedanken wie

>>*Wegen mir kann sich meine Mutter nicht trennen!*«,

so dass die zum Beispiel materielle aber auch emotionale Abhängigkeit der Mutter erneut das Kind auf sich selbst bezieht und somit die Mutter, die in einer Opferhaltung erlebt wird, auch noch in einer sich für das Kind opfernden Haltung erlebt wird, was dann die Schuld- und Schamgefühle auf Seiten des Kindes entsprechend verstärkt.

Nach all den Überanpassungsstrategien kann es auch vorkommen, dies vor allen Dingen bei den Jungen, dass sich die Verhaltensstrategien ins Gegenteil wenden und vor dem Hintergrund des Gedankens

»*Wenn ich der Anlass für die Wut meines Vaters und den Kummer meiner Mutter werde, vielleicht wird dann alles besser!*«

Die im Rahmen der Partnerkonflikte erlebte Ohnmacht und Hilflosigkeit ist auf Seiten des Kindes nur schwer aushaltbar. Mit der Zeit können sich Strategien entwickeln, die eine erneute Aktivität und auch im Grunde Effektivität auf Seiten des Kindes möglich machen, indem es selbst Verhaltensweisen zeigt, die den Vater wütend machen oder der Mutter Kummer bereiten. So fühlt sich das Kind letztendlich zumindest selbstwirksam und hat in der Phantasie potentiell die Möglichkeit durch Einstellen des Verhaltens, dass alle wieder glücklich werden.

Natürlich wird das Kind sein dysfunktionales Verhalten nicht einstellen, weil es dann wieder mit der Situation konfrontiert wird, dass die Eltern unabhängig vom Verhalten des Kindes in Wut oder in Kummer sind.

Hier opfert sich das Kind im Grunde und zeigt ein deutlich anderes Gesicht von sich selbst und den eigenen Motiven, um überhaupt, zumindest innerlich, ein Gefühl von Wirksamkeit auf die unaushaltbare familiäre Situation haben zu können.

Loyalität

Die betroffenen Kinder sind häufig mit ihrer Familie sozial isoliert

»*Ich darf keinem etwas sagen!*«, »*Ich darf mir keine Hilfe holen!*«, »*Ich darf keine Hilfe annehmen!*«.

Dies ist im Besonderen bedeutsam im Rahmen der möglichen Hilfen, die aus dem schulischen Kontext, aus dem nachbarschaftlichen Kontext und dann entsprechend mit professioneller Unterstützung aus dem jugendhelferischen Kontext stattfinden sollten und könnten.

Den Kindern wird es schwerfallen, selbst zu formulieren, in welcher Not sie sind. Es ist unbedingt notwendig, dass Jugendhilfemaßnahmen immer mit Hilfen auch für möglichst beide Eltern einhergehen, damit das Kind aus den zuvor beschriebenen verantwortlichen Rollen herausgehen kann und die auf das Kind ausgerichtete Hilfe überhaupt für das Kind annehmbar wird.

Ohne Berücksichtigung dieser komplexen innerpsychischen Dynamik muss man davon ausgehen, dass solche Maßnahmen scheitern und sich die Kinder auf Dauer nicht mehr an helfende Erwachsene wenden werden, im Besonderen, da sie ja auch die Erfahrung machen, dass ihre Sorgen und Ängste nicht wirklich verstanden werden, sondern dass man sich primär auf den physischen Schutz zum Beispiel der Mutter und des Kindes konzentriert und die Ambivalenzen und Ambitendenzen, die meistens in der Mutter und dem Kind vorhanden sind, unberücksichtigt bleiben.

Hieran scheitern mit Sicherheit viele der angebotenen Hilfen für Mütter und Kinder in diesen Kontexten der häuslichen Gewalt.

Es gibt aber auch ein ganz eigenes Motiv des Kindes

»Aber ich schäme mich auch für meine Eltern ... obwohl ich auch das nicht darf!«,

so dass auch hier eine deutliche Hürde besteht, Hilfe zu suchen und in Anspruch zu nehmen.

Erlauben Sie mir an dieser Stelle auch zu erwähnen, dass häusliche Gewalt über soziale und Bildungsschichten hinweg stattfindet und dass gerade Kinder in bildungsnäheren und sozial stärkeren Schichten im hohem Maße von diesen Loyalitätskonflikten betroffen sind, da es schwer fällt, den Vater, der Arzt ist, die Mutter, die Lehrerin ist, oder Eltern, die bei der Polizei tätig sind, als entgegen ihrem sonst helferischen und unterstützenden, öffentlichen Bild gewalttätig der Öffentlichkeit preiszugeben.

Identifikation

Gerade Jungen werden oft konfrontiert mit der möglichen Identifizierung durch die Mutter bei aggressiven Regungen auf ihrer Seite.

Hier hören sie Sätze wie

»Du bist wie dein Vater!«,

obwohl sie primär einmal aggressiv sind und sich damit deutlich unterscheiden von Gewalttätigkeit. Überhaupt ist diese Differenzierung, Aggressivität – Gewalttätigkeit, von höchster Bedeutung, da Aggressivität ein zu unserem vitalen Leben dazugehörender natürlicher Entwicklungs- und Identitätsaspekt ist, Gewalttätigkeit aber im Rahmen unseres sozialen Verständnisses indiskutabel und unerlaubt ist.

Menschen verfügen auch primär einmal über die Fähigkeit, diese Impulse adäquat zu regulieren. Insofern erlaube ich mir an dieser Stelle auch noch einmal für Aggressionstrainings und Antigewalttrainings zu plädieren und eben nicht für Antiaggressionstrainings oder antiaggressive Haltungen in der Gesellschaft.

Die Kinder selbst haben Angst, so zu werden wie ihr Vater und dies führt oftmals dazu, dass sie im Sinne einer selbsterfüllenden Prophezeiung tatsächlich die Struktur und die Reaktionsweisen des Vaters annehmen und ebenfalls aggressiv-gewalttätig reagieren, sogar gegen die eigene Mutter.

Was ist Psychische Gewalt?

Es kann aber auch dazu führen, dass es eine »antiaggressive« Tendenz gibt mit Entwicklung einer Depression oder im Rahmen von Drogenkonsum, zum Beispiel Cannabis, zu einer »Runterregulation« kommt, damit Aggressivität nie zu Gewalt wird und damit nie Identität mit dem Vater die Folge sein wird. Letztendlich kommt es aber auch hier zu einem Selbstverlust.

Diese zuvor genannten Anteile führen teilweise dazu, dass es auch zu einer Identifizierung gerade der Jungen kommt

»Ich muss wie mein Vater werden!«.

Gerade bei im weiteren Verlauf nicht präsenten Vätern, zum Beispiel nach Vergewaltigung oder früher Trennung der Mutter von gewalttätigen Vätern, bleibt innerhalb der Kleinstfamilie oder einer neuen Familie der realitätsbezogene Mythos vom gewalttätigen, schlechten Vater aufrechterhalten und das nach Nähe zum Vater suchende Kind neigt dann dazu, im Rahmen der eigenen Entwicklung gegebenenfalls die nur aus Erzählungen bekannten Muster des Vaters in das eigene Verhaltensrepertoire aufzunehmen, um somit zumindest ein gewisses Maß an Nähe und Identität mit dem Vater herzustellen.

Sobald diese Verhaltensmuster durch die oftmals traumatisierte Mutter identifiziert werden, kommt es dann zu einer stellvertretenden konflikthaften Situation zwischen Mutter und Sohn, die die weitere Identität des Sohnes deutlich prägen kann und letztendlich wiederum zu einem Selbstverlust auf Seiten des Kindes wie oben beschrieben führen.

Auf Seite der Mädchen gibt es ebenfalls identifikatorische Aspekte

»Ich habe Angst, wie meine Mutter zu werden!«.

Diese sich abgrenzenden Gefühle sind aber im Grunde gegenüber einer in Opferhaltung verbleibende Mutter nicht erlaubt, so dass eine Unterstützung mit neuer Rollenerfahrung auf Seiten der Mutter und damit neuer Modellerfahrung auf Seiten des Mädchens mit Sicherheit entlastend für die Kinder ist und die Möglichkeit für das betroffene Kind eröffnet, eigene Entwicklungspfade wieder aufzugreifen.

Oftmals ist aber die emotionale Abhängigkeit von der mütterlichen Entwicklung und der identifikatorische Prozess, der dann auch mit Schuldgefühlen einhergeht, derart stark ausgeprägt, dass die Kinder einem eigenen Imperativ folgen

»Ich muss wie meine Mutter werden!«,

was im Besonderen bedeutet, dass es nicht erlaubt ist glücklicher als die Mutter zu werden.

Hier werden sich bei Kindern, die im Grunde über ausreichende Ressourcen und Möglichkeiten bezogen auf die eigene Lebensgestaltung verfügen dann Brüche im Lebenslauf ergeben. Diese Kinder werden sich den entscheidenden Schritt in eine selbstbestimmte, unabhängige und authentische Lebenswirklichkeit selbst nicht erlauben und dann oftmals, auch nach einem guten Verlauf auch im Rahmen von Hilfemaßnahmen oder Therapien, an der entscheidenden Schwelle zum jungen Erwachsenenalter noch einmal brüchig werden und viele Entwicklungspfade fallen lassen und damit letztendlich scheitern und in unglücklichen Mustern der identitätsstiftenden Mutter verbleiben.

Dies kann teilweise auch mit Reinszenierung der mütterlichen Dynamik einhergehen, zum Bespiel im Rahmen der Partnerwahl, so dass Mädchen aus Familien mit Partnergewalt dann eine Tendenz haben, ebenfalls Partner zu wählen, die ihnen gegenüber gewalttätig werden können.

Zusammenfassend lässt sich also sagen, dass die Kinder, die Partnergewalt miterleben, auch wenn sie nicht unmittelbar von Gewaltanwendung gegen ihre Person betroffen sind, in einem hohen Maße sehr weitreichenden Risikofaktoren im Rahmen der eigenen Entwicklung ausgesetzt sind.

Die Folgen können vor dem Hintergrund einer möglichen genetischen Vulnerabilität, aber auch vor dem Hintergrund der Belastungsfaktoren in der neurobiologischen Entwicklungszeit im Rahmen von Kindheit und Pubertät sowie durch die Entwicklung einer posttraumatischen Belastungsstörung tiefgreifende Beeinträchtigen auf biologisch-psychiatrischer Ebene sein.

Darüber hinaus zeigen sich jedoch auf der zwischenmenschlichen Ebene und damit in der Folge auf der innerpsychisch dynamisch konflikthaften Ebene für diese Kinder zahlreiche Konsequenzen, die einem helfenden System präsent sein müssen, um die Verhaltens- und Reaktionsweisen der Kinder adäquat und einfühlend verstehend einordnen zu können.

Jedes Kind tritt mit einer Fülle an Vitalität und Potenzialität in diese Welt. Unausweichlich werden gerade die intrafamiliären Erlebnisse die Entfaltung dieser Potenziale mehr oder minder günstig beeinflussen, so dass wir davon ausgehen können, dass kein Kind von den elterlichen Entwicklungen unberührt bleibt.

Im Besonderen da, wo Eltern auch entgegen besserem Wissens und Wollens ihren Kindern den Entwicklungsrahmen, den sie benötigen, nicht zur Verfügung stellen können, sei es durch Überstimulation, zum Beispiel durch Gewalt, oder durch Unterversorgung in den für das Kind basal bedeutsamen Aspekten, darf und muss es zur solidarischen Unterstützung durch die Fachkräfte der Kinder- und Jugendhilfe sowie pädagogisches und medizinisches Fachpersonal zum Wohle der betroffenen Kinder kommen.

Literatur

Kavemann/Kreyssig (Hrsg.) (2006): Handbuch Kinder und häusliche Gewalt. Wiesbaden.
Kindler/Lillig/Blüml/Meysen/Werner (Hrsg.) (2006): Handbuch – Kindeswohlgefährdung nach § 1666 BGB und Allgemeiner Sozialer Dienst (ASD). München.
Lamnek/Luedtke/Ottermann (2006): Tatort Familie – Häusliche Gewalt im gesellschaftlichen Kontext. Wiesbaden.
Pfeiffer/Wetzels (2000): Junge Türken als Täter und Opfer von Gewalt, DVJJ-Journal, 2000, Nr. 2, S.107-113.

4.3 Ex-Partner Stalking. Was wenn der Vater stalkt?

Olga Siepelmeyer, Jochen Gladow

Folgender Beitrag ist aus den Erfahrungen der Beratungsstelle Stop-Stalking (KUB e.V.) in Berlin entstanden. Stop-Stalking bietet psychosoziale und psychotherapeutische Beratung für Menschen, die stalken, für Menschen, die gestalkt werden, und integrierte Täter-Opfer-Beratung an. Integrierte Täter-Opfer-Beratung meint getrennte Einzelberatungen beider Seiten in einem Fall ohne Begegnung. Im Jahr 2015 haben 123 Täter/-innen und 546 Betroffene die Beratung in Anspruch genommen. In 67 Fällen waren gemeinsame Kinder oder Kinder aus früheren Partnerschaften vom Stalking betroffen. Stop-Stalking berät nur Erwachsene. Der Beitrag ist dem Stalking eines Vaters gewidmet, was nicht ausschließt, dass ein mütterlicher Elternteil in eine ähnliche Situation geraten kann.

Unter Stalking wird »das beabsichtigte und wiederholte Verfolgen und Belästigen eines Menschen, so dass dessen Sicherheit bedroht und er in seiner Lebensgestaltung schwerwiegend beeinträchtigt wird« verstanden.[69] Innerpsychisch äußert sich Stalking als eine starke Fixierung auf eine andere Person, die sich in einer gedanklichen und emotionalen Besessenheit manifestiert. Seit 2007 ist Stalking in Deutschland eine Straftat und wird gemäß § 238 StGB verfolgt.

Die Diskussion um die Beeinträchtigung der Kinder als Betroffene oder sekundäre Opfer häuslicher Gewalt und Stalking und um den Schutz der Kinder gegen den aggressiven Elternteil konzentriert sich bisher fast ausschließlich auf Fälle häuslicher Gewalt[70]. Die Folgen in Stalkingfällen wurden bisher nur wenig empirisch erfasst und thematisiert[71]. Das Vorhandensein gemeinsamer Kinder scheint ein zusätzliches Eskalationspotenzial in Stalkingfällen zu besitzen, was in einer Untersuchung mit 473 Frauen nach Erfahrungen mit häuslicher Gewalt und Stalking durch ihren Ex-Partner (Fälle mit gemeinsamen Kindern betrugen 28 %) bestätigt wurde[72]. Drohungen und körperliche Gewalt gegen die Frau, Gewalt gegen gemeinsame Kinder und gegen dritte Personen treten gehäuft im Vergleich zu den Fällen ohne Kinder auf. Mögliche Erklärung kann nach Auffassung der Autoren darin bestehen, dass durch die gemeinsame Elternschaft entstehende Kontakte zwischen den getrennten Eltern ein hohes Konfliktrisiko mit sich bringen. Aus der Täterberatung ist uns bekannt, dass massive Gewalteskalation durch das besondere Kränkungspotenzial des Stalkers in Verbindung mit dem Entzug von gemeinsamen Kindern und dem Verlust von Familie und seiner Vaterrolle verursacht werden kann.

Stadler (2009) hat im Rahmen ihrer Untersuchung festgestellt, dass Kinder bei Ex-Partner-Stalking massiven Belastungen ausgesetzt sind. Bereits vorbelastete Kinder

---

69 Polizeiliche Kriminalprävention der Länder und des Bundes.
70 Holt/Buckley/Whelan (2008).
71 Balloff (2010).
72 Hoffmann/Küken-Beckmann/Voß (2011).

erfahren durch die Trennung ihrer Eltern nicht die lang ersehnte Entlastung, wenn sie vom Stalking gefolgt wird. Kinder werden zu den Zeugen und Akteuren eines chronifizierten Elternkonflikts mit zusätzlicher Bedrohung. Sie werden zur Kontaktaufnahme während der Umgangskontakte benutzt, und oftmals der Diskreditierung des abwesenden Elternteils ausgesetzt. Sie haben Schwierigkeiten die Situation einzuschätzen und Sicherheit zu finden, und sie erleben massive Ängste und Vertrauensprobleme. Durch die entstehenden Loyalitätskonflikte leiden sie unter Schuld- und Ohnmachtsgefühlen. In den Situationen, in denen Kinder durch ein Elternteil beängstigt, beschimpft, bedroht, geschlagen, manipuliert und instrumentalisiert werden, tritt eine Kindeswohlgefährdung ein. Sie hat gravierende gesundheitliche Auswirkungen und soziale Konsequenzen für die Kinder.

Unbestreitbar stehen alle Beteiligten in eskalierten Trennungskonflikten unter hoher psychischer und emotionaler Belastung, die jedoch geschlechtsspezifisch unterschiedliche ausgelebt werden mag.

Daher ist es notwendig, allen drei Seiten ein Beratungsangebot zu machen. Mutter und Vater können sich getrennt in eine Opfer-, bzw. Täterberatung begeben. Den Kindern und Jugendlichen können Unterstützungsangebote in den kommunalen Erziehungsberatungsstellen unterbreitet werden, auf die ein gesetzlicher Anspruch gemäß SGB VIII für alle Eltern mit minderjährigen Kindern besteht. Ein besonderes Angebot für Kinder besteht in der Teilnahme an einer sozialpädagogischen Trennungsgruppe, die teilweise in Erziehungs- und Familienberatungsstellen angeboten wird.

Die Beratung der Stalker/-innen hat den Schutz sowohl der Betroffenen als auch der Kinder zum Ziel. Frühzeitige Intervention kann eine Chronifizierung des Konflikts vermeiden, was zur Entlastung von allen Seiten führt.

Unterstützung für Stalking-Betroffene

Die Situation der Stalking-Betroffenen in Fällen mit gemeinsamen Kindern unterscheidet sich häufig gravierend von anderen Fällen. Viele Betroffene haben hocheskalierte und hochambivalente Trennungskonflikte und Stalking noch in der Beziehung erlebt. Eindeutigkeit der Abgrenzung, die sonst auch anderen Betroffenen nicht immer leicht fällt, erschwert sich durch das Vorhandensein der Kinder, leichte Zugänglichkeit gemeinsam benutzter Räume wie Kita, Schule, außerschulische Aufenthaltsorte der Kinder, und durch Kontakte mit der Familie des Ex-Ehemanns und mit dem gemeinsamen Freundeskreis. Das Umziehen und die Geheimhaltung sind schwieriger. Versuche seitens des Stalkers, die Sorge- und Umgangsrechtsregelungen für die Zwecke der Kontaktaufnahme und Einflussnahme auf Betroffene zu missbrauchen, sind nicht selten. Innere Ambivalenzen der betroffenen Mütter, ob die Trennung zu bewältigen ist, können durch die Notwendigkeit, sich alleine um die Kinder finanziell zu sorgen, durch Angst um das Leben und die Sicherheit der Kinder, und die Angst, die Kinder zu verlieren ausgelöst und vertieft werden. Viele Mütter erleben Dauerstress, Verunsicherung, Hoffnungslosigkeit, Verzweiflung und

Was ist Psychische Gewalt?

depressive Verstimmung. Sie machen sich große Sorgen um die Entwicklung der Kinder, fühlen sich schuldig den Kindern gegenüber, geben primär sich selbst die Verantwortung für die belastende Situation. Manche schämen sich dafür, dass sie so lange mit diesem Partner zusammen waren und nicht alleine die Kraft erbringen, um ihre Kinder zu schützen und gegen die Belastung zu steuern.

Betroffene brauchen sowohl einen gut organisierten, koordinierten, nachhaltigen Schutz als auch psychosoziale und häufig psychotherapeutische Beratung. Ausarbeitung eines Schutzplans mit konkreten Schutzmöglichkeiten auch für die Kinder beinhaltet dynamische Gefährdungsanalyse und erfolgt mit Einbeziehung anderer Akteure (u.a. Polizei, Schule, Kita, Jugendamt, Erziehungs- und Familienberatungsstellen). Häufige Themen psychologischer und psychotherapeutischer Beratung sind Anerkennung als Opfer psychischer und ggfs. physischer Gewalt und der massiven Belastung, die durch die Betroffenheit der Kinder entsteht. Darüber hinaus ist Psychoedukation, Umgang mit Ambivalenzen und mit einschränkenden Emotionen, Gedanken und Verhaltensmustern wie Angst vor dem Stalker, Hilflosigkeit, Abhängigkeitsgefühlen, Wut und Selbstjustizfantasien, Schuld- und Schamgefühlen von großer Bedeutung. Nicht weniger wichtig ist die Suche nach Ressourcen und Ressourcenaktivierung. Die Voraussetzungen für die Einhaltung des »richtigen« Umgangs mit dem/der Stalker/-in, der in dem Schutzplan festgelegt wurde, müssen erarbeitet und regelmäßig geprüft werden. An dieser Stelle ist der Leitfaden für die Praxis »Beratung und Therapie von Stalking-Opfern«[73] zu empfehlen.

Viele Betroffene nehmen gerne Beratung zu dem »richtigen Umgang« mit dem Kind in Anspruch. Folgende Vorgehensweisen sind anzuraten[74]:

- Hilfe und Unterstützung für die Kinder organisieren (Beratung, Therapie, medizinische Versorgung, Kita, Schule, Hort, Großfamilie),
- mit dem Kind in kindgerechter Weise offen über das Verhalten des Vaters und belastende Ereignisse und Situationen sprechen,
- Probleme thematisieren, nicht versuchen, sie zu verbergen,
- Beziehungsgrenzen/-bereiche(Mutter-Kind, Mutter-Vater, Kind-Vater) aufzeigen, differenziert betrachten und spürbar machen,
- eigene Gefühle gegenüber dem Stalker erklären; betonen, dass »schlechte« Gefühle nichts mit dem Kind zu tun haben,
- gelegentlich Positives von früher erzählen; Hoffnung auf eine Verbesserung geben, Zuversicht zeigen,
- Verlustängste des Kindes ernst nehmen, für das Kind da sein, nicht für zu lange weg gehen, zuverlässige Betreuung organisieren,
- bei Verleumdungen seitens des Stalkers Vorwürfe z.T. thematisieren; allgemein »pädagogisches Moratorium« wahren (von überfordernden oder schädigenden Einflüssen so weit wie möglich fern halten).

---

73 Gallas/Klein/Dressing (2010).
74 S. auch Stadler (2009); Graham-Bermann/Hughes (2003).

Beratung für Stalker

Zu den allgemeinen Zielen der Stalking-Beratung gehört Unterlassung jeglichen Stalkings, Übernahme von Verantwortung für das eigene Handeln, Aufarbeitung und Akzeptanz der Trennung, Stärkung der Fähigkeiten zur Selbstkontrolle und des Selbstmanagements. In den Fällen, in denen Kinder betroffen sind, stehen die Entwicklung der Empathie für die Kinder, die Erarbeitung und Übernahme einer erwachsenen väterlichen Position, eine klare Trennung zwischen partnerschaftlicher und elterlicher Ebene und die Übernahme der Elternrolle im Fokus der Beratung. Es kann hilfreich sein, mit dem betroffenen Vater in der Beratung die Perspektive der Kinder einzunehmen, um die väterliche Verantwortung zu aktivieren. Die Stalkerberatung beruht auf zwei wichtigen Säulen: Prozessorientierung (u.a. Aufbau beraterisch-therapeutischer Beziehung mit dem Klienten, Akzeptanz des Klienten als Menschen in seiner Ganzheit, Arbeit mit Ressourcen) und Deliktfokussierung (u.a. Tatkonfrontation, eindeutige Verurteilung seines Problemverhaltens, Umgang mit aggressiven und zerstörerischen Impulsen)[75]. In den ersten Sitzungen wird mit den Klienten eine Beratungsvereinbarung, in der Ziele und Themen der Beratung festgelegt werden, unterschrieben. Die Zielerreichung wird im Laufe des Beratungsprozesses ständig überprüft. Es wird in der Beratung eine anwendungsbezogene Integration von Methoden unterschiedlicher Beratungs- und Therapieschulen gehandhabt. Einen Schwerpunkt bildet die Schematherapie nach J. Young, die Stalking als maladaptive Bewältigung von Kränkung und Verlassenheitsangst versteht. Hier seien einige der besonderen Herausforderungen beschrieben, mit denen Berater/-innen konfrontiert werden: viele Väter sind überzeugt, dass sie kämpfen müssen, und fühlen sich im Recht bzw. sich selbst als Opfer. Stalking wirkt aktivierend und belebend, und wehrt die Gefühle innerer Leere, Einsamkeit, Ohnmacht, Schuld und Scham für ihre Unzulänglichkeit und Gewalttätigkeit ab. Denn ihr Verlust ist enorm. Bindung, Ansehen als Partner und Vater, narzisstische Bestätigung sind nicht mehr vorhanden. Bisherige Beziehungs- und Rollenmuster (Macht und Besitz, Kontrolle, Dominanz) brechen weg, was häufig eine starke Verunsicherung verursacht. Frühere dysfunktionale und Verlassenheitsschemata können durch die Trennung re-aktualisiert werden. Viele erleben starke emotionale Schwankungen zwischen Idealisierung der Ex-Frau und des Familienlebens und der Wut und Rachefantasien, was sich in der entsprechenden Stalking-Dynamik widerspiegelt. Sehr typisch ist mangelnde Einsicht in das Ausmaß der Belastung für die Kinder, die das Stalking verursacht.

Um stalkende Väter für eine entsprechende Beratung zu gewinnen, sollte an deren konflikthafte Situation angeknüpft werden und an die weiter existierende Verantwortung für ihre Kinder erinnert werden, die sie nur wahrnehmen können, wenn sie ihren Anteil an der entstanden Situation annehmen und mit Unterstützung einer Beratung reflektieren und zu neuen Verhaltensweisen kommen können.

---

75 Ortiz-Müller (2012).

> **Folgende Empfehlungen können für Kita- und Grundschulkräfte hilfreich sein:**
>
> - Für Stalking-Dynamik sensibilisiert bleiben und sie erkennen.
> - Sich nicht in die Dynamik einbeziehen lassen. Stalking-Dynamiken haben ein starkes Spaltungspotenzial und können auch für Helfer/-innen sehr belastend werden. Daher ist es wichtig, sich von keinem Elternteil instrumentalisieren zu lassen, unparteiisch zu bleiben und gut auf eigene Grenzen zu achten.
> - Sich nach Bedarf so schnell wie möglich Information und Unterstützung in Form eines kollegialen Gesprächs, einer Intervision/Supervision, einer Beratung bei einer professionellen Beratungsstelle holen, nicht allein mit der Situation bleiben. Stop-Stalking steht auch für Beratung von pädagogischen Fachkräften zur Verfügung.
> - Bei umfangreichem und beharrlichem Stalking unter Einbezug der Kinder ist zu prüfen, ob ein Kinderschutzfall gem. § 8a SGB VIII vorliegt und dann ist entsprechend der Empfehlungen vorzugehen.
> - Im Fokus bleibt der Schutz des Kindes, Parteilichkeit mit Kind für die innere Orientierung.

In Fällen mit begründetem Verdacht auf aktuelles Stalking sollten keine gemeinsamen Gespräche der Eltern initiiert werden und keine Mediation vorgeschlagen werden. Notwendigen Gespräche im Jugendamt oder anderen Einrichtungen sollten als Pendelberatungen durchgeführt werden. Für weitere Handlungsoptionen für beteiligte professionelle Akteure verweisen wir auf das Buch von Fr. Dr. L. Stadler (2009).

Literatur

Balloff: Stalking: Häusliche Gewalt und die Folgen für die Kinder, Frühe Kindheit, 2010, Nr. 2, S. 26–41.

Gallas/Klein/Dressing (2010): Beratung und Therapie von Stalking-Opfern. Leitfaden für die Praxis. Göttingen.

Hoffmann/Küken-Beckmann./Voß: Stalking und häusliche Gewalt aus psychologischer Sicht. In: FPR/Familie Partnerschaft Recht, 2011, Nr. 5, S. 211–213.

Intervention for children exposed to interparental violence (IPV): Assessment of needs and research priorities. Graham-Bermann/Hughes: Clinical Child and Family Psychology Review, 2003 Nr. 3. Ortiz-Müller: Verordnete Beratung bei »Stop-Stalking« im Spannungsfeld von Deliktfokussierung und Prozessorientierung. Verhaltenstherapie & psychosoziale Praxis, DGVT e.V. 2012, Nr. 1, S. 61–74.

Polizeiliche Kriminalprävention der Länder und des Bundes: http://www.polizei-beratung.de/themen-und-tipps/gewalt/stalking.html

Stadler (2009): Ex-Partner-Stalking im Kontext familienrechtlicher Auseinandersetzungen, Frankfurt.

The impact of exposure to domestic violence on children and young people: A review of literature. Holt/Buckley/Whelan: Child Abuse & Neglect, 2008 Nr. 32, S. 797–810.

4.4 Parental Alienation (Syndrome) – Eine ernst zu nehmende Form von psychischer Kindesmisshandlung

Dr. med. Wilfrid von Boch-Galhaus

Seit ca. 20 Jahren befasse ich mich als Erwachsenen-Psychiater und Psychotherapeut mit dem Komplex Parental Alienation und Parental Alienation Syndrome/Disorder und ich erlebe ständig das Leid betroffener erwachsener Scheidungskinder und betroffener ausgegrenzter Mütter, Väter und Großeltern, die nach Trennung oder Scheidung den Kontakt zu ihren Kindern/Enkeln über viele Jahre oder ganz verloren haben. Derweil liefern sich Befürworter und Gegner in Wissenschaft und Praxis erhebliche – teils ideologisch geprägte – Debatten[76], ob es sich bei dem unzweifelhaft bestehenden Phänomen der induzierten Eltern-Kind-Entfremdung um ein »Syndrom« handelt oder nicht, welchen Namen man ihm geben soll und ob es überhaupt existiert.[77]

Die Kontroverse erscheint sehr steril. Die Schlüsselfrage ist, ob es bei Trennung oder Scheidung Väter und Mütter gibt, die ihr Kind dahingehend manipulieren, dass es den Kontakt zu dem anderen Elternteil endgültig ablehnt, und ob dieses eine negative Wirkung auf seine psychische Gesundheit und Entwicklung hat.

Auf diesem Hintergrund versuche ich hier darzustellen, dass es sich bei der induzierten Eltern-Kind-Entfremdung (in der internationalen Fachwelt hat sich der englische Ausdruck »Parental Alienation«, also ohne »Syndrome«, mehr oder weniger durchgesetzt) um eine gravierende Form von psychischer Kindesmisshandlung handelt, die mit traumatischen psychophysischen Langzeitfolgen in der Persönlichkeit des Kindes und des späteren Erwachsenen verbunden sein kann.[78]

In der aktuellen klinischen Literatur wird unterschieden zwischen *Parental Alienation* (ungerechtfertigte Ablehnung eines Elternteils aufgrund von Manipulation und Indoktrination des Kindes) und *Estrangement* (gerechtfertigte Ablehnung eines Elternteils aufgrund einer tatsächlich stattgehabten Geschichte von Vernachlässigung, Misshandlung, sexuellem Missbrauch oder häuslicher Gewalt)[79]. Die internationale Fachliteratur weist inzwischen mehr als tausend wissenschaftlich relevante Publikationen aus mehr als 38 Ländern zum Thema Parental Alienation und Parental Alienation Syndrome und angrenzenden Themen auf.[80] Die Forschung zeigt, dass die Prävalenzrate von elterlicher Entfremdung von Kindern und Jugendlichen in den USA etwa 1 % beträgt.[81] In Deutschland gibt es dazu keine genauen Zahlen.

---

76 Warshak (2010 b); Rand (2011)
77 Gijseghem (2004, 2005); Rand (2011); et al.
78 Klosinski (1993); Gagné/Drapeau (2005); et al.
79 z.B. Johnston (2005, 2007); Baker (2006, 2012); et al.
80 Gardner/Sauber/Lorandos (2006); Bernet (2010); et al.
81 Bernet (2010).

Was ist Psychische Gewalt?

Definition von PA(S)

Das Konzept »Parental Alienation« wird durch drei Elemente definiert[82]:

- Ablehnung oder Verunglimpfung eines Elternteils, die das Ausmaß einer Kampagne erreichen, d.h. andauernd und nicht nur als gelegentliche Episode.
- Die feindselige Ablehnungshaltung ist irrational, d.h. die Entfremdung ist nicht eine angemessene Reaktion auf das Verhalten des abgelehnten Elternteils und beruht nicht auf tatsächlich gemachten negativen Erfahrungen mit dem zurückgewiesenen Elternteil.
- Sie ist Teilresultat des Einflusses des entfremdenden Elternteils (und/oder anderer wichtiger Bezugspersonen).

Wenn eines dieser drei Elemente fehlt, kann nicht von PA oder PAS gesprochen werden.

Symptomatik bei PA(S)

- unbegründete Zurückweisungs- und Verunglimpfungskampagne,
- absurde Rationalisierungen (ungerechtfertigte, absurde Begründungen für Ablehnungshaltung),
- Fehlen von normaler Ambivalenz (Idealisierung des einen Elternteils und Verteufelung des anderen, Schwarz-Weiß-Denken),
- reflexartige Parteinahme für den programmierenden Elternteil,
- Ausweitung der Ablehnung auf die gesamte Familie und das Umfeld des zurückgewiesenen Elternteils,
- Phänomen der »eigenen Meinung« (Betonung der »eigenen Meinung« und des »eigenen Willens«),
- Verleugnung von Schuldgefühlen über die Grausamkeit gegenüber dem entfremdeten Elternteil (entfremdeter Elternteil wird nach außen »eiskalt« und ohne Gefühlsregung zurückgewiesen),
- Übernahme »geborgter Szenarien« (gleiche Vorwürfe wie diese der entfremdende Elternteil vorbringt).[83]

Differenzierung von PA(S) auf einem Kontinuum von drei Schweregraden[84], die jeweils spezielle Behandlungstechniken erfordern.[85]

In *leichten Fällen*[86] widersetzt sich das Kind, Kontakt mit dem außerhalb lebenden Elternteil (ET) aufzunehmen, jedoch genießt es diesen, sobald die Verbindung hergestellt ist. Es kann sich noch von den Abwertungen des entfremdenden ET gegenüber dem anderen distanzieren.

---

82 Warshak (2005, 2006).
83 Zur Validierung siehe z.B. Rueda (2004); Burril (2006); Baker/Darnall (2006, 2007); Hachenberg (2014).
84 Gardner et. al. (2006); Lorandos et al. (2013).
85 Sauber (2013); Baker/Sauber (2013); Sauber/Worenklein (2013).
86 Darnall (2013).

Parental Alienation (Syndrome)

In *mittelschweren* Fällen[87] mit starker Ausprägung der Symptome und bereits erheblichen Umgangs- und Übergabeproblemen: Das Kind wehrt sich hartnäckig gegen Kontakt, es geht aber darauf ein, wenn dieser erst einmal zustande kommt und wenn der entfremdende ET abwesend ist.

Bei PA(S) in der *schweren* Form[88] lehnt ein Kind den Kontakt zu einem ET (Vater oder Mutter), mit dem es zuvor eine liebevolle Bindung hatte, irrational und ohne objektiven Grund radikal ab, weil es ein falsches, negatives Elternbild verinnerlicht hat. Die Ablehnungshaltung und der Grad der Negativität unterscheiden sich von der leichten und mittelschweren Form erheblich. Das Kind äußert eine extrem polarisierte Sichtweise seiner Eltern (Schwarz/Weiß). In diesem Fall ist das Familiengericht in Zusammenarbeit mit einem speziell ausgebildeten psychologischen Sachverständigen/Therapeuten/-innen die letzte Autorität, die den Entfremdungsprozess (z.B. durch Sanktionen oder durch glaubhafte Ankündigung, evtl. Realisierung von Sorgerechtstransfer) unterbrechen oder endgültig besiegeln kann (durch passives Zuwarten: »Wenn das Kind nicht will, kann man nichts machen.«)[89].

Die Diagnose und der Schweregrad von PA(S) werden anhand des kindlichen Verhaltens festgestellt und nicht aufgrund des Ausmaßes der Manipulation, der das Kind ausgesetzt ist. Eine sorgfältige Diagnostik[90] des gesamten Familiensystems und die Identifizierung der manipulierenden Person(en) sind unabdingbar. Auch die Rolle desentfremdeten Elternteils und ggf. dessen Anteile am Entfremdungsprozess müssen genau abgeklärt werden, um Fehldiagnosen zu vermeiden.[91]

PA(S) ist nicht »Umgangsvereitelung« oder »jedwede Art von Kontaktverweigerung« eines Kindes gegenüber dem außerhalb lebenden Elternteil bei Trennung/Scheidung – wie manche Kritiker meinen[92] –, sondern eine psychiatrisch relevante kindliche Störung aufgrund einer **psychischen Traumatisierung**.[93] Sie betrifft die kognitive und emotionale Ebene und das Verhalten des Kindes. Im Unterschied zu anderen, z.B. psycho-dynamischen Erklärungsversuchen von kindlicher Kontaktverweigerung[94] liegt bei PA(S) regelmäßig eine massive Umgangsbehinderung/-vereitelung und/oder Manipulation/-indoktrination des Kindes vor. Die aktive Manipulation erfolgt – bewusst oder unbewusst – durch den betreuenden Elternteil und/oder andere Bezugspersonen (nicht geschlechtsspezifisch!), von denen das Kind abhängig ist. Bei den manipulierenden Bezugspersonen lassen sich häufig **psychische Auffälligkeiten** identifizieren, z.B. schwere narzisstische und/oder Borderline-Persönlich-

---

87 Worenklein (2013).
88 Warshak (2013).
89 Kopetski/Rand/Rand (2005); Baker/Sauber (2013); Sauber (2013); Warshak (2015, 2015 a, b).
90 Bricklin/Elliott (2006); Brody (2006); Everett (2006); et al.
91 Brody (2006); Bricklin/Elliott (2006); Lorandos/Bernet/Sauber (2013).
92 Siehe dazu die zusammenfassende Darstellung der PAS-Diskussion von Gödde, in: Fthenakis (Hrsg.) (2008): Begleiteter Umgang von Kindern – Ein Handbuch für die Praxis. S. 245 – 305.
93 Gardner (1998, 2001 a, b, 2002 a, 2003); Camps (2003); Warshak (2003 a, b, 2005); et al.
94 z.B. Figdor (2003).

Was ist Psychische Gewalt?

keitsstörungen[95], traumatische Kindheitserfahrungen[96], paranoide Verarbeitung der Scheidungskrise und/oder Psychosen[97]. Einstellung und Verhalten von Scheidungsbegleitern spielen im weiteren Verlauf von induzierten Entfremdungsprozessen eine große Rolle.[98]

Wichtige Entfremdungstechniken bei PA(S)

Entfremdungstechniken[99] bei der Induktion von PA(S) sind u.a. irrationale Abwertung, realitätsverzerrende Negativdarstellung des anderen Elternteils, Umgangsboykott, Kontaktunterbrechung, gezielte Fehlinformationen, suggestive Beeinflussung und/oder Vermittlung von verwirrenden Doppelbotschaften. Bisweilen wird direkte psychische (z.B. Androhung von Liebesentzug und/oder Suizid) und körperliche Gewalt (z.B. Schläge, Einsperren) gegen die Kinder eingesetzt.[100] Der ohnehin bestehende Loyalitätskonflikt des Kindes wird verschärft.[101] Angst, Abhängigkeit, Unterwerfung, »Gefügigmachen« des Kindes und seine Identifikation mit dem Entfremder spielen bei der Entstehung der Symptomatik eine wichtige Rolle.[102] Eine verwandte Psychodynamik findet sich beim Stockholm-Syndrom bei Geiselnahmen[103] oder auch bei Sektensystemen[104]. Manche Fälle von PA(S) der schweren Form zeigen in ihrer Dynamik Gemeinsamkeiten mit dem »Münchhausen-by-Proxy-Syndrom«, einer kindlichen Störung, bei der Eltern an ihren Kindern Krankheitssymptome künstlich erzeugen oder verstärken.[105] Die Kinder sind auf Hilfe von außen angewiesen.

Psychiatrische und psychosomatische Folgen der PA(S)-Induktion für betroffene erwachsene Scheidungskinder

Die Erzeugung von PA(S) wird von verschiedenen internationalen Autoren als psychische(r) Kindesmissbrauch/-misshandlung angesehen.[106] PA(S) fällt in den Bereich der Psychotraumatologie.[107]

Rechtlich gesehen ist sie als psychische Kindeswohlgefährdung durch missbräuchliche Ausübung der elterlichen Sorge unter Ausnutzung des Abhängigkeitsverhältnisses des Kindes einzuordnen.[108] Das wird von einigen Kritikern des PAS-Konzeptes

---

95 Kopetski, (1998 a, b); Siegel/Langford (1998); Hirigoyen (1998, 2003, 2012, 2016); Andritzky (2002 a); et al.
96 Kopetski (1998 a, b); Blank (2003); Lasbats (2004, 2008); et al.
97 Lowenstein (2006 a, b, c, 2007); Johnston (2005, 2007); Hirigoyen (2016); et al.
98 Napp-Peters (2005); Summers/Summers (2006); Hirigoyen, 2016
99 Baker/Darnall (2006).
100 Clawar/Rivlin (1991, 2013); Warshak (2001); Andritzky (2002 a); et al.
101 Figdor (2003); Napp-Peters (2005); Behrend (2010).
102 Hirigoyen (1998, 2003, 2012); Cierpka/Cierpka (2000); Baker (2005 a, b, 2007); et al.
103 Vgl. Lowenstein (2007).
104 Baker (2005 b).
105 Rand (1993); Eckhardt-Henn (2000); Plassmann (2002); et al.
106 Clawar/Rivlin (1991, 2013); Leitner (2004); Hirigoyen (2012, 2016); et al.
107 Mullen et al. (1996); Hirsch (2004); Sachsse (2004); et al.
108 Kodjoe/Koeppel (1998); s. a. Oberlandesgericht Frankfurt/M., 6WF168/00 vom 26.10.2000; in: FamRZ 48 (10), 2001, S. 638; s a. Palandt et al. (2008); et al.

verharmlost bzw. geleugnet und das Problem auf den »Elternkonflikt« und/oder auf den »Loyalitätskonflikt« des Kindes bei Trennung und Scheidung reduziert.[109]

Bei PA(S)-Fällen der schweren Form kommt es zum langfristigen, nicht selten auch zum endgültigen Beziehungs- und Kontaktabbruch zwischen Kind und Elternteil, manchmal auch zwischen Geschwistern – mit den damit verbundenen pathologischen Folgen.[110]

Die psychische Traumatisierung des PA(S)-Kindes, des hinterbliebenen Elternteils und anderer naher Verwandter (z.B. Großeltern) wird selten angemessen berücksichtigt.[111] Derart traumatisierte Menschen finden sich später häufig mit erheblichen psychischen, psychosomatischen und psychiatrischen Problemen in nervenärztlichen und/oder psychotherapeutischen Fachpraxen und Kliniken wieder.[112]

Die Induktion von PA(S) führt zu einer Verwirrung des Kindes in der Selbst- und Fremdwahrnehmung und zu einer tiefen Selbstentfremdung. Das Kind verlernt, den eigenen Gefühlen und der eigenen Wahrnehmung zu trauen. In seiner Abhängigkeit ist es auf das Wohlwollen des programmierenden und fremdbestimmenden Elternteils angewiesen. Es verliert das Gefühl für die Realität und für seine eigene Kontur. Die eigene Identität wird verunsichert und brüchig. Negative Selbsteinschätzung oder grandiose Selbstüberschätzung, Selbstwertmangel und tiefe Unsicherheit sind die Folgen.[113] Dadurch können Persönlichkeitsstörungen mit dem Phänomen »falsches Selbst«[114] entstehen. Dieses finden wir z.B. bei Essstörungen, Süchten, posttraumatischen Belastungsstörungen und anderen psychischen und psychosomatischen Krankheiten.[115] Das Selbst und der Kern des betroffenen Kindes, insbesondere Teile des biografischen Selbst und der Herkunft, werden durch die fremdbestimmte, aktive Zurückweisung, Negierung und realitätsverzerrte Negativbesetzung eines ursprünglich geliebten Elternteils tiefer beschädigt, als durch den Verlust an sich (wie z.B. beim Todesfall). Beides – massive Schuldgefühle und der Elternanteil an der eigenen Person – müssen verdrängt bzw. abgespalten werden. Es fehlt eine stabile Verwurzelung im familiären Herkunftssystem des abgespaltenen Elternteils. Daraus können sich weitere langfristige Entwicklungs- und Beziehungsprobleme ergeben, die zum Teil **transgenerational** weitergegeben werden.[116]

---

109 im deutschen Sprachraum z. B. Salzgeber/Stadler (1998); Fegert (2001); Dettenborn (2001). Siehe zur Problematik von Falschdarstellungen zu PA(S) durch einige Kritiker ausführlich die amerikanischen Arbeiten von: Warshak (2005, 2006); Lorandos (2002, 2006); et al. In USA z.B. Bruch (2001) und Faller (1998).
110 z.B. Fall Binckli, in: Bäuerle/Moll-Strobel (2001), S. 96 – 107; z.B. Fall S. (Interview I), in: Boch-Galhau/Kodjoe (2003), S. 74 – 77; s. a. Moll-Strobel: »Die Bedeutung von Geschwisterbeziehungen«, in: Bäuerle/Moll-Strobel (2001), S. 113 – 115; Petri (1999, 2006); et al.
111 Kolk et al. (1996, 2000); Kodjoe (2000); Suren (2001); Summers/Summers (2006); siehe auch Fallbeschreibung auf www.eskhilfe.de.vu
112 Kernberg et al. (2000); Sachsse (2004); Boch-Galhau/Kodjoe (2003); et al. Hummel (2010): Entsorgte Väter – Der Kampf um die Kinder: Warum Männer weniger Recht bekommen, Köln.
113 Eckhardt-Henn/Hoffmann (2004); Lasbats (2004); Johnston (2005, 2007); et al.
114 Winnicott (1990); Baker (2005 a, b, 2007); Austin (2006); Johnston (2005, 2007).
115 Uexküll (2002); Baker (2005, 2007); Lowenstein (2006 c, 2007).
116 Mullen et al. (1996); Hirsch (2004); Sobal (2006); et al.

Was ist Psychische Gewalt?

Der psychische Missbrauch ist schwer zu identifizieren, weil er nicht mit einer Schädigungsabsicht in Erscheinung tritt. Mit seinen langfristigen psycho-pathologischen Auswirkungen ist er aber – wie andere Formen des Missbrauchs auch – keinesfalls zu tolerieren. Die Kinder müssen davor geschützt werden.[117]

Parental Alienation ist ein weltweites Phänomen, das sich in empirischen Studien in verschiedenen Ländern nachweisen ließ[118] und das sich in ca. 600 Gerichtsentscheidungen widerspiegelt, z.B. in USA und Kanada[119]; im brasilianischen Gesetz über Parental Alienation/Law 12318 von 2010[120]; in Gesetzen in einigen weiteren südamerikanischen Staaten[121] sowie in Urteilen des Europäischen Gerichtshofes für Menschenrechte (EGMR) in Straßburg[122]; in Frankreich durch das nationale Berufungsgericht (Cour de Cassation, 2013) [123] und in OLG-Entscheidungen verschiedener Länder, wie Deutschland, Italien, Schweiz, Frankreich, Schweden, England und Rumänien und andere.[124]

Abschlussbemerkungen

In USA und Kanada kommen psycho-edukative und familientherapeutische Programme, die **auch für andere Länder** von Interesse sein könnten, zum Einsatz, um schwer entfremdeten Scheidungskindern ihre verlorene Beziehung zu einem Elternteil und ihre verlorene Identität wieder aufzubauen. Diese Programme zeigen, dass bei Eltern-Kind-Entfremdung in Hochkonfliktfällen – **entgegen der verbreiteten landläufigen Meinung** – durchaus etwas getan werden kann.[125]

Ziele dieser Konzepte sind die Kontakt- und Beziehungsanbahnung zwischen Kind und ausgegrenztem Elternteil, psycho-edukative Schulung der Eltern, kind-orientierte Elternarbeit, Herstellung von Realität, Korrektur verzerrter Selbst- und Fremdwahrnehmung bei Kind und Eltern, Entlastung des Kindes und Hilfe zur Distanzierung im Loyalitätskonflikt zwischen den Eltern, Wiederaufbau der zerstörten Gefühlsbeziehung durch neue, zukunftsgerichtete gemeinsame Erfahrungen in einem klar strukturierten, sicheren und entspannten Rahmen, Wiederherstellung einer funktionierenden Kommunikation, Verbesserung des Umgangs mit Konflikten und Reorganisation der Familienbeziehungen. Die Kinder lernen, eine realistischere und ausgewogenere Sichtweise ihrer beiden Eltern zu entwickeln und Schwarz-Weiß-Einstellungen abzubauen. Die Evaluation dieser Programme zeigte bisher eine gute Erfolgsquote.

---

117 Mullen et al. (1996); Gardner (1998, 2001 a, b, 2002, 2003); Clawar/Rivlin (1991, 2013); et al.; Bayer. Staatsministerium für Arbeit und Sozialordnung, Familie und Frauen (2012): Gewalt gegen Kinder und Jugendliche, Leitfaden für Ärztinnen und Ärzte, Sonderformen seelischer Misshandlung: Kap. 3.4.2.4.
118 Dum (2013).
119 Bernet (2010); Lorandos (2013).
120 Brockhausen (2013).
121 Dum (2013).
122 z. B. Sommerfeld ./. Deutschland (2003); Koudelka und Zavrel ./. Tschech. Republik (2006 und 2007); Plasse-Bauer ./: Frankreich (2006); Minecheva ./. Bulgarien (2010); Bordeiana ./. Moldavien (2011) et al.
123 Cour de Cassation in Frankreich *Le syndrome d'aliénation parentale reconnu par la Cour de cassation: les premiers pas d'une révolution dans le contentieux familial?* Urteil Nr. 660 vom 26.06.2013 (12-14.392),
124 Bernet (2010).
125 Warshak (2015, 2015 a); Warshak (2015, 2015 b).

4.5 Was ‚richtig' und ‚falsch' mit Gewalt zu tun hat – erzieherische Macht und bedürfnisorientierte Kommunikation

Anne Sophie Winkelmann

Eltern wollen das Beste für ihre Kinder! Früher wie heute!

Tatsächlich können wir davon ausgehen, dass das Verhalten von Eltern und Bezugspersonen in Bezug auf die Kinder, die sie begleiten, grundlegend durch den Wunsch bestimmt ist, dass es ihnen gut gehen möge.

Dennoch löst der Satz bei vielen von uns Unbehagen aus. Vielleicht, weil wir ihn genau so oder so ähnlich früher von Erwachsenen als Erklärung für Verhaltensweisen gehört haben, die uns als Kind eben nicht als das Beste für uns vorkamen. Vielleicht auch einfach, weil es viele Momente gab, in denen wir als Kinder an der wohlwollenden Intention der Erwachsenen gezweifelt haben. Oder weil mit diesem Satz Verhalten gerechtfertigt wurde, was uns verletzt oder eingeschränkt hat.

Sicher ist, dass das, was Eltern und Bezugspersonen heute wie damals im besten Bemühen um einen guten Umgang mit einer für sie herausfordernden Situation tun oder sagen, für die Kinder durchaus mit Leid, Schmerz und Verunsicherung verbunden sein kann.

Das ist erst einmal nicht sehr besonders, wenn wir davon ausgehen, dass im Kontakt zwischen Menschen immer wieder ungewollt Verletzungen und Irritationen geschehen. Wenn sich die erwachsene Person dem Kind zuwendet, dessen Gefühle anerkennt und begleitet und das eigene Bedauern spürt und ausdrückt, kann eine solche Situation zu Verbindung, Verständnis und Vertrauen beitragen.

Wenn die erwachsene Person allerdings denkt, dass ihre Strategie im Umgang mit der herausfordernden Situation richtig und notwendig ist, um etwas zu erreichen, was sie als positive Entwicklung für das Kind definiert, wird sie die geschehene Verletzung oder Verunsicherung möglicherweise hinnehmen oder sogar rechtfertigen.

Vermutlich wird sie belehren und erklären, ohne in wirklichem Kontakt mit dem Kind zu sein. Vielleicht wird sie auch kurz ihr Bedauern ausdrücken und den Satz dann mit einem ‚aber' fortführen.

Hier werden zwei Aspekte deutlich, die für das Verständnis von dem ungleichen Machtverhältnis zwischen Erwachsenen und Kindern bedeutsam sind.

Das Verhalten von Eltern und Bezugspersonen in herausfordernden Situationen ist meist maßgeblich durch die Vorstellung beeinflusst, dass das Kind jetzt in dieser Situation etwas Bestimmtes lernen müsste. Und dass sie als Erziehungsberechtigte dazu beitragen müssten (und könnten!), dass dies in einer bestimmten Weise geschieht. Dabei definieren die Erwachsenen, was ‚richtig' und ‚falsch' ist und was für das Kind gut ist.

Was ist Psychische Gewalt?

Gleichzeitig wird die Verantwortung für das vielleicht verletzende oder verunsichernde Verhalten der erwachsenen Person dem Kind übergeben. Das Kind hat etwas falsch gemacht. Es ist schuld. Nur weil es sich zuvor so verhalten hat, wurde diese Maßnahme ergriffen. Es hat diese Behandlung verdient.

Möglicherweise klingen diese Beschreibungen etwas dramatisch. Wer will schon eine Verletzung hinnehmen, dem Kind die Schuld geben oder wirklich denken, dass Kinder Strafe verdient haben?

Wenn wir uns aber die Beispiele vor Augen führen, wird die Alltäglichkeit dieser Situationen deutlich.

Zoe bittet Toan den Computer auszumachen. Sie ist schon etwas genervt und merkt dann, dass die Stunde, die sie vereinbart hatten, bereits seit 10 Minuten vorbei ist. Toan nickt, sichtlich ins Spiel vertieft. Nach einer Weile kommt Zoe wieder, *sagt »Toan, es reicht jetzt! Mach jetzt sofort aus, sonst muss ich das machen!«* Toan reagiert nicht. 5 Minuten später macht Zoe den Computer aus und spricht ein Verbot für den nächsten Tag aus. Toan ist wütend. *»Du kannst doch nicht mitten im Spiel ausmachen! Ich war so nah am nächsten level«.* Zoe antwortet: *»Ja, tut mir leid für dich, aber ich habe dich gewarnt, du hättest auch selbst einen Moment wählen können zum Aufhören. Jetzt reg dich nicht so auf und geh mal lieber ne Runde mit dem Ball raus, es ist so schönes Wetter!«*

Mia sitzt auf dem Esstisch und spielt mit ihren Autos als Laurenz rein kommt. Schnell läuft er zu ihr, schnappt sie und setzt sie ein bisschen unsanft auf dem Teppich ab. *»Mensch Mia, wie oft habe ich das schon gesagt, der Esstisch ist zum Essen da, nicht zum Spielen«.* Als Mia anfängt zu weinen sagt Laurenz: *»Jetzt mach nicht so ein Theater, das wird schon nicht so weh getan haben.«*

Fast alle Bezugspersonen und Eltern erleben solche oder ähnliche Situationen im Zusammenleben mit Kindern und beobachten sie in ihrem Umfeld. Die wenigsten – vermute ich – empfinden ein solches Verhalten seitens der erwachsenen Person als unzulässige Grenzüberschreitung oder Gewaltanwendung.

Würde allerdings eine erwachsene Person in einer vergleichbaren Weise von einer anderen Erwachsenen behandelt, wäre es wahrscheinlicher, dass es als Gewalt erkannt werden würde. Da es sich aber um eine Situation zwischen Eltern / Bezugspersonen und einem Kind handelt, überwiegt in den meisten Menschen die Stimme, die die Reaktion der Bezugsperson als angemessene Erziehungsmaßnahme erkennt und rechtfertigt.

Es ist einfach ziemlich ‚normal' so mit Kindern umzugehen. ‚Normal' im Sinne von gesellschaftlich anerkannt und Teil der Norm. Gewalt als selbstverständlicher Bestandteil von Erziehung. Erziehung hat im weitesten Sinne etwas damit zu tun, jemand irgendwohin zu bringen. Zu diesem weit verbreiteten Verständnis von Erziehung gehört auch die Durchsetzung der als angemessen oder notwendig erachteten Maßnahmen und die Anwendung von Druck und Zwang.

Wenngleich körperliche Gewalt zur Durchsetzung der Ziele aus der Perspektive der erwachsenen Person seit einiger Zeit verboten ist, werden andere Formen von Gewalt nicht unbedingt als solche erkannt. Auch Bestrafung und Belohnung, Liebesentzug, Erpressung und Drohung sind gewaltvolle Handlungen, die im alltäglichen Umgang von Eltern und Bezugspersonen auch abseits von besonderen Krisensituationen eingesetzt werden.

»Wenn du das nicht sofort aufräumst...«
»Weil du mir so schön geholfen hast beim Spülen, gehen wir jetzt ein Eis essen, du bist echt ,n ganz Lieber!«
»Entweder du kommst jetzt oder es gibt gar kein Buch mehr!«

Strukturelle Gewalt und Unterdrückung -Adultismus

Es ist äußerst hilfreich, diese Überlegungen zu Erziehung und der ihr teilweise innewohnenden Legitimation gewaltvollen Handelns seitens der Eltern oder Bezugspersonen in einem gesellschaftlichen und strukturellen Zusammenhang zu betrachten und mit Adultismus in Verbindung zu bringen.

Unter dem Begriff Adultismus wird das ungleiche Machtverhältnis zwischen Erwachsenen und Kindern verstanden und problematisiert. »Adult« kann aus dem Englischen mit »Erwachsene« übersetzt werden und die Endung »-ismus« verweist auf ein gesellschaftlich bestehendes Unterdrückungsverhältnis, ähnlich wie etwa bei Rassismus oder Sexismus.

Adultismus liegen dabei nicht etwa natürliche Unterschiede zwischen jüngeren und älteren Menschen zugrunde, sondern vielmehr die Konstruktion von Kind-sein und Erwachsen-sein und der Bewertung dessen aus der Perspektive der Erwachsenen.

Erwachsen-sein wird in dieser polarisierten Sortierung als das Gegenteil von Kindsein konstruiert. Beiden ‚Gruppen' werden gesellschaftlich geteilte Zuschreibungen zuteil, die (in)direkt Bewertungen enthalten. Für Kinder eher negative, die auf die Notwendigkeit von Veränderung verweisen und für Erwachsene eher positive, die als erstrebenswert gelten.

Das Machtverhältnis stellt sich so auf einer diskursiven Ebene bereits durch die Festlegung einer Norm und einer Abweichung von der Norm dar.

Auf struktureller und institutioneller Ebene lässt sich Adultismus etwa darin ausmachen, dass Kindern die Mitbestimmung in vielen sie betreffenden Angelegenheiten verweigert wird, der Zugang zu Räumen, Ressourcen und Wissen erschwert wird und Lernziele und Lernwege unhinterfragt staatlich vorgegeben werden.

Wissenschaftlich formuliert haben die Erwachsenen u.a. die Handlungsmacht, Definitionsmacht und die Verfügungsmacht inne.

Die Freiheit und Selbstbestimmung von Kindern wird in dieser Gesellschaft (weit über das durchaus unterschiedlich empfundene Maß notwendigen Schutzes hinaus) eingeschränkt.

Was ist Psychische Gewalt?

Ansatzpunkte für Veränderung: adultismuskritische Grundhaltung und bedürfnisorientierte Kommunikation

Diese gesellschaftlichen Machtverhältnisse können sich nur Stück für Stück und über einen langen Zeitraum hinweg verändern.

Im eigenen Alltag kann Veränderung dort beginnen, wo Eltern und Bezugspersonen verantwortlich mit ihrer Machtposition umgehen und eine gleichwürdige Beziehung zu Kindern entwickeln. Hilfreich ist dabei die gewaltfreie Kommunikation nach Marshall Rosenberg und die Ermutigung zur Orientierung an den eigenen persönlichen Grenzen nach Jesper Juul.

Aber wie kann es gelingen, den »Erziehungsautomaten« in uns abzustellen?

Die Herausforderung dabei ist, die eigenen Gedanken, Interpretationen, Vorstellungen, Bewertungen nicht als objektive Beschreibung der Situation zu verstehen, sondern eben als meine Gedanken, die mit mir, meinem eigenen Aufwachsen und den Normen und Normalitätsvorstellungen in dieser Gesellschaft zu tun haben.

Vielleicht sind da Gedanken *wie »Die will mich provozieren!« »Wenn ich jetzt nicht durchgreife, wird dieses oder jenes in der Zukunft passieren!« »Das darf ich nicht zulassen, das geht wirklich nicht«.*

In dem Maße, wie wir uns aus der Identifikation mit unseren Gedanken und Vorstellungen und darin eingewobenen Bewertungen der Situation lösen können, können wir uns dem konkreten Moment zuwenden und die Gefühle und Bedürfnisse aller Beteiligten in den Fokus rücken..

Marshall Rosenberg spricht davon, danach zu schauen, was in dem Moment in uns selbst lebendig ist. Was fühle ich? Auf was für ein unerfülltes Bedürfnis weist mich dieses Gefühl hin? Was brauche ich jetzt gerade? What's alive in you in that moment?

Bin ich verunsichert? Habe ich vielleicht ein Bedürfnis nach Sicherheit? Sind das meine Sorgen, die sich da melden? Ist es ein Bedürfnis nach Ruhe? Nach Verbindung? Nach Wertschätzung? Was brauche ich gerade? Habe ich eine konkrete Bitte?

Aus dieser Verbindung mit mir selbst heraus ist es leichter, den Blick auf die jüngere Person zu richten: Wie fühlt sie sich gerade? Welches Bedürfnis steckt vielleicht hinter ihrem Handeln? Wie kann ich mich ihr empathisch zuwenden? Kann sie mitteilen, wie sie sich fühlt und sagen, was sie braucht? Gibt es vielleicht eine konkrete Bitte von ihrer Seite?

Herausfordernd ist dabei die Anerkennung der Gefühle, die durch das eigene Verhalten ausgelöst wurden. In den beiden obigen Beispielen wird die jüngere Person zunächst vielleicht Ärger ausdrücken und dahinter Frust, Ohnmacht, Hilflosigkeit oder Traurigkeit fühlen. Die auslösende Person kann dann etwa sagen: *»Ich kann mir vorstellen, dass du frustriert bist, wenn du nicht selbst entscheiden kannst, wie lange du Computer spielst. Ist es das? Gibt es da so etwas wie Ohnmacht in dir? ... Als ich dich vom Tisch herunter geholt habe und so doll auf den Boden gesetzt habe, war das* *bedrohlich für dich? Fühlst du dich hilflos?«* Für die jüngere Person geht es darum, die Gefühle voll ausdrücken zu können und gesehen und ernst genommen zu werden.

Die erwachsene Person ist empathisch, hört zu, fragt nach und achtete darauf, nicht zu verharmlosen oder zu dramatisieren, zu entschuldigen oder zu rechtfertigen.

Fernab der erzieherischen und adultistischen Debatte um die besondere Notwendigkeit von Grenzen gegenüber Kindern, können Eltern/Bezugspersonen durchaus auf der Grundlage ihrer Bedürfnisse und persönlichen Grenzen kommunizieren und handeln, ohne dass die Würde des Kindes verletzt wird.

Das könnte dann heißen: *»Ich mache mir Sorgen, wenn du so lange Computer spielst. Ich will, dass du aufhörst. Bist du bereit, im nächsten für dich passenden Moment auszuschalten?«*

»Ich will nicht, dass du auf dem Tisch sitzt, an dem ich gleich essen möchte. Kannst du bitte runterklettern?«

Eine spannende Herausforderung und Chance für die gleichwürdige Beziehung und das gegenseitige Vertrauen ist ein darauf erwidertes »Nein« des Kindes.

Wenn es hier gelingt, in einem emphatischen Kontakt zu bleiben, interessiert die Gefühle und dahinterliegenden Bedürfnisse zu verstehen und dabei die eigenen Bedürfnisse nicht aus dem Blick zu verlieren, lassen sich überraschend viele Lösungen finden, die für Beide in dem Moment gut passen.

Aber nur, wenn wir der Stimme in uns, die nach Gehorsam des Kindes gegenüber den Eltern oder Bezugspersonen ruft, eine klare Absage erteilen!

Literatur

Aldort (2005): Von der Erziehung zur Einfühlung. Wie Eltern und Kinder gemeinsam wachsen können. Freiburg.

Juul/Hensen (2004): Vom Gehorsam zur Verantwortung. Für eine neue Erziehungskultur. Düsseldorf und Zürich.

Juul (2008): Das kompetente Kind. Auf dem Weg zu einer neuen Wertgrundlage für die ganze Familie. Reinbek bei Hamburg.

Liebel (2010): Diskriminiert, weil sie Kinder sind: Ein blinder Fleck im Umgang mit Menschenrechten. In: Diskurs Kindheits- und Jugendforschung 2010, Nr. 3, S. 307-319. URN: http://nbn-resolving.de/urn:nbn:de:0168-ssoar-354707

Richter (08.2013): Adultismus: die erste erlebte Diskriminierungsform? Theoretische Grundlagen und Praxisrelevanz. Verfügbar unter: http://www.kita-fachtexte.de/texte-finden/detail/data/adultismus-die-erste-erlebte-diskriminierungsform-theoretisch-grundlagen-und-praxisrelevanz/. Zugriff am: 22.07.2016.

Rosenberg (2001): Gewaltfreie Kommunikation. Paderborn.

5 Was ist Vernachlässigung?

> *»Du bist ewig für das verantwortlich, was du dir vertraut gemacht hast.«*
> (Antoine de Saint-Exupéry)

Im Unterschied zu Ländern wie Australien, Großbritannien, Kanada oder den USA gibt es in Deutschland keine Studien darüber, wie viele Kinder und Jugendliche von Vernachlässigung betroffenen sind. Es fehlt an aussagekräftigen Dunkelfeldstudien, Untersuchungen von Kinder- und Jugendhilfefällen und an einer systematischen Analyse von Todesfällen. Letztere sind in anderen europäischen Ländern verpflichtend. Bekannt ist bisher, »dass Vernachlässigung innerhalb der im Bereich der Jugendhilfe bekannt werdenden Fälle von Kindeswohlgefährdung die mit Abstand häufigste Gefährdungsform darstellt«. Auch sei Vernachlässigung so häufig, dass niedergelassene Kinderärzte und Kinderkliniken mehrfach jährlich mit ihr konfrontiert seien.

Vernachlässigung ist die »andauernde oder wiederholte Unterlassung fürsorglichen Handelns sorgeverantwortlicher Personen (Eltern oder andere von Ihnen autorisierte Betreuungspersonen), welches zur Sicherstellung der physischen und psychischen Versorgung des Kindes notwendig wäre«.

Um Vernachlässigung aufzudecken, bedarf es neben grundlegenden Kenntnissen auch eines Problembewusstseins für diese Gewaltform. Auch ist es nötig, dass im Alltag Kontakt zu dem betroffenen Kind und der Familie besteht.

Der Vernachlässigungsbegriff richtet sich immer auch nach dem Stand der Entwicklung und dem Schutz- und Fürsorgebedürfnis der Kinder. Bei der Betrachtung von Vernachlässigung haben sich unterschiedliche Formen herausgebildet:

Bei der körperlichen Vernachlässigung werden Kinder beispielsweise unzureichend mit Nahrung, Flüssigkeit oder sauberer Kleidung versorgt. Es fehlt an ausreichender Hygiene, an Wohnraum oder an adäquater medizinischer Versorgung.

Kognitive Vernachlässigung liegt vor, wenn das Kind nicht ausreichend kognitiv gefördert wird, etwa weil es an Gesprächen, Spiel oder Beschäftigung fehlt.

Erzieherische Vernachlässigung ist gegeben, wenn die Eltern ihrer Erziehungspflicht nicht nachkommen und die Kinder etwa unbeeinflusst Betäubungsmittel konsumieren, schulabwesend sind oder ein bestehender Förderbedarf nicht erkannt oder umgesetzt wird.

Von emotionaler Vernachlässigung wird gesprochen, wenn die Beziehung zwischen Personensorgeberechtigtem und Kind beeinträchtigt ist. Es fehlt an Beziehungswärme oder die Eltern können oder wollen nicht auf die (emotionalen) Signale des Kindes reagieren.

Schäden erleiden Kinder auch auf Grund unzureichender Beaufsichtigung, wenn sie etwa zu lang allein gelassen werden.

Durch eine Vielzahl von nationalen und internationalen Studien konnte der Zusammenhang zwischen Vernachlässigungen und kindlichen Entwicklungsverzögerungen belegt werden.

> **Ein Fallbeispiel**
>
> Stefan und Nicole sind sehr jung und erst seit kurzem ein Paar, als ihre Tochter Lea zur Welt kommt. Die Familie von Nicole möchte die junge Mutter unterstützen, sogar das Kind zu sich nehmen, damit Nicole eine Ausbildung abschließen kann. Doch Nicole möchte ihre Tochter selbst erziehen, bricht die Ausbildung ab.
>
> Stefan und Nicole wollen eigentlich alles richtig machen, fühlen sich jedoch von den vielen Besuchen und Einmischungen bedrängt und unter Druck gesetzt. Sie haben das Gefühl, immer alles falsch zu machen, Hilfsangebote werten sie als Angriff auf ihre Erziehungsfähigkeit.
>
> Zwischen Leas Eltern und Großeltern kommt es immer wieder zum Streit, bis der Kontakt schließlich abbricht. Lea wird aus der Kita genommen, um die Kontaktversuche der Großeltern zu unterbinden. Auch die Beziehung zwischen Stefan und Nicole leidet. Stefan hat wenig Interesse an seinem Familienleben, Nicole ist sehr eifersüchtig.
>
> Das Paar bekommt dennoch ein zweites Kind. Die kleine Lea reagiert aggressiv auf ihren Bruder. Nicole wertet das Verhalten ihrer Tochter als persönlichen Angriff, Stefan meidet das Kinderzimmer. Die Eltern überlassen das »schwierige« Kind immer mehr sich selbst.
>
> Lea hört auf zu essen. Die Eltern nehmen den sich verschlechternden Zustand ihres Kindes wahr, hoffen jedoch darauf, dass die Krisensituation sich irgendwie in Luft auflösen und Lea irgendwann, zumindest heimlich, essen würde.
>
> Leas Zustand verschlechtert sich. Sie hat Haarausfall, wird nicht mehr gewaschen oder gewindelt, sie ist stark abgemagert und kann nicht mehr allein aufstehen oder gehen.
>
> Aus Angst, das Jugendamt könnte ihnen das Sorgerecht für die Kinder entziehen, holen Stefan und Nicole keine Hilfe für ihre Tochter. Lea verfällt in eine Art Dämmerzustand, bevor sie schließlich stirbt.

5.1 Warum musste Lea sterben oder Was ist Vernachlässigung?

Tim Wersig

Das Fallbeispiel zeigt deutlich die vielfältigen dynamischen Prozesse, wie z.B. aus überfordernden Situationen Momente der Vernachlässigung werden können. Stefan und Nicole versuchen allen Anforderungen und Erwartungen (z.B. von der eigenen Familie) gerecht zu werden und scheitern schlussendlich. Die gemeinsame Tochter Lea wird im alltäglichen Handeln regelrecht vergessen und sich selbst überlassen, verbunden mit der Hoffnung, dass alles positiv ausgehen würde. Unterstützung und Hilfe lehnt die Familie ab, da sie sich kontrolliert und unter Druck gesetzt fühlt. Von Zeit zu Zeit werden die Bedürfnisse von Lea nicht mehr gesehen und dadurch auch nicht befriedigt. Dies sind typische Erkennungsmomente einer Vernachlässigung.

Das Ziel des folgenden Beitrags liegt in der Aufzeigung, was genau unter »Vernachlässigung« verstanden werden kann. Im beruflichen und lebensweltlichen Alltag ist es bedeutend die verschiedenen Formen einer Kindeswohlgefährdung voneinander abgrenzen zu können. Denn erst, wenn genau benannt werden kann, was z.B. eine Vernachlässigung ist, sind Möglichkeiten gegeben diese zu erkennen und dann unterstützend tätig werden zu können.

Mit einer Vernachlässigung ist die »ausgeprägte (d.h. andauernde oder wiederholte) Beeinträchtigung oder Schädigung der Entwicklung von Kindern (...) gemeint, auf Grund unzureichender Pflege und Kleidung, mangelnder Ernährung und gesundheitlicher Fürsorge, zu geringer Beaufsichtigung und Zuwendung, nachlässigem Schutz vor Gefahren sowie nicht hinreichender Anregung und Förderung motorischer, geistiger, emotionaler und sozialer Fähigkeiten.«[126]

Im Fallbeispiel sind die hier aufgeführten Beispiele einer Vernachlässigung deutlich erkennbar. Vielfach wird dabei zwischen der körperlichen und emotionalen Vernachlässigung unterschieden. Weiterhin zeigt sich, dass die Vernachlässigung als die häufigste Form einer Kindeswohlgefährdung beschrieben wird. »Vernachlässigung kann sich an Situationen festmachen, in denen die Basisbedürfnisse [des Kindes] nicht oder unzureichend befriedigt werden.«[127] Vernachlässigung ist dementsprechend eine situative oder andauernde und wiederholte Unterlassung fürsorglichen Handelns bzw. ein aus Not, eigener Vernachlässigungserfahrung, aus Unkenntnis und Unfähigkeit entstandenes Unvermögen sorgeverantwortlicher Personen, die materiellen und seelischen Grundbedürfnisse eines Kindes zu befriedigen, es angemessen zu ernähren, zu pflegen, zu kleiden, zu beherbergen, vor äußeren und gesundheitlichen Gefahren zu schützen, es emotional und beziehungsmäßig, erzieherisch und schulisch zu fördern. Vernachlässigung ist im Kern demnach auch eine

---

126 Deegener (2005), S. 37.
127 Ebd.

emotionale Beziehungsstörung (eine Grundstörung der Identitätsbildung mit der Folge unsicherer – ambivalenter oder hoch-unsicherer/desintegrierter Beziehungsmuster), in der es, vor allem auch in zugespitzten Krisensituationen, auch zu körperlicher Misshandlung kommt. Was wissen wir über die Struktur und Dynamik von Familien bei Vernachlässigung?

Vernachlässigungsfamilien sind überwiegend materiell-schwache Familien

Sogenannte »materiell-schwache Familien« sind seit Generationen arme Familien und Neue Arme, die nach Krankheiten und Unfällen und sich zuspitzenden ökonomischen Strukturkrisen ein Deklassierungsschicksal erlitten haben.

Die meisten Eltern sind arbeitslos und abhängig von Sozialhilfe, oft ohne Schulabschluss und Berufsausbildung. Bedingt durch geringe Qualifikation gehen sie oft schlecht bezahlte Aushilfsjobs nach. Die Familien leben unter schlechten Wohnbedingungen, meist ist die Wohnung für die Größe der Familie zu klein. Insgesamt muss aber festgehalten werden, dass Vernachlässigungen in allen gesellschaftlichen Schichten vorkommen können.

Vernachlässigungsfamilien sind desorganisierte Familien

Häufig ist bereits die Konstitution der Familie weniger gelungen, sind die Hoffnungen der Paare zerronnen, die schnell und früh geborenen Kinder könnten den Familienzusammenhalt garantieren. Schnelle Trennungen und Neuzusammensetzungen sind an der Tagesordnung. In der Großelternfamilie war die Herstellung tragfähiger Eltern-Kind-Beziehungen häufig misslungen. Scheidung der Eltern, Trennungen und Fremdunterbringungen der Kinder und ein Aufwachsen bei Großeltern bzw. in Heimen oder Pflegefamilien sind häufig anzutreffen. Ebenso häufig gehören Mütter mit Kindern von verschiedenen Vätern, zu denen kein Kontakt besteht, zu den vernachlässigenden Müttern. Kennzeichnend ist oft eine chaotische Lebensweise, die für die Kinder auf Dauer undurchschaubar wird. Regeln, die die Versorgung der Kinder betreffen, existieren nicht.

Vernachlässigungsfamilien stehen beziehungsdynamisch auf dem Kopf

Die Eltern sind in ihrem Verhalten, Denken und Fühlen weitgehend infantil, d.h. wie Kinder geblieben. Von den Kindern erwarten sie, dass sie sie versorgen und jedenfalls lieben sollen. Je mehr sich das Kind als bedürftig, als egoistisch und dann zunehmend als eigenwillig und schwierig erweist, desto stärker ergreifen die Eltern die Flucht, werden gleichgültig, fliehen in Alkohol und Drogen und lassen gegenaggressiv ihre ganze Wut an den verunsicherten, nicht altersgemäß entwickelten Kindern aus. Die Eltern sind affektiv als tief verunsicherte Kinder zu verstehen, d.h. man muss ihnen eine Beziehung anbieten, in der sie ein Stück Sicherheit als Erwachsene gewinnen können. In Vernachlässigungsfamilien besteht häufig eine widersprüchliche Paarkonstellation. Das Paar schwankt zwischen symbiotischer Verschlungenheit und Distanz und Abwehr.

Eltern, die ihre Kinder vernachlässigen, waren meist selbst vernachlässigte Kinder

Als Säuglinge haben sie erlebt, dass ihre Grundbedürfnisse nicht verlässlich erfüllt wurden und sie selbst keine Möglichkeit hatten an dieser Situation etwas zu ändern. Sie waren passiv ausgeliefert. D.h. wir haben es meist mit Eltern zu tun, die frühe Entwicklungsstörungen vorweisen. Ein geringer emotionaler Kontakt zur primären Bezugsperson macht es schwer, eine Struktur aufzubauen, die für ein selbstbewusstes Handeln nötig ist. Die Ich-Strukturen sind also fragmentarisch geblieben. Vernachlässigte Kinder haben daher oft auch als Erwachsene das Gefühl, »zu kurz zu kommen«.

Auch Überforderung kann Vernachlässigung sein

Vernachlässigung ist jedoch nicht nur dann anzutreffen, wenn eine unzureichende Bedürfnisbefriedigung vorliegt. Auch eine unverhältnismäßige Überforderung von Kindern, kann eine Form der Vernachlässigung darstellen. Es gibt Eltern die zu viel von ihren Kindern erwarten und sie dementsprechend massiv unter Druck setzen. Nicht jedes Kind ist hochbegabt oder muss Cello spielen können oder beim Früh-Japanisch gewesen sein. Wenn zu hohe Erwartungen an Kindern gestellt werden, kann es schnell zu Überforderungssituationen kommen und auch dann muss davon ausgegangen werden, dass die Eltern die ureigenen Bedürfnisse der Kinder nicht mehr im Blick haben. Innerhalb dieser Familien kommt es dann zu einer materiellen Überversorgung verbunden mit einer häufig anzutreffenden emotionalen Unterversorgung. Diese Kinder sind dann zwar materiell versorgt, es fehlt jedoch an dem viel bedeutenderen verlässlichen Beziehungs-Gegenüber. Dieses ist jedoch eine Voraussetzung, so dass Möglichkeiten bestehen, dass Kinder zu starken Persönlichkeiten heranwachsen können.

Literatur

Deegener (2005): Formen und Häufigkeiten der Kindesmisshandlung, in: Deegener/Körner (Hrsg.): Kindesmisshandlung und Vernachlässigung. Ein Handbuch. Bern.

Kindler (2006): Was ist unter Vernachlässigung zu verstehen?, in: Kindler/Lillig/Blüml/Meysen/Werner (Hrsg.): Handbuch Kindeswohlgefährdung, nach § 1666 BGB und Allgemeiner Sozialer Dienst (ASD). München.

Kinderschutz-Zentrum Berlin e.V. (Hrsg.) (2009): Kindeswohlgefährdung Erkennen und Helfen, Kinderschutz-Zentrum Berlin e.V.

5.2 Vernachlässigung und Gewalt durch mangelhafte Grundversorgung

Dr. Ralf Kownatzki

Vernachlässigung bei Kindern ist definiert als ausgeprägte, andauernde oder wiederholte Beeinträchtigung oder Schädigung der Entwicklung von Kindern durch die sorgeberechtigten und -verpflichteten Personen aufgrund unzureichender Pflege und Kleidung, mangelnder Ernährung und gesundheitlicher Fürsorge, zu geringer Beaufsichtigung und Zuwendung, nachlässigem Schutz vor Gefahren sowie nicht hinreichender Anregung und Förderung motorischer, geistiger, emotionaler und sozialer Fähigkeiten.[128]

Vernachlässigung durch mangelhafte Grundversorgung kommt sowohl isoliert als auch in Kombination mit anderen Formen von Kindesmissbrauch vor. Wie eine chronische Erkrankung erstreckt sie sich in der Regel über einen längeren Zeitraum bis die Situation schließlich eskaliert und der Umgebung bekannt wird. Gelegentlich wird sie zufällig entdeckt, im Kindergarten, bei der Schuleingangsuntersuchung, beim Kinderarzt/-ärztin.

Die Kriminalstatistik zeigt, dass vor allem Vorschulkinder von Vernachlässigung und Gewalt mit tödlichem Ausgang betroffen sind. In diesem Alter können sich Kinder gar nicht oder nur sehr schwer artikulieren und auf sich aufmerksam machen.

Für diese Altersgruppe besteht immer dann eine Möglichkeit, dass eine mangelhafte Grundversorgung erkannt wird, wenn diese Kinder außerhalb ihres familiären Umfelds von Dritten in Augenschein genommen werden: bei Arztkontakten wegen Impfungen, Erkrankungen und Vorsorgeuntersuchungen oder wenn Kinder in Institutionen wie Kindergärten, Schulen, Sportvereinen etc. auffällig werden.

Ein sehr geeignetes Mittel Vernachlässigungen und andere Formen des Kindesmissbrauchs zu erkennen sind die regelmäßigen Früherkennungsuntersuchungen (U-Untersuchungen im »Gelben Vorsorgeheft«). Für mache Kinder sind sie die erste Möglichkeit nach der Geburt und Entlassung aus dem Krankenhaus, um aus der Situation von Vernachlässigung und Gewalt herausgefiltert zu werden.

Im Gesundheitswesen ist Kindesmissbrauch in seinen verschiedenen Formen zunächst eine ärztliche Diagnose, die nach dem Diagnoseverzeichnis des BmG festzustellen oder auszuschließen ist. Bei einer mangelhaften Grundversorgung besteht die Diagnose: Vernachlässigen oder im Stich lassen.

Nach dem SGB V hat jedes Kind und jeder Jugendliche ein Recht darauf, dass im Rahmen von 10 Früherkennungsuntersuchungen (U1-U9) bis zur Einschulung und danach bei 2 Jugenduntersuchungen J1 (12-14 J) und J2 (16-17J) sein Gesundheits-

---

[128] Deegener/Körner (2005): Vernachlässigte Vernachlässigung.

Was ist Vernachlässigung?

und Entwicklungsstand ärztlich untersucht wird und geprüft wird, ob eine altersentsprechende Grundversorgung vorhanden ist.

Seit 2008 wird von Seiten der Behörde kontrolliert, ob jedes Kind im Vorschulalter seine Früherkennungsuntersuchung auch erhalten hat. Es besteht eine positive Meldepflicht für Ärzte. D.h. sie melden die durchgeführten Untersuchungen an eine zentrale Stelle. An Hand des Melderegisters erfolgt dort ein Abgleich. In negativen Fällen, werden die Eltern erinnert, bzw. es wird nach den Gründen geforscht, warum die Untersuchung nicht wahrgenommen wurde. Einzelheiten zum Vorgehen und der Beginn, ab welcher U-Untersuchung nachgeprüft wird, ist in den einzelnen Bundesländern unterschiedlich geregelt. Eine Pflicht, sein Kind zur Früherkennungsuntersuchung zu bringen besteht in Deutschland nicht.

Dieses Vorgehen hat leider nicht dazu geführt, dass alle Kinder ihre Vorsorgeuntersuchungen auch tatsächlich lückenlos erhalten. So wurde für Duisburg (2015) festgestellt, dass bei 803 von 4.226 Einschulkindern die U7a bei 19 %, die U8 bei 4 % und die U9 bei 8 % nicht dokumentiert waren.[129]

Oftmals wird von nichtmedizinischer Seite bemängelt, der Kontrollaufwand sei zu hoch und Früherkennungsuntersuchungen seien darüber hinaus nicht geeignet Kindesmissbrauch und Kindeswohlgefährdungen aufzudecken. Kinder- und Jugendärzte beurteilen die Meldepflicht hingegen nach den bisher gemachten Erfahrungen sehr positiv.

Insbesondere in sozialen Brennpunkten ist die Anzahl der U-Untersuchungen nachweislich deutlich gestiegen und viele Kinder erhalten dadurch eine rechtzeitigere medizinische Betreuung und Förderung ihrer Entwicklung. Eltern mit defizitärer Erziehungskompetenz kann frühzeitiger Hilfe- und Unterstützung angeboten werden, damit sie notwendige Kenntnisse und Verhaltensstrategien für eine gelungene Grundversorgung erwerben können.[130] Einer Kindeswohlgefährdung (KWG) mit Spätfolgen für das weitere Leben kann somit effektiv begegnet werden.

Es ist sicherlich leicht nachvollziehbar, dass eine zu spät erkannte komplexe Entwicklungsstörung mit entsprechenden Folgen für die Schullaufbahn und die spätere Berufsperspektive oder ein Hodenhochstand bei einem Jungen, mit daraus resultierender Unfruchtbarkeit oder Krebserkrankung für das weitere Leben der Betroffenen eine erhebliche Kindeswohlgefährdung darstellt.

In einzelnen Fällen können Früherkennungsuntersuchungen auch dazu beitragen direkt eine akute KWG festzustellen. Dazu nachfolgendes Beispiel einer KWG bei mangelhafter Grundversorgung und das Problem ihrer statistischer Erfassung und Bewertung:

Im Rahmen der positiven Meldepflicht wurde bei einem 5-jährigen Jungen die U9 durchgeführt. Es war die erste Vorsorgeuntersuchung seit seiner Geburt. Der Junge war in einem völlig verwahrlosten Pflegezustand, chronisch unterernährt, im aktuell akuten

---

129 Sprenger (2016): Lückenhafte Vorsorgeuntersuchungen und mangelnde Kontrolle.
130 Rieser (2012): Eltern erinnern hilft, Deutsches Ärzteblatt, Jg. 109, Nr. 29–30.

Hungerzustand und psychisch auffällig. Unsere Information an die Jugendhilfe führte zu einem Hausbesuch durch das Jugendamt. Die vorgefundene häusliche Situation war so desolat, dass nicht nur dieses Kind sondern zusätzlich auch seine zwei kleineren Geschwister in Obhut genommen werden mussten.

Die Evaluation zum Nutzen von Früherkennungsuntersuchungen erfasst statistisch lediglich die bei der U9 aufgedeckte KWG. Die zusätzlich festgestellte KWG bei den Geschwistern wird nicht der Früherkennungsuntersuchung zugeordnet. Dies führt zu falsch niedrigen Bewertungen hinsichtlich durch Früherkennungsuntersuchung entdeckter KWG.

Ärztlich diagnostizierte Fälle von Kindesmissbrauch durch Vernachlässigung mit Gesundheits-, Verhaltens- und Entwicklungsstörungen verbleiben oft (zunächst) im Gesundheitssystem ohne dass sie im Jugendhilfesystem erfasst und bekannt werden. Diese Kinder erhalten häufig Logopädie, Physiotherapie und Ergotherapie, gelegentlich auch Psychotherapie, um Entwicklungsstörungen und psychische Erkrankungen ausgelöst durch fehlende Zuwendung und Förderung seitens der Eltern zu therapieren. Die ständig gestiegenen Mehrkosten der Krankenkassen für diese Therapien bei Kindern belegen dies sehr eindrucksvoll.[131]

Außer einem schlechten Pflegezustand, extremem Unter- oder Übergewicht, diversen Entwicklungsdefiziten und Verhaltensstörungen kann zusätzlich der Zahnstatus wertvolle Hinweise auf eine mangelhafte Grundversorgung geben.

Eine ausgeprägte Karies insbesondere im Bereich der Schneidezähne findet sich häufig beim Nursing-Bottle-Syndrom (Nuckelflaschenkaries). Dabei wird Kindern, wenn sie durch Schreien stören, zur Beruhigung immer wieder die Nuckelflasche mit Fruchtsäften oder Früchtetees verabreicht. Die säurehaltige Trinkflüssigkeit verursacht eine ausgeprägte Karies bis schließlich nur noch bräunliche Zahnstummelreste vorhanden sind. Untersuchungen zur Behandlungsbedürftigkeit des Gebisses bei Kindern zeigen dabei eine deutliche Abhängigkeit vom Sozialstatus: 22 % bei hohem Sozialstatus, 55 % bei niedrigem Sozialstatus.[132]

Ärzten/-innen, die Kinder hausärztlich ambulant betreuen, kommt beim Aufdecken von Kindesmisshandlungen eine wichtige Filterfunktion zu. Durch ihre spezielle Kenntnis vom familiären Umfeld, häufige Kontakte bei Impfungen, Vorsorgeuntersuchungen, Erkrankungen und Verletzungen, können sie sehr früh Hinweise auf einen möglichen Kindesmissbrauch erhalten.

Dabei ist die Gesamtschau, der Überblick über alle Symptome und Befunde hinter denen eine Misshandlung stehen kann sehr wichtig. Ein Blick auf die begleitenden Geschwisterkinder, die Interaktion der Eltern in der Untersuchungssituation, ihre Empathiefähigkeit und Erziehungskompetenz, die Verlässlichkeit hinsichtlich Absprachen u. Terminen etc. liefert zusätzliche Parameter, die in die Gesamtbeurteilung einfließen. (s.u. Übersicht)

---

131 Waltersbacher (2014): Heilmittelbericht 2014, Wissenschaftliches Institut der AOK, WIdO.
132 Renz-Polster (2010): Die glorifizierte Vorsorge, Kinder- u. Jugendarzt 41. Jg., Nr. 4.

Was ist Vernachlässigung?

Sehr oft ist es nicht möglich schon bei einer ersten/einzigen Untersuchung zu einer abschließenden Diagnose Kindesmissbrauch: ja/nein zu kommen.

Vielfach führt erst die Summe der im zeitlichen Verlauf gewonnenen auffälligen Befunde, wie Blutergüsse und Verletzungen an Stellen, wo sie nachweislich nicht durch Spielen und Toben entstanden sein können Zeichen von mangelhafter Grundversorgung und psychische Fehlentwicklungen zur abschließend gesicherten Diagnose: Kindesmissbrauch.

Der/Die Kinder- und Jugendarzt/-ärztin wird danach abgestuft reagieren: bei leichten Fällen beratend eingreifen, Hilfsangebote machen (Familienhebamme, Jugendamt). In schweren Fällen das Kind in Sicherheit bringen, es stationär einweisen Kontakt mit der Kinderschutzambulanz, Rechtsmedizin und Polizei aufnehmen.

Elektronische Informationssysteme für Ärzte/-innen zum Austausch von Befunde und Diagnosen, wie das in Duisburg entwickelte Informationssystem RISKID -können weiterhelfen, wenn die kontinuierliche ärztliche Betreuung eines Kindes von den Erziehungsberechtigten durch geplante und zielgerichtete häufige Arztwechsel (doctor-hopping) unterbrochen wird, in der Absicht Vernachlässigungen und Misshandlungen zu verschleiern.

Der Informationsaustausch durch RISKID hilft Ärzten den Sachverhalt zu klären und frühzeitiger und treffsicherer Diagnosen von Kindesmissbrauch zu stellen oder auch auszuschließen. Dies schützt auch Eltern vor ungerechtfertigten Beschuldigungen, sie würden ihre Kinder misshandeln.[133]

Sehr hilfreich ist es, die lokalen Gegebenheiten berücksichtigendes, Netzwerk (Kindergarten, Schule, Jugendhilfe, Medizinbereich, Polizei etc.) zu pflegen, in dem sich alle mit der Problematik befassten Akteure, unkompliziert austauschen können. Dies gelingt am besten, wenn über persönliche Kontakte ein gutes Vertrauensverhältnis besteht, da die aktuellen gesetzlichen Vorgaben, wie die ärztliche Schweigepflicht, der Ermittlungszwang bei der Polizei, der Datenschutz in seiner unterschiedlichen Ausprägung, diesen Austausch nicht unbedingt erleichtern. Leider hat diesbezüglich auch das verabschiedete Bundeskinderschutzgesetz nicht die notwendigen Verbesserungen gebracht.

Die nachfolgende Übersicht und Orientierungshilfe enthält aufgelistet Hinweise, wie sie bei unseren Patienten, bei Gewalt und Vernachlässigung, häufig vorhanden waren. Sie ist weder vollständig, noch ist einer einzelner Hinweis für sich in der Regel beweisend. Sie ist als Orientierungshilfe gedacht, wenn die Frage Kindesmissbrauch durch Vernachlässigung im Raum steht.

Vernachlässigung und Gewalt durch mangelhafte Grundversorgung

Familiäre Risiken:
- soziale Probleme,

---

[133] Kownatzki (2015): Kinderschutz geht alle an. Landtag NRW, Drucksache 16/7146, 05.02.2015.

- alleinerziehend, wechselnde Partnerschaften,
- Patchwork-Familien,
- Missbrauch bei Geschwisterkindern bereits vorgekommen

Auffälligkeiten bei den Erziehungsberechtigten:
- desolater Pflegezustand aller Familienmitglieder
- **Suchtprobleme:** Nikotin, Alkohol, Drogen
- Auffälligkeiten im Verhalten der Sorgeberechtigten:
- gestörte Interaktion zwischen den Sorgeberechtigten und ihren Kindern
- geringe Erziehungskompetenz
- geringe Frustrationstoleranz und Überforderung
- Desinteresse am Kind
- ständige Kommunikation mit dem Smartphone in Gegenwart des Kindes
- Overprotection
- Doctor-hopping: unterschiedliche Arztstempel im U-Heft und Impfpass ?
- fehlende oder zerfledderte Dokumente vom Kind (U-Heft, Impfpass)
- wiederholtes Nichteinhalten von Absprachen und Terminen
- nicht plausible und widersprüchliche Erklärungen zu Verletzungen des Kindes
- zeitlich verzögertes Aufsuchen medizinischer Hilfe bei Verletzungen des Kindes

Auffälligkeiten beim Kind:
- schlechter Pflegezustand
- schlechter Ernährungszustand
- schlechter Zahnstatus
- Hinweise auf exzessiven Medienkonsum
- Hinweis auf Bindungsstörungen bereits im Säuglingsalter
- gehäufte und untypische Verletzungen durch Fremdverschulden
- Konzentrationsstörungen und kombinierte Entwicklungsdefizite
- Verhaltensauffälligkeiten im Kindergarten, Schule
- psychosomatische Erkrankungen (z.B. Enuresis, Enkopresis, Essstörungen)
- psychische Erkrankungen (z.B. ADHS)

Literatur

Deegener/Körner (2005): Vernachlässigte Vernachlässigung, Interdisziplinäre Fachzeitschrift der DGgKV, Jg.8, Nr. 2.

Kownatzki (2015): Kinderschutz geht alle an-Prävention stärken, Zusammenarbeit von Jugend- und Gesundheitshilfe ausbauen, Landtag NRW, Drucksache 16/7146, Stellungnahme und Sachverständigenanhörung RISKID e.V., 05.02.2015.

Sprenger (2016): Lückenhafte Vorsorgeuntersuchungen und mangelnde Kontrolle, www.riskid.de, Aktuelles, 02.01.2016.

Rieser (2012): Eltern erinnern hilft, Deutsches Ärzteblatt, Jg. 109, Nr. 29–30.

Waltersbacher (2014): Heilmittelbericht 2014, Wissenschaftliches Institut der AOK, WIdO.

Renz-Polster (2010): Die Glorifizierte Vorsorge, Kinder- u. Jugendarzt 41. Jg., Nr. 4.

5.3 Die Vorsorgeuntersuchung als Werkzeug für den Kinderschutz

Yasmine Baghdad, Rainer Rossi

Früherkennungsuntersuchungen sind in Deutschland seit 1971 in den Leistungskatalog der gesetzlichen Krankenkassen eingeführt worden.[134] Dies ist damit begründet, Erkrankungen und Entwicklungsverzögerungen frühzeitig erkennen zu können. Häufig bietet sich auch die Möglichkeit, mit den Eltern zu sprechen, Ernährungs- und Impfberatungen zu leisten sowie Fragen rund um das Thema Erziehung zu geben.

Die Früherkennungsuntersuchungen bestehen aus zehn Vorsorgeuntersuchungen, die in einem Zeitraum von der Geburt mit der U1 am 1. Lebenstag bis zur U9 im 6. Lebensjahr stattfinden. Im ersten Lebensjahr erfolgen insgesamt sechs Vorsorgeuntersuchungen. Die U1 und U2 kurz nach der Geburt in den ersten 10 Lebenstagen der neugeborenen Kinder werden meistens noch im Krankenhaus durchgeführt. Bei der U1 geht es vor allem um körperliche Auffälligkeiten, ob »alles dran ist« und auch, ob das Neugeborene Auffälligkeiten zeigt, die einer unmittelbaren ärztlichen Intervention bedürfen: Beurteilung der Reifezeichen, Herzfehler, Atemprobleme. Die U2 wird bei im Krankenhaus geborenen Kindern meistens am 3. Tag durchgeführt, da die Mütter oft zu diesem Zeitpunkt entlassen werden. Ein Teil der Vorsorgeuntersuchung besteht aus einer körperlichen Untersuchung. Ein anderer Teil befasst sich mit der Aufklärung der Eltern bezüglich unterschiedlicher Inhalte: Folglich erhalten die Neugeborenen im Sinne einer Primärprävention Vitamin K und Vitamin D; weiter werden die Eltern über den sicheren Babyschlaf aufgeklärt, und es wird darauf hingewiesen, das Kind niemals zu schütteln. Ergänzend werden Informationsbroschüren ausgeteilt.

Da die U1 auch von einer Hebamme oder einem Geburtshelfer durchgeführt werden kann, beschreibt die U2 die erste kinderärztliche Untersuchung. Es folgen die U3 in der 4.-6. Lebenswoche, die U4 in 3.-4. Lebensmonat, die U5 in 6.-7. Lebensmonat und die U6 in 10.-bis 12. Lebensmonat. Danach sind die Vorsorgeuntersuchungen einmal jährlich bis zum 6. Geburtstag des Kindes, also im 60.-64. Lebensmonat durchzuführen. Bis 2008 gab es eine Untersuchungslücke zwischen der U7 im 21.-24. Lebensmonat und der U8 im 43.-48. Lebensmonat. Diese wurde mit der U7a nachträglich geschlossen, vor allem um Sehbeeinträchtigungen festzustellen.[135] Seit 1998 wurden die U-Untersuchungen um die Jugenduntersuchungen erweitert, die J1 soll nach dem 10. Lebensjahr stattfinden.

Mit Hilfe der Vorsorgeuntersuchungen wird eine Früherkennung von Krankheiten angestrebt, die die »körperliche oder geistige Entwicklung in nicht geringfügigem

---

134 Altenhofen (2002), S. 960.
135 G-BA (2008).

Maße gefährden«[136]. Folglich werden die zu untersuchenden Krankheiten sehr weit gefächert und »die Untersuchungen sind im engeren Sinn als Maßnahmenbündel der Sekundärprävention zu verstehen«[137]. Zu jeder Vorsorgeuntersuchung, bei der vom Bundesausschuss für Ärzte und Krankenkasse Richtlinien definiert wurden, werden die Kinder auf Zielkrankheiten untersucht.

Durch die Veränderung der Krankheitsschwerpunkte in der Kinderheilkunde in den letzten Jahrzehnten mit weniger Infektionskrankheiten und Mangelernährung hat die »Praxis der Früherkennung beispielsweise die Entdeckung psychomotorischer Auffälligkeiten und die Beobachtung des kindlichen Verhaltens einen zunehmend höheren Stellenwert«[138] eingenommen: »Neue Morbiditäten«.

Seit der zweiten Hälfte des 20. Jahrhunderts sind die Früherkennungsuntersuchungen bei Kindern immer mehr in das gesellschaftliche Interesse gerückt. Insbesondere Verhaltens- und psychische Beeinträchtigungen sind in den vergangenen 20 Jahren angestiegen.

Dies führt vor allem durch bildungs- und gesundheitliche Diskurse zu einer verstärkten öffentlichen Aufmerksamkeit in Bezug auf die Kindesentwicklung und folglich auch der Fokus zur Intervention von kindlichen Entwicklungsprozessen. Es soll ein »Frühwarnsystem« im Hinblick auf die Gefährdung der kindlichen Entwicklung entstehen: »es geht um die Institutionalisierung einer Art Dauerbeobachtung von Kindern von Geburt an«[139].

Demzufolge dienen Vorsorgeuntersuchungen nicht nur der Früherkennung von Krankheiten, sondern stellen frühzeitig einen Förderbedarf fest und bieten zusätzlich eine Erfassung möglichst aller Kinder der jeweiligen Altersgruppe und fungieren somit als epidemiologisches Werkzeug.[140]

Die World Health Organisation hat 2006 Standards für das kindliche Wachstum veröffentlicht, die für Entwicklungsevaluationen benutzt werden sollen. Es handelt sich hierbei um Normwerte der jeweiligen Altersgruppe für Größe, Gewicht und Body Mass Index. Zur Erhebung dieser Daten werden Somatogramme benutzt, wodurch die körperliche Entwicklung von Kindern graphisch dargestellt werden kann.

Bei jeder Vorsorgeuntersuchung (U1 bis U9) werden Gewicht, Länge und Kopfumfang gemessen und in die Perzentilenkurven in das Untersuchungsheft des Kindes eingetragen. Dadurch entsteht für jedes Kind ein »individueller Entwicklungsausweis«[141].

Die Messungen von Größe und Gewicht werden zum »primären Indikator für Gesundheit, Abweichung, Vernachlässigung, Gefährdung usw. des ganzen Kindes gelesen.«[142] Wie Brüggemann in seinem Buch über die Vorsorgeuntersuchungen

---

136 § 26 SGB V.
137 Altenhofen (2002), S. 960.
138 Ebd., S. 962.
139 Kelle (2007), S. 197-198.
140 Ebd., S. 198.
141 Ebd., S. 199.
142 Ebd., S. 201-202.

schreibt: »Diese leicht zu ermittelnden Körpermaße sind von erheblichem Aussagewert: Wer gesund ist, wächst und gedeiht«[143].

Umgekehrt können abweichende Daten von Gewicht und Größe ein Indikator für Gefährdungen oder Störungen sein, wie zum Beispiel eine unzureichende Versorgung.[144] In einem solchen Fall werden weitere Befragungen und Beratung der Eltern durch den/die Arzt/Ärztin erfolgen, auch wenn dies nicht der ursprünglich somatisch gedachten Intention entspricht.

Das Bindeglied zwischen Ärzten/-innen und Eltern ist im Hinblick auf die Vorsorgeuntersuchungen U1 bis U9 das »Kinder-Untersuchungsheft« (Gemeinsamer Bundesausschuss, Deutschland 2005). Das »U-Heft« oder »gelbes Heft« wird den Eltern nach der Geburt ausgehändigt und soll bei jeder weiteren Untersuchung mitgebracht werden. Entsprechend fungiert es als » mobile Patientenakte«[145].

Schon im Einband des U-Heftes werden die Eltern aufgefordert, die Kinder zu den Untersuchungen vorzustellen.[146] Während der/die Arzt/Ärztin »über die Entwicklung des Kindes« informiert werden soll,[147] sind die Eltern dafür verantwortlich, die eingetragenen Daten vor unerlaubtem Zugriff zu schützen.

In dem gelben Heft werden die Körpermaße und gegebenenfalls auffällige Befunde dokumentiert. Dies stellt eine wichtige Informationsquelle für die behandelnden Ärzte/-innen dar und wird auch bei Vorstellung wegen akuter Beschwerden herangezogen. Bei sprachlichen Barrieren zwischen Eltern und dem ärztlichen Personal kann es sich als hilfreich erweisen, da Vorbefunde dokumentiert sind.[148]

Allgemein ist die Evidenzlage des Nutzens der Vorsorgeuntersuchungen schwierig, da es keine entsprechenden Studien mit langer Laufzeit gibt, die die Entwicklungsverläufe von Kindern mit und ohne Vorsorgeuntersuchungen vergleichen.[149] Einige Erkrankungen wie Sehstörungen sind zudem bei Säuglingen und Kleinkindern schwer zu diagnostizieren. Es benötigt geeignetes Material, Fachwissen und Erfahrung. Ähnlich gestaltet sich die Früherkennung von Entwicklungsstörungen.

»Der frühzeitigen Entdeckungen einer Vielzahl von pädiatrischen Erkrankungen oder Behinderungen sind jedoch selbst bei großer Untersuchungserfahrung und optimaler Handhabung der diagnostischen Verfahren Grenzen gesetzt.«[150] Die Unterscheidung zwischen einer Entwicklungsvariation und einem pathologischen Verlauf erweist sich auch oft als schwierig.[151]

---

143 Brüggemann (1991), S. 13, in: Kelle (2007), S. 202, Fn. 8.
144 Kelle (2007), S. 211.
145 Bollig et al. (2012), S. 219.
146 Ebd., S. 225.
147 Ebd., S. 227.
148 Thyen (2016).
149 Ebd.
150 Altenhofen (2002), S. 962.
151 Ebd.

Am 25.07.2015 ist das neue Präventionsgesetz in Kraft getreten. Eine frühe Erkennung von Entwicklungsstörungen wird angestrebt, ohne dass bereits eindeutige Diagnosen, die eine entsprechende Unterstützung erfordern, gestellt werden müssen.[152]

Im Rahmen dieser Veränderungen der Landesgesetze zur Verbesserung des Kinderschutzes wurde diskutiert, wie bei Früherkennungsuntersuchungen Hinweise auf Kindesmisshandlungen, Vernachlässigung und sexuellen Missbrauch erkannt und geeignete Interventionen zu deren Prävention eingeleitet werden können. Die Analyse der internationalen Literatur ergab allerdings, dass »Risikofaktoren für diese Störungen im Eltern-Kind Verhältnis und gewaltsames Handeln gegenüber Kindern zwar belegt sind, in hohen Maßen aber unspezifisch für die Ereignisse sind.«[153]

Der gemeinsame Bundesausschuss entschied im September 2007, dass wegen des hohen Anteils falsch positiver Verdachtsmomente, die eine weitere Abklärung benötigen, und einem sicherlich auch hohen Anteil falsch negativer Befunde die Einführung eines »Screenings zur Kindesmisshandlung und Vernachlässigung« nicht empfohlen werden konnte.

In vielen Bundesländern wurde ein verbindliches Einladewesen für die Vorsorgeuntersuchungen eingeführt. Durch ein relativ aufwendiges Meldesystem werden Eltern, die ihre Kinder zu den Vorsorgeuntersuchungen nicht vorstellen, angeschrieben und bei weiterhin fehlender Reaktion durch Mitarbeiter/-innen der Jugend- und Gesundheitsämter aufgesucht und beraten.[154]

In der polizeilichen Kriminalstatistik von 2015 sind 3.929 Fälle von Kindesmisshandlung aufgelistet. 2/3 der betroffenen Kinder sind bis 7 Jahre alt. Vor allem Kleinkinder zwischen 2 und 4 Jahren, unerwünschte und entwicklungsbeeinträchtigte Kinder sind gefährdet. Meistens wählen die Eltern bei bedrohlich erscheinender Symptomatik die medizinische Notfallbetreuung in der Nacht, da Sie wissen, dass in dieser Situation weniger Fragen gestellt werden. So bleiben die Misshandlungen häufig unerkannt, da die Verletzungen als Unfallfolge gedeutet werden.[155]

Zudem finden die Vorsorgeuntersuchungen nach dem 1. Lebensjahr nur noch einmal jährlich statt, so dass Auffälligkeiten auch lange unbemerkt bleiben können; auch ein Versäumen der Vorsorgeuntersuchungen sowie das zu späte Aufsuchen eines/r Arztes/Ärztin können als mögliche Hinweise auf eine Vernachlässigung identifiziert werden.

Insofern können insbesondere die routine- und regelmäßig durchgeführten Vorsorgeuntersuchungen wichtige Option darstellen, Hinweise auf eine mögliche Kindeswohlgefährdung zu generieren. Ebenfalls bieten sie auch die Chance, eine enge, vertrauensvolle und damit präventiv wirksame Beziehung zu den Familien aufzubauen.[156]

---

152 Thyen (2016).
153 Ebd.
154 Ebd.
155 Schröder et al. (2015).
156 Frank/Kopecky-Wenzel (2002), Oeder et al. (2009), Thyen (2008), in: Metzner et al. (2014).

Was ist Vernachlässigung?

»Niedergelassene Kinder- und Jugendärzte werden aufgrund ihrer hohen Akzeptanz in der Bevölkerung und der idealen Zugangsvoraussetzung im ambulanten Setting als wichtige Akteure für Prävention, Diagnostik und Intervention im Netzwerk von Kinderschutz und frühen Hilfen angesehen.«[157]

In Deutschland gab es schon immer eine hohe freiwillige Teilnahme an den Vorsorgeuntersuchungen von über 90 % für die U1 bis U6 und von noch 85-90 % für die U7 bis U9.

Bundesweit traten 2006 die Landes-Kinderschutzgesetze in Kraft.[158] Ziel ist es, die Teilnahme an den Vorsorgeuntersuchungen zu erhöhen. Dadurch, so der Anspruch, soll die Inanspruchnahme von primärpräventiven Maßnahmen wie den Impfungen und gleichwohl auch der Kinderschutz, verbessert werden.[159] In unterschiedlichen Bundesländern konnte durch das Einlade- und Meldewesen ein deutlicher Anstieg der Partizipation vor allem der U9 erreicht werden. Eine Verbesserung des Kinderschutzes konnte hingegen empirisch nicht belegt werden, obwohl im Rahmen dieser Vorstellungen einzelne Fälle von Kindeswohlgefährdung identifiziert wurden.[160]

Um die Kinder ausfindig zu machen, die nicht an den Vorsorgen teilnehmen, ist ein aufwendiges Meldesystem erforderlich, das in Deutschland länderspezifisch gestaltet wird. In Baden-Württemberg, Brandenburg, Hessen, Mecklenburg-Vorpommern, Nordrhein-Westfalen, Rheinland-Pfalz, Saarland, Schleswig-Holstein und Thüringen ist eine landesgesetzliche Regelung für eine Teilnahmekontrolle und ein Einladewesen bereits in Kraft getreten. Berlin, Niedersachsen, Sachsen und Sachsen-Anhalt sind im Gesetzgebungsverfahren. Für Hamburg gibt es noch kein Gesetzentwurf. In Bayern besteht seit Mai 2008 eine »Pflicht der Personensorgeberechtigten zur Sicherstellung der Früherkennungsuntersuchungen«. Es gibt dafür keine konkrete Gestaltung zum Einladewesen.

Wenn festgestellt wird, dass eine Vorsorgeuntersuchung bei einem Kind nicht durchgeführt wurde, werden die Erziehungsberechtigten je nach Land ein- oder zweimalig aufgefordert, die Untersuchung nachzuholen. Bei ausbleibender Rückmeldung werden die Personendaten entweder an das zuständige Gesundheitsamt, direkt an das Jugendamt oder an den Landkreis gemeldet. Daraufhin werden die Eltern entweder erneut an die Vorsorgeuntersuchung schriftlich erinnert oder es werden Hausbesuche durchgeführt. Es werden also teilweise zunächst nur Daten und Schreiben ausgetauscht, bevor ein persönlicher Kontakt mit der Familie stattfindet. Die Jugendämter müssen schließlich prüfen, ob eine Kindeswohlgefährdung oder nur ein Hilfebedarf vorliegt.[161]

Die Datenweitergabe an die Jugendämter ist von Bundesland zu Bundesland unterschiedlich geregelt. In Bayern und Mecklenburg-Vorpommern gibt es eine Melde-

---

157 Flaherty/Stirling (2010); Newton/Vandeven (2010); Thyen (2010); Schelling et al. (2011), Ziegenhain et al. (2013), Renner (2010), Hermann et al (2010) und Metzger et al (2014).
158 Fegert et al. (2013); Nothafft et al. (2013), in: Metzner et al. (2014).
159 Thaiss et al. (2010); Hock et al. (2013), in: Metzner et al. (2014).
160 Metzner et al. (2014).
161 Nothafft (2009).

pflicht für Ärzte/Ärztinnen, Hebammen und Mitarbeitern/-innen des öffentlichen Gesundheitsdienstes. Besteht der Verdacht auf eine Kindeswohlgefährdung, müssen die Daten »unverzüglich« dem Jugendamt mitgeteilt werden, ohne vorher eigene Mittel zur Behebung der Gefahr oder Hilfe in die Wege zu leiten.[162]

Bei der abgestuften Meldepflicht können die Sorgeberechtigten zunächst angehalten werden, die erforderlichen Hilfen in Anspruch zu nehmen. Ist die Gefahr unmittelbar bevorstehend oder nehmen die Eltern die Hilfe nicht an, dann müssen die Daten an die Jugendämter weitervermittelt werden, nachdem die Sorgeberechtigten über die Datenweitergabe informiert wurden. Die meisten Bundesländer planen eine »abgestufte Meldepflicht« für die Personen aus dem kinder- und jugendnahen Bereich, wenn Anzeichen für eine Kindeswohlgefährdung vorliegen und durch die bestehende »Gefahr im Verzug« keine andere Handlungsalternative als wirkungsvoll erscheint.[163]

Die Ärzte/Ärztinnen sind in den Bundesländern die ein verbindliches Einladewesen eingeführt haben verpflichtet, die Teilnahme an den Vorsorgeuntersuchungen zu melden. Damit brechen sie ihre Schweigepflicht aus dem rechtfertigenden Notfall gemäß § 34 StGB. Problematisch dabei ist aber, dass faktisch die durchgeführten, nicht aber die »fehlenden« Untersuchungen gemeldet werden. »Von der ärztlichen Schweigepflicht gibt es Ausnahmen, wenn gesetzliche Meldepflichten bestehen«, und es zum »Schutz eines höherrangigen Rechtsgutes erforderlich ist.«[164] Die Sozialdaten genießen allerdings gemäß § 35 Abs. 1 SGB I einen hohen Schutz. Die Tatsache, dass eine Vorsorgeuntersuchung nicht durchgeführt wurde, ist allein aber kein sicheres Indiz für eine Kindeswohlgefährdung, so dass die Verhältnismäßigkeit des Eingreifens in das Sozialgeheimnis abgewogen werden muss.[165]

Bei einem Kinderschutzfall arbeiten viele unterschiedliche Professionen zusammen. Auch wenn allgemein eine positive Haltung zur Zusammenarbeit besteht, »scheitert die Vernetzung«, laut Renner, »häufig aufgrund des hohen zeitlichen Aufwandes, Vorbehalten bezüglich der ärztlichen Schweigepflicht oder Befürchtungen, das Vertrauensverhältnis zu den Patienten zu gefährden«.[166] Eine gute Aufklärung und Weiterbildung der betroffenen Berufsgruppen ist notwendig. Fachkenntnisse »zu medizinischen, psychosozialen und rechtlichen Aspekten in Verdachtsfällen« sind zwingend notwendig und eine Voraussetzung, um die »Untersuchungsinhalte auf den Kinderschutz« zu erweitern.[167]

Auf der Internetseite des gemeinsamen Bundesausschusses kann man in einer Pressemitteilung vom 18.06.2015 lesen, dass eine Neustrukturierung der Vorsorgeuntersuchung beschlossen wurde. Ein »wesentliches Element der Früherkennungsuntersuchungen« wird laut Dr. Harald Deisler, unparteiisches Mitglied des G-BA und Vorsitzender des Unterausschusses Methodenbewertung, sein, dass »die Interaktion

---

162 Ebd.
163 Ebd.
164 Sierck (2006).
165 Ebd.
166 Renner (2010), in: Metzner et al. (2014).
167 Kamtsiuris et al (2007); Hagen/Strauch (2011), in: Metzner et al. (2014).

des Kindes mit der primären Bezugsperson in den Fokus genommen« wird. Die Begründung lautet, dass »Störungen in der Eltern-Kind-Interaktion« zu »Störungen in der Entwicklung« des Kindes führen können, aber auch zu »mangelndem Schutz, mangelnder Pflege bis hin zu manifester und drohender Vernachlässigung und/oder Misshandlung«. Weiter steht, dass die »Beobachtung solcher Auffälligkeiten durch den Kinderarzt (…) von hohem präventiven Wert im Hinblick auf das Kindeswohl seien.« Es soll zukünftig in den gelben Heften eine »herausnehmbare Teilnehmerkarte« geben, mit der die Eltern »ihre gewissenhafte Fürsorge für das Kind gegenüber Dritten (…) nachzuweisen, ohne dabei die vertraulichen Informationen zu Entwicklungsständen und ärztlichen Befunden des Kindes weiterzugeben.«[168]

Vorsorge und Kinderschutz in der Praxis

Vor allem durch aufmerksame Beobachtung des pflegerischen Personals sowie mit Hilfe genauer und tiefgründiger Befragung der Eltern kann eine mögliche Gefährdung für die kindliche Entwicklung aufgedeckt werden. Bei einer Vorsorgeuntersuchung, bei der die zu Verfügung stehende Zeit mit 20 Minuten geplant ist, ist es eine Herausforderung, all diesen Aspekten der Vorsorge gerecht zu werden.

Eine gründliche körperliche Untersuchung muss Teil jeder Vorsorge sein sowie die Einschätzung des Entwicklungszustandes. Reaktionen des Kindes auf die Untersuchung und auf die Bezugspersonen können auch Hinweise auf eine Kindesmisshandlung liefern.[169]

Bei auffälligen Verletzungen ist eine gründliche Dokumentation notwendig. Die Befunde sollten auf Dokumentationsbögen und ggf. auch photographisch festgehalten werden. Falls ein Verdacht auf Kindesmisshandlung besteht, besteht die Möglichkeit, eine stationäre Aufnahme in die Wege zu leiten. Den Eltern gegenüber sollte ein medizinischer Grund genannt werden, der eine Überwachung rechtfertigt. Somit wird das Kind aus der akuten Gefahrensituation herausgebracht. Idealerweise sollte das zuständige Kinderschutzteam der Klinik kontaktiert werden, um das Kind als »Kinderschutzfall« anzumelden. Verweigern die Eltern die stationäre Aufnahme, und es bestehen eindeutige Hinweise auf Kindesmisshandlung, muss sofort das Jugendamt verständigt werden, damit eine Inobhutnahme ausgesprochen werden kann.[170]

Zusammenfassung

Die Vorsorgeuntersuchungen bieten mit Hilfe des neu eingeführten Einlade- und Meldewesens eine Chance, alle Familien mit Kindern möglichst vollständig an Präventions- und Beratungsangeboten teilnehmen zu lassen. Durch die regelmäßigen Kontrollen der kindlichen Entwicklung, und der Entstehung einer Beziehung zwischen niedergelassenem/r Kinderarzt/-ärztin und Eltern können im Einzelfall Kindeswohlgefährdungen frühzeitig erkannt bzw. vermieden werden. Die Verbesserung

---

168 Pressemitteilung des G-BA Nr. 16/2015 vom 18.06.2015.
169 Schröder et al. (2015).
170 Ebd.

des Kinderschutzes durch die Vorsorgeuntersuchungen ist jedoch empirisch nicht belegt. Die Vorsorgeuntersuchungen sind in Hinblick auf mögliche Hinweise auf eine Kindeswohlgefährdung nicht sensitiv genug. Bislang hat der Gemeinsame Bundesausschuss abgelehnt, Screening-Untersuchungen zur Kindesmisshandlung in die Richtlinien aufzunehmen.[171] Die Kinderarztpraxen müssen zum Vorgehen beim Kinderschutzfall ausreichend informiert sein. Die ärztliche Schweigepflicht kann bei Verdacht auf eine Kindesmisshandlung laut § 34 StGB im Sinne eines »rechtfertigenden Notstandes«, gegenüber Jugendamt und Polizei gebrochen werden. Der/Die Arzt/Ärztin ist hingegen nicht zu einer Strafanzeige verpflichtet.[172] Bei Verdacht auf eine Kindeswohlgefährdung ist das medizinische Fachpersonal nach dem Bundeskinderschutzgesetz von 2012 verpflichtet, die mögliche Gefährdungssituation mit der Familie anzusprechen und Hilfen und Beratung durch die entsprechenden Stellen, wie z.B. Kinder- und Jugendgesundheitsdienste, in die Wege zu leiten.[173]

Literatur

Altenhofen (2002): Gesundheitsförderung durch Vorsorge und Bedeutung von U1 bis J1, Bundesgesundheitsblatt-Gesundheitsforschung- Gesundheitsschutz, 45, S. 960-961.

Bollig/Kelle/Seehaus (2012): (Erziehungs-) Objekte beim Kinderarzt. Zur Materialität von Erziehung in Kindervorsorgeuntersuchungen, Zeitschrift für Pädagogik, Beiheft 58. Weinheim, S. 218-237.

Brüggemann (1991): Vorsorgeuntersuchungen im Kindesalter (U1-U9), Erläuterungen für Eltern zum »Gelben Heft«. Stuttgart.

Fegert/Ziegenhain/Meysen et al. (2013): Abschlussbericht der Evaluation des rheinland-pfälzischen Landesgesetzes zum Schutz von Kindeswohl und Kindergesundheit (LkindSchutG), (http://mifkijf.rlp.de/fileadmin/masgff/familie/landesgesetz-Kindeswohl/Anlage_1_Evaluationsbericht.pdf, Stand: 30.05.2013).

Flaherty/Stirling (2010):Comm Child Abuse Neglect. Clinical report – The Pediatrician's Role in Child Maltreatment Prevention, Pediatrics, 126, S. 833-841.

Frank/Kopecky-Wenzel (2002): Vernachlässigung, Monatsschrift Kinderheilkunde, 150, S. 1339-1343.

Hagen/Strauch (2011): The J1 Adolescent health Check-Up Analysis of Data from the German KiGGS Survey, Deutsches Ärzteblatt Int., 108, S. 180-186.

Hermann/Eydam (2010): Leitlinien und Evidenz. Neue Entwicklungen im somatischen medizinischen Kinderschutz, Bundesgesundheitsblatt Gesund, 53, S. 1173-1179.

Hock/Berchner/Blankenstein/Buschbaum et al. (2013): Zum aktuellen Stand der Kindervorsorgeprojekte, Ergebnisse der ersten bundesweiten Arbeitstreffen in Frankfurt am Main, Gesundheitswesen 2013, 3, S. 143-148.

Kamtsiuris/Bergmann/Rattay/Schlaud (2007): Use of medical services, Results of the German Health Interview and Examination Survey for Children and Adolescents (KiGGS). Bundesgesundheitsblatt Gesund, 50, S. 836-850.

Kelle (2007): »Ganz normal«: die Repräsentation von Kinderkörpernormen in Somatogrammen, eine praxisanalytische Exploration kinderärztlicher Vorsorgeinstrumente, Zeitschrift für Soziologie, Jg. 36, Nr. 3, S. 197-216.

---

171 Nothaft (2009).
172 Schröder et al. (2015).
173 Ebd.

Was ist Vernachlässigung?

Metzner/Ravens-Sieberer/Schwinn/Lietz/Pawils (2014): Prävention und Kinderschutz in der pädiatrischen Praxis- Kinderärzte als Akteure im Einladungs- und Meldewesen für Kinderfrüherkennungsuntersuchungen, Gesundheitswesen. Stuttgart.

Newton/Vandeven (2010): Child abuse and neglect: a worldwide concern, Curr Opin Pediatr, 22, S. 226-233.

Nothafft (2009): Landesgesetzliche Regelungen im Bereich des Kinderschutzes bzw. der Gesundheitsvorsorge, Informationszentrum Kindesmisshandlung/Kindervernachlässigung. Berlin.

Nothafft/Kindler/Gerber et al. (2013): Stellungnahme des Deutschen Jugendinstituts zum Entwurf eines Bundesgesetzes zur Verbesserung des Kinderschutzes (BKiSchG).

Oeder/Thater/Lehmann/Pühlhofer/Wohlgemuth/Nagel (2009): Expertise »was können Ärzte (und Zahnärzte) in Deutschland zur Prävention und Früherkennung von Kindesvernachlässigung und –misshandlung beitragen? Institut für Menschenmanagement und Gesundheitswissenschaften Universität Bayreuth.

Renner (2010): Zugangswege zu hoch belasteten Familien über ausgewählte Akteure des Gesundheitssystems, Bundesgesundheitsblatt Gesund, S. 1048-1054.

Schellong/Steinhauer/Epple (2011): Hinsehen-Erkennen-Handeln, Kinderschutz im Gesundheitswesen, Ärzteblatt Sachsen, 9, S. 482-484.

Schröder/Heil/Fiebiger/Hohner (2015): Verdacht auf Kindesmisshandlung- so gehen wir vor, Lege artis, 5 (05), S. 340-344, Stuttgart.

Sierck (2006): Zwangsmaßnahmen zur Durchsetzung von Vorsorgeuntersuchungen, Ausarbeitung WD 3-207/06, wissenschaftliche Dienste des Deutschen Bundestages.

Thaiss/Klein/Schumann/Ellsäßer/Breithopf/Reinecke/Zimmermann (2010): Früherkennungsuntersuchungen als Instrument im Kinderschutz, Erste Erfahrungen der Länder bei der Implementation appellativer Verfahren, Bundesgesundheitsblatt Gesund, 53, S. 1029-1047.

Thyen (2008): Neglect of neglect, Umgang mit Vernachlässigung von Kindern in der ärztlichen Praxis, Monatsschrift Kinderheilkunde, 156, S. 654-661.

Thyen (2010): Kinderschutz und frühe Hilfen aus Sicht der Kinder und Jugendmedizin, Bundesgesundheitsblatt Gesund, 53, S. 992-1001.

Thyen (2016): Das »Gelbe Heft«, Früherkennungsuntersuchungen für Kinder und Jugendliche in Deutschland, In Zeitschrift frühe Kindheit, die ersten sechs Jahre der Deutschen Liga für das Kind e.V., Heft 01/2016, S. 6-14.

Ziegenhain/Schöllhorn/Künster/Hofer/König/Fegert (2013): Modellprojekt Guter Start ins Kinderleben, Werkbuch Vernetzung, Chancen und Stolpersteine interdisziplinäre Kooperation und Vernetzung im Bereich Früher Hilfen und Kinderschutz.

Quellen

Sozialgesetzbuch V

Gemeinsamer Bundesausschuss für Ärzte (GB-A)

5.4 Unzureichende Beaufsichtigung

Carolina Nowak

Definition und Ursachen einer unzureichenden Beaufsichtigung

Eine weitere Erscheinungsform der Kindesvernachlässigung stellt die »unzureichende Beaufsichtigung« dar. Sie äußert sich durch eine fehlende oder zu geringe altersentsprechende Aufsicht der sorgeverpflichteten Person und einen damit einhergehenden Mangel an Schutz des Kindes. Kinder, die unzureichend beaufsichtigt werden, sind verstärkt gesundheitlichen und äußeren Gefahren ausgesetzt.

> **Beispiel**
>
> Reagieren Eltern auf eine längere unangekündigte Abwesenheit des Kindes nicht, kommen sie ihrer Aufsichtspflicht nur ungenügend nach.

Eine unzureichende Beaufsichtigung wird in der Regel nicht absichtlich, sondern unbewusst verübt. Gründe hierfür liegen zumeist in reinem Unvermögen, Überforderung, einer mangelnden Einsicht oder unzureichendem Wissen der Aufsichtspflichtigen[174]. Die Bedarfssituation des Kindes wird schlichtweg verkannt.

> **Beispiel**
>
> Eltern beaufsichtigen ihr Kind unzureichend, wenn sie ihren Säugling aufgrund einer falschen Vorstellung über sein motorisches Steuerungsvermögen allein auf dem Wickeltisch liegen lassen.

Unfälle als Folge unzureichender Beaufsichtigung

Eine unzureichende Beaufsichtigung eines Kindes kann zu vermehrtem Auftreten von vermeidbaren Unfallverletzungen führen, die für Kinder die größten Gesundheitsrisiken darstellen. Insbesondere im Kindesalter existieren tagtäglich viele Unfallquellen. Nach Angaben des Statistischen Bundesamtes starben im Jahr 2014 188 Kinder durch einen Unfall.

Eine unterlassene Beaufsichtigung einer aufsichtspflichtigen Person kann für das Kind verheerende Konsequenzen haben. Der häusliche Bereich ist dabei für Kinder in den ersten Lebensjahren besonders gefährlich. Ihr Bewegungsdrang, entfacht durch ihre natürliche Neugierde und Entdeckungslust, führt zu vielfältigen Haushaltsunfällen: Stürzen, Schnittverletzungen, Zusammenstößen, Vergiftungen,

---

[174] Vgl. Schorn (2011): Erscheinungsformen, Folgen und Hintergründe von Vernachlässigung und Misshandlung im frühen Kindesalter, in: Goldberg/Schorn (Hrsg.): Kindeswohlgefährdung: Wahrnehmen – Bewerten – Intervenieren. Opladen, S. 9-28.

Was ist Vernachlässigung?

Verbrennungen, Ersticken und Ertrinken. Da sich der Bewegungsraum des Kindes am Ende des zweiten Lebensjahres ändert und ausdehnt, nehmen in diesem Alter Unfälle in Betreuungs- und Bildungseinrichtungen konsequent zu. Neue Fähigkeiten bringen neue Unfallschwerpunkte mit sich. Im Alter von drei bis sechs Jahren verlagern sich die Unternehmungen und damit einhergehend die Verletzungsorte der Kinder zunehmend hin zu Freizeit- und Sportaktivitäten. Im Schulalter bilden schließlich Unfälle im Verkehr die häufigste Unfallart.

Nach Expertenmeinungen können jedoch etwa 60 % der Kinderunfälle vermieden werden. Kinder lernen aber erst im Laufe ihre Entwicklung, Gefahren zu erkennen, sie richtig einzuschätzen und sicherheitsbewusst zu agieren. Aus diesem Grund sind sie zunächst auf Personen angewiesen, die auf sie Acht geben und an ihrer Stelle gefährliche Situationen beurteilen und sie vor ihnen bewahren. Mit dem entsprechendem notwendigem Wissen, der angemessenen Vorsicht und präventiven Sicherheitsmaßnahmen einer Aufsichtsperson können Kinder demgemäß vor Unfallgefahren beschützt werden.

Aufsichtspflicht – Prävention von Unfällen

Laut Gesetz ist die Aufsichtspflicht Bestandteil der Personensorge und obliegt in der Regel den Eltern[175]. Dies bedeutet, dass es zu ihren wesentlichen Pflichten gehört, ihr Kind zu beaufsichtigen, Schäden durch sich selbst oder Dritte von ihm abzuwenden und seine Unversehrtheit wesentlich zu gewährleisten. Sie dient demnach vorrangig dem Schutz des Kindes vor Gefährdungen.

Die Aufsichtspflicht kann auch an Erzieher/-innen und Lehrer/-innen übertragen werden. Melden die Eltern ihr Kind in einer Kita an, kommt ein Vertrag (Aufnahme- oder Betreuungsvertrag) zustande, wodurch die Aufsichtspflicht für den Zeitraum des Besuchs des Kindes in der Einrichtung und der damit verbundenen Aktivitäten, auf den Träger der Einrichtung übergeht. Da dieser nicht im Stande ist, die Aufsichtspflicht selbst auszuüben, überträgt er sie wiederum ausdrücklich oder stillschweigend auf seine Angestellten. Abgeleitet aus der schulrechtlichen Fürsorge- und Verkehrssicherungspflicht ist die Aufsichtspflicht zum Teil auch auf Lehrer/-innen, unabhängig davon ob sie Angestellte oder Beamte sind, übertragbar. Dabei sind diese zunächst den Schüler/-innen gegenüber aufsichtspflichtig, die sie zum gegebenen Zeitpunkt unterrichten. Darüber hinaus haben alle Lehrer/-innen allen die Schule besuchenden Schüler/-innen gegenüber, eine allgemeine Aufsichtspflicht. Sie erstreckt sich im gesamten Schulgebäude auf Freistunden, Pausen und schulische Veranstaltungen, die außerhalb der Schule stattfinden und den dazugehörenden Hin- und Rückweg.

Umfang und Inhalt der Beaufsichtigung

Gesetzliche Vorgaben oder allgemeingültige Regeln zur erforderlichen und angemessenen Beaufsichtigung gibt es nicht – weder für Eltern noch für Erzieher/-innen oder

---

175 Vgl. Schleicher/Winkler/Küppers (2014): Jugend- und Familienrecht: ein Studienbuch. München.

Lehrer/-innen. Der Umfang der Aufsichtspflicht muss an der jeweiligen Situation gemessen werden. Das bedeutet, dass die Aufsichtsperson die konkreten Umstände jedes einzelnen Falls betrachten und entscheiden muss, welche Maßnahmen zu ergreifen sind, um die angebrachte Intensität und Art der Beaufsichtigung bestimmen zu können – denn letztendlich gibt es unendlich viele Konstellationen und Gegebenheiten, sodass es unmöglich ist, fixe Kriterien für eine ausreichende Aufsicht festzulegen. Ausschlaggebend ist, was verständige Aufsichtspflichtige in einem konkreten Fall nach vernünftigen Anforderungen tun müssen, um eine Schädigung des Kindes zu verhindern. Dabei sind die Anforderungen an die Aufsichtspflicht von Erzieher/-innen und Lehrer/-innen generell nicht mit denen der Eltern gleichzusetzen. Jedes Kind ist anders als das andere, weist Besonderheiten auf und keine Betreuungs- oder Bildungssituation kann mit einer anderen verglichen oder gleichgesetzt werden.

Grundsätzlich wird von den Aufsichtspflichtigen keine permanente Bewachung oder lückenlose Beaufsichtigung verlangt. Denn eine ständige Beaufsichtigung wäre mit den Ziel und dem Zweck der Erziehung eines Kindes nicht vereinbar[176]. Das Kind muss Raum bekommen, zu lernen, mit Gefahrenlagen umgehen zu können und solche eigenständig zu bewältigen. Einer Aufsichtsperson kann nicht der Vorwurf einer unzureichenden Beaufsichtigung gemacht werden, wenn sie die Kinder nicht von jeder Möglichkeit eines Eintritts einer Gefahrensituation fernhält. Denn gerade die Erziehung und Schulung des Kindes zu einem verantwortungsbewussten Verhalten in potentiellen Gefahrenlagen, ist oft der bessere Weg zur Schadensverhütung.

Dennoch können vereinzelt erhöhte Anforderungen an die Aufsichtspflicht gegeben sein. Dies ist in gefahrträchtigen Situationen oder im Umgang mit gefährlichen Gegenständen (z.B. Gummischleuder, Pfeil und Bogen, Medikamente und Chemikalien), bei der Aufsicht eines Kindes, das zu unbesonnenem Verhalten neigt oder bei einem geistig retardierten oder unfolgsamen Kind der Fall[177].

> **Beispiel**
>
> Spielt ein Kind auf dem Bürgersteig neben einer stark befahrenen Straße, muss es intensiver beaufsichtigt werden, als in einem abgezäumten Garten.

Im Normalfall können folgende Richtwerte zur Bestimmung der gebotenen Aufsicht herangezogen werden: Einen ersten Anhaltspunkt gibt das Alter des Kindes. Es versteht sich von selbst, dass ein jüngeres Kind intensiver beaufsichtigt werden muss, als ein älteres. Jene können die Folgen ihres Handelns noch nicht abschätzen und agieren häufig unberechenbar oder spontan.

---

176 Zur Abwägung von Sicherheitsaspekten und pädagogischen Gesichtspunkten vgl. Hundmeyer/Prott (2005):
Pädagogischer Auftrag und Aufsichtspflicht der Kindertageseinrichtungen, in: Zentralblatt für Jugendrecht, 92. Jg., Nr. 6, S. 232-237.
177 Vgl. Huber (2012), in: Münchner Kommentar zum Bürgerlichen Gesetzbuch – Band 8: Familienrecht II (§§ 1589 – 1921). München.

Was ist Vernachlässigung?

> **Beispiel**
>
> Lässt ein Vater seinen drei Jahre alten Sohn allein im Hof spielen und sieht nicht in regelmäßig kurzen Abständen nach ihm, beaufsichtigt er ihn nicht ausreichend.

Weiterhin spielt die Person des Kindes eine wichtige Rolle. Sein körperlicher, geistiger und seelischer Entwicklungsstand und seine Eigenart und Charaktereigenschaften, wie Neigungen und Verhaltensauffälligkeiten sind ausschlaggebend dafür, welche Fähigkeiten und Defizite das Kind hat und ob es Ermahnungen und Gebote verstehen und einhalten kann. Im Gegensatz zu den Eltern, kennt das Kitapersonal das zu beaufsichtigende Kind möglicherweise nicht oder noch nicht so ausgiebig. Der Entwicklungsstand und die Eigenheiten müssen zunächst ermittelt und das Kind besser kennengelernt werden, um das Risiko eines Unfalls beurteilen zu können. Auch der/die Lehrer/-in muss zunächst den Stand der Einsichtsfähigkeit der Schüler/-innen einschätzen.

> **Beispiel**
>
> Ein Kind, das ein entwicklungsverzögertes und unreifes Verhalten aufweist, muss mehr beaufsichtigt werden, als ein Gleichaltriges, das gehorsam und eigenständig ist.

Als nächste Komponente, muss die Art der Beschäftigung des Kindes, insbesondere die Gefährlichkeit der Aktivität zum Maß der Aufsichtspflicht herangezogen werden. Bergen Unternehmungen per se ein gewisses Risiko oder beschäftigt sich das Kind zum ersten Mal mit einem Material oder Gegenstand, gelten erhöhte Anforderungen an die Aufsichtspflicht.

In Kitas und Schulen kommt hinzu, dass selten ein Kind gesondert beaufsichtigt wird, so dass grundsätzlich das Gruppenverhalten, die Gruppenzusammensetzung und die gruppenspezifische Gegebenheiten die Anforderungen an eine ausreichende Beaufsichtigung beeinflussen. Halten sich Kinder in einer Gruppe auf, unterliegt diese oftmals einer eigenen Dynamik, auf Grund derer Kinder sich möglicherweise für sie untypisch verhalten. Auch kann sich die Atmosphäre innerhalb einer Gruppe überraschend schnell ändern. Um die Sicherheit der Kinder in einer Gruppe zu gewährleisten, besteht für eine/n Erzieher/-in folglich eine verstärkte Aufsichtspflicht. In diesem Zusammenhang muss auch stets die Größe der Gruppe in Relation zur Anzahl der Aufsichtspersonen stehen.

> **Beispiel**
>
> Bemerkt eine Erzieherin, dass sich innerhalb der Kindergruppe ein Streit anbahnt, schenkt dieser Situation aber keine Beachtung, beaufsichtigt sie diese unzureichend.

Des Weiteren sind die räumlichen und örtlichen Gegebenheiten entscheidend für die Ausübung der Aufsichtspflicht und die angemessenen Sicherheitsmaßnahmen, die zu ergreifen sind. Dabei kann insbesondere bei Säuglingen und Kleinkindern auch das eigene Zuhause ein erhöhen Maß an Aufsicht erfordern. Kaum ein Ort ist hierbei für Kinder so spannend, wie die Küche. Können Kinder die Dinge noch nicht sehen, die sich auf der Küchenplatte abspielen, versuchen sie blind danach zu greifen. Herdplatten, Griffe von Pfannen, Töpfe, Kabel von Elektrogeräten und Backofenfenster können schnell zu großen Risikofaktoren werden.

> **Beispiel**
>
> Wird eine Fritteuse in Reichweite eines Kindes auf der Arbeitsplatte aufgestellt, sollte das Kind nicht unbeaufsichtigt in der Küche gelassen werden.

In einer Kita ist grundsätzlich der Träger dafür verantwortlich, dass die räumlichen Gegebenheiten und die darin enthaltenen Einrichtungsgegenstände verkehrssicher sind, ordnungsgemäß unterhalten werden und nicht das Wohl der Kinder gefährden. Diese Verantwortung wird jedoch dem Kitapersonal teilweise durch den Anstellungsvertrag übertragen. So müssen die Erzieher/-innen die Einrichtungsausstattung eigenständig im Blick behalten und Sicherheitsmängel dem Träger mitteilen.

> **Beispiel**
>
> Stellt eine Erzieherin fest, dass beispielsweise eine Steckdose nicht abgesichert ist, ein Stuhl nicht kippsicher ist, ein Möbelstück scharfe Kanten aufweist oder die Abgrenzung des Außenbereichs Mängel aufweist und gibt ihre Bedenken diesbezüglich nicht an den Träger weiter, kann dies einen Fall der unzureichenden Beaufsichtigung darstellen.

Besondere Bedeutung bekommen an dieser Stelle Ausflüge und Wanderungen in der Kita oder in Schulen, da die Aufsichtspflichtigen die Gefahrenquellen meistens nicht vorhersehen können. Um den Anforderungen einer ausreichenden Beaufsichtigung nachzukommen, ist es ratsam, die örtlichen Gegebenheiten im Vorhinein aufzusuchen oder sich zumindest weitestgehend über die Umgebung zu informieren.

Schließlich gilt es, die aufsichtspflichtige Person an sich zur Berechnung der Anforderung an die Aufsichtspflicht zu bedenken. Nicht jede denkbare Sicherheitsmaßnahme ist jedermann zuzumuten, sondern findet ihre Grenze in der Berücksichtigung der Möglichkeiten, Fähigkeiten und Erfahrungen der Aufsichtsperson.

> **Beispiel**
>
> An eine/n Berufsanfänger/-in können nicht die gleichen Anforderungen gestellt werden, wie an eine/n erfahrene/n Erzieher/-in.

Was ist Vernachlässigung?

Für Lehrer/-innen gilt, dass die Aufsicht aktiv, präventiv und kontinuierlich zu führen ist. Darunter wird zunächst verstanden, dass reine Weisungen und Warnungen des/der Lehrers/-in nicht ausreichen, sondern alles Zumutbare getan werden muss, um vorausschauend und umsichtig Gefahren von den Schüler/-innen abzuwehren.

> **Beispiel**
>
> Die Beaufsichtigung wird unzureichend ausgeführt, wenn der/die Lehrer/-in bei einem Wandertag seine Schüler/-innen zwar darauf hinweist, einer felsigen Schlucht nicht zu nahe zu kommen, jedoch nicht weiter beachtet, dass einige diese Warnung nicht ernst nehmen.

Schließlich muss die Aufsicht generell ununterbrochen im Sinne einer »Daueraufsicht« erfolgen. Grundsätzlich ist dies unproblematisch, da der/die Lehrer/-in sich während des Unterrichts mit der gesamten Klasse befasst. Dieser Grundsatz gewinnt aber an Bedeutung, wenn die Schüler/-innen eigenständigen Beschäftigungen nachgehen sollen. In diesem Fall ist entscheidend, dass sich die Klasse jederzeit durch die Anwesenheit des/der Lehrers/-in beaufsichtigt fühlt.

> **Beispiel**
>
> Ist der/die Lehrer/-in gezwungen, während des Unterrichts seine Klasse zu verlassen, muss er, um seiner Aufsichtspflicht nachzukommen, entweder eine/n Kollegen/-in oder eine/n zuverlässige/n Schüler/-in zur provisorischen Aufsicht ernennen.

Maßnahmen zur Einhaltung einer ausreichenden Beaufsichtigung

Der aufsichtspflichtigen Person stehen verschiedene Maßnahmen und Mittel zur Einhaltung der Beaufsichtigungspflicht zur Verfügung. Diese stehen in einem Stufenverhältnis und sollten entsprechend der Erforderlichkeit der jeweiligen Situation ergriffen werden.

Informieren und Belehren:

Zunächst muss das Kind auf potentielle Gefahren aufmerksam gemacht und über angemessene und richtige Verhaltensweisen verständlich informiert und belehrt werden. In jedem Fall ist zu überprüfen, ob das Kind die Ermahnung wirklich verstanden hat und die Anweisung befolgt.

Ge- und Verbote:

Kann oder will das Kind die Weisungen nicht befolgen oder steht ein Schaden unmittelbar bevor, ist es nötig, exakte Ge- oder Verbote auszusprechen.

Überwachen und Kontrollieren:

Im Folgenden muss sich die Aufsichtsperson durch regelmäßiges Beobachten und Überwachen davon vergewissern, dass die Ge- und Verbote tatsächlich eingehalten werden. Hierfür ist nicht zwingend notwendig, das Kind auf Schritt und Tritt zu kontrollieren. Nur wenn es sich erfahrungsgemäß nicht an Regeln hält, ist eine intensivere Überwachung in Form eines ständigen Blickkontakts geboten.

Eingreifen:

Werden Absprachen partout nicht eingehalten oder befindet sich das Kind bereits in einer gefährlichen Situation, muss die Aufsichtsperson notfalls eingreifen, um den Schaden von dem Kind abzuwenden.

Aufsichtspflicht

- Mit zunehmendem Alter und Einsicht des Kindes tritt die Aufsichtspflicht der verantwortlichen Person immer weiter zurück.
- Je höher der Erfolg der bisherigen Sicherheitserziehung, desto weniger muss ein Kind beaufsichtigt werden.
- Überbehütendes Fernhalten jeglicher Gefahren (overprotection) ist ebenso schädlich, wie übermäßige Überwachung.
- Andererseits erhöht sich das Maß der geschuldeten Aufsicht mit der Gefährlichkeit der konkreten Situation.

Tipp

Ratgeber »Sicher in den eigenen vier Wänden« der Deutschen Kinderhilfe e.V.

Vielen Eltern ist nicht bewusst, welchen Gefahrenstellen ihre Kinder im Einzelfall ausgesetzt sein können. Insbesondere im häuslichen Bereich wägen sei ihre Sprösslinge in Sicherheit. Ein Trugschluss: Unfälle bei Kleinkindern ereignen sich am häufigsten im heimischen Umfeld.

Der Ratgeber »Sicher in den eigenen vier Wänden« zeigt Eltern hausinterne Unfallorte auf. Er sensibilisiert sie für entwicklungstypische Gefahrenquellen und vermittelt so ein entsprechendes Gefahrenbewusstsein, wodurch adäquate Sicherheitsvorkehrungen getroffen werden können.

Der Ratgeber »Sicher in den eigenen vier Wänden« kann unter info@kindervertreter.de unentgeltlich angefordert werden.

6 Was ist Sexuelle Gewalt?

»Schaffet die viele Tränen der Kinder ab! Langes Regnen ist den Blüten schädlich«.
(Jean Paul)

Im Jahr 2015 waren gemäß der Polizeilichen Kriminalstatistik in Deutschland knapp 14.000 Kinder unter 14 Jahren von sexuellem Missbrauch betroffen. Das sind fast 270 Fälle sexueller Gewalt gegen Kinder pro Woche – 38 betroffene Kinder jeden Tag. Die Polizeiliche Kriminalstatistik erfasst dabei nur das Hellfeld. Experten/-innen gehen davon aus, dass das Dunkelfeld fünf bis 20 Mal so groß sein könnte. Statistisch betrachtet bedeutet dies, dass jede/r Lehrer/-in und jede/r Erzieher/-in davon ausgehen muss, mindestens ein betroffenes Kind in einer Klasse oder Gruppe zu haben.

Sexueller Missbrauch von Kindern ist jede sexuelle Handlung, die an Mädchen und Jungen gegen deren Willen vorgenommen wird oder der sie aufgrund körperlicher, seelischer, geistiger oder sprachlicher Unterlegenheit nicht wissentlich zustimmen können.

Alternativ werden die Begriffe sexuelle Gewalt und sexualisierte Gewalt verwandt. »Sexuelle Gewalt« meint, dass es sich um Gewalt handelt, die mit sexuellen Mitteln ausgeübt wird. Der Begriff »sexualisierte Gewalt« ist weiter und zeigt auf, dass bei den Taten Sexualität benutzt wird, um Gewalt auszuüben.

Beim sexuellen Missbrauch nutzt der/die Täter/-in die eigene Macht- und Autoritätsposition aus, um eigene Bedürfnisse auf Kosten des Kindes zu befriedigen. Hierbei geht es in den allermeisten Fällen nicht um Lust oder pädosexuelle Neigungen des/der Täters/-in, sondern um das Ausüben von Macht. Wichtig auch: sexueller Missbrauch geschieht nicht aus Versehen, sondern stellt eine vorsätzliche, egoistische Grenzüberschreitung dar.

Sexuelle Übergriffe auf Kinder und Jugendliche gibt es in jeder gesellschaftlichen Schicht. Die Täter/-innen – meist sind es Männer – sind nicht als solche zu erkennen. Häufig sind es Menschen, welche sich besonders gut mit Kindern verstehen, welche sehr engagiert und gesellschaftlich akzeptiert sind. Etwa 90 % der Täter/-innen entstammen der Familie oder dem näheren Verwandten- oder Bekanntenkreis der Kinder. Der fremde Unbekannte ist die Ausnahme. Dies liegt auch daran, dass es sich bei sexueller Gewalt fast nie um einmalige Ereignisse handelte. Vielmehr entwickelt sich diese meist über einen längeren Zeitraum. Täter/-innen überschreiten häufig nach und nach die Grenzen der Kinder. Aus dem wie zufälligen Streifen des Armes wird das Streicheln am Rücken und entwickelt sich zum Berühren von Geschlechtsteilen. Für die betroffenen Kinder wird es so immer schwerer Grenzen zu setzen und diese gegenüber dem/der Täter/-in durchzusetzen. Auch werden bisher zugelassene Berührungen vom/von der Täter/-in als Rechtfertigung für weitere Übergriffe herangezogen oder als Druckmittel gegen die Kinder verwandt.

Fakt ist, selbst wenn Kinder die sexuellen Handlungen bis zu einem gewissen Grad sogar noch als angenehm empfinden, etwa weil sie sich nach Nähe sehnen, sind solche Handlungen nie und in keinem Fall altersentsprechend. Der/die Täter/-in nutzt die emotionale Bedürftigkeit des Kindes für seine eigenen Interessen und die Befriedigung seiner Bedürfnisse aus. Kinder sind ausnahmslos unschuldig an der ihnen angetanen Gewalt.

Sexuelle Gewalt existiert auch unter Kindern und Jugendlichen. Während es zur normalen Entwicklung eines Kindes gehört, den eigenen Körper oder den anderer Kinder zu entdecken und auszuprobieren, was sich schön anfühlt, sind die Grenzen dann erreicht, wenn es zu Drohungen, Verletzungen, Zwang oder (versuchten) Penetrationen kommt. Auch der Altersunterschied zwischen den Kindern ist zu beachten.

Ein Fallbeispiel

Simone ist Erzieherin in einer Kita eines privaten Trägers in Süddeutschland. Sie betreut mit ihren Kolleginnen und Kollegen etwa 60 Kinder im Alter von ein bis sechs Jahren. Simone fühlt sich wohl in der Einrichtung, auch wenn es manchmal stressig wird, insbesondere, wenn jemand aus dem Team krank ist. Simone hat das Gefühl, ihre Arbeit gut schaffen zu können und ist stolz auf ihr vertrauensvolles Verhältnis zu den Kindern und Eltern. Im Team fühlt sie sich wohl, auch mit der Kita-Leitung hat sie keine Probleme.

Simone kennt die ihr anvertrauten Kinder gut. Ihr ist aufgefallen, dass der dreijährige Paul in letzter Zeit sehr ruhig ist. Er versteckt sich und schaut sich oft um, wenn er sich im Außenbereich der Kita aufhält. Als Simone Paul weinend hinter einem Baum findet, vertraut er ihr an, dass er und der fünfjährige Jannik sich gegenseitig am Körper berührt hätten und das auch sehr schöne Gefühle gemacht hätte. Doch dann habe Jannik dem Paul wiederholt seinen Penis und auch Stöcker in verschiedene Körperöffnungen einführen wollen. Das habe Paul schlimm gefunden. Nun wolle er Jannik nicht mehr treffen.

Nach einem langen Gespräch mit Paul sucht Simone das Gespräch mit Jannik. Dieser erklärt ihr nach einigem Zögern, dass man das unter Männern so mache und die Muttis das nur nicht wüssten, weil es ein Geheimnis sei.

Simone überlegt, was zu tun ist.

6.1 Sexualentwicklung von Kindern – Was passiert wann?

Katharina von Renteln

Sexualität ist ein Grundbedürfnis von Menschen. Es umfasst das Bedürfnis nach Wohlbefinden, Lust und Zärtlichkeit. Gleichzeitig ist der Mensch ein soziales Wesen und wünscht sich sowohl Halt, Schutz und körperliche Nähe, als auch Selbstbestimmtheit und Autonomie.

»Sexualität kann begriffen werden als allgemeine Lebensenergie, die sich des Körpers bedient, aus vielfältigen Quellen gespeist wird, ganz unterschiedliche Ausdrucksformen kennt und in unterschiedlicher Hinsicht sinnvoll ist.«[178]

Unter kindlicher (infantiler) Sexualität versteht man die sexuelle Entwicklung des Menschen vom Uterus bis zur Pubertät. Kindliches Sexualerleben ist Teil der psychosexuellen Entwicklung und gleichzeitig der Persönlichkeitsentwicklung. Sie ist vom Sexualleben der Erwachsenen, das unter anderem der Fortpflanzung und der genitalen Befriedigung dient, abzugrenzen. Der Begriff psychosexuelle Entwicklung bringt zum Ausdruck, dass sich die persönliche und die sexuelle Entwicklung gegenseitig beeinflussen und durch individuelle Erfahrungen geprägt werden. Dazu gehören Erfahrungen, wie mit kindlichen Wünschen, Gefühlsempfindungen und –äußerungen, sowie dem Körper des Kindes umgegangen wird.

Zur Sexualität gehört auch das biologische Geschlecht männlich oder weiblich. Am Anfang sind alle Embryonen gleich und haben gleich aussehende Geschlechtsanlagen. Ab der 11. Schwangerschaftswoche bildet sich durch die Hormonausschüttung bei den meisten Embryonen ein biologisch männliches oder weibliches Geschlecht heraus. Es werden jährlich aber auch Kinder geboren, die sich im Hinblick auf ihr körperliches Geschlecht nicht in männlich oder weiblich einordnen lassen. Diese Kinder sind intergeschlechtlich. Heutzutage wächst die Erkenntnis bei Ärzten, Eltern und Therapeuten, dass die Entwicklung einer eigenen Geschlechtsidentität wichtiger ist, als eine schnelle Festlegung auf männlich oder weiblich.

Bereits Babys haben eine sexuelle Neugierde und erkunden lustvoll ihren Körper. Sie nehmen positive Gefühle wahr, wenn sie berührt, gestreichelt oder liebkost werden. All das, was ein wohliges Gefühl hervorruft, wird berührt und bereitet Lust. Erste Quelle der Sinneserfahrung und des Lustempfindens ist nach Freud die Mundregion. Deshalb lutschen und saugen Säuglinge auch noch an Gegenständen und Körperteilen, wenn sie bereits gesättigt sind. Freud beschrieb in »Drei Abhandlungen zur Sexualtheorie« (1905) die Grundlagen der psychosexuellen Entwicklung des Kindes. Er erfuhr zu seiner Zeit noch viel Widerstand und Ablehnung. Die Gesellschaft wollte das Bild vom »unschuldigen und asexuellen Wesen – Kind« nicht auf-

---

178 Sielert (2005).

geben. Heutzutage ist die Sexualpädagogik in den meisten Bildungsplänen für Kitas und Schulen erwähnt. Kitas verschriftlichen ihr sexualpädagogisches Konzept, weil sie sich dem Wert einer aktiven Begleitung der psychosexuellen Entwicklung bewusst sind. Sexualität wird als Grundbedürfnis des Menschen – eben auch von Kindern anerkannt: »Zur gesunden körperlichen, seelischen und sozialen Entwicklung gehören auch die Wahrnehmung, Erforschung und Beschäftigung mit dem eigenen Körper.«[179] Sexualerziehung für Kinder ist vor allem ein Beitrag zur Persönlichkeitsentwicklung. Sie gibt keine Anleitung zu Beischlaf und Zeugung. Sexualpädagogik im Kindergartenalter ist die basale Förderung der Sinne (Sehen, Hören, Riechen, Schmecken, Tasten), der Aufbau eines positiven Körpergefühls, die Stärkung des kindlichen Selbstvertrauens, das Erlernen eines sozialen, sich selbst und andere achtenden Umgangs, sowie die Wissensvermittlung über körperliche Vorgänge.

Werden die Grundbedürfnisse der Kinder nach Nahrung, Zuwendung, Sicherheit und Geborgenheit durch Bezugspersonen erfüllt, kann sich eine Persönlichkeit mit Urvertrauen entwickeln nach dem Motto *»Ich bin, was man mir gibt!«*[180] Bei unzureichender oder fehlender Erfüllung entstehen Misstrauen und Hilflosigkeit, sowie starke Ängste verlassen zu werden, die sich bis in spätere Altersphasen auswirken können.

Beim Berühren der Genitalien erleben Kinder körperliche Reaktionen und entdecken, dass dabei schöne Gefühle entstehen können. Kinder beginnen häufig im Alter von 2 Jahren sich selbst zu befriedigen bzw. zu masturbieren. Dabei können sie körperliche Reaktionen, wie beim Orgasmus erleben. Eltern und pädagogische Fachkräfte beobachten selbstbefriedigende Handlungen bei den Kindern vorm Einschlafen oder sie beschreiben, dass Kinder über den Teppich ruckeln oder sich an Stühlen und Tischbeinen reiben. Selbstbefriedigung führt auch bei Kindern zu einem Entspannungsgefühl und lässt sie zur Ruhe kommen.

Im zweiten und dritten Lebensjahr ist die Aufmerksamkeit und der Lustgewinn der Kinder nach Freud auf den Afterbereich (Po und Darmausgang) ausgerichtet. In dieser Entwicklungsphase erlangen die Kinder die Fähigkeit den Schließmuskel zu steuern. Sie erleben Freude und ein Gefühl von Macht beim Loslassen oder Zurückhalten des Stuhlganges. Sie erfahren Gefühle von Spannung und Entspannung und sind dabei stolz, was ihr Körper produzieren kann. An diesen Ereignissen lassen sie die Erwachsenen auch gerne teilhaben und verabschieden z.B. stolz ihre Körperprodukte in der Toilette. Dafür erfahren sie von den Erwachsenen in der Regel großes Lob und positive Bestätigung. Mit der Fähigkeit den eigenen Stuhlgang zu kontrollieren, entwickeln sie ein weiteres Stück Autonomie und Macht den Erwachsenen gegenüber. Wir wissen von Kindern, die sich in einer psychischen Krise befinden, dass sie unter anderem über das Zurückhalten des Stuhlgangs ihre Not zum Ausdruck bringen. In dieser Phase entwickelt das Kind nach Erikson ein eigenes »Ich« mit einem Willen nach dem Motto *»Ich bin, was ich will!«*. Das Erfahren von Autonomie z.B.

---

[179] Hamburger Bildungsempfehlungen für die Bildung und Erziehung von Kindern in Tageseinrichtungen (2005), S. 55.
[180] Erikson (1966).

durch die Kontrolle der Ausscheidungsfunktionen, gibt dem Kind die Möglichkeit sich als wirksam zu erleben, es kann etwas kontrollieren auf das es selbst Einfluss hat. Diese Erfahrung ist für das Selbstwertgefühl eines Menschen elementar und gibt ihm Kontrolle, auch für das spätere Leben. Wird dem Kind keine eigene Autonomie gewährt, entwickelt es dagegen Scham und Zweifel an den eigenen Wünschen und Bedürfnissen.[181]

Ein weiterer Entwicklungsbereich ist die eigene Geschlechtsidentität (engl. Gender identity). Damit ist die Selbstwahrnehmung als Mädchen oder Junge gemeint. Wir wissen von 2-jährigen Kindern, dass sie sich und andere schon intuitiv als Junge oder Mädchen einordnen können. Mit 3 Jahren kann die Frage, ob es ein Mädchen oder ein Junge ist und welches Geschlecht andere haben, richtig beantwortet werden. Die 3-4 Jährigen ordnen anhand von Äußerlichkeiten und Geschlechtsrollenzuschreibungen Kinder und Erwachsene in männlich und weiblich ein. So ist man ein Mädchen, weil man lange Haare hat, Kleider anzieht oder die Eiskönigin »Elsa« toll findet. Als Junge darf man »Elsa« nicht gut finden und auch keine »Mädchenfarben« tragen. Einige Erzieherinnen, die kurze Haare tragen, werden von den Kindern gefragt, ob sie ein Mann sind oder werden als solcher angesehen. Einen großen Einfluss auf die Rollenzuschreibungen und die Fragen nach der Geschlechtszugehörigkeit haben die Aussagen von Erwachsenen und was sie den Kindern vorleben.

Im Alter von 3-5 Jahren wächst dann die Erkenntnis, dass es auch eine zeitliche Stabilität beim Geschlecht gibt.[182] Kinder wissen nun, dass aus Mädchen einmal Frauen werden und aus Jungen Männer. Davor haben manche Jungen noch die Vorstellung, dass sie später auch so einen schönen Busen wie Mama bekommen könnten oder manche Mädchen fragen, wann sie denn einen Penis bekommen. Bei den 5 Jährigen besteht vermehrt das Wissen, dass sie ein Junge sind, weil sie einen Penis haben oder ein Mädchen, weil sie eine Scheide haben. Ob 4-5 Jährige Wissen und Sprache für ihre Genitalien haben, ist stark abhängig vom familiären Umfeld und der sexuellen Aufklärung, die sie durch Familie und Bezugspersonen (bspw. den Mitarbeitern/-innen der Kita) erfahren. Einige Familien nutzen Kosewörter für Penis und Scheide. Der Penis wird als Pillermann, kleiner Freund, Piepmatz und die Scheide als Muschi, Perle oder Mumu benannt. Für den Schutz von Kindern vor sexueller Gewalt ist es hilfreich, dass Kinder ergänzend zu den familiären Kosenamen auch einen Begriff für das weibliche und männliche Geschlecht kennen, der von den meisten Erwachsenen bei der Aufdeckung eines sexuellen Missbrauchs verstanden wird und auch bei einem sexuellen Strafverfahren vor Gericht aussagekräftig ist. In der Regel sind das die Begriffe Penis und Scheide bzw. Vagina.

Mit 5-7 Jahren entwickelt sich bei den Kindern die Geschlechtskonstanz, d.h. die Kinder wissen nun, dass sich ihr Geschlecht auch nicht verändert, wenn sie als Junge mal ein Kleid anziehen oder als Mädchen sich die Haare kurz schneiden. Nun haben sie Spaß daran sich in verschiedenen Identitäten und Rollenverhalten auszu-

---
181 Ebd.
182 Slaby/Frey (1975).

probieren. Jungen probieren z.B. Nagellack aus, behängen sich mit Ketten und Geschmeide und stecken sich eine Puppe unter den Pulli und spielen schwanger sein. Die Mädchen machen sich einen Penis, spielen mit Autos und an der Werkbank. Für eine positive gesunde Entwicklung ist es wichtig, dass Kinder von den Erwachsenen Raum für das Erleben von Rollenvielfältigkeit bekommen. Dieses Ausprobierverhalten hat noch keine Vorhersagekraft über spätere Partnerwahl oder mögliche geschlechtstypische Verhaltensweisen im Erwachsenenalter.

Im Alter von 3 bis 6 Jahren spielen die Kinder oftmals die sogenannten Doktor- bzw. Körpererkundungsspiele. Dieses sind Spiele zwischen zwei oder mehreren Kindern meistens gleichen Alters- bzw. Entwicklungsstandes, bei denen das gegenseitige Entdecken ihrer Körper, ebenso der Genitalien im Mittelpunkt stehen. Das kann bei Mutter-Vater-Kind, Arzt-Patient oder Phantasiespielen stattfinden. Durch Betrachten und Berühren stellen die Kinder Gemeinsamkeiten und Unterschiede fest. Genauso wie Kinder einen Käfer, den sie gefunden haben genau angucken und untersuchen, genauso spannend und aufregend ist die Erforschung des eigenen Körpers bzw. der Körper von anderen. Bei diesen Abenteuern wollen die Kinder meistens ungestört sein und ziehen sich ins Kinderzimmer, in die Kuschelecke der Kita, ins Gebüsch oder in eine Höhle zurück. Für die Entwicklung der eigenen Identität und des eigenen Sexualwissens ist das wichtiges Erfahrungslernen. Dafür brauchen Kinder geschützte Räume. Doktorspiele sollten Kindern erlaubt sein, wenn sie sich in gewissen Rahmenbedingungen bewegen. Dazu gehört, dass die spielenden Kinder annähernd gleichen Alters bzw. Entwicklungsstandes sind. Außerdem spielen sie zu jedem Zeitpunkt freiwillig mit, es wird nichts in Körperöffnungen gesteckt, es gibt keine Gewalt bzw. kein Machtgefälle zwischen den Kindern und keine Einnahme von fremden Körperausscheidungen.

Ein Machtgefälle kann zwischen Kindergartenkindern schnell entstehen. Es reichen Drohungen wie, »Wenn Du das nicht mit machst, bist Du nicht mehr mein Freund« oder »lade ich Dich nicht zu meinem Geburtstag ein« usw. Außerdem ist es für die Kinder wichtig zu wissen, dass sie sich bei Unwohlsein Hilfe zu jeder Zeit holen dürfen. Mädchen und Jungen, die in diesem geschützten Rahmen ihren eigenen Körper und den von Anderen mit Lust und Neugierde erkunden können, begreifen sich selbst und Andere als liebens- und schützenswerte Persönlichkeiten. Die eigene Körpererkundung und die von anderen hat bisher in allen Generationen und Kulturen stattgefunden und trägt zu einer selbstbewussten und beziehungsfähigen Persönlichkeitsentwicklung bei. Kinderschutz ist nicht möglich, wenn ein Verbot für Körpererkundung ausgesprochen wird oder die Kinder spüren, dass solche Aktivitäten unerwünscht sind. Die Erfahrung zeigt, dass Kinder bei einem Verbot heimlich Körpererkundung gestalten und sich Erwachsenen nicht anvertrauen, wenn dabei ein Kind überfordert oder geschädigt wird. (s. Kapitel 6.2 Das geht zu weit! Sexuelle Übergriffe von Kindern). Es ist Aufgabe der Erwachsenen, Kinder auch vor sexuellen Grenzüberschreitungen von Kindern zu schützen.

Ab 4 Jahren wächst das Interesse der Kinder an Fragen zur Sexualität, Schwangerschaft und Geburt z.B. »Wie kommen die Babys in den Bauch und wie kommen sie wieder heraus?«. Kinder stellen ganz unbefangen und aus Neugier ihre (Warum-) Fragen auch zum Thema Sexualität. Einige dieser Kinderfragen können Erwachsene in Verlegenheit bringen, weil sie die eigenen Schamgrenzen überschreiten. Auch die Grenzen von anderen Menschen über so etwas persönliches, wie die eigene Sexualität zu sprechen, müssen von den Kindern erst erlernt werden. Abhängig von den Antworten der Erwachsenen und dem Zugang zu Aufklärungsbüchern für Kinder entstehen mehr oder weniger vage Kenntnisse über die Entstehung von Babys und dem Geburtsweg. Die Antworten der Erwachsenen sollten auch in diesem Bereich die Kinder vor der Konfrontation mit Erwachsenensexualität schützen. Es ist nicht angemessen Kindern z.B. anhand von Kamasutra-Bildern zu erklären, was Sex ist. Die Erwachsenen brauchen für ihre Antworten eine altersangemessene und kindgerechte Sprache.

Das Buch »Früher gab es Störche, heute macht Mama alles allein«[183] gibt Erwachsenen auf unterhaltsame Weise einen Eindruck, wie Kinder im Alter von 4-12 Jahren über Liebe, Zeugung und Geburtswege denken und sprechen.

Um das 5. Lebensjahr herum wird Verliebtheit sowohl zwischen gleich-, als auch gegengeschlechtlichen Kindern erlebt und gelebt. Unter den Kindern werden z.B. Hochzeiten mit variierenden Paarkonstellationen zelebriert. Die Partnerwahl in diesem Alter hat noch keine Aussagekraft über die sexuelle Orientierung im Erwachsenenalter. Einige Kinder verlieben sich in diesem Alter auch in Erwachsene und wollen diese heiraten, in den Vater, die Mutter, die Erzieherin mit den schönen langen blonden Haaren oder in den jungen neuen Praktikanten. Nach Erikson erlebt sich das Kind in dieser Zeit als initiativ nach dem Motto »Ich bin, was ich mir vorstellen kann zu werden.« Die Erwachsenen können sich über die zum Ausdruck gebrachte Zuneigung freuen und gleichzeitig haben sie die Verantwortung, die Kinder im Ausleben ihrer Gefühle zu begrenzen und Generationsgrenzen aufzuzeigen und einzuhalten. Zu wahrende Grenzen sind, dass Erwachsene mit Kindern keine Zungenküsse austauschen oder pädagogische Fachkräfte in ihrem Berufsalltag Kinder nicht auf den Mund küssen.

Ab dem Vorschulalter erleben Eltern und Pädagogen/-innen, dass Kinder mit sexuellen Begriffen provozieren. Es ist für Kinder ein herrliches Gefühl von Macht, wenn sie einen Begriff, wie z.B. »Wichser« kundtun und erleben, wie Erwachsene verstummen oder es ihnen die Schamesröte ins Gesicht treibt. Nachgefragt, was denn der Begriff bedeutet, stellt sich oft heraus, dass die Kinder die Bedeutung des Begriffes nicht kennen. So gab ein kleiner Junge für den Begriff »Wichser« die Antwort »schnelles Fahrradfahren«. Manche Kinder wissen um die abwertende Bedeutung des sexuellen Begriffes und fordern von den Erwachsenen ein, dass sie mit dem Kind in die Auseinandersetzung über Grenzen und angemessene und wertschätzende Sprache gehen.

Spätestens am Ende der Kindergartenzeit, bei Eintritt in die Schule entwickeln die Kinder zunehmend ein Schamgefühl. Es ist dann nicht mehr ihr Bedürfnis, na-

---

183 Mitter (2006).

ckig herum zu laufen, sondern sie wollen Badeanzug oder -hose anziehen und abgeschirmt sein, wenn sie sich umkleiden. Kinder fordern ein alleine zu sein, wenn sie auf die Toilette gehen. Wir Erwachsenen sind gefordert, die Grenzen, die Kinder selbständig beginnen zu setzen, auch zu beachten und zu respektieren. Auch wenn wir bisher das Badezimmer betreten konnten, wenn das Kind dort auf der Toilette saß, fordert es jetzt seine Intimsphäre ein, die von uns zu wahren ist.

Wenn ein Kind seinen Widerwillen gegen Zärtlichkeiten, Liebkosungen oder Küsse von Eltern, Verwandten oder Freunden verbal oder nonverbal zum Ausdruck bringt, ist es wichtig das Erwachsene ihr Verhalten verändern. Es ist im Sinne des Kinderschutzes, dass Kinder unangenehme Berührungen zurückweisen dürfen und ihren Körper mit seinen individuellen Grenzen als etwas Beachtenswertes empfinden. So kann sich die Wahrnehmung und das Wissen um die eigenen Grenzen -was fühlt sich für mich schön an und was nicht – entwickeln.

So kann die sexuelle Entwicklung von Kindern dazu beitragen, dass die Kinder sich sexuelle Selbstbestimmtheit und Achtsamkeit bezüglich der Grenzen von anderen Personen aneignen. Erwachsene dürfen und sollten den Kindern auch ihre eigenen Scham- und Körpergrenzen mitteilen. Sie können den Kindern sagen, dass sie nicht am Busen oder Po von ihnen angefasst werden möchten und diese Körperteile auch klar benennen. Pädagogen/-innen und Eltern, denen es unangenehm ist, wenn das Kind sich beim Vorlesen selbstbefriedigt, dürfen dem Kind sagen, dass sie diese Aktivitäten beim Vorlesen nicht möchten. Nachdem Vorlesen, wenn das Kind für sich alleine ist, kann es seine sexuellen Aktivitäten gerne fortführen.

Bis zur Pubertät werden Gefühle, wie Liebe, Zuneigung und Verbundenheit von vielen Kindern auch mit »Liebesobjekten« erlebt, die real schwer erreichbar sind oder noch nicht im Kontext von Partnersuche stehen. Das kann ein Idol aus der Musikbranche sein, sportliche Aktivitäten oder die Liebe zu einem Verein oder einem Tier.

Kinder haben ein umfangreiches Bedürfnis nach Ausdrucksformen ihrer kindlichen Sexualität, wie z.B. lieben und geliebt werden, halten und gehalten werden, streicheln und gestreichelt werden, kuscheln und gekuschelt werden. Formen von oralen und analen sexuellen Handlungen oder gar Penetration gehören auf keinen Fall zu den Ausdrucksformen altersgerechter kindlicher Sexualität. Sexuelle Aktivitäten zwischen Erwachsenen und Kindern sind in Deutschland aus gutem Grund verboten, unabhängig von der Einwilligung des Kindes. Wenn ein Kind einen Erwachsenen auffordert, dass der es am Penis oder an der Scheide streicheln soll, weil das so schön kribbelt, liegt es in der Verantwortung des Erwachsenen dieser Aufforderung nicht nach zu kommen. Für den Schutz von Kindern ist es hilfreich in einer solchen Situation dem Kind die Einordnung zu geben, dass das kein Erwachsener bei einem Kind machen darf.

Auf Seiten der Eltern fehlt es manchmal an Aufklärung über kindliche Sexualentwicklung. So gibt es Eltern, die befürchten, dass wenn sie Selbstbefriedigung bei den Kleinkindern zu lassen, diese deutlich früher Erwachsenensexualität leben und im Teenageralter ungewollt schwanger werden könnten. Hier bedarf es der Aufklärung, dass altersangemessene sexuelle Bildung und die Förderung von sexueller Selbstbestimmtheit ungewollte Teenagerschwangerschaften eher reduzieren.

Eine altersangemessene Begleitung der psychosexuellen Entwicklung, die eigene und fremde Grenzen wahrt, ist die Grundlage für eine positive sexuelle Selbstbestimmung. Das wäre im Hinblick auf die Würde des Kindes ein wünschenswerter Umgang mit der kindlichen Sexualität.

Literatur

Bundeszentrale für gesundheitliche Aufklärung (BZgA)
1. Liebevoll begleiten ..., Ein Ratgeber für Eltern zur kindlichen Entwicklung vom 1.-6. Lebensjahr.
2. Über Sexualität reden ..., Ein Ratgeber für Eltern zur kindlichen Sexualentwicklung zwischen Einschulung und Pubertät.

Erikson (1966): Identität und Lebenszyklus.

Freud (1905): Drei Abhandlungen zu Sexualtheorie.

Maywald (2013): Sexualpädagogik in der Kita. Breisgau.

Pinquart/Schwarzer/Zimmermann (2011): Entwicklungspsychologie- Kindes- und Jugendalter. Göttingen.

Slaby/Frey (1975): Development of gender constancy und selective attention to same-sex models.

Sielert (2015): Einführung in die Sexualpädagogik. Weinheim.

6.2 Das geht zu weit! – Sexuelle Übergriffe von Kindern

Katharina von Renteln

Allen Erwachsenen ist bekannt, dass Kinder sich schlagen, verbal verletzen und besonders im Kleinkindalter häufig auch beißen. Aber nicht allen Erwachsenen ist bekannt, dass es im Miteinander von Kindern auch zu Grenzverletzungen im Bereich der sexuellen Selbstbestimmung und Integrität kommen kann. Aufgabe der Erwachsenen ist es, Kindern möglichst eine Entwicklung frei von sexuellen Gewalterfahrungen zu ermöglichen. Eltern und Pädagogen/-innen sind aufgefordert zu handeln, wenn die Grenzen von Körpererkundungsspielen verletzt werden. Zu Grenzverletzungen von Kindern kann es auch kommen, wenn die Aktivitäten der Kinder scheinbar einvernehmlich passieren. Dabei sind sexuelle Übergriffe von Kindern ganz klar zu trennen von den sogenannten Doktorspielen bzw. Körpererkundungsspielen, die Ausdruck von freiwilliger und altersgerechter Sexualitätsentwicklung in der Altersphase zwischen 3 bis 6 Jahren (s. Kapitel 6.1 Sexualentwicklung von Kindern – Was passiert wann?) sind. Sexuell übergriffiges Verhalten von Kindern ist auch nicht gleichzusetzen mit sexuell übergriffigen Verhalten von Jugendlichen und Erwachsenen. Ein Kind ist in Deutschland eine Person, die das 14. Lebensjahr noch nicht vollendet hat. Kinder können aufgrund ihrer Reife nicht wissentlich sexuellen Aktivitäten mit Jugendlichen und Erwachsenen zu stimmen, da sie die Folgen für ihre persönliche und sexuelle Entwicklung nicht einschätzen können. Folgerichtig, sind sexuelle Aktivitäten zwischen Jugendlichen und Kindern, sowie Erwachsenen und Kindern in Deutschland verboten.

Sexuelle Übergriffe von Kindern sind sexuelle Aktivitäten, die von einem Kind erzwungen, bzw. die von seinem Gegenüber unfreiwillig geduldet werden. Dabei kommt es nicht immer zu körperlicher Gewalt, auch wenn ein deutliches Machtgefälle zwischen den Kindern besteht, handelt es sich schon um einen Übergriff. Ein Machtgefälle kann zwischen den Kindern bestehen, weil es Differenzen im Alter, in der körperlichen oder kognitiven Entwicklung, sowie dem Status in der Gruppe gibt. Es kann auch durch die Kinder selber hergestellt werden mit Versprechungen, wie »Dann bist Du mein Freund«, Anerkennung »Lad´ ich Dich zum Geburtstag ein«, durch Drohungen »Hau ich Dich«. In diesen Situationen geht es um Fehlverhalten von Kindern auf das Erwachsene erzieherisch reagieren sollten und nicht um strafrechtliches Verhalten.

Nicht selten widerfahren Kindern sexuelle Übergriffe in der Kita, Schule oder auch beim Spielen mit anderen Kindern. Sie erleben Übergriffe in Form von nicht angemessener sexualisierter Sprache, durch Kinder, die ihnen gegen ihren Willen Geschlechtsteile zeigen oder in dem sie von anderen Kindern überredet werden, ihre Scheide oder ihren Penis anschauen zu lassen. Sexuelle Übergriffe können sich auch in »Spielen« verbergen, wie »Eierkneifen« oder »Nippelattacke« wo gezielt an die Geschlechtsteile oder an die Brustwarzen gefasst oder gar gekniffen wird. Weitere klare Grenzüberschreitungen sind: Zwangsküsse, das Eindringen oder dessen Versuch in

Was ist Sexuelle Gewalt?

Köperöffnungen mit Finger, Penis oder anderen Gegenständen bei anderen Kindern, sowie das Aufnehmen von fremden Körperflüssigkeiten (z.B. Urin oder Kot).

Um zu einer Einschätzung zu kommen, ob es sich um einen sexuellen Übergriff handelt, können folgende Fragen hilfreich sein:

- Von wem ging die Initiative für das Spiel bzw. die Aktivität aus? Welche Kinder haben mitgemacht?
- Wer von den Kindern und Erwachsenen hat rund um die Situation etwas beobachtet und kann zur Aufklärung des Geschehens beitragen?
- Zu welchen Aktivitäten ist es zwischen den Kindern gekommen, wie hat die Situation angefangen, wie ist es weiter gegangen?
- In welchem Kontext ist es zu den sexuellen Aktivitäten gekommen?
- Wie wird die kontinuierliche Freiwilligkeit, sowie die Fähigkeiten der beteiligten Kinder »Stopp« bzw. »Nein« zu sagen, sowie allgemein Grenzen zu wahren eingeschätzt?
- Gibt oder gab es ein Machtgefälle zwischen den Kindern?
- Welche Beziehung und welches Spielverhalten haben die Kinder sonst miteinander oder zu anderen?
- Wie war die Stimmung von den beteiligten Kindern vor, während und nach den sexuellen Aktivitäten?
- Ist in Körperöffnungen eingedrungen worden oder gab es den Versuch? Ist es zu Grenzverletzungen gekommen? Wurde einem der beteiligten Kinder Schmerzen zugefügt?
- Wer hat zugesehen und keine Hilfe geholt?
- Wer hat sich wem anvertraut?

Was sind die Gründe für sexuelle Übergriffe von Kindern?

Kinder wachsen heute in einer Lebenswelt auf, in der sie z.B. durch das Fernsehprogramm oder dem Internet viel früher mit Sexualität konfrontiert werden. Sie sehen oder erleben Erwachsenensexualität und versuchen diese nachzuahmen. Aber auch ohne diese Einflüsse kann die Körperöffnung ein Kind animieren auszuprobieren, ob und wie man da etwas wie z.B. einen Stock oder den Penis hineinstecken kann. Wenn Pädagogen/-innen Kinder, in für Erwachsene eindeutig sexuellen Aktivitäten antreffen, kann es trotzdem sinnvoll sein unbefangen und neugierig nachzufragen, was die Kinder spielen und wie sie dabei vorgehen, um zu erfahren, was die Kinder dabei tun. Sehr zutreffend erzählten Kinder bei dem Versuch den Penis in die Scheide zu stecken, einer Erzieherin sie wollten »Puzzeln« spielen. Eine weitere Ursache für übergriffiges Verhalten von Kindern, kann die Selbsterfahrung von sexuellen Grenzverletzungen mit anderen Kindern, Jugendlichen oder Erwachsenen sein. Aber nicht jedes Kind, das sexuelle Gewalt ausübt, hat selber sexuelle Gewalt erlebt.

Lukas verspricht Julius einen Trecker, wenn er Lukas »Pippi« trinkt.

Wenn Erwachsene von solchen Geschehnissen erfahren, ist schon ein wichtiger Schritt getan, es bedeutet, ein Kind hat etwas erzählt und konnte sich Hilfe holen.

Die Reaktionen der Erwachsenen bewegen sich häufig zwischen dramatisieren oder bagatellisieren. Reaktionen des Dramatisierens sind z.B. Lukas wird bei der Polizei angezeigt oder Lukas soll sofort die Kindergartengruppe verlassen. Vielleicht wird auch den pädagogischen Fachkräften mit einer Anzeige wegen Aufsichtspflichtverletzung gedroht. Vielen pädagogischen Fachkräften machen Vorwürfe wegen unzureichender Aufsichtspflicht enorme Angst – obwohl es in ganz Deutschland keine Fachkraft gegeben hat, die wegen Aufsichtspflichtverletzung eine längere Haftstrafe verbüßt hat. Reaktionen des Bagatellisierens sind »*das haben wir doch früher auch nicht anders gemacht*«, oder »*halt ein Doktorspiel, das etwas aus dem Ruder gelaufen ist*« oder »*wir wissen ja gar nicht, ob das wirklich stattgefunden hat*«.

Um den Vorfall besprechen zu können und im Interesse der beteiligten Kinder, muss eine Balance zwischen Dramatisieren und Bagatellisieren gefunden werden. Hilfreich hierfür ist, dass Eltern und Pädagogen/-innen in ihrem Sprachgebrauch auf die Begriffe Täter/-in und Opfer verzichten und stattdessen von dem übergriffigen (Lukas) und dem betroffenen Kind (Julius) sprechen. Das betroffene Kind, ist das Kind, dessen Grenzen überschritten worden sind. Das übergriffige Kind ist das Kind, das eine Grenze bei einem anderen Kind überschritte hat (vgl. Freund, Uli)

Bei sexuellen Übergriffen von Kindern ist in jedem Fall pädagogisches Handeln gefragt. Nicht immer lässt der pädagogische Alltag eine gleichzeitige Beachtung aller beteiligten Kinder zu. Ziel sollte deshalb sein, dass zuerst dem betroffenen Kind Aufmerksamkeit und Zuwendung geben wird. Erst danach wird mit dem übergriffigen Kind gesprochen. Gemeinsame Gespräche mit beiden Kindern sind im ersten Schritt nicht hilfreich, weil das mögliche Leugnen des übergriffigen Kindes oder Gesten bzw. Blicke des übergriffigen Kindes das betroffene Kind wieder in eine demütigende Position bringen kann.

Was geht in dem betroffenen Kind vor?

Das betroffene Kind ist in seinem Selbstvertrauen und in seinem Vertrauen in andere Kinder verunsichert. Es hat Selbstzweifel und fragt sich: Warum passiert mir das? Es hat Angst, dass es eine weitere Grenzverletzung erleben könnte und fühlt sich allein gelassen, weil es in der erlebten Situation von keinem geschützt wurde oder Hilfe bekommen hat. Mitunter haben die Kinder auch Schuldgefühle, weil sie nicht Stopp oder Nein sagen konnten oder den Ort aufgesucht haben, an dem der Übergriff passiert ist. Durch die Erfahrung von sexueller Gewalt hat es psychischen Schmerz und vielleicht auch körperliche Schmerzen erfahren. Für einige wenige Kinder ist ein sexueller Übergriff eine traumatische Erfahrung. »Eine traumatische Erfahrung ist ein vitales Diskrepanzerlebnis zwischen bedrohlichen Situationsfaktoren und den individuellen Bewältigungsmöglichkeiten, das mit dem Gefühl von Hilflosigkeit und schutzloser Preisgabe einhergeht und so eine dauernde Erschütterung von Selbst- und Weltverständnis bewirkt«.[184]

---

[184] Fischer/Riedesser (1999).

Was hilft dem betroffenen Kind?

Das betroffene Kind braucht Trost, Verständnis, Mitgefühl, Entlastung und Hilfe für sein psychisches und eventuell körperliches Leid von den Eltern und Pädagogen/-innen. Es bedarf des Lobes, dass es die Grenzverletzung nicht für sich behalten hat, sondern erzählt hat. Es braucht Ermutigung mehr von der erlebten Situation zu berichten, in dem die Pädagogen/-innen ihm rückmelden: »*Ich kann mir vorstellen, dass Dir so etwas passiert ist!*« Die Erwachsenen sollten mit klaren Worten das grenzüberschreitende Verhalten des übergriffigen Kindes benennen und dem betroffenen Kind die Einordnung geben, dass ein solches Verhalten nicht in Ordnung ist. Das betroffene Kind braucht eine Entlastung für empfundene Schuldgefühle: »Egal was Du gemacht oder nicht gemacht hast, der andere darf das nicht bei dir machen.«

Von den Pädagogen/-innen braucht es die Zusicherung, dass für sein Recht auf Schutz vor Gewalt, auch sexueller Gewalt, zukünftig besser gesorgt werden soll.

Es braucht die Erfahrung, dass es sich lohnt Hilfe zu holen und sollte die Entscheidungsfreiheit bekommen, ob es eine Entschuldigung des übergriffigen Kindes annehmen will. Eine Entschuldigung des übergriffigen Kindes macht nur Sinn, wenn die Entschuldigung ernst gemeint ist und von Herzen kommt. Bei einer nicht ehrlich ausgesprochenen Entschuldigung, wird das betroffene Kind erneut gedemütigt. Um das betroffene Kind vor zukünftigen Übergriffen besser zu schützen, können altersgerechte Maßnahmen zur Stärkung von Selbstbewusstsein, Entscheidungsfähigkeit und Abgrenzung hilfreich sein. Für Kinder, bei denen der sexuelle Übergriff zu einer traumatischen Erfahrung geführt hat, kann ein therapeutisches Angebot sinnvoll sein, das bei der Stabilisierung des Kindes in seinem Selbst- und Weltverständnis unterstützt.

Was geht in den Eltern des betroffenen Kindes vor?

Mütter und Väter wünschen sich von den Betreuungspersonen ihrer Kinder, dass sie ihren Kindern mindestens die Sicherheit und den Schutz geben, die sie selber auch ihren Kindern geben. Wenn das eigene Kind dann sexuelle Übergriffe durch ein anderes Kind erlitten hat, sind Eltern nicht selten enttäuscht, entsetzt und wütend. Sie ärgern sich, dass die Pädagogen/-innen das eigene Kind nicht schützen konnten und dass das übergriffige Kind so grenzenlos ist. Im ersten Affekt entsteht vielleicht sogar der Wunsch, dass das übergriffige Kind die Kindergruppe verlassen soll. Sie erleben einen Vertrauensverlust zu den Erwachsenen, denen sie ihr Kind anvertraut haben. Sie fühlen sich überfordert in Bezug auf den Umgang mit dem eigenen Kind-, Was braucht mein Kind jetzt? Hat das Erlebnis eventuell gesundheitliche Folgen für mein Kind? Kann mein Kind weiterhin mit dem übergriffigen Kind zusammen sein? Wie kann ich meinem Kind helfen? Sie wünschen sich von den Pädagogen/-innen eine gute Aufklärung der Situation. Was ist wirklich passiert? Sie wollen, dass das übergriffige Kind Konsequenzen erfährt.

Was hilft den betroffenen Eltern?

Die Eltern des betroffenen Kindes müssen sich in ihren Sorgen und ihrem Ärger über die Grenzüberschreitung, die ihrem Kind passiert ist, ernst genommen fühlen. Sie brauchen die Verantwortungsübernahme der Pädagogen/-innen, dass sie in dieser Situation nicht für den Schutz ihres Kindes sorgen konnten. Auch hilft ihnen die Zusicherung, dass für den Schutz der betreuten Kinder zukünftig Maßnahmen ergriffen werden, dazu gehören Gespräche zwischen den Pädagogen/-innen, der Führungsebene und den Eltern. Es müssen auch Gespräche von den pädagogischen Mitarbeitern mit den Kindern geführt werden. Die Eltern brauchen die Gewissheit, dass die Grenzüberschreitung nicht zum Schutz des »guten Rufes« der Einrichtung verschwiegen wird.

Was geht in dem übergriffigen Kind vor?

Das übergriffige Kind hat das Bedürfnis sich mächtig und selbstwirksam zu fühlen und lebt dies in der Grenzüberschreitung aus. Es sucht bewusst oder unbewusst nach Grenzerfahrungen. Es hat Angst vor Bestrafung und eventuell auch ein schlechtes Gewissen. Es wünscht sich, dass alles so bleibt, wie es war.

Was hilft dem übergriffigen Kind?

Das übergriffige Kind braucht ein klares, entschiedenes Handeln der Erwachsenen. Sie müssen die Grenzüberschreitung, die das übergriffige Kind getan hat, präzise benennen und deutlich machen, dass das übergriffige Verhalten verboten ist und zu Konsequenzen für das übergriffige Kind führt. Rechtfertigungen des übergriffigen Kindes und Schuldzuweisungen an das betroffene Kind sollten von den Erwachsenen unterbunden werden, um aufzuzeigen, dass sexuell übergriffiges Verhalten durch nichts zu rechtfertigen ist. Das übergriffige Kind braucht eine deutliche Ansage, dass sexuelle Grenzverletzungen zukünftig unterlassen werden müssen und das dem Kind zugetraut wird, dass es sich anders verhalten kann. Für Verhaltensveränderung braucht es Motivation und Hilfe. Es braucht Hinweise, wie, sich das andere Kind fühlt, wie es die Grenzen von anderen wahrnehmen und wahren kann. Direkt nach dem Vorfall sollten die Erwachsenen zeitlich begrenzt die Aktivitäten des Kindes wieder stärker kontrollieren und die gegebenen Freiräume begrenzen.

Was geht in den Eltern des übergriffigen Kindes vor?

Kein Elternteil möchte sich der Situation ausgesetzt sehen, dass das eigene Kind sexuelle Übergriffe an anderen Kindern begeht. Die Reaktionen können sehr unterschiedlich sein und reichen von Zweifeln an der Tat ihres Kindes bis zum Rechtfertigen des übergriffigen Verhaltens. Häufig spielen auch eigene Schuld- und Schamgefühle für die Reaktionen in der Situation eine Rolle. Eltern fragen sich wieso, weshalb, warum sich das eigene Kind übergriffig verhält. Sie erleben Selbstzweifel an ihren Erziehungskompetenzen und Scham gegenüber den anderen Eltern in der Kita oder Schule. Sie haben Angst, dass sie und ihr Kind von den anderen Eltern stigmatisiert und ausgegrenzt werden könnten. Sie haben den Wunsch, dass die Würde des eigenen Kindes geschützt und es zu keiner Namensnennung kommt, wenn mit anderen über den Übergriff gesprochen wird.

Was hilft den Eltern des übergriffigen Kindes?

Sie sind angewiesen auf die Zusicherung, dass ihr Kind nicht stigmatisiert wird und die Klärungsgespräche im geschützten Rahmen stattfinden und bleiben. Sie benötigen Diskretion, sowie Entlastung für die möglichen eigenen Schuldgefühle. Dem übergriffigen Kind und seinen Eltern sollte vermittelt werden, dass das übergriffige Verhalten abgelehnt wird und nicht das Kind selber. Sie sollten Unterstützung für ihr Kind angeboten bekommen. Ferner haben sie meistens den Wunsch, dass ihr Kind weiterhin am Gruppengeschehen teilnehmen kann. Ihnen hilft Beratung und Unterstützung für den Umgang mit dem Kind durch die Pädagogen/-innen und externe Beratungsstellen. Alle Erwachsenen, sprich Eltern und Pädagogen/-innen tragen die Verantwortung, dass alle Kinder vor weiteren Grenzüberschreitungen geschützt werden. Das ist nicht durch einen Wechsel der Institution getan. Solch ein Vorgehen überträgt die Verantwortung ausschließlich auf das übergriffige Kind, hilft aber nicht sexuelle Übergriffe zu verhindern, denn in der nächsten Institution könnte es dann wieder zu einem grenzüberschreitenden Verhalten in der Kindergruppe kommen.

Was geht in den beteiligten Pädagogen/-innen vor?

Auch für die Pädagogen/-innen sind sexuelle Übergriffe in der eigenen Einrichtung mitunter belastende Ereignisse. Sie haben Gefühle von Ärger und Mitleid, sowohl bezüglich des betroffenen Kindes, als auch gegenüber dem übergriffigen Kind. Sie stellen sich Fragen, wie: Wieso hat das betroffene Kind mitgemacht oder das mit sich machen lassen? Wieso hat das übergriffige Kind das getan, obwohl so oft über die Regeln, was man darf und nicht darf gesprochen wurde? Die Pädagogen/-innen bewegen Selbstzweifel an den eigenen pädagogischen Kompetenzen. Sie fühlen sich emotional und zeitlich überfordert, mit den Reaktionen und dem Gesprächsbedarf der Eltern umzugehen. Vielleicht spielen auch Ängste vor dem Vorwurf der Aufsichtspflichtverletzung eine Rolle. Sie befürchten möglicherweise eine Rufschädigung ihrer Einrichtung.

Was hilft den Pädagogen/-innen?

Die Pädagogen/-innen brauchen einen Ort, an dem sie ihre Gefühle, wie Ärger, Groll und Enttäuschung wahrnehmen und äußern dürfen, damit sie diese nicht in den Kontakt mit den beteiligten Kindern und Eltern nehmen. Im Kontakt ist wichtig, dass sie Mitgefühl und Verständnis für die Eltern des betroffenen Kindes, sowie des übergriffigen Kindes zeigen können. Für die Gespräche mit den Kindern und den Eltern sind offene Frage- und Gesprächstechniken (Wie, was, wo, wann, wer) wichtig. Die

Pädagogen/-innen brauchen die Rückendeckung und Begleitung durch die Leitung bzw. den Träger der Einrichtung. Es bedarf der Informationssammlung über die Situation in der Gruppe und Konsens im Team über die zu treffenden pädagogischen Maßnahmen. Die Pädagogen/-innen brauchen Handlungssicherheit und Stärke gegenüber den Eltern. Dafür kann eine Begleitung und Unterstützung von einer externen Beratungsstelle hilfreich sein. Sie müssen z.B. den Eltern des betroffenen Kindes zum Ausdruck bringen können, dass sie sich dafür entschuldigen, dass sie ihr Kind nicht schützen konnten, was keinem Schuldgeständnis gleich kommt. Einen hundertprozentigen Schutz der Kinder können Pädagogen/-innen nicht leisten. Kinder brauchen, dass Erwachsene ihnen altersangemessene Freiräume gewähren, in denen sie ohne Kontrolle sich und die Welt erfahren können. Um den zukünftigen Schutz für die anderen Kinder zu erhöhen, ist es wichtig, in der Kindergruppe ohne Namensnennung über die geschehenen Grenzüberschreitungen zu sprechen. In diesen Gesprächen wird noch einmal deutlich benannt, dass sexuelle Übergriffe nicht geduldet werden und die Möglichkeiten aufgezeigt, wie die Kinder sich Hilfe holen können.

Wenn nach einem sexuellen Übergriff von Kindern keine angemessene Reaktion von Erwachsenen erfolgt, kann das sowohl für das betroffene, wie auch für das übergriffige Kind negative Folgen für die persönliche Entwicklung haben. Für das betroffene Kind können negative Folgen Ängste, situationsunangemessene Scham, geringes Selbstvertrauen oder selbst übergriffiges Verhalten sein. Negative Folgen für das übergriffige Kind können sein, dass es für sich lernt, dass sexuelle Gewalt nicht bestraft wird und nach eigenem Bedürfnis eingesetzt werden kann. Es erlebt sich als mächtig, indem es andere in eine ohnmächtige Position bringt. Das wiederum kann zu einer Zunahme übergriffigen Verhaltens führen Um weitere Übergriffe zu verhindern, ist es wichtig, dass dem betroffenen Kind geglaubt wird und dem übergriffigen Kind Grenzen gesetzt werden. Wenn es angemessene Reaktionen von Seiten der Erwachsenen gibt, lernen die Kinder, dass übergriffiges Verhalten Unrecht ist und Grenzen nicht verletzt werden dürfen. Das betroffene Kind lernt, dass es sich lohnt etwas zu erzählen und Erwachsene helfen können. Wenn der sexuelle Übergriff von einem Kind gut pädagogisch aufgearbeitet worden ist, ist auch eine Trennung der Kinder nicht notwendig.

Kinder werden in die Lage versetzt präventiv zu ihrem eigenen Schutz beizutragen, wenn sie ihre eigenen Bedürfnisse und Entscheidungen wahrnehmen und aussprechen können. Kinder können selber über ihren Körper bestimmen und haben das Recht Aufforderungen oder Berührungen anzunehmen oder zurückzuweisen. Erwachsene können Kinder ermutigen und bestärken »Nein« oder »Stopp« zu sagen, wenn sie etwas nicht wollen. Sie können ihnen Mut machen sich jemanden anzuvertrauen, wenn sie Hilfe brauchen oder Kummer haben.

Literatur

Fischer/Riedesser (1999): Lehrbuch der Psychotraumatologie. Basel.
Freund/Riedel-Breidenstein (2010) : Sexuelle Übergriffe unter Kindern.

6.3 Sexuelle Gewalt gegen Kinder

Sigrid Richter-Unger
Unter Mitarbeit von Franziska Breitfeld

Was ist sexuelle Gewalt?

Unter sexualisierter Gewalt gegenüber Kindern wird jeder physische oder psychische Übergriff verstanden, der die Intimregion eines Kindes berührt oder verletzt, und/oder die intimen Gefühle eines Kindes missachtet. Der minderjährige Mensch ist hierbei Mittel zum Zweck zur Befriedigung. Unter Missbrauch fallen Handlungen wie das Anfassen des Genitalbereichs, sexualisiertes »Streicheln« eines Kindes, Penetrieren von Körperöffnungen eines Kindes, Ejakulieren auf dessen Körper, Zeigen von Pornographie, Erzwingen von Entblößung wie sexueller Betätigung und vieles mehr, wie das Herstellen von Kinderpornographie.

Sexuelle Gewalt kommt sowohl unter Kindern und Jugendlichen als auch zwischen Kindern und Erwachsenen vor. Sie geschieht in jeder gesellschaftlichen Schicht und vor allem dort, wo sich Kinder eigentlich geschützt und sicher fühlen sollten. Etwa in Institutionen wie Sportvereinen oder Kinder- und Jugendeinrichtungen, überwiegend jedoch im familiären Nahraum.

Warum kommt es zu sexueller Gewalt?

Sexuelle Gewalt geht immer vom Älteren aus. Wenn Erwachsene oder ältere Kinder (andere) Kinder missbrauchen, tun sie dies zum einen, um eigene Bedürfnisse, etwa nach Nähe oder Sexualität, zu befriedigen, welche sie nicht mit gleichwertigen oder gleichberechtigten Partnern erleben können. Zum anderen ist sexuelle Gewalt auch immer eine Form von Machtausübung. Der/die Täter/-in kann die eigenen Bedürfnisse gegenüber dem abhängigen Kind rücksichtslos durchsetzen und muss nicht mit einem/einer gleichberechtigten und gleichaltrigen Partner-/-in in einen Aushandlungsprozess hinsichtlich der Befriedigung eigener Bedürfnisse und dem, was der andere will oder zulässt, treten.

Hinzu kommt, dass diejenigen, welche sexuelle Gewalt gegen Kinder ausüben, in der Regel nicht in der Lage sind, sich tatsächlich in Kinder und ihre Situation hineinzuversetzen. Die Täter/-innen glauben immer wieder, Kinder gut zu verstehen oder wollen glauben, die Kinder würden das übergriffige Verhalten wollen. Tatsächlich aber wissen diese Menschen sehr wenig über die Bedürfnisse von Kindern, ihre Wahrnehmungen und Interessen, etwa bei Doktorspielen. Sie können oder wollen nicht verstehen, dass Kinder kindliche Bedürfnisse haben, welche zu ihrer kindlichen Entwicklungsstufe passen und welche eben nicht gleichzusetzen sind mit den Bedürfnissen Älterer oder Erwachsener.

Gibt es ein bestimmtes Täterbild?

Entgegen immer wieder aufkommender Gerüchte und Vermutungen gibt es kein einheitliches Täterbild. Weder die Ausbildung, noch der soziale Status oder andere äußere Merkmale geben einen tatsächlichen Hinweis. Die Täter/-innen sind oft in einer bestimmten Weise sozial unfähig zu Nähe oder dazu, ihre Wünsche zu äußern, doch ist ihnen dies nicht von außen anzusehen. Auch sind es oft Menschen, die Macht ausüben wollen. Dies lässt jedoch keine Rückschlüsse zu, denn es gibt viele Machtmenschen, die ihr Bedürfnis nicht in Form von sexueller Gewalt gegen Kinder befriedigen.

Wie gehen Täter/-innen mit ihren Taten oder Neigungen um?

Die Täter/-innen gehen sehr unterschiedlich mit der Tat oder den eigenen Neigungen um. Die meisten wissen bereits während der Taten, dass sie sich strafbar machen und dass sie den Kindern schaden. Manche versuchen dieses Bild zu verschieben. Andere sind bei Bekanntwerden oder Aufdeckung ihrer Taten über sich selbst erschrocken. Sie fürchten die Strafverfolgung, sind jedoch auch froh, dass die Taten nun ein Ende haben.

Ebenso gibt es Täter/-innen, die ihre Taten weiterhin verleugnen, behaupten, nichts Schlimmes getan zu haben.

In der Therapie arbeiten Fachkräfte zunehmend mit Täter/-innen, die Missbrauchsabbildungen von Kindern im Internet genutzt haben, also Kinderpornographie. Auch hier versuchen sich die Täter/-innen der Verantwortung zu entziehen, in dem sie behaupten, die Strafbarkeit ihres Handelns nicht gekannt zu haben oder durch den Konsum der Bilder keinem Kind tatsächlich geschadet zu haben. Hier ist es wichtig, den Täter/-innen sehr genau zu verdeutlichen, dass sie als Konsumenten zu der Gewalt gegen die gezeigten Kinder beigetragen haben, sie hierfür die Verantwortung übernehmen und für ihre Handlungen einstehen müssen.

Wann sind Kinder besonders gefährdet?

Kinder sind besonders dann gefährdet, wenn sie selbst in Situationen aufwachsen, in denen ihre Bedürfnisse nach Nähe, Zuwendung und Aufmerksamkeit, aus welchen Gründen auch immer, nicht ausreichend erfüllt werden. Auch treffen wir in den Beratungsstellen auf Kinder, die in Familien aufwachsen, in denen es häufig wechselnde Beziehungen gibt. Diese Kinder sind unter Umständen begierig auf jedes neue Beziehungsangebot, in der Hoffnung, in dieser Person eine stabile und liebevolle Bezugsperson zu finden.

Kinder sind zudem gefährdet, wenn sie unwissend sind oder es ihnen an Selbstbewusstsein fehlt. Je selbstbewusster ein Kind ist und desto mehr ein Kind über seine Rechte weiß, desto eher wird es in der Lage sein, Grenzen zu setzen, für die eigenen Interessen einzutreten, nein zu sagen und sich Gehör zu verschaffen. Auch Kinder mit Beeinträchtigungen sind oft besonders gefährdet. Dies gilt auch bei mangelnder Sexualaufklärung. Kinder, die ihren Körper und ihre Wünsche und Bedürfnisse kennen und ernst nehmen, können eher Grenzen setzen. Wird Sexualität mit Scham besetzt, kann diese Scham auch bei sexueller Gewalt das Hilfe holen verhindern. Kinder müssen wissen, dass sie sich bei Problemen an ihre Eltern oder andere Bezugspersonen wenden können, diese zuhören und nicht schimpfen, sondern das Kind ernst nehmen werden.

Kann ich sexuelle Gewalt verhindern?

Es ist nicht möglich, sexuelle Gewalt gegen Kinder völlig zu verhindern, jedoch können Vorkehrungen getroffen werden, um das Risiko zu verringern. In Institutionen wie in Kindergärten sind dies etwa Schutzkonzepte oder Risikoanalysen. Auch kann bei Personaleinstellungen Gewalt gegen Kinder zum Thema gemacht werden. Kinder können gestärkt werden, indem ihr Selbstbewusstsein gefördert wird.

Ist ein Kind von (sexueller) Gewalt betroffen, ist es wichtig, dass es schnell Hilfe findet. Es ist daher essenziell, aufmerksam gegenüber Kindern zu sein und etwa Verhaltensveränderungen zu hinterfragen.

Kann ich sexuelle Gewalt erkennen?

Sexuelle Gewalt ist nicht leicht zu erkennen, da es in der Regel keine körperlichen Verletzungen gibt. Sie äußert sich jedoch etwa dadurch, dass Kinder sich möglicherweise im Verhalten verändern. Dies kann viele Ursachen haben, doch eine von ihnen könnte eben auch sexuelle Gewalt sein. Kinder im Kindergartenalter etwa haben ein Interesse an ihrem Körper und an der Entwicklung. Sind sie aber auffällig aggressiv, verwenden sie eine sexualisierte Sprache oder haben sie sexuelles Wissen, das eigentlich nicht altersangemessen ist, sollte Sie aufmerksam werden und das Verhalten zum Thema machen. Fragen Sie nach: »Weißt du eigentlich, was Du da sagst?« oder »Woher kommt denn das?«

Schauen Sie nicht weg und stellen Sie, etwa bei Doktorspielen, Regeln auf. Etwa,

- dass das gegenseitige Erforschen freiwillig sein muss,
- dass das NEIN eines Kindes bedeutet, dass das Spiel sofort beendet ist,
- dass die Kinder einander nicht wehtun dürfen,

Auch müssen pädagogische Fachkräfte selbst eine Sprache zur Sexualität finden, um mit den Kindern in einen Dialog zu treten. Dabei müssen oft eigene Schamgefühle überwunden werden. Sexualität nicht zu tabuisieren ist ein wichtiger Weg, um etwaige Übergriffe zu bemerken.

Welche Folgen hat sexuelle Gewalt?

Sexuelle Gewalt hinterlässt bei jedem Menschen individuell unterschiedliche Folgen. Je früher Kinder Hilfe bekommen, desto weniger gravierend sind die Folgen. Wenn sexuelle Gewalt mit einem Geheimniszwang über viele Jahre andauert und je näher das Verhältnis zwischen demjenigen, der die sexuelle Gewalt ausübt und dem Kind ist, desto gravierender sind die Folgen. Zudem brauchen Betroffene oft eine lange Zeit, um die Ereignisse zu verarbeiten, manche tragen die traumatische Erfahrungen, eigene Scham oder die eigenen Schuldgefühle ein Leben lang mit sich. Bekommen Kinder frühzeitig Hilfe, können die Erlebnisse, etwa durch eine Spieltherapie, recht erfolgreich verarbeitet werden. Die betroffenen Kinder haben dann gute Chancen, dass sie gut weiterleben können.

Folgeerscheinungen wie Angst-oder Panikattacken, Schlaf-, Entwicklungs- oder Konzentrationsstörungen, aggressives oder distanzloses Verhalten, und andere erhebliche körperliche oder psychische Folgewirkungen sind nicht geeignet, Beweis für erlittene sexuelle Gewalt zu erbringen, da die Ursachen vielfältig sein können. Sie können allein ein Hinweis sein.

Wie kann ich auf betroffene Kinder reagieren?

Vermuten Sie als Erzieher/-in oder Lehrer/-in sexuelle Gewalt, sollten Sie professionellen Rat bei einer Fachberatung oder dem Jugendamt einholen. Nach dem Bundeskinderschutzgesetz können Sie eine sogenannten »insoweit erfahrene Fachkraft«, also eine Kinderschutzfachkraft, in Anspruch nehmen. Mit dieser können Sie überlegen, wie Sie weiter vorgehen und was zu tun ist, etwa, ob die Eltern einbezogen werden sollten oder ob sie als Täter/-innen in Betracht kommen. In diesem Fall sollten Sie die Familie zunächst nicht auf ihren Verdacht ansprechen, da dies das Kind gefährden und eine Verschleierung ermöglichen könnte.

Sie sollten in erster Linie das Kind ernst nehmen und ihm sagen »Ich helfe Dir!« und »Es ist der andere, der dafür die Verantwortung trägt und nicht Du!« Bewahren Sie Ruhe und holen Sie sich selbst Hilfe. Sie können dem Kind versprechen, das Wissen für sich zu behalten, doch können sie transparent handeln und das Kind am Hilfeprozess teilhaben lassen. Informieren Sie das Kind über das, was Sie tun und warum Sie dies tun. Vielleicht hat das Kind Angst vor dem, was nun kommt. Sagen Sie ihm: »Ich suche mir jetzt Hilfe und, wenn etwas passiert, dann informiere ich dich über die Schritte.«

Wurde die sexuelle Gewalt in einem professionellen Zusammenhang, also etwa in einer Institution, ausgeübt, muss immer auch die Aufsichtsbehörde, die Leitung und der Träger informiert werden, damit die Gefahr nicht durch einen Arbeitsplatzwechsel schlichtweg nur verschoben wird.

Ist Betroffenen zu einer Strafanzeige zu raten?

Es sollte sehr genau geprüft werden, wie stabil das Kind ist. Und auch wie stabil die Bezugspersonen, etwa die Mutter, sind, wenn beispielsweise der Partner tatverdächtig ist. Könnte die Mutter im Prozess auf der Seite des Partners stehen? Auch sollte vorab geprüft werden, welche Begleitung und welcher Schutz dem Kind geboten werden kann. In Betracht kommen etwa die Opfer-/Zeugenbegleitung, die Nebenklagevertretung, etc. Würde das Kind durch ein Verfahren zu sehr belastet, sollten die Unterstützenden gemeinsam mit dem Kind abwägen, ob eine Anzeige tatsächlich sinnvoll ist. Hier ist es hilfreich, sich von einem Anwalt/einer Anwältin oder einer Fachberatungsstelle beraten zu lassen. Eine Anzeige ist auch noch zu einem späteren Zeitpunkt möglich, allerdings wird es mit fortschreitender Zeit nicht unbedingt leichter, die Tat nachzuweisen.

Jugendliche wollen, insbesondere kurz nach der Tat, ganz oft eher nicht anzeigen. Bei Kindern muss die Einschätzung gemeinsam mit den Eltern/Sorgeberechtigten erfolgen, den Kindern kann diese Entscheidung und auch die Bewertung ihrer Stabilität nicht allein überlassen werden. Das wäre eine völlige Überforderung.

Was erhoffen sich die Betroffenen vom Strafprozess?

Betroffene erhoffen sich in der Regel, dass derjenige, der ihnen Gewalt angetan hat, die Verantwortung dafür übernimmt und die Tat eingesteht. Missbrauchende Erwachsene versuchen oft, ihre Taten zu rechtfertigen, indem sie behaupten: »Wenn Du nicht so niedlich wärst, wenn du nicht das gemacht hättest, wäre es ja gar nicht passiert.« Klarzustellen, dass Kinder niemals schuldig sind an dem, was ein Erwachsener ihnen angetan hat, ist für die betroffenen Kinder und Jugendlichen besonders wichtig.

Was brauchen Kinder um strafrechtliche Prozesse durchzustehen? Wie können Retraumatisierungen und Viktimisierungen vermieden werden?

Kinder brauchen eine gute Begleitung. Es gibt inzwischen in vielen Bundesländern Opfer- und Zeugen-Begleitprogramme. Kinder können durch diese bereits vor dem Prozess schon einmal das Gericht besuchen und eventuell schon einmal mit einem/r Richter/-in sprechen und so besser verstehen, was in einem Gericht überhaupt passiert. Durch die Prozessbegleitung haben Kinder jemanden an ihrer Seite haben, der/die zwar nichts über die Tat wissen darf (das ist sehr wichtig), jedoch während des Verfahrens auf das Kind achtet und zum Beispiel darauf hinweist, wenn das Kind einmal eine Pause braucht. Ab 01.01.2017 besteht ein gesetzlicher Anspruch auf psychosoziale Prozessbegleitung.

Wichtig, und daran müssen auch die Eltern denken, ist in jedem Fall eine Nebenklagevertretung, denn nur diese hat beispielsweise ein Akteneinsichtsrecht.

Fehlt es bei Jurist/-innen und anderen Prozessbeteiligten an Wissen, etwa über die Entstehung und die Auswirkungen von Traumata, etc.?

Juristen/-innen oder Rechtsanwälte/-innen, die sich auf Nebenklagevertretung spezialisiert haben, haben sich oft gewisse Fachkenntnisse angeeignet. Dies gilt jedoch nicht unbedingt für einen »normale/-n« Rechtsanwalt/-in und auch bei den Richter/-innen ist dies nicht selbstverständlich, da solche Themen nicht zur Ausbildung gehören und auch in den Richterakademien relativ selten als Fortbildung angeboten werden.

Jede/r, die/der einen Strafprozess leitet, bei dem es um Sexualstrafrecht und um sexuelle Gewalt gegen Kinder und Jugendliche geht, sollte selbstverständlich etwas davon verstehen und selbstverständlich entsprechende Fortbildungen absolviert haben. Und auch Anwälte/-innen, die in diesen Prozessen vertreten, sollten davon etwas wissen. Themen wie Gewalt gegen Kinder oder Traumatologie sollten auch in der Ausbildung von Sozialpädagogen/-innen, Psychologen/-innen und Lehrern/-innen zum Standard gehören – die Realität ist nach wie vor eine andere.

Wie können sich Freisprüche oder milde Strafen auf die Betroffenen auswirken?

Kommt es am Ende des Strafprozesses zu einem Freispruch, etwa, weil die Tat nicht zweifelsfrei nachgewiesen werden kann, hinterlässt dies bei den Opfern das Gefühl, dass ihm oder ihr doch nicht geglaubt wurde. Es ist immer sehr schwer, damit umzugehen. Die Höhe der Strafe spielt für Kinder und Jugendliche in der Regel eine weniger große Rolle, als der Wunsch, dass ihnen geglaubt wird.

In der Beratungsarbeit fällt zunehmend auf, dass gute Anwälte/-innen versuchen, den/die Beschuldigte/-n zu überzeugen, die Tat zuzugeben und so dem Kind die Aussage zu ersparen. Sie argumentieren, dies wirke sich in der Urteilsfindung für günstiger aus als umgekehrt. In vielen Fällen müssen die Kinder dann nicht mehr aussagen. Trotzdem werden sie geladen, da sich der/die Täter/-in im Prozess immer noch um entscheiden könnte.

Wann sollte die therapeutische Begleitung einsetzen?

Betroffene sollten von Anfang an und möglichst schnell therapeutisch unterstützt werden. Teilweise werden die Kosten für diese Unterstützungsangebote durch die Kinder- und Jugendhilfe gedeckt. Auch ist es nicht immer nötig, dass ein Kind eine jahrelange Therapie in Anspruch nehmen muss. In einigen Fällen reicht es auch erst einmal, die Situation für einen Zeitraum aufzufangen und zu einem späteren Zeitpunkt, etwa in bestimmten Entwicklungsphasen, zu prüfen, ob sich Schwierigkeiten zeigen, die dann noch einmal therapeutisch begleitet werden können. Gerade für Kinder und Jugendliche ist es wichtig zu wissen, dass sie sich auch für eine kurze Therapie entscheiden können und nicht ihr Leben lang in Therapie sein werden- gerade für Jugendliche ist das oft sehr abschreckend.

Welche Probleme gehen mit der therapeutischen Begleitung einher?

Je jünger ein Kind ist, desto mehr verblassen die Erinnerungen, doch hat dies nichts mit der Therapie zu tun. Eine Traumatherapie kann schwere Erlebnisse aufarbeiten und auch helfen, sich nicht immer mit allem sofort konfrontieren zu müssen. Dies heißt jedoch nicht, dass Kinder dann nicht auch gut aussagen können.

In einer Therapie geht es nicht darum, zu ermitteln. Auch beeinflussen Therapeuten/-innen Kinder nicht und stellen auch keine Suggestivfragen. Die Therapiepraxis hat sich in den letzten Jahrzehnten stetig weiterentwickelt. Betroffene, die Hilfe suchen, sollten sich an eine Fachberatungsstelle oder eine/n Therapeutin/-en wenden, der/die auf sexuelle Gewalt spezialisiert ist.

Wie kann die Familie, die Kitas und Schulen betroffene Kinder unterstützen? Wovon ist ihnen abzuraten?

Bezugspersonen können den Kontakt mit den Kindern suchen. Es ist wichtig, dass diese vor allem zuhören, was die Kinder sagen und sie diese nicht immer wieder zum Reden auffordern. Gab es einen Hinweis, können Sie beispielsweise sagen: »Ich hab Dir vorhin nicht richtig zugehört, sag doch noch einmal, was hast Du da eigentlich gemeint?« Oder bei einem Bild könnten Sie sagen: »Du – erzähl doch mal – was hast du denn auf dem Bild gemalt?« Drängen Sie das Kind nicht. Fragen Sie nicht nach dem Geschehen. Es ist nicht die Aufgabe der Kita, zu ermitteln, sondern sich als Gesprächspartner/-in anzubieten.

Wie können die Familien unterstützt werden?

Wichtig ist es, den Müttern (oder Vätern/Familien) zu empfehlen, ebenfalls eine Beratungsstelle aufzusuchen und ebenso eine Therapie in Anspruch zu nehmen. Auch für das Kind ist es wichtig, dass die Mutter eine gute Beratung hat und stabil wird, denn sonst kann es sein, dass die betroffenen Kinder das Gefühl haben, sie belasten ihre Mütter noch weiter und nehmen sich dann wieder zurück.

Sind Einrichtungen wie Schulen und Kitas ausreichend auf das Erkennen von und den Umgang mit Hinweisen auf sexuelle Gewalt vorbereitet?

Schulen und Kitas sind nicht ausreichend auf das Erkennen von und den Umgang mit Hinweisen auf sexuelle Gewalt vorbereitet. Während es in Kitas einige positive Entwicklungen gibt, erkennen Schulen sexuelle Gewalt zum Teil überhaupt nicht, obwohl es inzwischen Material für Schutzkonzeptentwicklung für Schulen, zum Beispiel vom Unabhängigen Beauftragten für sexuellen Kindesmissbrauch, gibt. Das Material muss jedoch erst bei allen Schulen ankommen und dort auch umgesetzt werden. Dies bedarf personeller und finanzieller Ressourcen. Es ist noch ein sehr, sehr langer Weg. Aktuell finden Kinder eher Unterstützung auf Grund individuellen Engagements Einzelner und keine breite Unterstützung auf allen Ebenen.

Welche Hilfen können die Einrichtungen in Anspruch nehmen?

Einrichtungen wie Schulen und Kitas können sich zur Beratung an Fachberatungsstellen wenden. Einige bieten auch an, Schulen bei der Entwicklung eines Schutzkonzeptes zu begleiten, doch müssen die Schulen hierfür finanziell aufkommen. Auch gibt es eine Vielzahl von Präventionsprojekten vor Ort, wie etwa Strohhalm e.V. in Berlin, welche zum Beispiel zu Projekttagen in die Einrichtungen eingeladen werden können.

6.4 Wie schützt das deutsche Strafrecht Kinder vor sexueller Gewalt?

Ellen Engel

Kinder im Sinne des Strafgesetzbuches, nachfolgend StGB, sind Personen unter 14 Jahren. Das Sexualstrafrecht bestraft Täter/-innen, die an Kindern sexuelle Handlungen vornehmen, ihnen diese abverlangen, ihnen deren Anblick zumuten oder Abbildungen oder andere Darstellungen mit kinderpornografischem Inhalt erwerben, besitzen oder verbreiten. Im strafrechtlichen Sinn ist sexueller Missbrauch eine »Straftat gegen die sexuelle Selbstbestimmung«. Das heißt, sexuelle Handlungen an oder mit Kindern sind immer strafbar – denn ein Kind kann (bezogen auf sexuelle Handlungen) aufgrund körperlicher, psychischer, physischer, kognitiver oder sprachlicher Unterlegenheit nicht wissentlich zustimmen: Soweit sich die Willenserklärung eines Kindes auf den sexuellen Charakter von Handlungen bezieht, ist sie ausnahmslos unwirksam! Strafbar sind nicht nur sexuelle Handlungen mit Körperkontakt.

Das StGB enthält in den §§ 174 ff. die einzelnen insoweit mit Strafe bedrohten Tatbestände. Hervorzuheben sind hier:

§ 174 StGB: Sexueller Missbrauch von Schutzbefohlenen

Bestraft wird sexueller Missbrauch durch Eltern oder Täter/-innen, denen Kinder in einer besonderen Betreuungssituation anvertraut sind. Tathandlungen setzen nicht den körperlichen Kontakt von Täter/-in und Opfer voraus, sondern ausreichend ist es, wenn der Täter/-in eine sexuelle Handlung vor dem Kind vornimmt oder das Kind veranlasst, dass dieses an sich selbst sexuelle Handlungen vornimmt. Dabei ist es erforderlich, dass Täter/-in und Opfer gemeinsam körperlich anwesend sind und sich sinnlich wahrnehmen können.

Unter bestimmten Voraussetzungen können auch Live-Videoübertragungen den Tatbestand erfüllen.

§ 176 StGB: Sexueller Missbrauch von Kindern

Bestraft wird die Vornahme sexueller Handlungen durch den/die Täter/-in an dem Kind und das Vornehmen – Lassen solcher Handlungen des Kindes an dem/die Täter/-in. Das Kind muss die sexuelle Bedeutung des Handelns weder verstehen noch wahrnehmen, d. h., dass auch an einem schlafenden Kind sexuelle Handlungen vorgenommen werden können.

Auch wird bestraft, wer auf ein Kind derartig einwirkt, dass es sexuelle Handlungen an einem Dritten vornimmt oder von einem Dritten an sich vornehmen lässt. Der/die Täter/-in muss bei der sexuellen Handlung mit dem Dritten nicht anwesend sein und der Dritte kann gegebenenfalls auch ein Kind sein.

Was ist Sexuelle Gewalt?

Weiter wird bestraft, wer sexuelle Handlungen an sich selbst oder einem Dritten vor einem Kind vornimmt, sofern das Kind den Vorgang wahrnimmt und es dem/der Täter/-in darauf ankommt, dass das Kind dieses tut. Auch hier ist in bestimmten Fällen die Übertragung per Life-Chat ausreichend.

Ebenso wird bestraft, wer auf ein Kind schriftlich oder durch moderne Kommunikationstechnologie (z.B. Chatroom) einwirkt, um einen sexuellen Kontakt vorzubereiten. Hierbei muss in der Kommunikation kein sexualbezogener Inhalt vorhanden sein, es reichen gerade täuschende Inhalte aus, mit denen Kinder z.B. zu einem Treffen verleitet werden sollen, sofern die Täterabsicht auf bestimmte sexuelle Handlungen zielt.

Auch wer einem Kind pornographische Abbildungen oder Inhalte zugänglich macht, wird bestraft.

Weiter ist es nach dieser Vorschrift u.a. auch strafbar, ein Kind für die vorgenannten Handlungen einer anderen Person anzubieten, sofern die anbietende Person tatsächlich willens und in der Lage ist, das Kind zur Verfügung zu stellen.

§ 176 a StGB: Schwerer sexueller Missbrauch an Kindern

Täter/-innen, die innerhalb der letzten 5 Jahre wegen sexuellen Missbrauchs rechtskräftig verurteilt wurden, haben nach dieser Vorschrift bei erneuter Auffälligkeit eine Straferwartung von mindestens 1 Jahr Freiheitsstrafe.

Außerdem werden nach dieser Norm mit einer besonders hohen Straferwartung alle Handlungen an Kindern bedroht, die mit einem Eindringen in den Körper verbunden sind, d. h. neben Geschlechts-, Oral-, Analverkehr auch z.B. Eindringen mit dem Finger in die Scheide, sofern diese Tathandlungen beischlafähnlichen Charakter haben. Außerdem enthält diese Norm besonders hohe Strafandrohungen, wenn z.b. der sexuelle Missbrauch nach § 176 StGB von mehreren gemeinschaftlich begangen oder das Kind durch die Tat in die Gefahr besonderer Gesundheitsbeschädigung oder erheblicher Schädigung der körperlichen oder seelischen Entwicklung kommt. Sofern der Täter/-in oder ein/e andere/r Tatbeteiligte/r die Absicht hat, die Tat zum Gegenstand einer pornographischen Schrift zu machen, die verbreitet werden soll, beinhaltet die Norm ein besonderes Strafmaß.

Eine weitere Strafschärfung gilt für den Fall, dass das Kind durch die Tat nach § 176 StGB bei der Tat körperlich schwer misshandelt wird oder in Todesgefahr gerät.

§ 176 b StGB: Sexueller Missbrauch von Kindern mit Todesfolge

Sofern der/die Täter/-in durch den Missbrauch nach §§ 176, 176 a StGB wenigstens leichtfertig den Tod des Kindes verursacht, gilt eine Straferwartung von mindestens 10 Jahren Freiheitsstrafe.

§ 184 b StGB: Verbreitung, Erwerb und Besitz kinderpornographischer Schriften

Tatbestandsmäßig ist eine Schrift, ein Ton- oder Bildträger, ein Datenspeicher oder eine andere Abbildung oder Darstellung, wenn diese sexuelle Handlungen an, von oder vor einem Kind oder ein ganz oder teilweise unbekleidetes Kind in unnatürlich geschlechtsbetonter Körperhaltung oder die unbekleideten Genitalien oder das unbekleidete Gesäß eines Kindes in sexuell aufreizender Weise zeigt. Mit Strafe bedroht sind zahlreiche Handlungen, der Anwendungsbereich der Norm ist sehr weit gefasst.

Das Strafrecht als Schutz?

Mit dem Strafrecht können Kinder nicht vor sexueller Gewalt geschützt werden, sondern das Strafrecht ist das Instrument, Täter/-innen zu bestrafen, wenn Kinder bereits zu Opfern geworden sind und ein Strafverfahren von Anfang an unter Berücksichtigung der Umstände im Einzelfall und der individuellen Situation und der Fähigkeiten des Kindes kompetent begleitet wird.

Kinder können noch nicht einschätzen, dass ihnen durch sexuelle Handlungen strafbewährtes Unrecht geschieht. Häufig geschehen Taten unter dem Deckmantel von Liebe und Vertrauen, sodass Kinder glauben, es sei normal, was ihnen geschieht. Oft werden sie auch unter Anwendung von Tricks dazu gebracht, über ihre Erfahrungen Stillschweigen zu bewahren. Deshalb ist es unsere Pflicht, besonders hinzusehen, wenn – wie im Beispielsfall – Kinder sich auffällig verhalten oder gar Angaben zu Erlebnissen mit sexuellem Hintergrund machen.

Unterstützung für betroffene Kinder

Doch was ist zu tun, um dem kindlichen Opfer in einem Strafprozess die dort bestehenden Schutzmöglichkeiten zukommen zu lassen?

Das Wichtigste ist, überlegt zu handeln. Das Grundgebot ist, ruhig und besonnen über die weiteren Schritte nachzudenken und nicht in Aktionismus zu verfallen. Eine vorschnell erstattete Strafanzeige kann für alle Seiten weitreichende Folgen haben, und wer das Wohl des gefährdeten Kindes ernst nimmt, sollte mit Überlegung und Beratung handeln. Vorliegend hat die Erzieherin, die den Missbrauchsverdacht hegt, einen Beratungsanspruch gegenüber dem örtlichen Träger der Jugendhilfe gemäß § 8 b Abs. 1 SGB VIII. In dem Beratungsgespräch, das dringend und kurzfristig gefordert werden sollte, hat die Fachkraft der Jugendhilfe Handlungsmöglichkeiten in dem betreffenden Einzelfall gemäß aktueller Rechtslage durchzusprechen. In Fällen naheliegender Kindeswohlgefährdung wird das eingeschaltete Jugendamt handeln (müssen) und dessen Verantwortung beginnt. Die Person, die die Wahrnehmungen an dem Kind gemacht hat, wird im weiteren Verlauf ein/e Zeuge/-in sein, der der Wahrheitspflicht unterliegt und auch diverse weitere Pflichten hat. Auch Vereine oder in der Vertretung von Opfern versierte Rechtsanwälte stehen für Auskünfte zur Verfügung.

Was ist Sexuelle Gewalt?

Eine weitere generelle Handlungsanweisung gibt es nicht: jeder weitere Schritt ist von den Besonderheiten des Einzelfalls abhängig!

Eine generelle sofortige Anzeigepflicht besteht nicht. Missbrauch ist ein Offizialdelikt, also eine Rücknahme einer einmal erstatteten Anzeige ist nicht möglich. **Wer einen anderen einer Straftat bezichtigt, sollte mehr als eine bloße Vermutung haben.** Andererseits gilt: Bei der Polizei oder der Staatsanwaltschaft Verdachtsfälle anzuzeigen, ist nicht strafbar, auch wenn sich die angezeigten Straftaten letztlich nicht nachweisen lassen, sofern in der Anzeige keine bewusst falschen Angaben gemacht wurden und sich der/die Anzeigende auf tatsächliche, wenn auch vielleicht nur vermeintlich wahre Anhaltspunkte gestützt hat.

Für ein dem Schutz des Kindes Rechnung tragendes Strafverfahren ist es wichtig, möglichst konkrete Angaben, die den Missbrauchsverdacht stützen, machen zu können. Je mehr Fakten den Verdacht stützen, desto aussichtsreicher wird ein Strafverfahren gegen Täter/-innen. Ich gehe hier davon aus, dass – wie im Beispielsfall – der Verdacht auf einer konkreten Beobachtung (nämlich dem auffälligen Verhalten und den vertraulichen Angaben des Kindes) beruht und nicht nur eine durch Angst oder Sorge hervorgerufene Vermutung ist. Der/die Erzieher/-in sollte das Beobachtete sofort schriftlich festhalten mit Datum und möglichst genauer Situationsbeschreibung. Weitere Personen, die Auffälligkeiten des Kindes bemerken oder dessen Angaben gehört haben, sollten ihre Wahrnehmungen ebenfalls aufschreiben.

Mit dem Kind sollte möglichst nicht über die Einzelheiten des Missbrauchs gesprochen werden, da mehrere Befragungen das Opfer belasten und insbesondere auch den Beweiswert seiner Aussage für das strafrechtliche Verfahren mindern können.

Auch eine Therapie eines Kindes kann möglicherweise die Erinnerung an den Tathergang beeinflussen, wodurch die Aussage des Opfers vor Gericht an Beweiskraft verlieren kann. Im schlimmsten Fall kann dies zur Folge haben, dass der/die Täter/-in nicht mehr verurteilt werden kann. Im Einzelfall sollte mit dem/der Rechtsanwalt/-in und Therapeuten/-in besprochen werden, wie dem Kind geholfen werden kann, ohne die Erfolgsaussichten des Strafverfahrens zu gefährden. Möglicherweise können lediglich psychotherapeutische Erste Hilfemaßnahmen durchgeführt werden, bei denen nicht über den Tathergang gesprochen wird und die daher keinen Einfluss auf die Erinnerbarkeit des Tathergangs haben.

Für die Entscheidung, ob eine Anzeige erstattet werden soll, ist es auch notwendig, mit kompetenten Beratungspersonen zu klären, wie die Situation des kindlichen Opfers, dessen körperliche und seelische Verfassung sind. Ist es ein tauglicher Zeuge, wird es die Belastung eines Strafverfahrens aushalten, möchte es überhaupt (gegen Verwandte) aussagen? Dies wird insbesondere abhängig sein von der individuellen Situation sowie u.a. vom Alter und von der Ausdrucks- und Verständigungsfähigkeit des Kindes. Auf diese und weitere Fragen gibt es keine schematische Antwort, hier ist das Einschätzungsvermögen derjenigen Personen gefragt, die das Wohl des Kindes im Auge haben und aufgrund von Sachverstand und/oder persönlicher Nähe zu Beurteilungen in der Lage sind.

Die Staatsanwaltschaft hat die Aufgabe, eine angezeigte Tat gemeinsam mit der Polizei aufzuklären. Das Gericht hat die Aufgabe, sich in einer mündlichen Verhandlung ein Bild von der Tat zu machen und der Verteidiger der angeklagten Person hat ausschließlich die Aufgabe, für diese Person das Beste (in der Regel einen Freispruch) zu erreichen.

Insofern ist es aus meiner Sicht wichtig, dass auch das Opfer anwaltlich vertreten ist, damit es nicht zur Randfigur wird. Häufig hat der Ausgang eines Strafverfahrens wichtigste weitere Folgen, z.B. im Hinblick auf das Umgangs- oder Sorgerecht der beteiligten Personen für das Kind oder auch bezüglich des künftigen Lebensmittelpunktes des Kindes.

Ein/e im Strafrecht versierte/r Rechtsanwalt/-in wird von der Beauftragung an dem Opfer mit Rat und Tat zur Seite stehen, insbesondere im Wege einer Nebenklage, eingegangen werden wird. Er kann insbesondere das Opfer zu seiner Vernehmung begleiten, Akteneinsicht nehmen, auf die Ermittlungsarbeit der Staatsanwaltschaft Einfluss nehmen und zahlreiche Anträge stellen, die dem Opfer im Strafprozess eine bessere Stellung verschaffen. (siehe Kapitel 9.2 Was Sie im Strafverfahren erwartet. Abläufe und Beteiligte im strafrechtlichen Verfahren und die Nebenklage.)

Besonders hervorzuheben ist, dass kindlichen Opfern von sexuellem Missbrauch nach den §§ 395, 397 a, 406 g StPO – zunächst auf Staatskosten, später nach einer Verurteilung eines/r Täters/Täterin gegebenenfalls auf dessen/deren Kosten – ein/e Rechtsanwalt/-in zusteht, der/die bereits vom Beginn eines Verfahrens an dafür sorgt, dass die Opferinteressen umfassend gewahrt sind.

Eine/n solche/n Rechtsanwalt/-in im Wege der sogenannten Beiordnung erhält ein kindliches Opfer allerdings nur auf Antrag. Da ein Kind aus juristischen Gründen noch nicht selbst eine/n Rechtsanwalt/-in beauftragen darf, ist für die Einschaltung des/der Rechtsanwalts/-in eine Vollmacht der sorgeberechtigten Eltern des Kindes erforderlich. Sofern ein Elternteil Täter/-in ist, wird im Zweifel auf Antrag ein Ergänzungspfleger bestellt, der die Unterschrift des einen Elternteils ersetzen und im weiteren Verlauf des Verfahrens dessen diesbezügliche Rechte ausüben kann.

Die Einschaltung der Strafverfolgungsbehörden kann für das Opfer immens wichtig sein. Denn bereits ein Ermittlungsverfahren kann Machtstrukturen zerstören, die es dem/der Täter/-in ermöglichen, das Kind zu missbrauchen oder zum Schweigen zu bringen. Aus meiner Erfahrung als Rechtsanwältin im Bereich des Strafrechts weiß ich, dass es kindlichen Zeugen gut tun kann, wenn sie mit sachkundiger Begleitung aus den unterschiedlichen Berufsbereichen, die das Kindeswohl im Auge haben, über die Taten an ihnen sprechen und damit gegenüber dem/der Täter/-in Stärke zeigen. Ob, wie und in welchem Zeitpunkt eine Anzeigenerstattung sinnvoll ist, sollte immer gründlich mit Beratungspersonen abgewogen werden. Denn nichts ist schlimmer für ein Opfer, als wenn nach den erheblichen Mühen eines langwierigen Strafverfahrens am Ende ein Freispruch des/der Täter/-in erfolgt.

Was ist Sexuelle Gewalt?

Vor einer Verjährung bei sexuellem Missbrauch von Kindern braucht man zunächst keine Sorge zu haben, da die Verjährungsfrist erst mit dem vollendeten 18. Lebensjahr des ehemals kindlichen Opfers zu laufen beginnt. Dennoch sollte auch dieser Punkt mit Fachleuten besprochen werden, da die Beweisbarkeit von Straftaten häufig mit Zeitablauf erheblich abnimmt und damit der Prozesserfolg für das Opfer in Frage stehen kann.

Ein Opfer hat auch Anspruch auf Schadensersatz bzw. Schmerzensgeld im Rahmen des strafrechtlichen Verfahrens. Dieses kann in geeigneten Fällen bereits durch ein Adhäsionsverfahren im Strafverfahren geltend gemacht werden und nicht erst später in einem Zivilverfahren. Im Adhäsionsverfahren fallen keine Gerichtskosten an, die Gebühren der beteiligten Rechtsanwälte sind geringer und es muss nicht, wie es bei einem späteren Zivilverfahren wäre, eine erneute Beweisaufnahme erfolgen.

6.5 Was brauchen Kinder und Jugendliche nach (sexuellen) Gewalterfahrungen?

Klára Bartel

Bei Kindern und Jugendlichen, die sexualisierte Gewalt erfahren haben, kann man nicht immer von den gleichen Auswirkungen ausgehen. Genauso wie die Menschen individuell sind, sind auch die Auswirkungen nach Gewalterfahrungen sehr unterschiedlich. Es kommt oft darauf an, in welchem Zeitraum die Übergriffe stattgefunden haben und wie nah die missbrauchende Person dem Kind oder Jugendlichen steht. Kleine Kinder, die einen einmaligen Übergriff erlebt haben, verstehen dies oft nicht als Missbrauch. Es entstehen oft »nur« Gefühle wie Ekel, Scham, Angst und Verwirrung, die sie nicht direkt einordnen können. Es kommt nicht selten vor, dass bei den Kindern damit auch angenehme Gefühle verbunden sind. Wenn die Rahmenbedingungen für das Kind ausreichend sicher sind, ist die Wahrscheinlichkeit hoch, dass bei diesem Kind keine Folgen entstehen werden. In diesem Fall ist es wichtig, dass das Kind eine stabile Bezugsperson, insbesondere die Eltern, hat. Es kommt nicht selten vor, dass die Eltern mit der Information, das Kind sei missbraucht worden, überfordert sind und in Panik geraten. Sie glauben, das Kind brauche eine Therapie, um das Erlebte zu verarbeiten. Da vor allem ganz kleine Kinder die Übergriffe oft nicht als Missbrauch erleben, wäre eine Therapie in diesen Fällen eher kontraproduktiv. Alternativ ist es viel mehr wichtig, die Eltern zu stärken, sodass sie ihr Kind nach den Übergriffen gut begleiten können. In Deutschland gibt es viele Fachberatungsstellen wie z.B. Wildwasser e.V., die auch eine Beratung für unterstützende Personen von Betroffenen anbieten. Dort können sich nicht nur Eltern, sondern auch professionelles Fachpersonal, das mit Kindern arbeitet, Hilfe holen.

Wenn sich ein Kind anvertraut

Wenn sich ein Kind einer erwachsenen Person anvertraut und erzählt, dass es sexuelle Übergriffe erfahren hat, ist das Wichtigste, Ruhe zu bewahren, dem Kind zu glauben und es ernst zu nehmen. Oft warten Kinder zuerst die Reaktion der Erwachsenen auf ihre Aussagen ab, um zu entscheiden, ob sie alles erzählen können. Wenn sie merken, dass ihnen nicht geglaubt wird, unterbrechen sie sofort das Gespräch und trauen sich nicht mehr irgendetwas zu erzählen. Auch wenn sie merken, dass z.B. ihre Mutter nach der Aussage in Panik gerät oder einen Zusammenbruch erlebt, sagen sie nichts mehr, um die Mutter zu schonen. Es kommt auch nicht selten vor, dass der Missbrauch mit Drohungen durch den/die Täter/-in verbunden ist, dass, falls sie es erzählen, ihnen sowieso keiner glaubt oder die Mutter infolge dessen krank wird. Oftmals werden solche Drohungen durch die Reaktionen von Bezugspersonen bestätigt und das Kind bleibt mit dem »Geheimnis« und dem dazu gekommenen schlechten Gewissen und der Enttäuschung alleine. Auch wenn es oft schwer fällt zu glauben, dass gerade die von dem Kind beschuldigte Person der/die

Täter/-in sein sollte, ist es wichtig, sich vor Augen zu halten, dass Täter/-innen Strategien anwenden, um das ganze Umfeld des Kindes zu manipulieren. Nicht selten sind es Leute, die von der Gesellschaft hoch angesehen und in ihrem Umfeld sehr geschätzt und beliebt sind. Es ist oft unvorstellbar, dass der Vater, der in der Schule so engagiert ist oder die Kollegin, die von allen Mitarbeiter/-innen sehr geschätzt wird, übergriffig sein könnten. Es ist jedoch ein Teil der Strategie von Tätern/-innen, das gesamte Umfeld zu manipulieren, um somit die Aussage des Kindes unglaubwürdig erscheinen zu lassen.

Übergriffe unter Kindern

Wenn Übergriffe, wie z.B. in dem oben beschriebenen Fall, unter Kindern stattfinden, spricht man von einem betroffenen und einem übergriffigen Kind. Es ist wichtig, nach so einem Vorfall, mit beiden Kindern zu sprechen, wenn auch in unterschiedlicher Weise. Diese Gespräche müssen getrennt voneinander stattfinden. Auch wenn man oft den Impuls hat, mit dem übergriffigen Kind zuerst zu reden und nach einer Erklärung zu suchen, hat das betroffene Kind immer Vorrang. Erzieher/-innen sind verpflichtet, dem betroffenen Kind gegenüber eine parteiliche Haltung anzunehmen und ihm in keiner Weise eine Mitverantwortung zuzuschreiben. Das Kind sollte bestärkt und entlastet und die erfahrenen Übergriffe nicht bagatellisiert werden. Andererseits sollten die Erzieher/-innen auch nicht zu emotional werden und die Situation somit dramatisieren.

Im Gespräch mit dem übergriffigen Kind sollte man jegliche »Warum« Fragen vermeiden. Eine klare Haltung sollte dabei helfen, dem Kind bewusst zu machen, dass die Verantwortung nicht bei dem betroffenen Kind, sondern bei ihm selbst liegt. Auch muss deutlich gemacht werden, dass die Erzieher/-innen ein solches Verhalten ablehnen, nicht jedoch das übergriffige Kind selbst.

Hilfe und Unterstützung

In dem oben dargestellten Fall liefert das übergriffige Kind die Erklärung, dass man das unter Männern so mache. Auch bei solchen Aussagen ist es wichtig Ruhe zu bewahren und den Vorfall von der Erklärung klar zu trennen. Oft verlangen Kinder von den Pädagogen/-innen, die Information geheim zu halten. Darauf sollten sich Erzieher/-innen nicht einlassen und auch keine Versprechungen dahingehend machen. Es ist wichtig, sich in einem solchen Fall mit seinem Team auszutauschen und möglicherweise auch die Leitung einzubeziehen. In dieser Situation sind die Erzieher/-innen darüber hinaus verpflichtet, sich nach § 8a SGB VIII eine Fachberatung zu holen. Da es sich hierbei um einen Kinderschutzfall handelt, muss alles schnellstmöglich passieren. Trotzdem gilt auch in diesem Fall, Ruhe zu bewahren und auszuhalten, dass das Kind möglicherweise zu Hause noch weiterer Gewalt ausgesetzt ist oder wird. In einer Fachberatungsstelle erhalten Erzieher/-innen eine Fallsupervision, in der man den konkreten Vorgang besprechen und weitere Schritte planen kann. Dies kann auch anonym stattfinden. Vor allem, wenn der Verdacht nahe liegt, dass die Eltern die Missbraucher sind, sollten sie auf keinen Fall sofort mit der Aussage des Kindes konfrontiert werden, um das Kind keiner weiteren erhöhten Gefährdung auszusetzen. Wenn sich der Verdacht des sexuellen Missbrauchs bestätigen sollte, ist eine Zusammenarbeit mit dem zuständigen Jugendamt unabdingbar. Im günstigsten Fall weiß die Kindesmutter nicht von den Übergriffen und kann dann »mit ins Boot« geholt werden. Auch eine Beratung für die Mutter wäre dann notwendig. Die Kooperation zwischen der Mutter, der Kita, dem Jugendamt und der Beratungsstelle dient dazu, einen geschützten Rahmen für das Kind zu schaffen. Es sollte geschaut werden, ob das Kind professionelle Hilfe braucht oder ob es ausreicht, die Mutter zu stärken.

Warum Hilfe holen so schwer ist

Es bedarf oft viel Zeit, bis sich die Kinder und Jugendlichen jemandem anvertrauen. Das liegt daran, dass die Täter//-innen Strategien anwenden, um Kinder und Jugendliche zum Schweigen zu bringen, ihnen Schuld- und Schamgefühle einzureden oder Drohungen aller Art auszusprechen. Die Angst und der Glaube, das alles würde stimmen, macht es den Kindern und Jugendlichen sehr schwer, sich jemandem anzuvertrauen. Oft benötigen sie mehrere Anläufe, bis sie es aussprechen können oder bis sie überhaupt richtig gehört werden. Ein sicherer Rahmen, genauso wie eine Vertrauensperson, sind für das Kind in dieser Situation unabdingbar. Aus diesem Grund ist es wichtig, dem Kind keine Vorwürfe zu machen, dass es schon längst hätte etwas sagen sollen.

Individuelle Hilfe anbieten

Auch im pädagogischen Alltag, wie z.B. in der Schule, sollte darauf geachtet werden, dass die Kinder gut unterstützt und geschützt werden. Die Handlungsschritte sollten der individuellen Situation des Kindes angepasst werden. Wenn der Missbrauch innerhalb der Familie stattgefunden hat, sollte es in der Regel nicht vor der Klasse angesprochen werden. Allerdings sollte die Klasse angemessen darüber informiert werden, dass das betroffene Kind aufgrund einer akut belastenden Situation an bestimmten Aktivitäten nicht teilnehmen kann oder die Klassenarbeiten auf bestimmte Zeit nicht bewertet werden. Für die betroffenen Kinder ist eine klare Struktur im Unterricht wichtig. Nachdem sie oft über eine lange Zeit bedrohenden Belastungen und Stress ausgesetzt waren, brauchen sie viel Transparenz und Ruhe. Selbständiges Arbeiten und offene Unterrichtsformen sind für sie undurchschaubar und können bedrohlich auf sie wirken. Aus diesem Grund ist es wichtig, mit diesen Kindern immer zu besprechen, was in der Schulstunde genau passieren wird.

Verständnis haben

Oft sind die Kinder und Jugendlichen sehr verwirrt, weil ihre Gefühle dem/der Täter/-in gegenüber sehr widersprüchlich sind. Die Aufgabe der Pädagogen/-innen ist es, ein Verständnis für die Empfindungen des Kindes zu zeigen und keine wertenden Äußerungen über die Handlungen oder die Täter/-innen zu machen. Es könnte sein, dass sich diese Wertung nicht mit der des Kindes deckt und die Kinder sich dann in Folge dessen als »falsch« fühlen könnten. Nicht selten stehen die Kinder zudem in einem Loyalitätskonflikt, weil sie den/die Täter/-in möglicherweise mögen oder ihn/sie bis dahin als eine Vertrauensperson angesehen haben.

Triggerwirkung

Immer wieder kommt es vor, dass die Jugendlichen, die in ihrer Kindheit sexualisierte Übergriffe erlebt und zur damaligen Zeit keine Unterstützung benötigt haben, sich dann zu späterer Zeit noch einmal mit dem Thema konfrontiert sehen. Vor allem in der Pubertät, wenn sich der Körper und die eigene Sexualität entwickeln, wird den Jugendlichen bewusst, was ihnen angetan wurde. Das, was damals nur ein komisches Gefühl ausgelöst hat, wird plötzlich als sexualisierte Gewalt verstanden und bekommt dann eine ganz andere Dimension. Darauf sollten die Bezugspersonen vorbereitet werden und die Jugendlichen bei ihrer Hilfesuche begleiten. Manche bemühen sich, das Erlebte zu vergessen oder zu verdrängen und versuchen, sich auf den jetzigen Alltag zu konzentrieren. Manchmal kommt es dann jedoch dazu, dass sie durch etwas getriggert werden und die verdrängten Erinnerungen können wieder hochkommen. Durch das Verdrängen werden die Erinnerungen zwar in das Unterbewusste verschoben, bleiben jedoch nach wie vor im Gehirn gespeichert. Es kann dann z.B. passieren, dass wenn sie jemandem begegnen, der das gleiche Parfüm wie der/die Täter/-in benutzt, sie sich plötzlich wieder an dem Ort befinden, wo der Übergriff damals stattgefunden hat oder wenn im Radio ein Lied läuft, das sie mit der damaligen Zeit verbinden, sind die Erinnerungen wieder vollständig präsent. Nicht selten kommen auch die Gefühle von damals mit zurück. Manche schaffen es, die Erinnerungen wieder zu verdrängen, andere jedoch benötigen sofortige Hilfe.

Gemeinsam Lösungen finden

Es kann sein, dass, auch wenn der Missbrauch schon lange beendet ist, die Kinder und Jugendlichen es nicht schaffen, den Raum zu betreten, in dem der Missbrauch stattgefunden hat. In einem solchen Fall ist es wichtig, wenn möglich mit dem Kind nach einer Lösung zu suchen. Muss das Kind möglicherweise die Kita/die Einrichtung wechseln oder reicht es, wenn der betreffende Raum umgestaltet wird oder das Kind ein anderes Zimmer bekommt? Kinder und Jugendliche brauchen Lebensräume, in denen sie nicht ständig mit ihren belastenden Erfahrungen konfrontiert und auf diese Art und Weise dann möglicherweise retraumatisiert werden. Es kann ein langer Prozess sein, bis sich das Kind wieder wohl und sicher fühlen kann – eine gute Begleitung kann dem Kind dies jedoch erleichtern.

Die Beziehung zu den Eltern

Es kommt nicht selten vor, dass die Kinder und Jugendlichen es nicht schaffen, über die erfahrenen Übergriffe mit den eigenen Eltern zu reden. Das liegt meist nicht daran, dass die Beziehung zu den Eltern schlecht ist oder sie kein Vertrauen haben. Oft sind es die Schamgefühle, die es ihnen nicht ermöglichen, sich einer nahestehenden Person anzuvertrauen oder sie möchten sie z.B. vor der Wahrheit schonen. Das sollten Eltern akzeptieren und dies nicht als Kritik an der eigenen Person oder der Erziehung sehen. Ein Gespräch mit einer fremden Person, zu der man keine Beziehung hat, ist in der Regel für die Kinder und Jugendlichen einfacher, da sie keine Sorgen haben müssen, dass sich die Wahrheit auf das Verhältnis zwischen dem Kind und der Bezugsperson auswirken könnte. Wenn man als Eltern oder Bezugsperson mit dem Kind zu dem Erlebten ins Gespräch kommt, sollte man darauf achten, eher weniger den Körperkontakt zu suchen, da eine solche Nähe es manchmal erschwert, über intime Dinge zu sprechen.

Kinderschutz und Unterstützung in stationären Einrichtungen

In den letzten Jahren wurde immer deutlicher, dass die in den stationären Einrichtungen für Kinder und Jugendliche vorhandenen Konzepte, unzureichend sind. Es kam oft vor, dass die Kinder von einer in die andere Einrichtung geschickt wurden, weil man mit ihnen überfordert war oder die benötigte Betreuung den zu leistenden Rahmen sprengen würde. Notwendig ist eine Haltungsänderung: Statt zu denken, ein junger Mensch sei für ein Hilfekonzept ungeeignet, sollte die Perspektive eingenommen werden, dass das Hilfekonzept offensichtlich für diesen jungen Menschen ungeeignet ist. Man könnte darüber hinaus den Eindruck gewinnen, dass die Diskussion über Kosten- und Refinanzierungsdruck in den Hilfen sogar bis in das Gruppenleben hineinwirkt. Dabei sind die personellen und materiellen Ressourcen nur eine Seite der Betrachtung. Die andere Seite setzt sich mit den fachlichen Themen auseinander, die in den Zeiten zunehmender Erziehungsunsicherheit und vielfältiger Risikofaktoren für die kindliche Entwicklung in dem Bereich der Hilfen zur Erziehung zu optimieren sind. In diesem Kontext sollte man den Begriff »Traumapädagogik« in Betracht ziehen, was als eine mögliche Antwort auf die Erfolglosigkeit oder Nichtwirksamkeit bestimmter Konzepte in der pädagogischen Praxis der letzten Jahre entstanden ist.

Traumapädagogik

Die Traumapädagogik betrachtet pädagogische Probleme aus Sicht der Psychotraumatologie. Es geht hierbei um eine spezielle Haltung in der Arbeit mit Traumatisierten. Das heißt konkret, dass das Verständnis für die Kinder und Jugendlichen und die abzuleitenden pädagogischen Interventionen auf psychotraumatologischen Erkenntnissen basieren. Die Traumapädagogik bietet betroffenen Kindern und Jugendlichen einen sicheren Ort für ihr Eigenverständnis, das Aufholen von Entwicklungshemmnissen und sicheren Bindungserfahrungen. Dabei wird nicht nur die pädagogische Begegnung zwischen Kind und Erwachsenen betrachtet, sondern sie stellt die pädagogische Fachkraft und Einrichtung gleichberechtigt mit in den Fokus. Bei der Traumapädagogik geht es nicht nur darum, den Kindern und Jugendlichen fachlich angemessene Inhalte zu vermitteln, sondern auch seine eigene Haltung zu reflektieren und zu leben und für die Traumapädagogik angemessene Rahmenbedingungen in der Einrichtung zu schaffen.

Untersuchungsergebnisse zeigen, »dass mindestens 75 % der Kinder und Jugendlichen in der Heimerziehung zumindest mit einem traumatischen Lebensereignis konfrontiert waren. Viele sind sequentiell traumatisiert.«[185] In der stationären Jugendhilfe wird ein Großteil der traumatisierten Kinder und Jugendlichen intendierte-Typ-II-Traumata erlebt haben, z.B. langanhaltende sexualisierte Gewalt, Vernachlässigung oder Misshandlung durch Bindungspersonen. Für diese Betroffenen ist eine gute Kooperation aller professionell Beteiligten unter traumaspezifischem Blickwinkel sowie eine traumaorientierte Versorgung in ihrem gesamten Lebensumfeld optimal.

Oft sind es die Kinder, die die Grenzen pädagogischer Möglichkeiten sprengen und die Fachkräfte mit ihrem Handeln überfordern. Nicht selten kommt es dann zum zunehmenden Kompetenzverlust der Betreuer und somit zu einer steigenden Stigmatisierung des betroffenen Kindes oder Jugendlichen. Die Traumapädagogik hilft einerseits, diese Kinder und Jugendlichen mit einem anderen, neuen Blick zu sehen und andererseits den Fachleuten, sie in ihre fachliche Überlegung mit einzubeziehen.

Durch erlebte Gewalterfahrungen haben Kinder und Jugendliche Gefühle wie Ohnmacht, Angst und Kontrollverlust erlebt. Auch nach Beendigung solcher gewalttätigen Erlebnisse bleibt in der Regel die Hilflosigkeit und Wut zurück, die dann den Alltag der jungen Menschen begleiten. Durch diese Erfahrungen wird auch die Welt an sich als kein sicherer Ort mehr wahrgenommen, was auch oft zur Zerstörung des inneren Sicherheitsgefühls des individuellen Selbst führt. Zur Überwindung der erlebten Gewalterfahrungen bedarf es daher eines sowohl inneren als auch äußeren sicheren Ortes. Für traumatisierte Kinder und Jugendliche ist es ein langer Prozess, die Umwelt erneut als sicher wahrzunehmen. Deshalb muss man sich die Frage stellen, welche Rahmenbedingungen Kinder und Jugendliche konkret in einer stationären Einrichtung benötigen, um ihre Sicherheit wieder zu gewinnen und was können wir, die Fachkräfte, dafür tun, um sie dabei gut begleiten zu können.

Das Fundament der Traumapädagogik wird durch eine wertschätzende und verstehende Haltung gebildet. Um das Erlebte zu überstehen, entwickeln Kinder und Jugendliche Überlebensstrategien. Nur wer die Funktion und Auswirkung dieser Strategien versteht, kann den Kindern und Jugendlichen fachlich angemessen begegnen. Auch wenn die Überlebensstrategien für die Pädagogen/-innen oft eine Belastung darstellen, ist der erste Schritt diese Verhaltensweisen wertzuschätzen und zu würdigen, um den Betroffenen die Möglichkeit zu geben, eigene Verhaltensweisen zu reflektieren und mögliche Alternativen dazu finden zu können. Oft werden Gefühle, Gedanken und Beziehungsinhalte aus den traumatisierten Situationen auf das Aktuelle übertragen. Es ist daher wichtig, den Kindern und Jugendlichen einen Rahmen zu bieten, in dem sie die Möglichkeit haben, das eigene positive Selbstbild wachsen zu lassen. Die Mitgestaltung der eigenen Lebensbedingungen und das Erleben von

---

185 Jaritz/Wiesinger/Schmid (2008).

Autonomie, Kompetenz und Zugehörigkeit ist der wichtigste Schritt bei der seelischen Heilung – kein Kontrollverlust und keine Ohnmacht mehr.

Nachdem die Kinder und Jugendlichen Macht und Hierarchie oft als etwas Missbräuchliches erlebt haben, ist es für sie notwendig, einen klaren Umgang mit Strukturen vermittelt zu bekommen.

Es ist wichtig ein Gleichgewicht zu den extremen Gefühlen der Angst, Ohnmacht, Scham, Trauer, Wut und Ekel zu erstellen. Lachen unterstützt die Serotoninausschüttung, was ein Gegengewicht zur Adrenalinausschüttung darstellt.

Da es in der Traumapädagogik nicht nur um die Haltung der Fachkräfte, sondern auch um die Qualitätssicherung und Vernetzung der Einrichtungen geht, sind Standards entwickelt worden, die in allen stationären Einrichtungen, die mit traumatisierten Kindern und Jugendlichen arbeiten, umgesetzt werden sollten.[186]

Es ist dringend erforderlich, dass alle Fachkräfte der Einrichtung hierzu fortgebildet werden. Auch wenn es aufgrund der fehlenden Mittel oftmals unrealistisch erscheint, diese traumapädagogischen Standards umzusetzen, sind sie dennoch ein erstrebenswertes Ziel. Auch mit geringen Mitteln kann man viele Ansätze der Traumapädagogik schon heute erfolgreich umsetzen.

---

186 http://www.bag-traumapaedagogik.de/-index.php/standards.html, Stand: 12.04.2016.

6.6 Mythen und Fakten bei sexualisierter Gewalt gegen Jungen

Thomas Schlingmann

Einige geschlechtsspezifische Aspekte

Bis zum Bekanntwerden der massenhaften sexualisierten Gewalt gegen Jungen in Internaten und Einrichtungen 2010 waren mit »Sexuellem Missbrauch von Kindern« meist Mädchen gemeint. In Fachkreisen war schon lange bekannt, dass 10 bis 15 % aller Männer, in Kindheit oder Jugend Opfer sexualisierter Gewalt geworden sind (bei Mädchen sind es 20 bis 25 %)[187]. Jetzt richtete sich auch der Blick der breiten Bevölkerung auf diese Gruppe: Es waren offensichtlich Kinder beiderlei Geschlechts betroffen. Mit dieser Erkenntnis verschwand leider das Interesse an der Geschlechtsspezifik und einigen Besonderheiten, die zu einem besseren Verständnis und einer besseren Handlungsfähigkeit beitragen können. Im Folgenden soll der Blick auf Jungen gerichtet werden, für Mädchen ist ein vergleichbarer Blick notwendig.

Sexuelle Grenzverletzungen, sexuelle Übergriffe und strafrechtlich relevante sexuelle Handlungen

Diesem Beitrag wird der von Enders und Kossatz (2012) vorgeschlagenen Unterteilung in sexuelle Grenzverletzungen, sexuelle Übergriffe und strafrechtlich relevante sexuelle Handlungen gefolgt. Danach handelt es sich bei sexuellen Grenzverletzungen um unbeabsichtigte Handlungen, aufgrund eines persönlichen oder fachlichen Unwissens oder Mangels. Hier sind fachliche Interventionen und Lernprozesse auf Seiten der Grenzverletzer/-innen nötig. Sexuelle Übergriffe resultieren hingegen fast schon zwangsläufig aus einer grundlegenden Missachtung oder fehlendem Respekt, wie sie sich z.B. auch in Rassismus oder Sexismus ausdrücken. Die Handlungen kommen wiederholt vor, und haben auch wenn sie noch unterhalb der strafrechtlichen Relevanz liegen mögen, oft massivere Formen. Sie erfordern arbeitsrechtliche Konsequenzen, denn solche Haltungen disqualifizieren für pädagogische und/oder soziale Arbeit. Sowohl Grenzverletzungen als auch Übergriffe finden auch beabsichtigt, als Teil einer Täterstrategie statt. Strafrechtlich relevante sexuelle Handlungen sind im Regelfall geplante Handlungen, die oft langfristig vorbereitet wurden und sollten wenn möglich strafrechtliche Konsequenzen haben. Alle drei Begriffe nehmen die Täter/-innen-seite in den Blick.

»Diese Prävention ist übertrieben. Sexueller Missbrauch geschieht nur kleinen Jungen. Meine Jungen sind 11 oder 12 Jahre alt, die könnten sich wehren.«[188]

---

187 Bange (2007).
188 Ein Lehrer in einer schulischen Präventionsveranstaltung.

So oder ähnlich lautet ein weit verbreiteter Mythos. Er stimmt nicht. Die meisten Jungen werden zwischen 10 und 12 Jahren zum Opfer. In diesen 3 Jahren geschieht 1/3 der sexualisierten Gewalt gegen Jungen, ein weiteres Drittel geschieht bis 16 und ein weiteres Drittel in den ersten 9 Jahren.[189] Das Vorurteil trägt dazu bei, dass sexualisierte Gewalt gegen ältere Jungen und Jugendliche kaum entdeckt wird. Die meisten Pädagogen/-innen sind bei kleineren Jungen aufmerksamer, weil sie denken, die können sich noch nicht wehren. Sie ignorieren, dass die Hilflosigkeit von Jungen und Mädchen aller Altersstufen nicht primär aus einer körperlichen Überlegenheit der Täter/-innen sondern aus Abhängigkeiten und Machtverhältnissen resultiert. Sexualisierte Gewalt gegen ältere Jungen wird deshalb seltener aufgedeckt.

»Die, die sowas machen, sind doch alle krank«

Jungen werden zu ca. 60 % im sozialen Nahraum Opfer sexualisierter Gewalt, zu ca. 20 % innerfamiliär und zu ca. 20 % Täter, die ihnen vor der Tat unbekannt waren.[190] Das Klischee ist der kranke oder gestörte »pädophile« Täter, der sich an Jungen ranmacht. Die Masse der Täter sind aber ganz normale Männer, weder krank noch gestört. Viele sind sehr gut angepasst, haben Familie oder Freund/-in und sind mehr oder weniger beliebte Kolleg/-innen. Einige sind extrem engagiert, andere eher ein bisschen schluffig, viele haben einen guten Draht zu Kindern. Und nur ein Teil von ihnen hat sich überhaupt ausschließlich auf Jungen oder gar eine bestimmte Altersgruppe »spezialisiert«.[191] Der Mehrheit gemeinsam ist, dass sie erst eine Beziehung zum späteren Opfer aufbauen, denn sexualisierte Gewalt geschieht in einem Machtgefälle oder Abhängigkeitsverhältnis.[192]

15 bis 20 % der Täter/-innen bei sexualisierter Gewalt gegen Jungen sind weiblich (bei Mädchen liegt der Anteil bei 5 – 10 %)[193]. Dabei handelt es sich keineswegs vor allem um »übertriebene Säuglingspflege«[194]. Es gibt genügend Schilderungen und Betroffenenberichte über massiv gewalttätige, sadistische sexualisierte Gewalt durch Frauen[195]. Täterinnen sind vor allem in jenem Bereichen anzutreffen, in denen sie Macht haben: Familie, Tagespflege, Kita, Grundschule. Sie missbrauchen tendenziell über einen längeren Zeitraum und haben deshalb zahlenmäßig in der gleichen Zeit weniger Opfer als Täter[196].

---

189 Bange (2007) oder ähnlich auch Finkelhor (1994).
190 Bange (2007).
191 Vgl. Schlingmann (2015).
192 Vgl. Enders (2001).
193 Bange (2007).
194 Aber wieso wird eigentlich ein Unterschied gemacht, wenn ein Erzieher ein kleines Mädchen beim Eincremen mit dem Finger anal penetriert, gegenüber zu einer Mutter, die dies mit ihrem Sohn macht? Beim männlichen Erzieher würde niemand von übertriebener »Säuglingspflege« sprechen.
195 Siehe auch den Bericht eines Betroffenen »Mamis erster Orgasmus« auf der Website von Tauwetter. (http://www.tauwetter.de/betroffene/texte/mamis-erster-orgasmus.html)
196 Praxiserfahrungen siehe Schlingmann (2004).

Was ist Sexuelle Gewalt?

»Lolita«, »griechische Knabenliebe« und die »reife Liebhaberin«

Es gibt eine Reihe von an die jeweiligen Geschlechter angepassten Legitimationsmythen für sexualisierte Gewalt. Das bekannteste ist sicherlich das Phantasiekonstrukt der Kindsfrau Lolita. Für sexualisierte Gewalt durch Männer gegen Jungen wird oftmals der Mythos der einvernehmlichen Knabenliebe im alten Griechenland und darauf aufbauend des Eros zwischen Lehrer und Schüler bemüht[197]. Die Verklärung sexualisierter Gewalt durch Frauen gegen Jungen fand sogar Eingang in den deutschen Schlager: »Und es war Sommer, das erste Mal im Leben … ich war 16 und sie 32 und von der Liebe wusste ich nicht viel, sie wusste alles und sie ließ mich spüren, ich war kein Kind mehr … «[198]. Der Mythos der reifen Liebhaberin, die den Jungen in die Sexualität einführt, wurde sogar in den ersten Versuchen Täterinnen zu typologisieren wiederholt[199]. In abgeschwächter Form finden sich viele solcher Mythen bis heute. Aufgearbeitet sind diese Legitimationsmythen noch lange nicht.

»Jungen, die missbraucht werden, werden zu Tätern«

Es gibt kaum einen Irrtum, der fatalere Folgen hat und so wenig begründet ist. Es gibt keinen monokausalen Zusammenhang. Die Mehrheit der betroffenen Jungen übt später keine sexualisierte Gewalt aus – wie nicht-betroffene Jungen auch. Und auch die Mehrheit der/die Täter/-in ist früher nicht Opfer sexualisierter Gewalt gewesen[200]. Dass es zu sexualisierter Gewalt kommt, hängt von einer Vielzahl von Faktoren ab. Eine große Rolle spielen die Werte und Normen des Umfeldes und der Gesellschaft in der jemand aufwächst, die subjektiven Handlungsgründe der Täter/-innen haben oft mit Demütigung und Herabsetzung zu tun sowie dem Wunsch, das zu kompensieren[201]. Wer betroffene Jungen primär als zukünftige Täter betrachtet, tut ihnen ein zweites Mal Gewalt an.

»Ich hatte einen Steifen, dann habe ich es doch selber gewollt«

Zwischen 22 und 33 % aller Jungen erlebt während der sexualisierten Gewalt eigene körperliche Reaktionen wie eine Erektion oder eine Ejakulation. 48 % erleben Hilflosigkeit, 40 % Wut, 21 – 27 % Angst, und zwischen 28 und 42 % Ekel[202]. Die Gleichzeitigkeit solcher scheinbar widersprüchlicher Dinge stürzt die betroffenen Jungen oftmals in große Verwirrung. Allgemein wird eine Erektion oder gar eine Ejakulation als Zeichen dafür gedeutet, dass der Betroffene Sex wollte. Real sind beides körperliche Reaktionen, die unabhängig von sexuellem Begehren auftreten können. Ein bekanntes Gegenbeispiel ist die morgendliche Erektion, die viele beim Aufwachen erleben. Weniger bekannt sind Berichte über Soldaten, die beim Sturmangriff aus den Schüt-

---

197 Zum »pädagogischen Eros« siehe auch Füller (2015).
198 Maffay/Rottschalck (1976).
199 Mathews (1995).
200 Vgl. Schlingmann (2015).
201 Vgl. Finkelhor (1984)
202 Kloiber (2002) und Bange/Deegener (1996).

zengräben des 1. Weltkrieges eine Ejakulation erlebten[203]. Die Gleichsetzung von körperlicher Reaktion mit sexuellem Begehren führt nicht nur dazu sexualisierte Gewalt fälschlicherweise als eine Form von Sexualität zu betrachten, sie bewirkt auch, dass die betroffenen Jungen sich selber für die Tat verantwortlich fühlen. Sie werden massiv in ihren eigenen sexuellen Bedürfnissen verunsichert. »Wie kann ich etwas, was ekelhaft ist, sexuell erregend finden? Ich muss doch pervers sein.« In Kombination mit dem Vorurteil betroffene Jungen würden zu Tätern, ergeben sich verheerende Auswirkungen auf das Selbstwertgefühl und -erleben vieler Betroffener.

»Einem richtigen Mann passiert sowas nicht«

Connel hat 2000 ein Modell vorgestellt, wie sich verschiedene Vorstellungen von Mann-Sein gegenseitig beeinflussen: Es gibt eine vorherrschende (hegemoniale) Idee von Männlichkeit, die von gesellschaftlich bestimmenden Männer geprägt wird. Andere Vorstellungen werden mehr oder weniger an den Rand gedrängt. Die wesentlichen Kerne der hegemonialen Männlichkeit finden sich aber in allen Vorstellungen von Männlichkeit wieder. Hooligans haben andere Ideen, was männlich ist, als Banker; beiden gemeinsam ist, dass dazugehört, durchsetzungsfähig und erfolgreich zu sein. Mit Sicherheit gehört nicht dazu, Opfer zu sein. Selbst Soldaten erleiden in ihrem Selbstbild maximal mehr oder weniger heldenhafte Niederlagen, aber sie begreifen sich nicht als Opfer.

Diese Vorgabe stellt für viele Jungen ein massives Problem dar. Die Jugend gilt als Vorbereitungszeit fürs Erwachsen-Sein, und das bedeutet für die allermeisten Jungen ein Mann zu werden. Wie soll die Erfahrung, ein Opfer zu sein, damit zusammen passen?[204] Viele betroffene Jungen haben die Einschätzung kein »richtiger Mann« zu sein und das drückt sich auch in der Angst aus, »schwul« zu sein. »Schwul« bedeutet in ihren Augen nämlich in erster Linie in einem Männerkörper zu leben, aber eben kein »richtiger Mann« zu sein. Die Bedeutung »schwul« gleich homosexuell kommt für diese Jungen erst an zweiter Stelle und wird stärker auch aus dem erwähnten sexuellen Moment sexualisierter Gewalt gespeist. Solche Befürchtungen sind ein Grund, warum es für Jungen sehr sinnvoll erscheinen kann, über die sexualisierte Gewalt zu schweigen[205].

»Anders, als alle anderen«

Für nicht wenige gibt es noch einen weitreichenderen Ausschluss: Sie haben ein Gefühl grundlegender Fremdheit, eines »Anders sein, als alle anderen«. Dem liegt meist die Erfahrung zugrunde, dass der eigene Willen, die Wünsche und Ziele während der sexualisierten Gewalt nicht gezählt haben. Eigene Intentionen sind aber ein zentrales Moment, was das Mensch-Sein ausmacht. Im Normalfall versuchen Menschen

---

203 Vgl. Bange/Schlingmann (2016).
204 Vgl. Mosser (2009).
205 Wie wichtig es ist, sexualisierte Gewalt in einem gesellschaftlichen Kontext zu betrachten zeigt auch die Interviewstudie von Kavemann et al. (2016).

ihre Ziele und Pläne in Einklang zu bringen. Das geschieht nicht immer offen und oftmals versucht eine Seite dabei, die andere zu übervorteilen. Ein grundlegendes Ignorieren der Absichten des Gegenübers ist aber noch mal etwas Anderes. Bei sexualisierter Gewalt werden Menschen auf Objekte reduziert und ihnen ihr Mensch-Sein abgesprochen. Bei den Betroffenen löst das extreme Ohnmachts- und Hilflosigkeitserfahrungen aus. Für viele Betroffene ist das ein zentraler Kern der zerstörerischen Wirkung sexualisierter Gewalt[206]. Hierin besteht die Existenzbedrohung, von der auch die Psychotraumatologie spricht. Diese psychische Dimension macht einen wichtigen Unterschied zu anderen Arten von Körperverletzungen aus. [207]

Zwischen Kompensation und Resignation

Die beiden Erlebnisse des Ausschlusses bestimmen zwei Seiten der Bewältigungsversuche, die oftmals gleichzeitig, aber in verschiedenen Kontexten auftauchen. Da ist der Versuch, die scheinbare Unmöglichkeit ein »richtiger Mann« zu werden, zu leugnen und sich als männlich zu beweisen. Das Zentrale dabei ist nicht möglichst »mackerhaft« aufzutreten, sondern möglichst erfolgreich zu sein. Unauffällige Jungen, die im Unterricht erfolgreich und gut mitarbeiten, können genauso diese Strategie verfolgen, wie überambitionierte Sportler. Oftmals damit vermischt und punktuell immer wieder die Kompensationsbestrebungen durchbrechend, ist die Resignation. Die Einschätzung, ich bin eh anders und habe eh keine Chance, wird nur mühsam und phasenweise überdeckt[208].

Was brauchen betroffene Jungen?

In der bisher größten Interviewstudie mit männlichen Betroffenen wurde untersucht, was Jungen brauchen, um erfolgreich die sexualisierte Gewalt aufdecken zu können und Hilfe zu bekommen[209].

Das erste Ergebnis war, dass alle interviewten Männer als Junge entweder über die sexualisierte Gewalt mit anderen geredet haben oder sowieso mit dem Hilfesystem in Kontakt waren. In keinem Fall hat dies aber zu einer Beendigung der Gewalt geführt. Vor allem müssen sich also nicht die Jungen ändern, sondern die Erwachsenen drum herum.

Dann haben die Gefragten viele verschiedene hilfreiche Faktoren benannt, die sich in vier Gruppen zusammenfassen lassen:

- **Wissen** über Sexualität, die Unrechtmäßigkeit sexueller Gewalt, wer wo welche Hilfe geben kann, usw. Dabei ist wichtig, dass es nicht nur um ein Kopfmäßiges Wissen geht, was wegen Vorstellungen von Männlichkeit nicht genutzt werden kann, sondern um ein inneres Wissen vor allem um das Recht auf Hilfe.

---

206 Vgl. Schlingmann (2009).
207 Zu den Problemen der Psychotraumatologie, sexualisierte Gewalt zu verstehen siehe auch Mosser/Schlingmann (2013).
208 Vgl. Schlingmann (2009).
209 Siehe Scambor et al. (2016).

- **Anerkennung und Solidarität** drücken sich nicht nur darin aus, Opfererfahrungen anzuerkennen. Es geht um grundlegende Zugehörigkeitsangebote, um Gemeinsamkeitsgefühle, die dem Ausgrenzungserlebnis entgegen wirken.
- **Culture of Care** meint eine Atmosphäre, in der gegenseitig aufeinander und sich selber geachtet, sorgsam mit sich und anderen umgegangen wird und sich gegenseitig unterstützt wird. Dabei spielt das lebende Vorbild eine große Rolle.
- **Handlungsfähigkeit jenseits der Gewalt** beinhaltet, dass Jungen erleben müssen, dass die sexualisierte Gewalt nicht alles bestimmen kann, dass es sichere Räume gibt und dass sie und andere durchaus handlungsfähig sind, auch gegen die Gewalt. Dieses Erleben wirkt gegen die Verallgemeinerung der Ohnmachtserfahrung.

Eigentlich sind das alles naheliegende Schlussfolgerungen. Wir müssen sie »nur« umsetzen.

Literatur

Bange/Deegener (1996): Sexueller Missbrauch an Kindern. Ausmaß Hintergründe Folgen. Weinheim.

Bange (2007): Sexueller Missbrauch an Jungen. Die Mauer des Schweigens. Göttingen.

Bange/Schlingmann (2016): Sexuelle Erregung als Faktor der Verunsicherung sexuell missbrauchter Jungen . In: Kindesmisshandlung und –vernachlässigung, 1/2016.

Connell (2000): Der gemachte Mann. Konstruktion und Krise von Männlichkeiten. Opladen.

Enders (2001): Zart war ich, bitter war's: Handbuch gegen sexuellen Missbrauch. Köln.

Enders/Kossatz (2012): Grenzverletzung, sexueller Übergriff oder sexueller Missbrauch? In: Enders (Hrsg.): Grenzen achten – Schutz vor sexuellem Missbrauch in Institutionen. Ein Handbuch für die Praxis. S. 30-53. Köln.

Finkelhor (1984): Child Sexual Abuse, New Theory and Research. New York.

Finkelhor (1994): Current information on the scope and nature of child sexual abuse. In: The future of children – Sexual abuse of children. Vol 4 No 2 Summer/Fall 1994.

Füller (2015): Die Revolution missbraucht ihre Kinder. Sexuelle Gewalt in deutschen Protestbewegungen. München.

Kavemann/Graf-van der Kesteren/Rothkegel/Nagel (2016): Erinnern, Schweigen und Sprechen nach sexueller Gewalt in der Kindheit. Ergebnisse einer Interviewstudie mit Frauen und Männern, die als Kind sexuelle Gewalt erlebt haben. Berlin.

Kloiber (2002): Sexueller Missbrauch an Jungen. Epidemiologie – Erleben – Bewältigung. Heidelberg, Kröning.

Maffay./Rottschalk (1976): Und es war Sommer. Titel Nr.1 auf dem Studioalbum: Und es war Sommer von Peter Maffay. Hamburg.

Mathews (1995): Die Arbeit mit Sexualstraftäterinnen. In: Elliot (Hrsg.): Frauen als Täterinnen. Sexueller Missbrauch an Mädchen und Jungen. Ruhnmark.

Mosser (2009): Wege aus dem Dunkelfeld. Aufdeckung und Hilfesuche bei sexuellem Missbrauch an Jungen. Wiesbaden.

Mosser/Schlingmann (2013): Plastische Chirurgie an den Narben der Gewalt – Bemerkungen zur Medizinisierung des Traumabegriffs. In: Forum Gemeindepsychologie, 2013, Nr.1 (http://www.gemeindepsychologie.de/fg-1-2014_04.html).

Was ist Sexuelle Gewalt?

Scambor/Wittenzellner/Puchert/Rieske/Könnecke (2016): »… dass die Leute da auch genauer hingucken.« Wie kann die Aufdeckung von sexualisierter Gewalt bei männlichen Kindern und Jugendlichen in der Jugendarbeit gefördert werden? In: Sozialmagazin, 7/8 2016.

Schlingmann (2004): Und wenn es seine Frau war? – Sexuelle Gewalt gegen Jungen durch Frauen. In: Prävention, Zeitschrift des Bundesvereins zur Prävention von sexuellem Missbrauch an Mädchen und Jungen, 2/2004. S. 5-8.

Schlingmann (2009): Die gesellschaftliche Bedeutung sexueller Gewalt und ihre Auswirkung auf männliche Opfer. In: kibs (Hrsg): »es kann nicht sein, was nicht sein darf…«. Jungen als Opfer sexualisierter Gewalt. Dokumentation der Fachtagung am 19./20.11.2009 in München. München S. 122-134.

Schlingmann (2015): Des Kaisers neue Kleider – eine Kritik an »kein-Täter-werden«. In Kindesmisshandlung und –vernachlässigung. 1/2015. S. 64-79.

6.7 Ein Kind wurde sexuell missbraucht. Was kann ich tun? – Tipps für Mütter, Väter und Pädagogen/-innen

Ursula Enders

Wenn ein Kind sich Ihnen anvertraut ...

- Reagieren Sie ruhig und überlegt! Allzu heftige Reaktionen belasten betroffene Kinder und lassen sie meist erneut verstummen.
- Machen Sie keine Vorwürfe, auch wenn das Mädchen/der Junge sich Ihnen erst sehr spät anvertraut hat.
- Loben Sie das Kind dafür, dass sie/er den Mut hat, sich anderen anzuvertrauen und sich Hilfe zu holen.
- Stellen Sie in einem ruhigen Tonfall offene Fragen über den Ablauf der Handlungen. (Zum Beispiel: Und was ist dann passiert? Was hat xy danach gemacht?)
- Geben Sie dem Kind keine Details vor!
- Akzeptieren Sie es, wenn das Mädchen/der Junge nicht (weiter-)sprechen will.
- Überfordern Sie das Kind nicht mit bohrenden Fragen nach Einzelheiten.
- Stellen Sie sachlich fest, dass die Handlungen nicht in Ordnung, blöd, gemein ... waren.
- Stellen Sie die Aussagen des Kindes nicht in Frage – auch wenn diese unlogisch sind/scheinen.
- Diskutieren Sie nicht darüber, ob das Mädchen/der Junge etwas falsch gemacht hat. Die Verantwortung für einen sexuellen Übergriff trägt niemals das Opfer!
- Vermeiden Sie Forderungen nach drastischen Strafen für Täter/-innen, sonst können sich betroffene Kinder und Jugendliche Ihnen meist nicht (weiter) anvertrauen! Die Mehrzahl der Opfer möchte sich nicht dafür verantwortlich fühlen, dass der/die Täter/-in ins Gefängnis kommt oder der eigene Vater bestraft wird, wenn er zum Beispiel Selbstjustiz verübt und den/die Täter/-in zusammenschlägt.
- Schützen Sie das Opfer vor Kontakten mit dem/der Täter/-in!
- Trösten und pflegen Sie das betroffene Kind!
- Versprechen Sie dem Opfer nichts, was Sie nicht halten können!

Kindern bei der Verarbeitung sexueller Gewalterfahrungen helfen ...

Mädchen und Jungen haben eine große Chance, sexuelle Gewalterfahrungen ohne Langzeitfolgen zu verarbeiten – vorausgesetzt: Es wird ihnen geglaubt, sie werden vor weiteren Übergriffen geschützt und sie bekommen die notwendige Unterstützung bei der Verarbeitung der Gewalterfahrungen. Beratungsstellen gegen sexuellen Missbrauch oder Familienberatungsstellen geben Ihnen Tipps, wie Mütter und Väter, Pädagogen/-innen die Selbstheilungskräfte betroffener Kinder stärken können. Sie klären auch ab, ob eine therapeutische Hilfe für ein Kind notwendig und hilfreich ist. Die folgenden Tipps helfen Müttern und Vätern, Pädagogen/-innen, Opfern eine ruhige und kindgerechte Begleitung bei der Bewältigung sexueller Gewalterfahrungen zu geben.

- Verzweifeln Sie nicht, wenn ein Opfer in den ersten Wochen nach der Aufdeckung sexueller Gewalterfahrungen massive Auffälligkeiten zeigt!
- Viele Kinder leiden nach der Aufdeckung zunächst unter massiven Folgen: Ängste, nächtliche Schreianfälle, Wutanfälle, Albträume, Freudlosigkeit, körperliche Reaktionen, Babyverhalten und -sprache…
- Auch wenn die Auffälligkeiten am Anfang sehr massiv sind, bedeutet dies nicht, dass das Kind Langzeitfolgen entwickelt.
- Zeigt ein betroffenes Mädchen/ein Junge körperliche Reaktionen und Gefühlsschwankungen, so erklären Sie diese auf kindgerechte Art und Weise: »*Dir ist ganz kalt, weil du jetzt wieder daran denken musst. … Das geht vorbei.*«
- Pflegen Sie das Mädchen/den Jungen, wenn sie/er unter schmerzhaften Körpererinnerungen leidet.
- Einige Opfer leiden phasenweise unter schmerzhaften Körpererinnerungen (zum Beispiel Glieder-, Kopf- und Bauchschmerzen, Fieberschübe, Schüttelfrost, Lähmungen). Medizinisch ist in der Regel keine Ursache festzustellen. Kinder brauchen dann eine liebevolle Pflege – ähnlich wie nach einer schweren Operation.
- Behalten Sie im Blick, ob, wann und wo das Mädchen/der Junge Folgen zeigt.
- Die Belastungen kindlicher Opfer werden häufig erst nach mehreren Wochen oder Monaten deutlich. Einige Mädchen und Jungen wechseln zwischen symptomreichen und symptomfreien Zeiten oder wirken im Elternhaus sehr belastet, in der Kita oder Schule jedoch »völlig normal« – bzw. umgekehrt.
- Falls ein betroffenes Kind unter Stimmungsschwankungen leidet (plötzliche Unruhe/Übererregung, Traurigkeit, Wutanfälle …), achten Sie darauf, was kurz vor diesen Stimmungsschwankungen geschehen ist. Machen Sie sich Notizen!
- Viele betroffene Mädchen und Jungen verlieren sich immer mal wieder in den schmerzhaften Erinnerungen oder wirken wie abwesend, schauen zum Beispiel »durch einen durch«. Unterbrechen sie solche Zustände. Ist ein Kind trotz ruhiger und klarer Ansprache nicht mehr erreichbar, so hilft meist Singen, in den Arm nehmen, Ablenkung oder Bewegung.
- Reagieren Sie mit einer liebevollen Sachlichkeit, wenn ein Kind Einzelheiten über die belastenden Erlebnisse erzählt.

»Das war wirklich doof für dich! … Wenn ich das gewusst hätte, hätte ich dir sofort geholfen …«

- Sprechen Sie das Mädchen/den Jungen nicht abends vor dem Einschlafen auf die sexuellen Übergriffe an!
- Spielen Sie vor dem Einschlafen eine schöne Musik-CD oder lesen Sie eine Gutenachtgeschichte vor. Lassen Sie ein Nachtlicht brennen.
- Akzeptieren Sie es, wenn das Opfer zunächst bestimmte Situationen vermeidet. Helfen Sie jedoch, dieses Vermeidungsverhalten wieder schrittweise aufzugeben.

- Geben Sie dem Kind durch eine klare und beständige Tagesstruktur eine Orientierung.
- Reduzieren Sie das Mädchen/den Jungen nicht auf die Opferrolle! Ein ganz normaler Alltag tut gut!
- Setzen Sie weiterhin altersentsprechende Grenzen. Klare Regeln geben betroffenen Mädchen und Jungen Halt.
- Fanden die Übergriffe in einer Kita, der Schule, einem Verein statt, so prüfen Sie, ob die Pädagogen/-innen den Schutz des Kindes sicherstellen können und bereit sind, mit einer Beratungsstelle zu kooperieren.
- Tauschen Sie sich mit Menschen Ihres Vertrauens aus. Vermeiden Sie jedoch allzu häufige Problemgespräche. Es hilft weder Ihnen noch betroffenen Kindern, wenn sich »alles nur noch um sexuelle Übergriffe/ sexuellen Missbrauch dreht«.
- Falls Sie selber ständig an die Übergriffe/den Missbrauch denken müssen, sich belastende Fantasien über den Ablauf der Gewalthandlungen machen oder massiv mit eigenen belastenden Vorerfahrungen beschäftigt sind, sollten Sie für sich selbst Beratung suchen.
- Traumafachberater/-innen können Ihnen oftmals schon in wenigen Beratungsgesprächen Ihnen Möglichkeiten aufzeigen, wie Sie selbst belastende Erinnerungen und Fantasien stoppen können.

Im Zartbitter-Onlineshop finden Sie lebensfroh gestaltete Präventions-Materialien (Bilderbücher, Plakate, Spiele, Musik, Broschüren...), die Ihnen helfen, Mädchen und Jungen vor sexuellem Missbrauch zu schützen. www.zartbitter.de www.sichere-orte-schaffen.de

7 Kinderschutz in der Kinder- und Jugendhilfe

»Das Kind ist immer noch Symbol einer ständigen Vereinigung von Liebe und Pflicht.«
(George Eliot)

Jedes Kind und jeder Jugendliche hat das Recht auf Förderung. Eltern steht ein verfassungsrechtlich geschütztes Erziehungsrecht für ihre Kinder zu. Die Kinder- und Jugendhilfe vereint beide Rechtsbereiche und soll junge Menschen in ihrer individuellen und sozialen Entwicklung fördern und dazu beitragen, Benachteiligungen zu vermeiden oder abzubauen, Eltern und andere Erziehungsberechtigte bei der Erziehung beraten und unterstützen, Kinder und Jugendliche vor Gefahren für ihr Wohl schützen und dazu beitragen, positive Lebensbedingungen für junge Menschen und ihre Familien sowie eine kinder- und familienfreundliche Umwelt zu erhalten oder zu schaffen (§ 1 SGB VIII). Im Zentrum jeder Abwägung steht dabei das Kindeswohl.

Zur Bewältigung dieser Aufgabe steht der Kinder- und Jugendhilfe ein breiter Leistungskatalog zur Verfügung (§ 2 SGB VIII). Dieser beinhaltet:

1. Angebote der Jugendarbeit, der Jugendsozialarbeit und des erzieherischen Kinder- und Jugendschutzes (§§ 11 bis 14),
2. Angebote zur Förderung der Erziehung in der Familie (§§ 16 bis 21),
3. Angebote zur Förderung von Kindern in Tageseinrichtungen und in Tagespflege (§§ 22 bis 25),
4. Hilfe zur Erziehung und ergänzende Leistungen (§§ 27 bis 35, 36, 37, 39, 40),
5. Hilfe für seelisch behinderte Kinder und Jugendliche und ergänzende Leistungen (§§ 35a bis 37, 39, 40),
6. Hilfe für junge Volljährige und Nachbetreuung (§ 41).

Andere Aufgaben der Jugendhilfe sind die Inobhutnahme von Kindern und Jugendlichen (§ 42), die vorläufige Inobhutnahme von ausländischen Kindern und Jugendlichen nach unbegleiteter Einreise (§ 42a), die Erteilung, der Widerruf und die Zurücknahme der Pflegeerlaubnis (§§ 43, 44) oder der Betriebserlaubnis einer Einrichtung (§§ 45 bis 48a), die Mitwirkung in Verfahren vor den Familiengerichten (§ 50), die Beratung und Belehrung in Verfahren zur Annahme als Kind (§ 51), die Mitwirkung in Verfahren nach dem Jugendgerichtsgesetz (§ 52), die Beratung und Unterstützung von Müttern bei Vaterschaftsfeststellung und Geltendmachung von Unterhaltsansprüchen sowie von Pflegern und Vormündern (§§ 52a, 53), Vereinsvormundschaften (§ 54), Beistandschaft, Amtspflegschaft, Amtsvormundschaft und Gegenvormundschaft des Jugendamts (§§ 55 bis 58), Beurkundung (§ 59) und die Aufnahme von vollstreckbaren Urkunden (§ 60).

Trotz des gesetzlich vorgesehenen Wunsch- und Wahlrechts der Leistungsempfänger, erhalten diese in der Praxis nicht immer die Hilfe, welche sie sich wünschen. Grund dafür ist in der Regel kein Unvermögen einzelner Mitarbeitender, sondern strukturelle Probleme innerhalb des Kinder- und Jugendhilferechtes.

7.1 Das Kindeswohl: Zwischen elterlicher Verantwortung und staatlichem Wächteramt

Jens Volkmer

Es gibt wohl nur wenige Rechtsbegriffe, die einerseits jeden Menschen betreffen (obgleich dies den wenigstens Menschen ins Bewusstsein rückt), die aber andererseits so schwer zu fassen sind, wie der des Kindeswohls und dessen Gefährdung. Kinder werden, erzogen, betreut, gefördert, etc., Eltern erziehen, betreuen, fördern und über all das »wacht die staatliche Gemeinschaft« (Artikel 6 S. 2 GG): »Pflege und Erziehung der Kinder sind das natürliche Recht der Eltern und die zuvörderst ihnen obliegende Pflicht. Über ihre Betätigung wacht die staatliche Gemeinschaft.« Wer aber wacht denn hierüber und wie? Nachdem nun die grundlegende gesetzgeberische Norm benannt ist, lohnt zur Beantwortung dieser beiden Fragen ein Blick in weitere Gesetzestexte.

Da finden sich zunächst im achten Sozialgesetzbuch (Kinder- und Jugendhilfegesetz) neben dem wörtlichen Zitat des gerade benannten Grundgesetzartikels, weitere Hinweise/Konkretisierungen:

»Jeder junge Mensch hat ein Recht auf Förderung seiner Entwicklung und auf Erziehung zu einer eigenverantwortlichen und gemeinschaftsfähigen Persönlichkeit (§ 1 S. 1 SGB VIII) und Jugendhilfe soll zur Verwirklichung des Rechts nach Absatz 1 insbesondere [...] Kinder und Jugendliche vor Gefahren für ihr Wohl schützen.« (§ 1 S. 3 SGB VIII).

Das SGB VIII ist konstituierendes Gesetz für die Arbeit aller (ca. 630) bundesrepublikanischen Jugendämter. Zu Grunde gelegt ist den Jugendämtern bzw. den dort beschäftigten Fachkräften, also nicht nur was zu tun ist (Förderung und Schutz), sondern auch wozu diese Tätigkeit führen soll. Hinführung der jungen Menschen zu Eigenverantwortlichkeit auf der einen und Gemeinschaftsfähigkeit auf der anderen Seite sind der Zweck des staatlichen Wachens über die elterliche Pflege und Erziehung der Kinder.

Im § 8a desselben Gesetzes ist genauer erläutert, wie der Schutz des Wohles von Kindern und Jugendlichen erreicht werden soll: »Werden dem Jugendamt gewichtige Anhaltspunkte für die Gefährdung des Wohls eines Kindes oder Jugendlichen bekannt, so hat es das Gefährdungsrisiko im Zusammenwirken mehrerer Fachkräfte einzuschätzen« (Satz 1). Dieser Vorgabe folgen, zugeschnitten auf die möglichen Ergebnisse der Gefährdungseinschätzung, Handlungsoptionen (Angebote öffentlicher Hilfen, Hinwirkung auf die Zuhilfenahme der Polizei, Inobhutnahme des Kindes oder Jugendlichen, usw.); eine davon ist die Anrufung des Familiengerichts, womit, nachdem der Gesetzgeber (Legislative) bereits der Exekutive (in Form des Jugendamtes) ins (Gesetzes-)Buch geschrieben hat, inwiefern es Wächter des Kindeswohls ist, an dieser Stelle die dritte staatliche Gewalt (Judikative), namentlich das Familiengericht, auftritt.

Kinderschutz in der Kinder- und Jugendhilfe

Was dem Jugendamt sein Kinder- und Jugendhilfegesetz, ist dem Familiengericht das vierte Buch des Bürgerlichen Gesetzbuches (§§ 1297-1921 BGB). Was folgt aber nun aus der Anrufung des Familiengerichts (insbesondere)[210] durch das Jugendamt? (§ 1666 S. 1 SGB VIII) gibt hierüber Aufschluss: »Wird das körperliche, geistige oder seelische Wohl des Kindes {...} gefährdet und sind die Eltern nicht gewillt oder nicht in der Lage, die Gefahr abzuwenden, so hat das Familiengericht die Maßnahmen zu treffen, die zur Abwendung der Gefahr erforderlich sind.« Dieser Maßgabe folgt eine beispielhafte Aufzählung möglicher familiengerichtlicher Maßnahmen, die zur Abwendung der Gefahr geeignet sein können (von dem Gebot öffentliche Hilfen in Anspruch zu nehmen über das Gebot für die Einhaltung der Schulpflicht zu sorgen, bis hin zum teilweisen oder vollständigen Entzug der elterlichen Sorge).

Zu beachten ist bei der Beschreibung der möglichen Arten der Kindeswohlgefährdung das Wörtchen »oder«: Es »reicht« also, wenn das körperliche oder das geistige oder das seelische[211] Wohl des Kindes gefährdet wird.

Worin eine solche Gefährdung bestehen kann, deutet der § 1631 S. 2 BGB an: »Kinder haben ein Recht auf gewaltfreie Erziehung. Körperliche Bestrafungen, seelische Verletzungen und andere entwürdigende Maßnahmen sind unzulässig.«

In dieser Formulierung wird deutlich, dass eine Beeinträchtigung des Kindeswohls durch elterliches Handeln entstehen kann. Wobei die verwendeten Termini schon einige Herausforderungen hinsichtlich der Operationalisierbarkeit, also der Bewertung im Einzelfall, an die beteiligten Fachkräfte stellen: was genau sind entwürdigende Maßnahmen, wann wird die Seele des Kindes verletzt etc.?

Das Kindeswohl wird aber (mindestens) ebenso häufig und ebenso heftig durch elterliches Unterlassen beeinträchtigt: Die Befriedigung der Grundbedürfnisse eines jeden Kindes sind essentiell für die Abwendung einer Kindeswohlgefährdung. Bedeutende Grundbedürfnisse sind, neben dem Bedürfnis nach Nahrung, Hygiene, körperlicher Unversehrtheit, sexueller Integrität, vor allem auch das Bedürfnis nach Sicherheit und sozialer Interaktion.

Bei all diesen Begriffen könnte sicherlich jeweils (von eindeutigen Fällen mal abgesehen) eine Expertenkommission zu ganz unterschiedlichen Ergebnissen kommen, ob denn nun durch das elterliche Handeln oder Unterlassen das Kindeswohl gefährdet ist. Bedenkt man nun noch, dass der Begriff des Kindeswohls/der Kindeswohlgefährdung als Sammelbegriff fungiert, welcher all diese Aspekte im Einzelfall berücksichtigen sollte, wird deutlich, weshalb das Kindeswohl in der relevanten Literatur durchgehend als unbestimmter Rechtsbegriff beschrieben wird. Das klingt zunächst unbefriedigend, weil die Jugendämter und Familiengerichte eben keine eindeutige

---
210 Das Familiengericht hat sich ebenso mit dem Sachverhalt zu beschäftigen und etwaige Maßnahmen zu treffen, wenn es die Informationen aus (jeder möglichen) anderer Quelle erhält.
211 Die Unterscheidung zwischen geistigem und seelischem Wohl dürfte nicht trennscharf zu leisten sein. Gemeint ist auf der einen Seite die Beeinträchtigung der kognitiven und auf der anderen Seite die der psychischen Verfasstheit des betroffenen jungen Menschen.

Definition zur Verfügung haben um dem Einzelfall gerecht zu werden. Es entstehen Spielräume, die gefüllt werden dürfen und müssen.

Diese Bestandsaufnahme ist Fluch und Segen zugleich.

Zum einen fehlt es an Handlungssicherheit, die zwar, in den Jugendämtern, unterstützt von den Landesjugendämtern, der Wissenschaft und anderen Stellen, über die Entwicklung von Leitfäden, Handlungsempfehlungen, Vordrucken zur Erfassung und Einschätzung einer möglichen Kindeswohlgefährdung und Ähnlichem, herzustellen versucht wird, die aber evidenter maßen, nie erreicht werden kann.

Zum anderen gibt die Unbestimmtheit der Begriffe Kindeswohl und Kindeswohlgefährdung den Fachkräften die (unbedingt erforderliche) Möglichkeit, die Besonderheiten des Einzelfalls angemessen zu berücksichtigen. So wünschenswert es sein mag, über Definitionsversuche und begriffliche Annäherungen, über Formulare und Handlungsleitfäden, die Sozialarbeiter/-innen in den Jugendämtern und den Richter/-innen in den Familiengerichten mit einem Werkzeugkoffer auszustatten, der es ermöglicht, richtige Einschätzungen vorzunehmen und die angemessen (Rechts-)Folgen auf den Weg zu bringen, so Notwendig ist es, nicht abschließend zu definieren, worin eine Kindeswohlgefährdung besteht oder welche Faktoren gegeben sein müssen, damit das Kindeswohl gewahrt ist.

Nach dem nun von elterlichem Handeln und Unterlassen im Zusammenhang mit Kindeswohl/Kindeswohlgefährdung zu sprechen war, ist der Hinweis abschließend unentbehrlich, dass auch durch staatliche Intervention/Nichtintervention das Kindeswohl negative Beeinträchtigung/Gefährdung erfahren kann (Herausnahme des Kindes aus der Familie, obschon womöglich keine Gefährdung bestanden hat, der Verzicht auf Herausnahmen, in Fällen, bei denen eine Gefährdung bestanden hat u.ä.).

7.2 Überblick über die Aufgaben der Kinder- und Jugendhilfe

Prof. Dr. Dr. h.c. Reinhard Wiesner

Der Schutz von Kindern und Jugendlichen: Aufgaben und Verantwortungsbereiche

Kinder und Jugendliche haben ein Recht auf Förderung ihrer Entwicklung und auf Erziehung zu einer eigenverantwortlichen und gemeinschaftsfähigen Persönlichkeit (§ 1 Abs. 1 SGB VIII). Da die Eltern die primäre Erziehungsverantwortung tragen (Art. 6 Abs. 2 S. 1 GG), verwirklicht die Kinder- und Jugendhilfe dieses Ziel in erster Linie dadurch, dass sie die elterliche Erziehungsverantwortung stärkt, unterstützt und ergänzt. Auch Kinder und Jugendliche haben nach der Rechtsprechung des Bundesverfassungsgerichts ein Grundrecht auf Gewährleistung elterlicher Erziehung.

Andererseits hat der Staat auch die Aufgabe, Kinder und Jugendliche vor Gefahren für ihr Wohl zu schützen. Dementsprechend haben Kinder und Jugendliche ein Grundrecht auf Schutz vor Gefahren für ihr Wohl (Art. 2 GG). Hinsichtlich der Gefahrenabwehr sind die Verantwortungsbereiche der Eltern, der Einrichtungen und der Schule zu unterscheiden. Ist also das Wohl des Kindes oder Jugendlichen gefährdet und sind Eltern nicht bereit oder in der Lage, Gefahren ggf. unter Inanspruchnahme von Leistungen der Kinder- und Jugendhilfe abzuwenden, so hat das Familiengericht die notwendigen Maßnahmen zur Abwendung der Gefährdung des Kindeswohls zu treffen (§ 1666 BGB), in akuten Notfällen hat das Jugendamt das Kind oder den Jugendlichen in Obhut zu nehmen (§ 42 SGB VIII). Gewalt gegen Kinder und Jugendliche wird aber auch in Einrichtungen und Schulen ausgeübt. Die Kinder-und Jugendhilfe hat auch den Schutz von Kindern und Jugendlichen in Einrichtungen zu gewährleisten (§§ 45 ff. SGB VIII). Auch die Schule übernimmt mit ihrem eigenständigen Erziehungsauftrag (Art. 7 GG) einen Auftrag zum Schutz von Kindern und Jugendlichen vor Gefahren ihr Wohl. Personen, die – außerhalb der Kinder und Jugendhilfe – beruflich im Kontakt mit Kindern oder Jugendlichen stehen – dazu zählen auch Angehörige des Gesundheitswesens oder Lehrer/-innen an Schulen – ‚haben bei der Einschätzung einer Gefährdungssituation im Einzelfall gegenüber dem Jugendamt einen Anspruch auf Beratung durch eine insoweit erfahrene Fachkraft (§ 8b Abs. 1 SGB VIII).

Das Leistungsspektrum der Kinder und Jugendhilfe

Die Kinder- und Jugendhilfe hat deshalb einen komplexen Auftrag, dessen Zielrichtung im Einzelfall von der Erziehungsfähigkeit, den Ressourcen und den Einwirkungsmöglichkeiten der Eltern sowie der Lebenssituation des Kindes oder Jugend-

Überblick über die Aufgaben der Kinder- und Jugendhilfe

lichen abhängt. Im Hinblick auf Gewalt gegen Kinder und Jugendliche umfasst das Spektrum der Aufgaben primäre und sekundäre Prävention und Intervention, reicht also von Informationen für die Eltern über gewaltfreie Erziehung und Konfliktlösung im Rahmen von Maßnahmen der Elternbildung (§ 16 SGB VIII) bis hin zur Inobhutnahme eines Kindes oder Jugendlichen in einer akuten Konfliktsituation (§ 42 SGB VIII) oder zur Schließung einer Einrichtung (§ 45 SGB VIII). Dazwischen liegt ein breites Spektrum von Angeboten der Beratung und Unterstützung und Hilfe, die primär darauf gerichtet sind, Eltern – auch im Fall von Ausübung verschiedener Formen der Gewalt – gegebenenfalls unter Entwicklung und Vereinbarung von Schutzkonzepten (wieder) zu befähigen, künftig die Entwicklung ihrer Kinder und Jugendlichen ohne Ausübung von Gewalt zu fördern. Diese Angebote werden z.T. von den Jugendämtern selbst, zu weiten Teilen aber von freien Trägern bereitgestellt.

Eltern-und Familienbildung- Frühe Hilfen (§ 16 SGB VIII)

Einen wichtigen Beitrag zur Gewaltprävention sollen Angebote der Eltern- und Familienbildung in Familienbildungsstätten und Formen des Elterntrainings leisten. Sie sollen auch Wege aufzeigen, wie Konfliktsituationen in der Familie gewaltfrei gelöst werden können. (§ 16 Abs. 1 SGB VIII). Dazu zählen im Hinblick auf Kinder in den ersten Lebensjahren auch verschiedene Formen sog. Früher Hilfen, wie sie auf der Grundlage des SGB VIII, aber auch im Rahmen des Fonds zur Sicherstellung der Netzwerke Früher Hilfen und der psychosozialen Unterstützung von Familien (§ 3 Abs. 4 KKG).

Hilfen zur Erziehung (§§ 27-35 SGB VIII)

Dieser Begriff bezeichnet eine Hilfeart, die ein breites Spektrum individueller pädagogischer und therapeutischer Maßnahmen zusammenfasst, die in ambulanter, teilstationärer oder stationärer Form geleistet werden. Anspruch auf Hilfe zur Erziehung hat der Personensorgeberechtigte (also in der Regel die Eltern, sonst der Vormund bzw. Pfleger/-in), wenn eine dem Wohl des Kindes oder des Jugendlichen entsprechende Erziehung nicht gewährleistet und die Hilfe für seine Entwicklung geeignet und notwendig ist (§ 27 SGB VIII). Ein solcher erzieherischer Bedarf kann sich auch aus der Anwendung von (körperlicher, physischer oder psychischer) Gewalt bzw. aus der mangelnden Fähigkeit oder Bereitschaft, eine solche Anwendung durch dritte Personen abzuwehren, ergeben. Das Ziel ist, die Eltern (möglichst wieder) zu befähigen, ihre Erziehungsverantwortung ohne öffentliche Hilfe wahrzunehmen und setzt damit gleichzeitig auch die nachhaltige Bereitschaft der Eltern voraus, ihr Verhalten zu ändern. Auf die Ursache bzw. ein Verschulden der Eltern kommt es dabei nicht an. Dieser Bedarf setzt (noch) keine Gefährdung des Kindeswohles voraus, wie sie in § 1666 BGB für Maßnahmen des Familiengerichts zugrunde gelegt wird, ist es doch ein wichtiges Ziel, mit Hilfen möglichst so rechtzeitig einzusetzen, dass familiengerichtliche Maßnahmen und eine Trennung des Kindes oder Jugendlichen von d en Eltern vermieden werden können. Die Feststellung des Bedarfs sowie die Entscheidung über die geeigneten und notwendigen pädagogischen und therapeutischen Leistungen werden vom Jugendamt gemeinsam mit den Eltern sowie dem

Kind oder Jugendlichen getroffen. Bei Hilfen, die auf längere Zeit angelegt sind, sind die Entscheidungsgrundlagen, die einzelnen Leistungen sowie die angestrebten Hilfeziele in einem Hilfeplan zu dokumentieren, der regelmäßig zu überprüfen und fortzuschreiben ist (§ 36 SGB VIII). Auch bei einer Hilfe zur Erziehung in teilstationärer oder voll stationärer Form stehen die Verbesserung der Erziehungskompetenz der Eltern und damit die Verbesserung des Erziehungsprozesses zwischen Eltern und Kind bzw. Jugendlichen im Vordergrund. Die primär anzustrebende Rückkehrperspektive (§ 37 Abs. 1 SGB VIII) kann aber nur dann realisiert werden, wenn die Hilfe auf eine Änderung der Erziehungssituation in der Herkunftsfamilie ausgerichtet ist, setzt also eine qualifizierte Elternarbeit voraus.

Das Gesetz enthält keinen abschließenden Katalog der im Einzelfall geeigneten Maßnahmen, sondern zählt nur Beispiele typischer Formen ambulanter, teilstationärer und stationärer Hilfe zur Erziehung auf. Dazu zählen:

- Erziehungsberatung (§ 28)
- Soziale Gruppenarbeit (§ 29)
- Erziehungsbeistandschaft (§ 30)
- Sozialpädagogische Familienhilfe (§ 31).
- Erziehung in einer Tagesgruppe (§ 32)
- Vollzeitpflege (§ 33)
- Heimerziehung (§ 34).
- Intensive sozialpädagogische Einzelbetreuung (§ 35)

Spezifische Aufgaben zum Schutz von Kindern und Jugendlichen zur Abwehr vor Gefahren für ihr Wohl

Anspruch des Kindes oder Jugendlichen auf Beratung (8 Abs. 3 SGB VIII)

Kinder und Jugendliche, die Opfer von verschiedenen Formen der Gewalt sind oder davon bedroht werden, brauchen einen niederschwelligen Zugang zu Beratungsangeboten. Zu diesem Zweck haben sie Anspruch auf Beratung ohne Kenntnis des Personensorgeberechtigten, wenn die Beratung aufgrund einer Not-und Konfliktlage erforderlich ist und solange durch die Mitteilung an den Personensorgeberechtigten der Beratungszweck vereitelt würde. Im Rahmen der noch in dieser Legislaturperiode angekündigten Reform des Kinder- und Jugendhilferechts soll der Rechtsanspruch nicht länger an die bisherigen engen Voraussetzungen geknüpft werden, sondern allen Kindern und Jugendlichen ohne Einschränkungen eröffnet werden.

Pflicht zur Gefährdungseinschätzung (§ 8a SGB VIII)

Die Aufgabe der Kinder- und Jugendhilfe, Kinder und Jugendliche vor Gefahren für ihr Wohl zu schützen (§ 1 Abs. 3 Nr. 3 SGB VIII), legt Jugendämtern als den Behörden der örtlichen Träger der Jugendhilfe spezifische Pflichten bei der Einschätzung von Gefährdungssituationen auf. Werden dem Jugendamt gewichtige Anhaltspunkte für die Gefährdung des Wohls eines Kindes oder Jugendlichen bekannt, so hat es Art und Ausmaß der Gefährdung im Zusammenwirken mehrerer Fachkräfte abzuschätzen. Soweit der wirksame Schutz des Kindes oder Jugendlichen nicht in Frage gestellt wird, hat das Jugendamt die Erziehungsberechtigten sowie das Kind oder den Jugendlichen in die Gefährdungseinschätzung einzubeziehen und, sofern dies nach fachlicher Einschätzung erforderlich ist, sich dabei einen unmittelbaren Eindruck von dem Kind und von seiner persönlichen Umgebung zu verschaffen (§ 8a Abs. 1 SGB VIII). Die Gefährdungseinschätzung dient der Entscheidung über das weitere Vorgehen zur Abwehr der Kindeswohlgefährdung, das den Grundsätzen der Verhältnismäßigkeit und des geringstmöglichen Eingriffs (in das Elternrecht) zu entsprechen hat. Je nach Einschätzung der Gefährdung und der Prognose hinsichtlich der weiteren Entwicklung sowie der Kooperationsbereitschaft bzw. -fähigkeit der Eltern hat das Jugendamt den Eltern Hilfe anzubieten oder das Familiengericht anzurufen, wenn die Eltern zur Kooperation und Gefahrenabwehr gegenüber dem Kind oder Jugendlichen nicht bereit oder in der Lage sind. Bei unmittelbarer Gefahr hat das Jugendamt das Kind oder den Jugendlichen in Obhut zu nehmen.

Aber auch Einrichtungen und Dienste (freier Träger), in denen Leistungen für Kinder und Jugendliche erbracht werden, übernehmen (gegenüber den Eltern) Schutzpflichten im Hinblick auf das Wohl der dort betreuten Kinder und Jugendlichen. Das Jugendamt hat durch vertragliche Vereinbarungen mit den Leistungserbringern (Trägern von Einrichtungen und Diensten wie z.B. Kitas) sicherzustellen, dass auch diese bei gewichtigen Anhaltspunkten für eine Kindeswohlgefährdung eine Gefährdungseinschätzung unter Hinzuziehung von Fachkräften, die über spezifische Kompetenzen in der Gefährdungseinschätzung verfügen, vornehmen und den Eltern die Inanspruchnahme von Hilfe nahelegen. Sind diese dazu nicht bereit oder reichen in Anspruch genommene Hilfen nicht aus, so haben sie das Jugendamt zu informieren (§ 8a Abs. 4 SGB VIII).

Inobhutnahme von Kindern und Jugendlichen (§ 42 SGB VIII)

Das Jugendamt hat Kinder und Jugendliche entweder auf eigenen Wunsch oder bei dringender Gefahr für deren Wohl in Obhut zu nehmen und ist befugt, sie zu diesem Zweck von einer anderen Person wegzunehmen sowie bei einer geeigneten Person, in einer geeigneten Einrichtung oder einer sonstigen Wohnform unterzubringen. Im Hinblick auf die primäre Erziehungsverantwortung der Eltern hat es nach Klärung der akuten Konfliktsituation entweder die Eltern über die Inobhutnahme zu unterrichten oder eine Entscheidung des Familiengerichts über die Einschränkung bzw. den Entzug der elterlichen Sorge herbeizuführen. Die Inobhutnahme ist daher von besonderer Bedeutung in akuten Konfliktsituationen, in denen die Eltern nicht unmittelbar erreichbar sind oder die Gefahr für das Kindeswohl von ihnen unmittelbar ausgeht oder nicht beseitigt wird. Die Pflicht zur Inobhutnahme erfasst auch Kinder und Jugendliche, die unbegleitet nach Deutschland kommen, sofern sich keine erziehungsberechtigte Person im Inland aufhält.

Der Schutz von Kindern und Jugendlichen in Einrichtungen (§ 45 ff. SGB VIII)

Träger einer Einrichtung, in der Kinder oder Jugendliche ganztägig oder für einen Teil des Tages betreut werden oder Unterkunft erhalten, bedürfen für den Betrieb der Einrichtung der Erlaubnis (§ 45 SGB VIII). Der Erlaubnisvorbehalt für den Betrieb von Einrichtungen soll gewährleisten, dass nur solche Einrichtungen (z.B. Heime, Kitas) betrieben werden, die aufgrund ihrer personellen, räumlichen und konzeptionellen Voraussetzungen das Wohl der dort untergebrachten Kinder und Jugendlichen gewährleisten. Für die Erteilung der Erlaubnis sind u.a. die Konzeption der Einrichtung vorzulegen sowie Verfahren der Beteiligung und Beschwerde zu etablieren, Der Erlaubnisvorbehalt wird flankiert durch die Befugnis zur örtlichen Prüfung der Einrichtung, durch Meldepflichten des Trägers der Einrichtung sowie die Möglichkeit der Tätigkeitsuntersagung für einzelne Mitarbeiter/-innen. In vielen Einrichtungen werden inzwischen Konzepte zur Prävention und Intervention bei Gewalt gegen Kinder oder Jugendliche eingesetzt. Kommt es also in Einrichtungen zur Anwendung von Gewalt gegenüber Kindern und Jugendlichen, so sind die Träger der Einrichtung zur Information der Aufsichtsbehörde, der Eltern betroffener Kinder oder Jugendlicher und gegebenenfalls zu arbeitsrechtlichen Maßnahmen gegenüber Mitarbeitern/-innen in der Einrichtung verpflichtet. Werden Fachkräften in Einrichtungen, in denen Leistungen der Jugendhilfe erbracht werden, wie z.B. Kitas, Anhaltspunkte für die Gefährdung eines bestimmten Kindes bekannt, die von den Eltern ausgeht oder von Ihnen nichtabgewendet wird, so sind sie zur Gefährdungseinschätzung nach § 8a Abs. 4 SGB VIII verpflichtet.

Beratung bei der Gefährdungseinschätzung für jugendhilfeexterne Personen (§ 8b Abs. 1 SGB VIII).

Auch Personen, die außerhalb von Einrichtungen und Diensten der Jugendhilfe beruflich im Kontakt mit Kindern oder Jugendlichen stehen, werden mit Anhaltspunkten für eine Kindeswohlgefährdung konfrontiert und sind oft unsicher, ob sie Kontakt zu den Eltern aufnehmen oder das Jugendamt informieren sollen. Für diese Personen sieht das SGB VIII keine Verpflichtung zur Gefährdungseinschätzung vor, gewährt ihnen aber einen Anspruch auf Beratung durch eine insoweit erfahrene Fachkraft. Dazu zählen neben Angehörigen medizinischer Berufe oder Lehrer/-innen auch andere Personen, die beruflich im Kontakt mit Kindern oder Jugendlichen stehen, wie zum Beispiel Verfahrensbeistände, Beschäftigte in Sportvereinen oder in Ausbildungsverhältnissen.

7.3 Was macht eigentlich das Jugendamt?

Heike Schlizio-Jahnke

Alle reden über das Jugendamt – und kaum jemand weiß Bescheid!

In der öffentlichen Wahrnehmung und dem medialen Diskurs ist das Jugendamt eigentlich immer schuld: Schuld, wenn Eltern ihre Kinder misshandeln, totschlagen und verhungern lassen und niemand hingesehen hat, Schuld, wenn Kinder nicht zur Schule gehen und Eltern gegen deren Willen weggenommen werden, Schuld, weil es unterhalb des Jugendamtes keinen staatlichen Schuldigen mehr gibt.

Diese Argumentationsmuster halten sich hartnäckig – und sie sind grundfalsch: Das Jugendamt ist die Institution, deren Auftrag die Wahrung der im Grundgesetz verankerten Elternrechte und -pflichten, der Rechte von Kindern und Jugendlichen und die Unterstützung von Familien beinhaltet. Die dazu getroffenen Entscheidungen unterliegen grundsätzlich der gerichtlichen Überprüfbarkeit. Das kann und sollte im Grundgesetz, im BGB und im SGB VIII nachgelesen werden.

Innerhalb des Jugendamtes gibt es zahlreiche interessante Tätigkeitsfelder, z.B. die Erziehungs- und Familienberatungsstellen, Jugendförderung, Kitaplatzvergabe, Kosteneinziehung, Jugendberufshilfe und Jugendgerichtshilfe.

Kinderschutz, Umgang mit Kindeswohlgefährdung, die Beratung von Eltern und Institutionen sowie die Zusammenarbeit mit Familiengerichten sind Aufgaben des Sozialpädagogischen Dienstes, im Weiteren als ASD bezeichnet.

Alle Erziehungsberechtigten und alle Mädchen und Jungen haben das Recht auf Unterstützung. Den Bedarf und die Notwendigkeit prüft der ASD. Er soll dabei das Wunsch- und Wahlrecht der Eltern berücksichtigen, dem ASD stehen dazu zahlreichen Möglichkeiten zur Verfügung, diese müssen regelmäßig überprüft und können bei Bedarf fortgeschrieben werden.

Eine Sozialarbeiterin des ASD erhält z.B. einen Anruf von der Sozialen Wohnhilfe – als staatliche Teilinstitution des Sozialamtes zuständig für die Vermeidung von drohender und bestehender Obdachlosigkeit. Die Wohnhilfe berichtet, dass bei ihr eine Mutter mit 3 kleinen Kindern sei, die nicht mehr in ihre Wohnung komme und daher vor der Obdachlosigkeit stehe. Die Frau habe nach einem gewalttätigen Vorfall ihren Ehemann mit allen drei Kindern verlassen. Am Abend davor habe ihr Mann sie misshandelt. Auch der älteste Sohn sei von ihm geschlagen worden. In ein Frauenhaus kann und wolle die Mutter aber nicht. Die Fallanalyse ergab zudem, dass die Frau bereits vor einigen Wochen die Polizei nach einem ähnlichen Vorfall gerufen habe. Der Mann wurde für 14 Tage der Wohnung verwiesen, der Zustand halte aber an, zudem drohe nun aufgrund von Mitschulden eine Räumung der Wohnung, nun ist die Frau mit ihren Kindern jetzt gegangen. Eine Obdachloseneinrichtung stünde zwar zur Verfügung, die Sozialarbeiterin in der Sozialen Wohnungshilfe mache sich aber große Sorgen, ob die Familie dort gut aufgehoben sei und auch um den Zustand der Mutter, die im Moment aus ihrer Sicht sehr überlastet erscheine. Der ASD nimmt diese Meldung auf. Nun beginnen die für jeden Fall festgelegten Abläufe: In einem ersten Schritt wird geklärt, ob die Familie bereits bekannt ist und welcher ASD zuständig ist (kompliziert!). Ist das klar, lädt die Sozialarbeiterin des ASD die Mutter ein (schicken Sie die Mutter mit den Kindern gleich zu uns!) spricht mit ihr und den Kindern und macht sich so ein Bild von der Situation. Dann wird geklärt, wo die Kinder und die Mutter jetzt verbleiben können bzw. wie geholfen werden kann.

Der ASD nimmt dazu eine Gefährdungseinschätzung vor. Auch wenn Kinder die Gewalt nur mittelbar erlebt haben, ist das Erleben häuslicher Gewalt zwischen den Eltern als kindeswohlgefährdende Situation einzuschätzen. Grundsätzlich sind Gefährdungseinschätzungen von mindestens zwei Sozialarbeiterinnen vorzunehmen um ein hohes Maß an Objektivität zu sichern. Die Gefährdungseinschätzung beinhaltet folgende Kategorien:

- Kindeswohlgefährdung liegt vor,
- Kindeswohlgefährdung ist nicht auszuschließen,
- Keine Kindeswohlgefährdung – aber Hilfe- und Unterstützungsbedarf,
- Keine Kindeswohlgefährdung.

Je nach Kategorie sind entsprechende Maßnahmen/Interventionen des ASD notwendig bzw. möglich.

Entsprechend wurde im geschilderten Fall eingeschätzt, ob die Mutter aktuell in der Lage scheint, ihre Kinder jetzt und künftig vor dieser Gewalt zu schützen und welche Unterstützungsmöglichkeiten die Familie, insbesondere die Mutter und die Kinder benötigen. In diesem Fall wurde eingeschätzt, dass die Mutter in der Lage scheint das Problem mit dem Vater zu lösen, dazu allerdings zeitweilig von der gegenwärtigen alleinigen Verantwortung für die Kinder entlastet werden sollte.

Entsprechend vereinbart die Sozialarbeiterin mit der Mutter einvernehmlich, die Kinder vorübergehend in einer Kriseneinrichtung unter zu bringen. Kriseneinrichtungen – betrieben von erfahrenen Trägern der sozialen Arbeit – bieten die Möglichkeit einer vorläufigen Unterbringung der Kinder, bis sich eine schwierige Lebenssituation der Familie geklärt hat.

Damit erhält die Mutter Gelegenheit, ohne den täglichen Kinderstress ihre Angelegenheiten in drei bis sechs Wochen zu klären und für sich und die Kinder ein sicheres Zuhause zu finden. Diese stationär genannte Unterbringung von Kindern erzeugt bei Eltern auch Angst, weil sie die Sorge haben, dass sie ihre Kinder nicht wieder mit nach Hause bekommen. In so einer Situation muss die Sozialarbeiterin des ASD diese Ängste ernst nehmen und mit den Eltern besprechen. Sie muss erklären, dass die Kinder gefährdet sind, was die Grundüberlegung der Unterstützung ist, wie die vorläufige Unterbringung der Kinder in der Kriseneinrichtung zur Problemlösung beitragen soll und welche Hilfeangebote der Mutter zusätzlich zu Verfügung stehen.

Gibt es einen sorgeberechtigten Vater, soll und muss auch mit ihm gesprochen werden. Bei jeder Jugendhilfemaßnahme müssen beide Elternteile ihr Einverständnis geben.

Eine stationäre Unterbringung ist eine Jugendhilfemaßname aus den Unterstützungsangeboten des SGB VIII (»Hilfen zur Erziehung«). Wird diese eingesetzt, muss eine Verabredung – genannt Hilfeplan – getroffen werden, wie die Gestaltung dieser Hilfe erfolgen soll. Dabei werden die Wünsche der Eltern und der Kinder berücksichtigt.

Im geschilderten Fall werden die Kinder zunächst untergebracht und die Mutter für den nächsten Tag erneut eingeladen, um mit ihr alle weiteren Modalitäten zu besprechen. Die Einrichtung benötigt Unterlagen und Vollmachten, in denen z.B. die Erlaubnis erteilt wird, Entscheidungen im alltäglichen Leben der Kinder zu übertragen, für Notfälle das Kind einem/r Arzt/Ärztin vorstellen zu können. Geklärt werden muss auch, wie die Zusammenarbeit zwischen der Mutter, dem ASD und der Einrichtung geregelt wird.

In diesem Fall konnte durch die zeitweilige Unterbringung eine Inobhutnahme der Kinder abgewendet werden, da letztendlich beide Eltern an der Lösung mit gearbeitet haben und angenommen werden konnte, dass eine weitere Traumatisierung der Kinder eher auszuschließen sei.

Eine Inobhutnahme ist eine kurzfristige Unterbringung von Kindern, die zur Folge hat, dass sich das Jugendamt unverzüglich an das Familiengericht wenden muss und einen Antrag stellt. Nur das Familiengericht kann darüber entscheiden ob Kinder bei ihren Eltern bleiben oder nicht.

Nachdem das unmittelbare Problem gelöst ist, daher muss die zuständige Sozialarbeiterin in einer Besprechung in einem Fallteam erörtern, wie der Familie konkret geholfen werden kann und welche weiterführenden Hilfen sie vorschlägt. Fallbesprechungen werden vor allen einzusetzenden Hilfen durchgeführt. Hier wird besprochen, was es für eine Problematik in der Familie gibt, was sich die Familie wünscht und welche Maßnahmen in Frage kommen.

Eine mögliche Option wäre der Familienrat.[212] Diese Familie entschied sich in ein familienintegratives Projekt einzuziehen, d. h. die gesamte Familie wird im Rahmen der Jugendhilfe in einer Einrichtung untergebracht. Die Familie kann nun in Ruhe ihre Angelegenheiten klären, mit Hilfe der Sozialen Wohnhilfe eine Wohnung finden und mit Unterstützung der Fachkräfte bei dem Träger überlegen, wie sie zukünftig zusammen leben will und ihre Kinder erziehen möchte.

Ein Grundanliegen des ASD ist es, Eltern nicht zu stigmatisieren, sondern gemeinsam zu erarbeiten, wie Probleme gelöst werden können und wie sich die gesamte Familie stabilisieren kann.

---

212 Vergleiche hierzu den Beitrag 7.6. Der Familienrat von K. Kubisch-Piesk.

Dies ist nur ein Beispiel. Der ASD erhält Meldungen von Kitas und Schulen, von der Polizei, von den Kinder- und Jugendgesundheitsdiensten, von Familiengerichten, Krankenhäusern und Nachbarn. Jeder Meldung muss nachgegangen werden und es muss geprüft werden ob eine Kindeswohlgefährdung vorliegt. Alle Schritte und Gespräche müssen genau dokumentiert werden. Es müssen Akten angelegt, Kostenübernahmen gefertigt, Informationen eingeholt und mit allen Beteiligten gesprochen werden.

Es melden sich auch Familien direkt beim Jugendamt und bitten um Unterstützung. Dann gibt es sehr vielfältige Möglichkeiten der Unterstützung. Zu den Hilfen zur Erziehung gehören die sogenannten ambulanten Hilfen. Die bekannteste ist die Familienhilfe. Weitere sind die soziale Gruppe, die Tagesgruppe und der Erziehungsbeistand. Die Hilfen außerhalb der Herkunftsfamilien sind die stationären Hilfen mit den sehr unterschiedlichen Angeboten wie Erziehungsstellen, Wohngemeinschaften, Wohngruppen und betreutes Einzelwohnen. Hierzu zählen auch Pflegestellen. Hier werden vorwiegend sehr kleine Kinder betreut. Pflegeeltern haben sich bereit erklärt, Kinder für einen kurzen oder auch längeren Zeitraum zu betreuen. Dazu erhalten sie durch den Pflegekinderdienst des Jugendamtes eine spezielle Schulung und Geld.

Bei allen Handlungen des ASD muss auf den Grundsatz der Verhältnismäßigkeit geachtet werden. Das heißt, alle Maßnahmen müssen geeignet, erforderlich und angemessen sein.

Häufig beschweren sich andere Institutionen warum sie nicht vom ASD über die besondere Lage der Familie informiert werden. Das regelt der Gesetzgeber indem er strenge Reglungen zum Datenschutz erlassen hat an die sich das Amt halten muss.

Neben dem großen Bereich des Kinderschutzes wird der ASD von den Familiengerichten um Stellungnahmen bei Trennung und Scheidung von Eltern gebeten bzw. gemeinsam mit den Eltern Umgangsregelungen zu erarbeiten. Eltern wünschen Unterstützung bei Erziehungsschwierigkeiten, Familien mit Kindern mit Behinderung erhalten Beratung, Schulen laden zu Schulhilfekonferenzen ein und Einrichtungen haben Fragen zum Kinderschutz und den Möglichkeiten des Jugendamtes.

Da Kinderschutzmeldungen immer Priorität haben und die Anzahl entsprechender Meldungen seit Jahren deutlicher ansteigt als die personelle Entwicklung können einige Regelaufgaben (z.B. Prävention) vielfach nur nachrangig Berücksichtigung finden. Gleichwohl muss darauf verwiesen werden, dass die Tätigkeit im ASD ein hohes Maß an Professionalität und Motivation erfordert.

Die gesetzlichen Aufgaben von Jugendämtern sind in den letzten Jahren deutlich ausgeweitet worden. Entsprechend dazu gibt es regelmäßige Schulungsangebote für die wichtigsten haupt- und ehrenamtlichen Akteure der sozialen Arbeit.

Vor allem die Kooperation auf Augenhöhe von Kitas, Schulen und freien Trägern mit dem ASD eröffnet viele Chancen, gemeinsam mehr für das Wohl der Kinder, Jugendlichen und Familien zu erreichen.

7.4 »Warum hilft mir denn keiner richtig?« – Zur strukturellen Grundproblematik in der Kinder- und Jugendhilfe

Prof. Dr. Kathinka Beckmann

Problemaufriss

In fast allen Kitas und Grundschulen lassen sich Kinder bzw. Familien finden, bei denen das Jugendamt eine unterstützende Maßnahme installiert hat. Bei einigen Kindern kommt mehrmals pro Woche eine Familienhelferin oder ein Erziehungsbeistand vorbei, andere Kinder leben vielleicht nicht mehr bei ihren Herkunftseltern, sondern in einer Pflegefamilie oder in einer Wohngruppe. Mitunter gewinnen dabei Erzieher/-innen oder Lehrer/-innen den Eindruck, dass das Jugendamt »nicht genug« oder »nicht das Richtige« tut. Dieser Eindruck ist leider oft richtig – warum das nicht ursächlich den Jugendämtern zuzuschreiben ist, versucht dieser Beitrag zu erklären. Zur Illustration dient folgendes Fallbeispiel:

> **Beispiel**
>
> Die sechsjährige Susi fällt schon bald nach ihrer Einschulung durch übergriffiges Verhalten ihren Mitschülern gegenüber auf. Sie nimmt diese mit auf die Toilette und versucht, ihnen dort Gegenstände wie Lineal oder Stift in die Genitalien zu schieben. Die Lehrerin ist alarmiert und sucht das Gespräch mit der Mutter. Diese ist alleinerziehende Bankkauffrau und beobachtet schon seit zwei Jahren Susis Verhaltensweisen mit Sorge. Gemeinsam gehen sie zum Jugendamt. Die dort zuständige Pädagogin schlägt eine Unterbringung in einer stationären Diagnostikgruppe vor, um herauszufinden was die Ursache für Susis grenzverletzendes Verhalten ist. Nach einem halben Jahr steht fest, dass Susi seit mindestens drei Jahren durch ihren Opa missbraucht wird, der die alleinerziehende Mutter im Alltag »unterstützt« hat. Die Mutter ist nach dieser Eröffnung sehr labil und macht sich größte Vorwürfe. Die Diagnostikeinrichtung empfiehlt der Jugendamtsmitarbeiterin und der Mutter , Susi aus drei Gründen für ca. ein Jahr in einer therapeutischen Wohngruppe unterzubringen: Erstens braucht Susi professionelle Unterstützung, um ihre traumatischen Erfahrungen zu verarbeiten, zweitens benötigt die Mutter selbst professionelle Hilfe zur Stabilisierung und drittens wohnt der mittlerweile angezeigte Großvater bis zur Gerichtsverhandlung in der gleichen Straße wie Tochter und Enkelin, woraus sich im häuslichen Umfeld unerträgliche Situationen ergeben. Sowohl die Mutter als auch die JA-Mitarbeiterin sind mit diesem Vorschlag einverstanden. An dieser Stelle ein genauer Blick auf das, was nun beim Jugendamt geschieht: Die Abteilung ‚wirtschaftliche Hilfe' berechnet, dass die Unterbringung in der therapeutischen Wohngruppe insgesamt 62.050 Euro kosten würde (365 Tage x 170 Euro Tagessatz) und damit das noch

> im laufenden Haushaltsjahr zur Verfügung stehende Budget überstrapaziert. Der Abteilungsleiter schlägt deswegen der zuständigen Mitarbeiterin vor, Susi statt in die Wohngruppe zurück zur Mutter nach Hause zu schicken und dort eine Familienhilfe zu installieren. Nach Susis Rückkehr kommt dementsprechend dreimal in der Woche die Sozialpädagogische Familienhilfe vorbei (Kostenvolumen: 52 Wochen x 288 Euro= 14.976 Euro).

Dieses nicht fiktive Beispiel aus einer nordrheinwestfälischen Großstadt illustriert in aller Kürze anschaulich den beruflichen Alltag der Jugendamtsmitarbeiter, der in unterschiedlicher Intensität geprägt ist vom Spannungsfeld einzuhaltender Sparvorgaben und dem gesetzlichen Auftrag bedarfsgerechte Maßnahmen bereitzustellen, um das Kind in seiner Persönlichkeitsentwicklung zu unterstützen (s. § 1 SGB VIII). Im Beispiel weisen die Vokabeln ‚Haushaltsjahr' und ‚Budget' auf die Ursachen dieses Spannungsfeldes hin, die in der Struktur der Kinder- und Jugendhilfe selbst liegen und im Folgenden näher beleuchtet werden.

Problematik I: Die finanzielle Abhängigkeit des Jugendamtes von der kommunalen Haushaltssituation

Zum besseren Verständnis muss im Vorfeld kurz erläutert werden, warum der Fokus auf den Jugendämtern liegt, die doch mit ihrer Anzahl von 563 den kleinsten Bereich der aktuell rund 83.000 JH-Einrichtungen darstellen. Die sozialen Dienste sind in Deutschland grundsätzlich entlang des sogenannten sozialwirtschaftlichen Dreiecks organisiert. Die beteiligten Parteien dieses Dreiecks sind in der Jugendhilfe die Leistungsnutzer (=Klienten), die Leistungserbringer (=freie Träger) und der Leistungsfinanzier (=Jugendamt als öffentlicher Träger). Das Jugendamt erbringt zwar viele Leistungen selbst, aber noch sehr viel mehr wird an die freien Träger wie AWO, Caritas, Diakonisches Werk delegiert. Diese betreiben dann quasi im Auftrag des öffentlichen Trägers Kitas, Wohngruppen, Erziehungsberatungsstellen, offene Treffs, Schulsozialarbeit oder sie führen ambulante Hilfen vor Ort durch. Anders formuliert stehen die freien Träger in einem finanziellen Abhängigkeitsverhältnis zum Jugendamt woraus sich wiederum ableiten lässt, dass sich finanzielle Engpässe des Jugendamtes auf die freien Träger auswirken. Doch warum kann es überhaupt zu finanziellen Engpässen im Jugendamt kommen? Naiv aber völlig in der Logik des Kinder- und Jugendhilfegesetzes könnte man die Auffassung vertreten, dass ein Kind genau die Unterstützung bekommt, die es in seiner individuellen Bedarfslage braucht- also das Notwendige und nicht das finanziell Machbare.

Im Jahr 2014 hat die Jugendhilfe bundesweit rund 37,8 Mrd. Euro gekostet (s. statistisches Bundesamt: Statistik der KJH 2014, Stand 02/16). Davon flossen gut 65 % in den Kita-Sektor, 18 % dienten der Finanzierung der Hilfen zur Erziehung (HzE) also der Erziehungsberatung sowie den ambulanten und stationären Maßnahmen. Knapp 6 % wurden für Inobhutnahmen, Hilfen für junge Volljährige und Hilfen für seelisch behinderte junge Menschen benötigt und 4,5 % entfielen auf den Bereich der Jugendarbeit; die restlichen % flossen in die ‚sonstigen Ausgaben'. Bleibt zu klären, woher die Milliarden eigentlich kommen: Gut 4 % haben die Leistungsberechtigten selbst getragen und zwar durch Teilnahmebeiträge (z.B. bei Freizeiten oder durch Kita-Gebühren) und Kostenbeiträge (z.B. bei Heimunterbringungen, wenn die Eltern in wirtschaftlicher Lage dazu sind, s. §§ 91, 93 SGB VIII). Weitere 4 % werden durch Mieteinnahmen und Verkäufe gedeckt, 92 % der Aufwendungen werden aus Steuermitteln finanziert (s. BMFSFJ 2014, S. 19). Diese öffentlichen Mittel für die Leistungen der Jugendhilfe werden zu 78 % (!) auf der kommunalen Ebene erbracht, 19 % durch die Länder (ohne Stadtstaaten) und 3 % durch den Bund, der z.B. das Sondervermögen für den U3-Ausbau stellt. Der genaue Blick auf die Finanzierungsstruktur des Jugendhilfesystems zeigt klar, dass die Kommunen[213] die Hauptlast der Finanzierung tragen.

Die fiskalische Situation der Kommunen gestaltet sich allerdings sehr unterschiedlich. So stellte der Deutsche Städtetag schon im Jahr 2013 »Disparitäten zwischen Kommunen einzelner Länder, aber auch innerhalb eines Landes«(Deutscher Städtetag 2013, S.10) fest, die sich unter dem Druck der Finanzkrise weiter verschärft haben. Die bundesweit festzustellende Schieflage der Kommunen hat zu einer Spaltung in arme und reiche Städte geführt. Insgesamt hat sich mit der 2009 gesetzlich verankerten Schuldenbremse der Sparzwang in allen Kommunen weiter verschärft und so lautet der wichtigste Auftrag für alle kommunalen Fachbehörden »Kostensparen«. An dieser Stelle muss jedem klar sein, dass das Jugendamt ebenso wie das Finanzamt oder Bauamt eine Verwaltungseinheit der Stadt ist und damit diesem Effizienzgebot unterliegt. Wie jedes Fachamt beantragt das Jugendamt in der zweiten Jahreshälfte sein Budget für das kommende Haushaltsjahr und über die Höhe des Budgets stimmt das Kommunalparlament ab. Wie das Eingangsbeispiel zeigt, kann das Budget zu knapp kalkuliert sein und ab da drängt das Spardiktat die Fachlichkeit beiseite, was sich für das einzelne Kind durchaus katastrophal auswirken kann. Grundsätzlich ist für die Jugendämter als öffentlichen Träger der Jugendhilfe die Budgetierung problematisch, da die Hilfebedarfe der Kinder und die damit verbundenen Kosten nicht zu kalkulieren sind. Gelingt das noch bei Vorausberechnungen benötigter Kita-Plätze, versagt das Prognostizieren spätestens bei Gefährdungslagen, die sich individuell ergeben und in der Regel multifaktoriell bedingt sind. Tatsächlich geben also die Kommunen, die mit dem § 79 SGB VIII für die finanzielle und personelle Ausstattung der Jugendämter zuständig sind, viel Geld für die lokale Jugendhilfe aus. Umgekehrt birgt das die Gefahr, dass genau an dieser Stelle Gelder eingespart werden. Einer der größten publik gewordenen Sparversuche war die Dienstanweisung der Oberbürgermeisterin von Halle, die am 03.09.2007 die Mitarbeiter/-innen des Jugendamtes anwies, »dass innerhalb von 3 Wochen alle 314 Kinder und Jugendlichen aus stationären Einrichtungen zu entlassen seien«[214]. Damit sollte das Jugendamt seinen Beitrag zur Haushaltskonsolidierung leisten. Die Rückführung der 314 Kinder, so wurde berechnet, hätte der Stadt Einsparungen in Höhe von rd. 2,19 Mio. Euro gebracht. Durch mutige Mitarbeiter/-innen im Ju-

---

213 Oberbegriff für Gemeinden und kreisfreie sowie kreisangehörige Städte.
214 Vgl. Herwig-Lempp (2008), S. 30.

gendamt wurde diese Dienstanweisung publik und aufgrund ihrer Rechtswidrigkeit – Kinder haben laut dem SGB VIII das Recht auf bedarfsgerechte Versorgung – kam sie nicht zur Umsetzung. Neben den als Dienstanweisungen getarnten Sparvorgaben gibt es andere Realität gewordene Formen der Kostenersparnis: Schaut man sich die äußerst differenten Fallzahlbelastungen der Mitarbeiter/-innen in den Jugendämtern an, dann liegt auf der Hand, dass häufig am Personal gespart wird. Wir haben (reiche) Städte, in denen ein Jugendamtsmitarbeiter/-innen für nicht mehr als 20 Kinder und deren Familien zuständig sein darf, um z.B. problematische Kinderschutzfälle rechtzeitig erkennen und diese auch begleiten zu können. Dann gibt es (arme) Städte, in denen der Sozialpädagoge/-in für 160 Kinder und deren Familien zuständig ist. Nicht nur bei den Jugendämtern, sondern auch bei vielen freien Trägern lassen sich Einsparmethoden wie das Nichtbesetzen freier Stellen oder das Beschäftigen von ‚billigem' Personal wie Berufseinsteigern oder nicht ausreichend qualifizierten Honorarkräften beobachten. Daneben gibt es Wege, bei den Leistungen selbst zu sparen: Hilfen werden vorzeitig beendet, Zeitkontingente bei den Familien vor Ort werden runtergefahren und statt der teuren stationären Hilfe wird wie bei der kleinen Susi eine kostengünstigere ambulante installiert.

Der Druck der Stadt zur Haushaltskonsolidierung wird an die Fachämter wie dem Jugendamt weitergereicht und die einzelnen Mitarbeiter/-innen unterliegen dementsprechend stark – je nachdem, ob sie in einer armen oder reichen Kommune arbeiten – dem Spardiktat, das im absoluten Widerspruch zur Intention des Kinder- und Jugendhilfegesetzes steht. Die Grande Dame der Sozialen Arbeit, Silvia Staub-Bernasconi fordert in diesem Zusammenhang: »Wenn der Sparauftrag zur Deprofessionalisierung führt, muss dies aktenkundig gemacht, je nachdem öffentlich und damit (träger)politisch Verantwortung zugewiesen werden«[215]. Allerdings hängt die Bereitschaft zum widerständigen Beharren auf eine Berufsausübung entlang fachlicher und nicht fiskalischer Maßstäbe durchaus nachvollziehbar neben anderen Faktoren vom Status des einzelnen Mitarbeiters ab. Widersprechen z.B. Berufseinsteiger/-innen oder befristet beschäftigte Honorarkräfte dem Sparauftrag, so riskieren sie ihre Entfristung oder Festanstellung.

Problematik II: Die finanzielle Abhängigkeit der freien Träger vom örtlichen Jugendamt

Zu Beginn der 1990er Jahre wurde aufgrund einer zunehmenden Unzufriedenheit seitens der Bürger, Politik und Verwaltungsmitarbeiter/-innen bzgl. der Funktionsweisen der Verwaltungen für Deutschland eine Verwaltungsmodernisierung beschlossen. So hielt unter der Aufsicht der Kommunalen Gemeinschaftsstelle für Verwaltungsvereinfachung (KGSt) das Neue Steuerungsmodell (NSM) Einzug in die Kommunen. Das Ziel des NSM lässt sich einfach formulieren: mit weniger Ressourceneinsatz mehr erreichen.[216] Elemente der Reform waren und sind erstens die

---

215 Staub-Bernasconi (2007), S. 36.
216 Vgl. Beckmann (2014), S. 68.

Einführung dezentraler Führungs- und Organisationsstrukturen, die uns heutzutage u.a. in Form von Bürgerbüros begegnet, zweitens der Aufbau einer ‚Neuen Steuerung' durch modernes Personal- und Kontraktmanagement, welches noch näher beleuchtet wird und drittens die Einführung von Wettbewerb und Kundenorientierung, wobei wir letztere vor allem durch veränderte bzw. verlängerte Öffnungs- und Sprechzeiten der Ämter kennen.

»Mit etwas Zeitverzögerung nahm das NSM auch Einfluss auf die Jugendhilfe als Teil der Kommunalverwaltung. Die knappen Haushalte der Kommunen schürten die Idee, soziale Dienstleistungen warenförmig zu erbringen und gleichzeitig eine Konkurrenzsituation unter den Leistungserbringern der Jugendhilfe zu etablieren«[217]. Vor diesem Hintergrund wurde im Jahr 1998 das betriebswirtschaftlich gedachte ‚Kontraktmanagement' zum Teil der Sozialgesetzgebung und mit dem neu formulierten § 78 a-g SGB VIII traten 1999 die »Leistungs- und Entgeltvereinbarungen« in der Jugendhilfe in Kraft. Ziel des Kontraktmanagements (KM) ist die »Verbesserung der Versorgungsqualität bei gleichzeitiger Kostensenkung«. Um dieses Ziel zu erreichen, bedient sich das KM zweier Methoden: Erstens wurde die traditionell bedarfsorientierte Defizitfinanzierung abgeschafft, so dass anfallende Kosten (wenn z.B. eine Maßnahme länger dauert) über das Budget hinaus seitdem von den Einrichtungen selbst getragen werden müssen. Man könnte auch sagen, dass die Leistungsvereinbarungen das Kostendeckungsprinzip abgelöst haben. Das kann in der pädagogischen Praxis bedeuten, dass Unterstützungsleistungen nach fachlichen Gesichtspunkten zu früh beendet werden oder in einem geringeren Stundenumfang erbracht werden als eigentlich notwendig. Bei Außenstehenden wie den Lehrer/-innen in der Schule oder den Fachkräften in den Kitas schleicht sich dann das Gefühl von »das Kind bekommt nicht die richtige Hilfe« ein. Das zweite methodische Element des KM war die Einführung des sogenannten Quasi-Markts auf dem privatrechtlich Leistungsverträge vergeben werden. Mit erstaunlich wenig Gegenwind aus der Fachwelt ist 1999 das Verhältnis zwischen den öffentlichen und freien Trägern jenseits des Subsidiaritätsprinzip neu geordnet worden. Das KM öffnete den privat gewerblichen Trägern die Tür zur Jugendhilfe und seitdem liegt die Erbringungsverantwortung für sozialpädagogische Leistungen nicht länger allein bei gemeinwohlorientierten Trägern. Der ‚Jugendhilfemarkt' ist heute flächendeckend Realität, wobei das betriebswirtschaftliche Vokabular wie Produkt, Kunde und Konkurrenz von der Tatsache ablenkt, dass es in der Sozialen Arbeit keinen echten Markt gibt, da der ‚Kunde' als Leistungsnutzer in der Regel eben diese Leistung nicht selber bezahlt (s. sozialwirtschaftliches Dreieck). Die Eltern bzw. Sorgeberechtigten sind eben nicht souveräne Kunden, die sich frei zwischen einer Vielzahl von Produkten entscheiden können, sondern sie sind vielmehr Nutzer unterstützender Maßnahmen, die sie beim Jugendamt als Kostenträger schriftlich beantragen müssen. Daneben suggeriert die Einführung des Quasi-Marktes im Zuge des Kontraktmanagements »echte« Konkurrenzverhältnisse, die sich bei genauerer Betrachtung aber nur auf eine Ebene

---

217 Ebd.

beziehen.[218] Die Leistungserbringer, also die frei gemeinnützigen oder auch privat gewerblichen Träger, konkurrieren seit 1999 zum Teil sehr hart um den Zuschlag des *einen* Käufers der Leistung nämlich des zuständigen Jugendamtes. Damit haben die Jugendämter als Kostenträger der Jugendhilfeleistungen de facto eine konkurrenzlose Monopolstellung auf dem Quasi-Markt. An dieser Stelle lässt sich schlussfolgern, dass nachvollziehbare Gewinninteressen auf Seiten der privat gewerblichen Träger und Kosteneinsparungsinteressen auf Seiten des Leistungsfinanziers das eigentlich sozialstaatlich angestrebte Gemeinwohlinteresse verdrängen. Diese Befürchtung teilte schon das Bundesfamilienministerium im Jahr 2002 als es im 11. Jugendbericht schrieb: »Die Einführung der Kosten-Leistungsrechnung kann für die Zusammenarbeit zwischen öffentlichen und freien Trägern zur Konsequenz haben, dass zunehmend allein Kostenaspekte dominieren«[219]. Heute geben Führungskräfte freier Träger offen zu, »dass fiskalische Aspekte bei der Auftragsvergabe durch öffentliche Träger insgesamt maßgeblicher seien als fachliche Erwägungen«[220]. Ein weiterer problematischer Aspekt beim KM ist die Qualitätsüberwachung. Die Instanz, die die Qualität der Leistungserbringung überprüfen soll ist laut Gesetzestext der Kostenträger selbst. Es ist offensichtlich, dass die Aufforderung zur Kostensenkung allzu schnell mit fachlich basierten Qualitätsansprüchen kollidieren kann und gerade in der betriebswirtschaftlichen Logik ist es absurd, dass keine externe und damit objektive Instanz die beteiligten Akteure kontrolliert.

Tritt man einen Schritt zurück und betrachtet den Quasi-Markt von außen, dann wird der verhängnisvolle Dominoeffekt sichtbar: Der Bund hat seinen Willen zum Sparen z.B. in Form der Schuldenbremse an die kommunale Ebene weitergegeben, die allerdings im Gegensatz zur Landes- und Bundesebene nur einen äußerst begrenzten Spielraum bei ihren Einnahmequellen hat. Da der Einfluss bei den Einnahmen für die Kommunen so begrenzt ist, konzentrieren sie sich auf die Ausgabenseite, was sich bei den Fachämtern in Form von eng gesteckten Budgets und Sparanweisungen ablesen lässt. Im Jugendamt schlägt sich das Spardiktat besonders in der Auswahl desjenigen nieder, der mit dem Kind und seiner Familie vor Ort arbeitet – seit 1999 wird nicht länger allein nach fachlichen Kriterien ausgewählt, sondern es muss darauf geachtet werden, welcher freie Träger wie viel Geld für seine Leistung in Rechnung stellt. Am Ende der Kette steht das Kind mit seinen Angehörigen, das je nach Ausmaß des Spardiktats entweder die richtige oder die billige Hilfe bekommt.

Fazit und Lösungsvorschlag

Von den Kitas abgesehen genießt die Jugendhilfe allen voran das Jugendamt nicht den besten Ruf. Dieser Umstand lässt sich nicht allein mit sensationslüsterner Berichterstattung im Stil von »das Jugendamt nimmt die Kinder weg« oder »das Jugendamt blieb untätig« erklären. Auch in der Fachwelt erheben sich kritische Stimmen. So schrieb Mechthild Seithe im ,Standpunkt' der Berliner Bildungszeitung:

---

218 Vgl. Seithe (2012), S. 140.
219 BMFSFK (2002), S. 93.
220 Otto/Ziegler (2012), S. 18.

»Warum hilft mir denn keiner richtig?«

»Tatsächlich befinden sich die Hilfen zur Erziehung heute in einem teilweise desolaten Zustand: Ihre Wirksamkeit ist fraglich, ihr Einsatz mitunter inflationär, ihre Qualität nicht selten unbefriedigend. Das aber hat Ursachen, die zur Kenntnis genommen werden und schlichtweg beseitigt werden müssen:

- *(...)*
- *Das gegenwärtige Finanzierungssystem, der künstlich entfachte Konkurrenzkampf zwischen den Trägern, der Zwang zu unternehmerischem Denken in einem Bereich, wo es um Menschen und nicht um Industrieprodukte geht – all das hat in vielfältiger Weise den Hilfen zur Erziehung im Verlauf der letzten 20 Jahre fachlich geschadet und immer weiter von dem Konzept entfernt, wie es das KJHG (Kinder- und Jugendhilfegesetz, Anm. d. V.) vorsah.«*[221]

Wollen die Mitarbeiter/-innen der Jugendhilfe ihre aufreibende Berufssituation für sich selbst und vor allem für ihre Klienten ändern, dann müssen sie endlich über etwas diskutieren was ihnen als Angehörige der Profession Soziale Arbeit traditionsgemäß schwerfällt, nämlich über Geld. Besonders deutlich wird die Kostenfrage an den publik gewordenen dramatischen Kinderschutzfällen. Entkernt man diese von den publikumswirksamen Vereinfachungen hochkomplexer Zusammenhänge, dann wird in jedem Fall deutlich: Kinderschutz misslingt dann, wenn Zeit, Raum, Wissen und Erfahrung nicht ausreichend zur Verfügung stehen.[222] Zeit, Raum, Wissen und Erfahrung sind essentielle Bestandteile einer professionell aufgestellten Jugendhilfe und sie sind immer mit Kosten verbunden.

Die in meinen Augen wirkungs- und sinnvollste Lösung besteht schlichtweg darin, die nicht erst durch die Finanzkrise ungleich finanziell ausgestatteten Kommunen aus ihrer Hauptverantwortung zu nehmen. Solange allein die Städte, Kreise und Gemeinden gemäß § 79 SGB VIII die Jugendämter personell und finanziell ausstatten müssen, bestimmt neben dem Engagement des zuständigen Sachbearbeiters vor allem die regionale Konjunktur durch ihren Einfluss auf das Jugendamtsbudget den Werdegang des einzelnen Kindes mit. Das Budget für die lokale Jugendhilfe sollte hingegen durch fachlich ermittelte Bedarfe bestimmt sein und nicht durch die Höhe der Steuereinnahmen; entlang dieser Logik forderte schon der 11. Kinder- und Jugendbericht im Jahr 2002 eine Jugendhilfepraxis, die nach der Logik »Ausgaben folgen Aufgaben« funktioniert.

Seit längerem wird auf bundespolitischer Ebene über eine Umwidmung des Solidaritätszuschlages diskutiert – bisher ist niemand auf die Idee gekommen, sich für mehr (finanzielle) Solidarität mit den Schwächsten der Gesellschaft auszusprechen. Warum nicht einen Jugendhilfetopf auf Bundesebene implementieren, auf den die 563 kommunalen Jugendämter je nach Bedarfslage ihrer Klienten Zugriff haben? Die Kontrolle hierüber könnten die 16 Landesjugendämter übernehmen. Strukturen kann man schaffen und sie wären sogar zum Teil schon da – allein der Wille zur Auseinandersetzung mit der Politik fehlt! Das mag auch daran liegen, dass die neu

---

221 Seithe (2012a); blz 02/2012.
222 Vgl. Biesel (2011), S. 19.

zu vergebenden Jugendamtsleiterstellen fast ausschließlich mit Betriebswirten und Verwaltungsfachkräften besetzt worden sind, die sich möglicherweise weniger einer Ethik der Menschenrechtsprofession verpflichtet fühlen. Vielleicht zeigt es aber auch, wie überfällig eine Lobby für Kinder auf Bundesebene ist. Deutschland sollte endlich den von der UN-KRK geforderten Bundeskinderbeauftragten einführen, der mit ausreichend Personal und Budget ausgestattet eine mächtige Stimme für die Jugendhilfe im Sinne der Kinder sein könnte.

Literatur

Beckmann (2014): Kinderschutz in öffentlicher Verantwortung. Eine Verlaufsstudie von 346 Werdegängen im Kontext kommunaler Sozial- und Haushaltspolitik, Schwalbach.

Biesel (2011): Wenn Jugendämter scheitern. Zum Umgang mit Fehlern im Kinderschutz. Bielefeld.

BMFSFJ (Hrsg.) (2014): Kinder- und Jugendhilfe. Achtes Sozialgesetzbuch, Broschüre der Bundesregierung.

Deutscher Städtetag (Hrsg.) (2013): Mindestfinanzierung statt Nothaushalt. Schlaglichter aus dem Gemeindefinanzbericht 2013 des Deutschen Städtetages, Band 99. Berlin.

Herwig-Lempp (2008): Schlecht beraten: In Halle regiert der »Roth-Stift«, Forum SOZIAL 1/2008, S. 30 – 31.

Otto/Ziegler (2012): Impulse in eine falsche Richtung – Ein Essay zur »Neuen Steuerung« der Kinder- und Jugendhilfe, Forum Jugendhilfe 1/2012, Seite 17 – 25.

Statistisches Bundesamt: Statistiken der Kinder- und Jugendhilfe 2014, http://www.destatis.de, Stand 19.02.2016

Staub-Bernasconi (2007): Soziale Arbeit: Dienstleistung oder Menschenrechtsprofession?, in: Lob-Hüdepohl /Lesch (Hrsg.): Ethik Sozialer Arbeit. Ein Handbuch. Pderborn.

Seithe (2012): Schwarzbuch der Sozialen Arbeit. Wiesbaden.

Seithe (2012): Die Jugendhilfe wird kaputtgespart, Rubrik »Standpunkt«, blz 02/2012a

7.5 »Und sie geht ja doch wieder nach Hause« – Ambivalenz bei der Annahme von stationärer Hilfe bei Jugendlichen

Dorothea Zimmermann

Elif war wieder drei Tage nicht in der Schule. Ihre Lehrerin, Frau H., macht sich Sorgen, sie weiß um die Probleme ihrer Schülerin zu Hause, vor allem mit ihrem älteren Bruder, Eniz. Von einer Freundin von Elif hat sie gehört, dass diese von zu Hause weg will. Schon mehrere Male gab es Kontakt mit dem Jugendamt, drei Mal war sie schon für kurze Zeit in einer Clearingeinrichtung untergebracht. Immer ist sie nach wenigen Tagen wieder zur Familie zurückgekehrt. Frau H. hatte sich jedes Mal sehr für Elif eingesetzt. Jetzt überlegt sie sehr, ob sie sich wieder »einmischen« soll. Sie ruft die Mitarbeiterin vom Jugendamt an. Auch diese reagiert zurückhaltend, will Elif wirklich gehen?

Diese Situation kennen alle Akteure im Jugendhilfebereich. Nicht nur bei Mädchen, nicht nur bei Familien mit einer Migrationsgeschichte. Ein/e Jugendliche/r braucht Hilfe, aus Kinderschutzgründen erfolgt eine Inobhutnahme. Es gilt die Familie zu überzeugen, die passende Einrichtung zu finden, das Problem zu verstehen, manchmal Dramen und Drohungen im Kontext der Herausnahme.

Diesem Thema wird sich hier mit einem besonderen Blick auf Mädchen aus Einwandererfamilien zugewandt. Dabei soll es nicht um eine klischeehafte Darstellung von »allen Migrantenfamilien« gehen. Bestimmte Probleme und Ressourcen werden allerdings immer wieder deutlich sichtbar, sowohl bei den Mädchen, wie auch bei dem Unterstützungssystem. Dies in die Arbeit mit einzubeziehen, kann für alle Beteiligten sehr hilfreich sein. Es gilt, die verschiedenen Ebenen aufzuzeigen, auf denen sich die massiv widersprüchlichen Gefühle, Einstellungen und Haltungen der Mädchen, aber auch ihrer Eltern und des Hilfesystems, bewegen.

Gerade die Frage der Loyalität zu den Eltern, verwirrend vermischt mit der Frage der Loyalität zu der Herkunftskultur beschäftigt auch schon Kinder mit einem Hilfebedarf im Rahmen des Kinderschutzes massiv. So sind ein Teil der aufgeführten inneren Konflikte meistens weniger bewusst auch bei Kindern festzustellen, die dann die erlebte und zuvor berichtete Gewalt bagatellisieren.

Ausgangspunkt sind die Emotionen, die auch im Hilfesystem ausgelöst werden, wenn Mädchen immer wieder nach Hause zurückkehren, auch wenn ein aufwendiges Hilfekonzept entwickelt worden war. Dieses Verhalten lässt nicht unbedingt Rückschlüsse auf die tatsächliche Gefährdung zu.

Die Ambivalenz der Mädchen:

»Ich will die Gewalt, die Übergriffe, die Kontrolle nicht mehr aushalten.«

»Ich liebe meine Familie, besonders meine kleinen Geschwister.«
»Es ist unmöglich mit meiner Familie zu diskutieren.«
»Mein Ruf ist mir auch wichtig, ich will kein »Heimmädchen« sein.«
»Sie kennen mein Leben nicht, wissen nicht, was ich mir wünsche.«
»Ich fühle mich der Haltung meiner Eltern, meiner Community verbunden.«
»Ich kann meinen Eltern nicht sagen, dass ich keine Jungfrau mehr bin.«
»Ich will Lösungen innerhalb der familiären Vorgaben finden.«
»Ich schäme mich so, deswegen kann ich nur in der »deutschen« Kultur noch etwas gelten.«
»Meine Eltern sollen merken, wie sehr sie mich vermissen.«
»Meine Mutter lebt so, wie ich auf gar keinen Fall »enden« möchte, ist oft so traurig.«
»Ohne mich ist meine Mutter verloren, ich habe die Verantwortung für sie.«
»Ich will nicht, dass mein Bruder so viel Rechte über mich hat. Ich habe Angst vor seinen Freunden, die hetzen ihn immer auf.«
»Mein Bruder weiß, wie die Jungs sind, er will mich schützen.«
»Endlich werde mal ich gesehen, kann ich sagen, was meine Bedürfnisse sind.«
»Ich will nicht, dass schlecht über meine Eltern geredet wird.«

Wie sich aus dem inneren Dialog ablesen lest, geht es hier viel um die Selbst- und Fremdwahrnehmung der Mädchen. Manche übernehmen eine solch massive Abwertung, dass sie z.B. den Jungen, mit denen sie zusammen sind, vieles zugestehen, da sie sich selbst als nicht mehr ehrenhaft genug wahrnehmen und ihren Körper nicht mehr als schützenswert wahrnehmen.

Die inneren Dialoge der Eltern:

»Es war uns gar nicht klar, wie schlecht es unserer Tochter geht. Warum hat sie sich nicht innerhalb der Familie anvertraut?«
»Was denken die Nachbar_innen, die Familie, die Community?«
»Das Jugendamt hatte uns ja auch schon bei anderen Problemen geholfen.«
»Es ist gefährlich mit deutschen Behörden in Kontakt zu kommen.«
»Bei den gemeinsamen Gesprächen können wir ihre Zuneigung doch noch spüren.«
»Sie liebt uns nicht, wenn sie uns das antut.«
»Wir spüren Respekt vor unserer Erziehungs-/Lebensleistung durch das Hilfesystem.«
»Es sind doch sowieso nur die falschen Freund_innen schuld, dass sie gegangen ist.«
»Es heißt nicht, dass wir versagt haben, wenn sie jetzt Hilfe sucht?!«
»Sie will doch sowieso nur ihre Freiheit. Die Familie ist ihr nicht mehr wichtig, sie ist so »deutsch« geworden.«
»Vielleicht können wir Unterstützung bei den Aufenthaltssachen oder der Wohnungssuche bekommen.«

»Wir sind doch hauptsächlich der Kinder wegen nach Deutschland gekommen und jetzt werden sie uns weggenommen.«

Einige dieser Ambivalenzen finden sich auch bei Eltern der Mehrheitsgesellschaft. Für manche Familien der Minderheitsgesellschaft kann es aber schneller eine sehr existenzielle Bedrohung bedeuten, wenn sie »eine Tochter verlieren«, oder sie mit Behörden, die sie zunächst nicht differenziert wahrgenommen, zu tun haben. So werden oft die Informationen über die Verfahrensweisen nicht verstanden, wodurch z.B. an den Schutz der Daten gegenüber der Ausländerbehörde nicht geglaubt wird.

Auch bei Eltern der Mehrheitsgesellschaft sollte sich immer wieder vergewissert werden, ob die Abläufe gut verstanden worden. Sonst könnten die Jugendlichen in Rolle kommen ihre Eltern auf Rechte hinweisen zu müssen, von denen sie gar nicht wollen, dass sie sie wahrnehmen.

Die Ambivalenzen im Hilfesystem:

»Das Mädchen braucht Unterstützung, gut, dass sie Hilfe gesucht hat.«
  »Wie gefährlich ist die Familie? Kann ich sie ausreichend schützen?«
»Wir suchen eine Perspektive für sie, Schule und Ausbildung ist total wichtig.«
  »Sie proviziert ihre Eltern aber auch manchmal ganz schön!«
»Wie kann sie unabhängig werden?«
  »Dieser Freund ist ja genauso schrecklich zu ihr.«
»Die Regeln der Familie kann ich gut verstehen, da müssen doch Kompromisse gefunden werden.«
  »Diese Regeln, die sind doch viel zu streng und zu viel Kontrolle.«
»Die Familie hat sehr überzeugend versichert, dass es keine Gewalt mehr geben wird.«
  »Wie kann ich der Familie trauen? Hat das Mädchen noch die Möglichkeit Hilfe zu holen, wenn sie zurück geht?«
»Die Mutter wird selber so schlecht behandelt, ich muss mich erst mal um sie kümmern.«
  »Warum schützt diese Mutter ihre Kinder nicht und trägt dieses patriarchale System weiter?«
»Das Mädchen hat es geschafft wieder zu gehen, obwohl der Druck so stark war.«
»Wie lange sie diesmal durch hält? Diesmal werde ich mich nicht mehr so ins Zeug legen.«
»Diese Familie wurde von den deutschen Behörden so schlecht behandelt, ich bin anders.«
  »Sie hat ja ihre Familie auch damit erpresst, dass sie wieder gehen wollte.«

Was bedeuten diese Ambivalenzen für die konkrete Arbeit?

– Sich Zeit nehmen

Zunächst kann es notwendig sein sich kurzfristig von dem Paradigma »Lösungsorientierung« zu verabschieden. Damit alle Ambivalenzen auf den Tisch kommen können, braucht es Zeit sie zu verstehen. Dies in den Hilfeprozess einzubringen ist schwer, weil vordergründig alle ein anderes Interesse haben. Der/die Jugendliche hat Angst der Konfrontation mit den Eltern und seinen/ihren Beweggründen emotional nicht Stand zu halten und zu »kippen«, die Eltern wollen ihr Kind sofort wieder zu Hause haben und die Zuständigen beim Jugendamt haben wenig Zeit für die einzelnen Fälle und brauchen eine klare Aussage des/der Jugendlichen in Bezug auf ihren Hilfebedarf. Von daher müssen alle Beteiligte erst mal einen Schritt zurückgehen und sich den Raum für eine offene Verständigung zugestehen.

– *Eine gute Verständigung sicherstellen*

Dabei ist es zunächst wichtig sicher zu stellen, dass sich jede/r Gesprächsbeteiligte/r gut verständigen kann, d.h. dass ggf. Sprachmittler/-innen einbezogen werden. Auch wenn z.B. der/die Familienhelfer/-in oder ein/e Betreuer/-in denselben Sprachhintergrund hat, sollte er/sie nicht in die Doppelrolle als Sprachmittler/-in und Pädagoge/-in gedrängt werden, wenn nicht alle Beteiligten sich in derselben Sprache verständigen können.

– *Loyalitätskonflikte wahrnehmen*

Wenn sich die verschiedenen inneren Dialoge genauer vor Augen geführt werden, wird deutlich, dass die oft massiven Loyalitätskonflikte der Jugendlichen im Blick behalten und soweit es geht, vermieden werden sollten.

Von besonderer Bedeutung erscheint uns die transkulturelle Öffnung des Hilfesystems, damit die Unterstützung in ihrer Haltung nicht als »deutsche« Hilfe für die Beteiligten wahrgenommen und damit abgewehrt wird.

Wie in jeder sozialen Arbeit muss das Augenmerk verstärkt drauf gerichtet werden, keine fertigen Rezepte anzubieten, sondern sensibel für kulturelle Werte, Normen und Motivationen zu sein. Dabei wird von einem erweiterten Kulturbegriff ausgegangen, der auch die Frage der Werte und Normen in z.B. sozial benachteiligten Familien oder in denen in leichter Sprache gesprochen werden sollte.

– *Transkulturelle Elternarbeit*

Die Ängste und Vorbehalte sollten nicht diffamiert, sondern in den jeweiligen familiären (migrationsgeschichtlichen) Zusammenhang gestellt werden. Dabei sollte das Machtgefälle der Mehrheitsgesellschaft Berücksichtigung finden. Strukturelle Gewalt und Ausgrenzungspraktiken können eine größere Verletzlichkeit zur Folge haben.

Gleichzeitig gibt es manchmal bei Angehörigen der Minderheitsgesellschaft ein Klischee über die (freien) Erziehungsmethoden der Mehrheitsgesellschaft, dem ihre strenge, aber extrem schützende Erziehung gegenübergestellt wird. Dies kann diskutiert werden, wobei es wichtig ist unverhandelbare Kinderschutzthemen nicht zur Disposition zu stellen, die auch in (fast) allen Herkunftsländern in der Vereinbarung über Kinderrechte unterschrieben wurden.

— *Die Rolle der psychische Gesundheit der Eltern*

Gerade in Bezug auf psychische Krankheiten der Eltern sollten die Jugendlichen entlastet werden. Dabei kann z.B. ein Mädchen von der Mutter enttäuscht sein, wenn sie sich im Zusammenhang mit einer traumatischen Migrationsgeschichte resigniert und depressiv zeigt. So will sie auf keinen Fall werden, fühlt sich aber trotzdem verantwortlich. Wenn diese Zusammenhänge offen gelegt werden, kann dies Entlastung bedeuten.

Aber auch in Familien der Mehrheitsgesellschaft bedeutet eine (psychische) Erkrankung eines Elternteils immer eine Verstärkung der Ambivalenz, besonders wenn es um tabuisierte Krankheiten, wie z.B. Abhängigkeitserkrankungen geht.

— *Geschlechtergerechtigkeit*

Gerade in diesem Zusammenhang ist es wichtig auf kulturelle Zuschreibungen zu verzichten und einen individuellen Blick zu bewahren. Auch in der Mehrheitsgesellschaft sind immer wieder patriarchale Verankerungen zu spüren. Gleichzeitig sollte im konkreten eine ernst gemeinte Auseinandersetzung stattfinden und nicht unter dem Deckmantel der Toleranz geschlechtergerechte Grundhaltungen aufgegeben werden. Mädchen haben oft, wenn sie Angehörige der Minderheitskulturen sind, Rassismus und Zuschreibungen erlebt, die ihre massiven Ambivalenzen erhöhen, wenn sie sich gegen bestimmte kulturelle Anforderungen wehren wollen. Von daher ist es wichtig ihnen nicht auf dieser Ebene verstärkend zu begegnen, indem ihre Familie und Community vielleicht auch unbewusst im Hilfeprozess abgewertet werden. Dies erweist sich immer wieder als Balanceakt. Gleichzeitig erleben Mädchen immer wieder, dass ihnen nicht geglaubt wird, wenn die Eltern sich »integriert« zeigen, z.B. die Mutter kein Kopftuch trägt.

Fazit

Angesichts der Ambivalenzen der hilfesuchenden Jugendlichen, die von ihren Sehnsüchten und Zuneigungen, Verantwortlichkeiten und Fragen nach der Rechtmäßigkeit der Suche nach dem persönlichen Glück, Ängsten und Hoffnungen auf ein Leben ohne Gewalt gespeist sind, ist es gut zu verstehen, dass die Waage für die Entscheidung für die Annahme stationärer Hilfe sich oft nur ein wenig in die Richtung der letztendlichen Lösung neigt. So kann die Entscheidung durch kleine Veränderungen wie Versprechungen oder emotionale Zugewandtheit oder aber auch die Realisierung, was Unterbringung wirklich heißt, wieder aufgehoben werden. Dadurch sollten die ursprünglichen Gründe für das Hilfeersuchen nicht bagatellisiert oder gar in Frage gestellt werden. So können diese, wenn sie im Hilfeprozess nicht ausreichend bearbeitet wurden, für ein erneutes Hilfeersuchen verantwortlich sein. Dieses mit der gleichen Energie anzunehmen, bedeutet nicht, sich von der/m Jugendlichen manipulieren zu lassen, sondern sie/ihn in all seinen Bedürfnissen ernst zu nehmen.

7.6 Der Familienrat

Kerstin Kubisch-Piesk

Ein Verfahren von und für Familien

Die zunehmenden Fallzahlen und Kinderschutzmeldungen in den Jugendämtern erfordern ein Umdenken in der Gesellschaft. Dazu gehört es insbesondere Netzwerke zu schaffen, die Familien in ihrem jeweiligen Alltag als unterstützend erleben und auf die sie in Krisensituationen vorbehaltlos zurückgreifen können. Seit 2005 wird der Verwandtschaftsrat/Familienrat in Berlin, im Jugendamt Mitte, inzwischen auch bundesweit, in verschiedenen Bereichen der Jugendhilfe praktiziert. Das Verfahren wird im Rahmen der Jugendhilfe von den Sozialarbeiter/-innen der »Regionalen Sozialpädagogischen Dienste (RSD)« Eltern, Kindern und Jugendlichen zur Unterstützung bei der Entwicklung eigener Lösungsansätze angeboten. Seit 2010 kann jede Familie, die in Berlin-Mitte einwohnermeldeamtlich in Berlin –Mitte gemeldet ist, beim Jugendamt einen Familienrat beantragen. Wir, die Sozialarbeiter/-innen des RSD im Jugendamt Mitte von Berlin, sind sehr froh, mit dem Verfahren Familienrat arbeiten zu können. Es hat sich gezeigt, dass der Familienrat sich gegenüber den üblichen Verfahren (z.B. Hilfeplangespräch u.a.) abhebt. So haben die Familien, egal welche Ausgangslage vorliegt, die Möglichkeit durch den Familienrat, ein höheres Maß an Beteiligung, Selbstbestimmung und eigenen Lösungen zu erfahren und zu entwickeln.

Seit 2008 wurde ein einheitlicher, bundesweiter Name für das Verfahren festgelegt: FAMILIENRAT.

Was ist ein Familienrat?

Im Familienrat geht es im Wesentlichen darum, Menschen, die in Beziehung zueinander stehen, unabhängig ob Familie, Wahlfamilie oder eine andere Form des Miteinanders, in besonderen Lebenssituationen eine aktive Rolle zukommen zu lassen. Daraus ergibt sich für die Menschen und ihr soziales Netzwerk die Chance, eigene Ressourcen zu entdecken und diese der Gemeinschaft und einander zur Verfügung zu stellen. Denn die Familien, ihre Verwandten, ihre Freunde oder Bekannte wissen am besten, was sie gut umsetzen können und was bei ihnen funktioniert und was nicht. Der gemeinsam entwickelte Plan bietet für alle Sicherheit und sie können als Gemeinschaft die Verantwortung dafür übernehmen.

Die Familien werden durch eine Koordination begleitet. Die Koordination ist neutral und unterstützt die Familie bei der Planung des Familienrates. Es gibt in Deutschland Koordinator/-innen, die einen sozialpädagogischen, psychologischen Berufshintergrund haben und es gibt Koordinator/-innen, die aus anderen beruflichen Kontexten kommen. Wichtig dabei ist, dass die Koordinator/-innen eine Ausbildung absolviert haben und nach der Ausbildung in der Durchführung des 1. Familienrates begleitet werden.

Die praktischen Erfahrungen und die wissenschaftlichen Auswertungen im Jugendhilfebereich zeigen, dass der Familienrat maßgeblich dazu beitragen kann, dass bürgerschaftliches Engagement gefördert wird und soziale Netzwerke eine aktive Rolle bei der Organisation von Unterstützungssystemen für seine Bürger/-innen übernehmen kann.

> **Der Familienrat**
>
> **Wer nimmt an einem Familienrat teil?**
>
> Die Familie, Freunde, Nachbarn, Bekannte, Lehrer/-innen, Erzieher/-innen u.v.m. können am Familienrat teilnehmen.
>
> Die Familie bestimmt, wer letztendlich dabei sein soll.
>
> **Wer organisiert den Familienrat und wo findet er statt?**
>
> Ein/eine Koordinator/-in nimmt Kontakt zu der Familie auf. Er/sie bespricht mit der Familie, wer am Familienrat teilnehmen soll. Er/sie lädt nach dem Vorgespräch mit den Beteiligten alle benannten Personen ein, nachdem mit der Familie geklärt wurde, an welchem Ort und an welchem Tag das Treffen stattfinden soll.
>
> **Was passiert bei einem Familienrat?**
>
> **1. Begrüßung und Information-Informationsphase**
> der/die Koordinator/-in begrüßt alle Teilnehmer/-innen. Der/die Sozialarbeiter/-in trägt ihre Sorge vor, die sie in Bezug auf die Familie hat. Die Fachleute können befragt werden.
>
> **2. Private Zeit der Familie-Family Only Phase**
> Nachdem alle grundsätzlichen Fragen, Gesprächsregeln usw. geklärt sind, verlassen der/die Koordinator/-in und die Fachleute den Raum. Das Ziel des Familienrat ist, dass die Familie (**ohne Fachleute**) mit den Beteiligten einen Plan erarbeiten, wie sie das Problem am besten lösen können und wer sie dabei unterstützen kann.
>
> **3. Der Plan-Konkretisierungsphase**
> Der Plan wird von der Familie und den Beteiligten entwickelt, aufgeschrieben und dem/der Sozialarbeiter/-in vorgestellt. Diese akzeptieren den Plan, der/die Koordinator/-in klärt wann und mit wem eine Überprüfung stattfinden soll und sorgt dafür, dass alle eine Kopie des Planes erhalten.

Der Familienrat lebt von dem Vertrauen in das Verfahren und in die Familie.

Wer Familien einen Familienrat anbietet, muss der Familie dies auch zutrauen, an die Kraft der Familie glauben und nicht die Haltung gegenüber der Familie haben, dass die Familien das von vornherein nicht schaffen.

Durch die Auseinandersetzung mit dem Familienrat haben wir unsere eigene Arbeitsweise und Arbeitsphilosophie reflektiert und auch verändert. Dazu gehört ein positives Menschenbild und dass jeder Mensch das Recht hat, wertschätzend behandelt zu werden.

Des Weiteren gehören für uns Kinder und Eltern natürlicherweise zusammen und dass wir Unterstützung für die gesamte Familie in Krisen anbieten.

Wir nehmen die Eltern ernst und arbeiten wertschätzend mit ihnen. Unser Verständnis von Kinderschutz ist nicht kriminalisierend und stigmatisierend, wir wollen die Eltern aktiv mitgestalten lassen und in ihrer elterlichen Verantwortung belassen.

Wir verstehen die Zusammenarbeit mit Familien als Kernaufgabe des Kinderschutzes. Wir können feststellen, dass gerade in den Familien, in denen das Kindeswohl gefährdet ist, der Familienrat ein wirkungsvolles Verfahren ist. Die Familie kann mit den Beteiligten im Familienrat ein Schutzkonzept entwickeln, welches nachhaltig ist. Es werden Absprachen im Familienrat getroffen, wenn das Konzept nicht eingehalten wird und wer dann das Jugendamt informiert.

Wir haben im Jugendamt Mitte an vielen Familienräten teilnehmen dürfen. Familien in sehr isolierten Lebensumständen haben es mit Hilfe der Familienratskoordination geschafft, mit anderen Menschen, denen sie wichtig sind, zusammenzukommen. Wir konnten erleben, welche Energie und Kraft in solchen Familienräten entsteht, wie glücklich Kinder und Jugendliche waren, dass alle -nur wegen ihnen- zusammengekommen sind. Aber auch, dass es sehr anstrengend sein kann, einen Plan zu entwickeln, der eine Sicherheit bietet.

Die erarbeiteten Pläne sind sehr umfangreich, kreativ und zum Teil auch sehr konkret. Bei den meisten der im Plan genannten Hilfen handelt es sich um Hilfen aus dem Lebensumfeld der Familien und nur im geringen Maße um Hilfen zur Erziehung nach dem KJHG. Das bestätigt den Ansatz des Verfahrens.

Wir werden oft gefragt, welche Familie sich für den Familienrat eignen würde, ob es Kriterien dafür gibt. Aus unserer langjährigen Erfahrung, können wir resümieren, dass der Familienrat ein Verfahren für **ALLE** Familien ist und dass es keine Kriterien gibt. Das einzige Kriterium sind wir selber, wir müssen es der Familie zutrauen und den Familienrat anbieten.

> **Beispielsweise geht eine Meldung aus der Schule im Jugendamt ein:**
>
> Zeynap 12 Jahre, hat sich der Lehrerin anvertraut und erzählt, dass sie zu Hause von den Eltern geschlagen wird. Sie möchte nicht nach Hause und wird im Kindernotdienst untergebracht. Die sorgeberechtigten Eltern werden informiert und stimmen vorerst der Unterbringung im Kindernotdienst zu. Am nächsten Tag sind die Eltern ganz früh im Jugendamt, sie sind verzweifelt und möchten ihre Tochter wieder nach Hause holen. Zeynap hat in der Einrichtung kaum geschlafen, es geht ihr nicht gut und sie möchte dort nicht bleiben. Wir haben mit den Eltern gesprochen, sie sind ratlos und beteuern, ihr Kind nicht geschlagen zu haben.

In einem Gespräch mit Zeynap wurde deutlich, dass sie einen sehr guten Kontakt zu ihrer Tante, der Schwester ihrer Mutter, hat. Sie fragte uns, ob sie dort eine Weile wohnen könne.

Nach vielen Gesprächen im Jugendamt und nach Hausbesuchen mit allen Beteiligten, entschieden wir, das Zeynap vorrübergehend zu ihrer Tante ziehen kann. Gleichzeitig boten wir der Familie einen Familienrat an. Die Eltern und Zeynap erklärten sich einverstanden.

Anschließend beauftragten wir einen Träger der Jugendhilfe mit der Koordination des Familienrates. Die Familie hat einen Tag, den Ort, die Teilnehmer/-innen und wie der Familienrat ablaufen soll, festgelegt. Die Familienräte finden oft am Freitagnachmittag, am Samstag und am Sonntag statt.

Es war für uns sehr beeindruckend, wer alles zu diesem Familienrat kam. Die Eltern hatten viele Familienmitglieder, Freunde und Bekannte, Zeynap hatte 2 ihrer besten Freundinnen, eingeladen. Alle sind gekommen.

Die »Begrüßungs-und Informationsphase« dauerte eine Stunde. Die Familie hat ihre Sorge, dass Zeynap nicht mehr nach Hause kommt, vorgetragen, wir haben unsere Sorge »Wie können Zeynap und Ihre Eltern gut zusammen leben und Zeynap geschützt werden?« erläutert. Anschließend wurden Fragen und Unklarheiten geklärt. In diesem Familienrat wurde keine Fachleute z.B. Lehrer/-innen oder Ärzte/Ärztinnen eingeladen. Die Familie sah hier für sich keinen Bedarf.

Die Familie ging dann in die »Private Zeit der Familie«, auch »Family Only Phase« genannt, über. Diese Phase ist das Kernstück des Familienrates, da die Familienratgruppe ohne Fachleute und mit der Zeit, die sie benötigen, an einem sicheren Plan arbeiten kann.

Nach drei Stunden war die Familie fertig und hatte einen Plan erstellt.

In der 3. Phase, der Konkretisierungsphase, wurde uns der Plan vorgestellt. Der Moment, wenn wir nach der »Family Only Phase« zurück in die Familienratgruppe kommen, ist immer sehr bewegend. Die Teilnehmenden sind oft erschöpft, jedoch ist eine euphorische Stimmung wahrzunehmen. Sie sind stolz, gemeinsam einen Plan erarbeitet zu haben, mit dem alle leben können. In dem Plan waren viele Unterstützungsangebote aus dem Kreis der Familie enthalten. Zeynap wollte unbedingt wieder nach Hause. Es wurde im Familienrat deutlich, dass Zeynap, die von ihren Eltern aufgestellten Regeln, nur schwer akzeptieren kann, dass die Eltern wenig Verständnis für die ihre Tochter hatten und es viele Konflikte und tägliche Auseinandersetzungen gegeben hat. In dem Plan wurden u.a. gemeinsame Gespräche mit den Eltern, der Tante und Zeynap vereinbart. Es wurden im Familienrat »Ausgehzeiten« für Zeynap verhandelt und festgelegt. Des Weiteren wurde beschlossen, das Zeynap nach Hause kann, wenn, die von der Familie beantragte ambulante Hilfe, in Form einer Clearinghilfe (6-8 Wochen), ihre Arbeit in der Familie aufgenommen hat. Auch dies ist ein gutes Beispiel dafür, dass Fa-

> milien Jugendhilfeleistungen viel besser annehmen können, wenn ihnen Familienmitglieder und Freunde dazu raten. Die Clearinghilfe hatte den Auftrag, mit den Eltern zu arbeiten und zu klären, ob Zeynap bei Ihnen sicher leben kann. Wir konnten dem Plan zustimmen und vereinbarten weitere Termine mit der Familie und Zeynap.
>
> Die Koordination erfragte von allen Teilnehmer/-innen die Telefonnummer und Mailadressen, fotografierte den Plan und sicherte zu, den Plan an alle zu versenden. Dann wurde ein neuer Termin für den Folgerat in 8-12 Wochen vereinbart.
>
> Zum Ende des Familienrates hatte die Familie ein schönes Abendessen für alle vorbereitet, welches ein gelungener Abschluss für alle Beteiligten war.
>
> Zeynap konnte nach einigen Tagen zu ihren Eltern zurückgehen. Die Clearinghilfe ergab, dass die Eltern Zeynap nicht geschlagen hatten. Auslöser des Konfliktes war, dass Zeynap sich von den Eltern »eingesperrt« gefühlt hat. Es gab viele Konflikte und sie sah für sich nur die Möglichkeit, auf sich aufmerksam zu machen, indem sie der Lehrerin mitteilte, dass sie zu Hause geschlagen werde.

Der Familienrat ist die konsequenteste Umsetzung der Beteiligung von Familien und Kindern. Wir haben in den letzten zehn Jahren, sehr gute Erfahrungen mit dem Verfahren und den Familien sammeln können.

Gerade im Kinderschutz hat sich gezeigt, dass der Familienrat ein wirkungsvolles Verfahren ist, um »Kinder gern und gemeinsam mit den Familien zu schützen«.[223]

Familienrat ist ein in Neuseeland entwickeltes Verfahren, das aus der Kultur der Maori stammt. Seit 2005 wird das Verfahren in Deutschland verbreitet und in unterschiedlichen Bereichen der Jugendhilfe und Gerichtsbarkeit (Jugendgerichtshilfe, Allgemeiner sozialpädagogischer Dienst, Täter-Opferausgleich etc.) praktiziert. Die Besonderheit des Verfahrens ist eine größtmögliche Partizipation von Familien/Bürger/-innen bei der Bewältigung eigener Probleme. Siehe dazu www.verwandschaftsrat.de unter Links

---

223 Der Bremer Qualitätsstandard-Zusammenarbeit im Kinderschutz (2009).

7.7 Wie erleben Kinder Fremdunterbringung?

PD Dr. Peter Büttner

Dieser Beitrag soll Eindrücke aus der Praxis der Fremdunterbringung vermitteln. Fremdunterbringung ist die hochschwelligste und invasivste Form der Hilfen zur Erziehung. Die Fragestellung, wie Kinder dieses erleben, fordert angesichts des vorgegebenen Umfangs Einschränkungen. Innerhalb der vielfältigen Angebotsformen stationärer Unterbringung begrenze ich mich an dieser Darstellung einmal auf die klassische Heimerziehung. Dabei konzentriere ich mich auf die Schnittstelle des Eintritts in die Fremdunterbringung, also der Aufnahme, auch dieses ist dem Umfang geschuldet. Ich wähle diese Schnittstelle, weil sie als einschneidendes Ereignis erlebt wird und je nach ihrem Verlauf auch erheblichen Einfluss auf das weitere Erleben der Fremdunterbringung hat.

> **Heimerziehung (§ 34, SGB VIII)**
>
> Heimerziehung in einer Einrichtung über Tag und Nacht soll Kinder und Jugendliche durch eine Verbindung von Alltagserleben mit pädagogischen und therapeutischen Angeboten in ihrer Entwicklung fördern. Sie soll entsprechend dem Alter und Entwicklungsstand des Kindes oder des Jugendlichen sowie den Möglichkeiten der Verbesserung der Erziehungsbedingungen in der Herkunftsfamilie eine Rückkehr in die Familie zu erreichen versuchen oder die Erziehung in einer anderen Familie vorbereiten oder eine auf längere Zeit angelegte Lebensform bieten und auf ein selbständiges Leben vorbereiten.

Zudem werde ich mich auf die Inobhutnahme als sozusagen dramatische Variante der Fremdunterbringung beziehen, insofern sie zumeist aus einer hochkrisenhaften Situation entsteht und im Kontext einer drohenden oder akuten Kindeswohlgefährdung veranlasst wird.

> **Inobhutnahme von Kindern und Jugendlichen (§ 42, SGB VIII)**
>
> Das Jugendamt ist berechtigt und verpflichtet, Kinder und Jugendliche vorübergehend in Obhut zu nehmen, wenn eine dringende Gefahr für das Wohl der Kinder und Jugendlichen besteht. Die Inobhutnahme ist folglich ein Instrument, das als kurzfristige Krisenintervention zum Schutz von Minderjährigen vor akuten Gefährdungssituationen eingesetzt wird. Diese Gefährdungssituationen entstehen überwiegend durch Überforderung der Eltern bzw. eines Elternteils; aber auch Beziehungsprobleme sowie Vernachlässigung oder Anzeichen für Misshandlungen von Kindern bilden oftmals die Indikation für Inobhutnahmen. Das Jugendamt hat während der Inobhutnahme die Situation, die zur Inobhutnahme geführt hat, zusammen mit dem Kind oder dem Jugendlichen und den Eltern zu klären und Möglichkeiten der Unterstützung aufzuzeigen.

Wie erleben Kinder den Einstieg in die Heimerziehung?

Zum Zeitpunkt der Fremdunterbringung zeigen sich zumeist folgende Situationen und Befindlichkeiten:

- Kinder und Jugendliche (auch die Familie natürlich) haben häufig einen jahrelangen Leidens- und Konfliktprozess hinter sich. Dabei sind Verletzungen aufgetreten, Wunden geschlagen worden, pathologische Reaktionsmuster und Konfliktstrukturen haben sich verdichtet.
- Für die Kinder und Jugendlichen bedeutet die Fremdunterbringung den kompletten Wechsel der Lebensmitte; die Statik des bisherigen Lebens ist auf den Kopf gestellt, Gewohnheiten und Abläufe müssen sich anpassen. Aus in der Regel kleinfamiliären Strukturen wechselt man in eine kollektiv organisierte Lebensform.
- Neben dem Verlust der engsten Familie ist dies auch durch den Verlust bzw. deutlichen Rückgang der Kontakte mit den Freunden und sonstigen sozialen Netzwerken wie Vereine oder ähnliches gekennzeichnet.
- Die aus dieser Gemengelage entstehenden Emotionen ergänzen sich noch mit der Unsicherheit über das Bevorstehende, diese Unsicherheit löst wiederum Ängste, Sorgen und diffuse Erwartungsphantasien aus.

> **Beispiel**
>
> Werner, zum Zeitpunkt der Aufnahme 11 Jahre alt, in der nunmehr bei uns erreichten zwölften Lebensstation:
>
> Herkunftsfamilie, 5 Pflegefamilien, mehrmals Kinder- und Jugendpsychiatrie, dann Erziehungsstelle, schließlich Heimerziehung.
>
> Er kommt an mit 4 Plastiktüten und einem kleinen Käfig mit einem Wellensittich. Er zeigt einen gewissen Fatalismus mit einem abwartenden Misstrauen, wer könnte es ihm verdenken? Werners Biographie ist aus seiner Wahrnehmung eine Kette von Enttäuschungen, Unsicherheiten und mangelnder Konstanz.

Werner ist nicht repräsentativ, aber auch kein Einzelfall. Wenn ich die etwa 300 Kinder und Jugendlichen, die ich als Praktiker aufgenommen und betreut habe (und die wir katamnestisch auch Jahre nach der Heimunterbringung aufgesucht haben), versuche zu überblicken, dann ist der gemeinsame Nenner eine gehörige Portion legitimer Angst, hohe Verletzbarkeit, Misstrauen und nur ganz selten ein erstes Aufschimmern eines Gefühls der Entlastetheit oder gar eine Aufbruchsstimmung.

Die Aufnahmesituation in die Fremdunterbringung ist also als ein hoch belastender Augenblick anzusehen.[224].

---

[224] Kress/Hansbauer (2012): Kleine Kinder in stationären Hilfen: Ergebnisse eines Praxisentwicklungsprojekts. Hannover.

Wie wird diese Herausforderung in der stationären Jugendhilfe beantwortet?

Die Situation für das einzelne Kind ist umso besser zu gestalten und anzupassen, umso mehr wir im Vorfeld bereits über die je individuelle Ausprägung der ganz speziellen Erfahrungen und Verletzungen dieses Kindes wissen; das setzt Diagnostik – und zwar gezielte und methodisch erprobte – voraus. Ein Ansatz, der in der Jugendhilfe nach wie vor umstritten ist und keineswegs als Standard gilt. Dem gegenüber wird eine unbedingte und durch keine Vorerfahrung beeinflusste bedingungslose Akzeptanz des Kindes bei der Aufnahme propagiert. Dies entpuppt sich in der Wirklichkeit nur zu oft als eine fehlerbehaftete und naive Haltung, da unsere Einstellungen und Haltungen sich nicht wirklich unbeeinflusst von Vorerfahrungen mit anderen Kindern, persönlichen Projektionen und spontanen emotionalen Reaktionen auf dieses spezielle Kind entwickeln. Ein möglichst optimales vorgängiges Wissen stellt im Prinzip einen Schutzfaktor vor diesen eher unkontrollierten Mechanismen dar.

Erforderlich ist zudem aber auch ein einfühlsamer und individueller Begleitprozess für das Kind in den ersten Tagen nach der Aufnahme, um das Erleben positiver zu beeinflussen. Dies setzt neben der grundsätzlichen Haltung personelle Ressourcen, ein kluges Zeitmanagement und ein ausgefeiltes Konzept in vielen Detailpunkten voraus (z.B. Zimmer einrichten, den neuen Wohnort erkunden, intensive Begleitung bei der Eingewöhnung in den Tagesablauf, etc.). Auch hier gibt es in der Realität der Jugendhilfe keine verbindlichen Standards.

Inobhutnahme als eine weitere Form der Fremdunterbringung.

Es ist grundsätzlich davon auszugehen, dass die im Kontext der Heimerziehung geschilderten Probleme auch hier gelten, allerdings mit einer deutlichen Verschärfung.

In der Regel geht der Inobhutnahme eine höhere Form der Dramatik und der Verdichtung von Konfliktlagen voraus.[225] Wie so oft existiert eine akute Kindeswohlgefährdung und wir haben – etwa im Gegensatz zur klassischen Heimerziehung – wenig oder keine Vorbereitungszeit in der sich ein Kind oder Jugendlicher auf die Situation einstellen kann. Dies gilt auch für die Mitarbeiter/-innen in der Einrichtung selbst.

Wie auch immer die individuelle Konfiguration ist, die Inobhutnahme ist zudem wiederum nur eine Zwischenstation, die weitere Perspektive zum Zeitpunkt der Aufnahme völlig unklar. All dies hat natürlicher Weise gravierende Auswirkungen auf die emotionale Befindlichkeit und das Erleben der Inobhutnahme durch die betroffenen Kinder und Jugendlichen.

Im Unterschied zu den eher qualitativen Aussagen zur Heimerziehung verfügen wir hier auch über erste belastbare empirische Befunde.

---

225 Rücker/Büttner (2015): Inobhutnahme (§ 42 SGB VIII): Dynamik, Herausforderungen und Praxisentwicklung. http://www.sgbviii.de/S167.html

Kinderschutz in der Kinder- und Jugendhilfe

In einer von uns über Facebook erhobenen Studie mit 240 Teilnehmern/-innen zeigte sich, dass Angst, Hilflosigkeit und Traurigkeit die dominierenden Gefühle waren, an die sich die Teilnehmer/-innen in Bezug auf ihre Inobhutnahme erinnern.

Aus einer Analyse von 141 systematischen Fallberichten in unserer eigenen Inobhutnahmeeinrichtung ist zu erkennen, dass etwa 41 % der Kinder bei der Aufnahme häufig weinen und niedergeschlagen wirken. 46 % der Kinder ziehen sich zurück, isolieren sich und suchen kaum Kontakt und in 26 % der Fälle erfolgen starke emotionale Reaktionen auf die Krise als solche. Diese Kinder erfüllen dann häufig die Symptomatologie einer akuten Belastungssituation. In der Studie PRO-JU-SAVE, die wir derzeit im Auftrag der Childhood-Stiftung durchführen, wurden in zwei Inobhutnahmeeinrichtungen 61 Jugendliche mit einem standardisierten Screening bei der Aufnahme in Bezug auf psychotraumatische Belastungen untersucht.

Dabei zeigte sich, dass bei fast 50 % depressiv-ängstliche Belastungen und bei über 50 % auch suizidale Anteile an Belastungen vorlagen.

Besonders hervorzuheben ist hierbei, dass die Einschätzung der Problemlagen durch die Mitarbeiter/-innen bei der Aufnahme zu diesen Ergebnissen höchst diskrepant waren: in den eher unstrukturierten und nicht methodisch geleiteten Aufnahmegesprächen der Inobhutnahmeeinrichtungen wurden nämlich diese Belastungen nicht oder mit deutliche geringeren Ausprägungen erkannt. Dies hat natürlich Auswirkungen auf die Handlungspraxis in der Einrichtung. Auch hier zeigen sich dabei die Grenzen des »unbekümmerten Nichtwissens« und der Reduktion auf eine »bedingungslose Akzeptanz«. Insofern zeigt das Ergebnis die Folgen unzureichender Diagnostik und das Ergebnis verweist auf die Bedeutung forschungsgestützter Standards ebenso wie auf generelle Defizite der Jugendhilfe in diesem Zusammenhang.

Wir haben aufgezeigt, wie Kinder im Kontext der klassischen Heimunterbringung die Aufnahmesituation erleben. Zudem wurden die Situation und die Herausforderung im Kontext der Inobhutnahme beschrieben. In diesem Zusammenhang gibt es noch ein Sonderproblem, das kurz dargestellt werden soll, es handelt sich um das *Problem der Unterbringung von Geschwisterreihen bei der Inobhutnahme.*

Die Inobhutnahme ist bundesweit so geregelt, dass Kinder unter sechs Jahren in familiale Bereitschaftspflege Inobhut genommen werden, Kinder über sechs Jahre in der Regel in klassischen Einrichtungen der Inobhutnahme. Was aber tun, wenn eine ganze Geschwisterreihe von etwa 7 Kindern im Alter von sechs Monaten bis 13 Jahren aufgenommen werden muss?

> **Beispiel**
>
> Sieben Kinder einer Familie zwischen sechs Monaten und 12 Jahren werden nach massivsten Gewaltexzess des Vaters gegenüber der Mutter, den die Kinder in der Nacht miterleben mussten, unter Einsatz von Polizei und mit höchster Dramatik Inobhut genommen. Die Mutter muss erheblich verletzt ins Krankenhaus eingeliefert werden.

Die klassischen Inobhutnahmeeinrichtungen sind – ganz abgesehen von der Verfügbarkeit von Plätzen, die zumeist gering ist – nicht für die Betreuung von Kleinkindern aufgestellt und dies ist auch nicht vorgesehen. In den Gebietskörperschaften finden sich zumeist nicht ausreichend Bereitschaftspflegefamilien, die in der Lage wären, größere Geschwisterreihen – darunter auch ältere Kinder – aufzunehmen.

Dies führt in der Situation zu einem Auseinanderreißen der Geschwister und die Unterbringung in bis zu fünf oder sechs verschiedene Einrichtungen.

Gehen wir davon aus, dass in dieser akuten Krisensituation, die ja in der Regel nur den Endpunkt einer längeren Krise darstellt, die Kinder alle untereinander stärker Halt finden und dann aber auseinandergerissen werden, dann ist die Dramatik des Auseinanderreißens vorstellbar. In den Tagen nach der Unterbringung in verschiedenen Einrichtungen bemüht man sich dann zwar, die Kinder wieder zumindest für einige Stunden zusammen zu führen; dennoch reproduziert sich in den jeweiligen Besuchsvorhalten das Auseinanderreißen der Geschwisterreihen mehrmals in der Woche. Dieser Zustand kann Wochen andauern. Hier produziert das System Jugendhilfe eine zusätzliche systembedingte Belastung und die betroffenen Kinder und Jugendlichen können durch diese Form der Hilfe eigentlich nur zusätzlichen Schaden erleiden.

Auch hier sind grundsätzliche Überlegungen nötig, um die prinzipiell notwendige Fremdunterbringung professionell und human zugleich aufzustellen.

Fazit

Kinder und Jugendliche erleben Fremdunterbringung – sei es Heimerziehung oder Inobhutnahme – in der Regel als großen Einschnitt. Angst, Misstrauen und Sorge vor der Zukunft sind dabei bedeutsame Anteile. Diese Belastungssituationen können durch die Jugendhilfe nur gemildert werden. Um dies erfolgreich zu erreichen bedarf es jedoch forschungsgestützter Instrumente und ausgearbeiteter und verlässlicher Prozeduren in den Einrichtungen, um zu einer ebenso professionellen wie humanen Bewältigung zu gelangen.

7.8 Stationäres Wohnen verstehen – Wie Schule, Kita und Einrichtungen stationär untergebrachte Kinder begleiten können

Claus Gollmann

In Deutschland leben ca. 115.000 Kinder und Jugendliche in den unterschiedlichsten Wohnformen der Kinder- und Jugendhilfe.[226]

Das klassische Heim, so wie wir es noch in den 70er Jahren kannten, gibt es kaum noch. Städtische Einrichtungen und freie Träger bieten inzwischen ein breites Angebot in Form von Wohngruppen, Pflegefamilien, Projektfamilien, sozialpädagogischen Lebensgemeinschaften, Intensivgruppen etc. an.

Am Anfang hat hoffentlich eine gute Diagnostik gestanden, in der genau untersucht wurde, welche Wohnform für das Kind die geeignete ist. Die Geschichte von drei Geschwisterkindern, die in einer stationären diagnostischen Einrichtung untergebracht wurden, soll an dieser Stelle veranschaulichen, wie Kinder – hier am Beispiel einer gewaltgeprägten Familie – in die stationäre Jugendhilfe kommen und welches Verständnis sie brauchen, um ihren weiteren Weg gehen zu können.

Darüber hinaus ist es wichtig zu verstehen, wie Jugendhilfe in diesem Kontext eigentlich funktioniert bzw. strukturell aufgebaut ist. Schlussendlich soll es darum gehen, was diese Kinder z.B. in Kita oder Schule benötigen oder wovon sie profitieren.

Die Erzieher/-innen einer Kita sowie Lehrer/-innen einer Schule hatten unabhängig voneinander das Jugendamt darüber informiert, dass es erhebliche Auffälligkeiten der Kinder gäbe und die Vermutung bestünde, dass sie in ihrer Familie massiven Gewalthandlungen ausgesetzt sein könnten. Um die Geschwister vor der befürchteten Bedrohung und Misshandlung zu schützen, wurde das Jugendamt umgehend tätig. Der Verdacht auf Misshandlung in der Familie erhärtete sich, nachdem die Kinder in Obhut genommen und in einer stationären Facheinrichtung zur Diagnostik aufgenommen worden waren. Die gravierenden Auffälligkeiten der Kinder ließen auf schwere seelische Störungen schließen.

Das älteste Kind, Yvonne, ein hageres, scheues, neunjähriges Mädchen, brachte bereits in seiner Körperhaltung seine schweren Angstzustände zum Ausdruck. Yvonne war zudem außergewöhnlich unsicher, sehr kontaktscheu und sprach fast ausschließlich nur mit ihrem Kuscheltier, einem Hasen. Sie hatte in der Nacht häufig schwere Alpträume und konnte nur schlecht einschlafen. Abrupt konnte sie in lange Phasen depressiver Verstimmung fallen, in denen sie sich völlig aus der Realität zurückzog, verstummte und unfähig war, etwas Positives aufzunehmen.

---

226 Quelle: Statistisches Bundesamt, Stichtag: 31.12.2014.

Ihr Bruder, der sechsjährige Jonas, wirkte wie ein gehetztes, verwundetes Wesen. Seine Ängste schufen sich in aggressiver Zerstörungswut Bahn. Er war aufsässig, attackierte andere Kinder, hielt sich an keine Regel und löste dadurch in seiner Umgebung stets größeren Stress aus. In seinen Wutanfällen verweigerte er jeglichen Kontakt zu seinem Gegenüber. Durch stereotypes Öffnen und Schließen von Türen symbolisierte er auf zwanghafte Weise seine Nöte.

Scheinbar am unbelasteten war zunächst das jüngste der drei Kinder, Michaela, ein fünfjähriges, niedlich aussehendes Mädchen. Im Gruppenalltag wurde dann aber rasch beobachtet, dass dieses kleine Kind bereits gelernt hatte, sich regelmäßig in Trance-Zustände zu flüchten, um potenzielle Gefahren, die sie überall witterte, zu überdauern. Michaela war in solchen Zuständen völlig orientierungslos und nicht ansprechbar. Für Außenstehende oft nicht vorhersehbar, »verreiste« sie förmlich von einer zur anderen Minute. Ihr Blick war starr und in die Ferne gerichtet. Beim Baden und Duschen nahm sie regelmäßig eine versteinerte Körperhaltung an. Eine Versprachlichung ihrer Ängste war ihr nicht möglich. Wie ihre älteste Schwester litt sie zudem unter nächtlichen Alpträumen und Angstattacken.

Diese ersten Verhaltensbeobachtungen im Alltag verwiesen darauf, dass die Kinder als Reaktion auf multiple Verletzungsängste bereits manifeste Abwehrmechanismen entwickelt hatten. Dass diese Ängste auf Gewalterfahrungen innerhalb der Familie zurückzuführen waren, bestätigte sich in den anamnestischen Gesprächen mit den Eltern. Die Eltern lebten getrennt in verschiedenen Städten, die Mutter mit ihrem neuen Lebensgefährten und den drei Kindern in einem gemeinsamen Haushalt. Sie selbst war in sehr beengten und lieblosen Verhältnissen aufgewachsen und hatte daher ihre Familie früh verlassen, um eine eigene zu gründen, mit dem Wunsch, dass ihre Kinder es einmal besser haben sollten. Sie fand eine Ausbildung zur Gärtnerin und lernte dann ihren späteren Ehemann kennen, mit dem sie sich eine Zukunft aufbaute. Mit ihm bekam sie drei Kinder und fühlte sich mit der Erziehung zunehmend überfordert. Ihr Ehemann entzog sich immer mehr seiner Verantwortung und ließ sie schließlich mit den drei Kindern allein. Finanzielle Probleme zwangen sie, eine Halbtagsstelle in einer Fabrik anzunehmen. Die Schwierigkeiten in der Familie und der Partnerschaft eskalierten. Parallel dazu lernte die Mutter einen neuen Mann kennen, den späteren Stiefvater der Kinder. Sie idealisierte ihn als Retter, bei dem sie sich fallen lassen konnte. Mit seiner Hilfe gelang es ihr, das Sorgerecht für die drei Kinder zu bekommen. Nach ihrer Scheidung zog sie mit ihrem Lebensgefährten und den Kindern dann in eine andere Stadt. Der Vater verlor den Kontakt zu seinen Kindern. Im geschlossenen System der Familie, die es verstand, nach außen geordnete Verhältnisse und Harmonie zu demonstrieren, waren die Kinder dann Gewaltexzessen des Stiefvaters ausgesetzt. Möglicherweise, um unbewusst ihre eigenen Schwächen und Überforderungen kompensieren zu können, identifizierte sich die Mutter mit den strengen Erziehungsmethoden ihres Lebensgefährten, verleugnete weitgehend die schädigende Gewalt, die von ihm ausging, und schaute immer mehr weg. Schließlich passte sich die Mutter immer mehr der despotischen Haltung des Stiefvaters an, sie begann ebenfalls zu schlagen, ein- und auszusperren und angsteinflößende Drohungen als Erziehungsmittel zu benutzen. Jedes Kind reagierte auf seine Weise und seinem Alter entsprechend auf die über es hereinbrechende Qual.

Im Rahmen der Diagnostik zeigten sich alle drei Kinder in ihrer unterschiedlichen Weise zunächst schwer zugänglich, sie verhielten sich extrem abwehrend, waren zeitweise starr und reglos vor Schreck und lieferten das Bild schwersttraumatisierter Kinder. Das wirkliche Ausmaß der seelischen Verletzungen, die sie durch emotionale, körperliche und sexuelle Gewalt erlitten hatten, wurde immer deutlicher. Yvonne war erfüllt von tiefstem Misstrauen, befürchtete auf existentielle Weise, dass potenziell entgegengebrachtes Vertrauen mit Verrat beantwortet würde und flüchtete zu ihrem Selbstschutz in eine Phantasiewelt. Dennoch gelang es ihr im diagnostischen Prozess, immer differenzierter die sadistischen Ausbrüche durch den Stiefvater darzustellen. Darüber hinaus wurden Missbrauchshandlungen an allen drei Kindern durch den Stiefvater erkennbar. Jonas, dessen ungesteuerter Aggressionstrieb sich immer wieder zeigte, war zunächst völlig überrascht von der ihm in der Einrichtung entgegengebrachten positiven Zuwendung. Skeptisch beäugte er jede Handlung seines Gegenübers, war immer auf dem Sprung und bereit, sich zu wehren. Nach und nach wuchs dann seine Fähigkeit, der Zuneigung ein Stück weit zu vertrauen, er wurde zunehmend ruhiger und seine Aggressionsausbrüche wurden deutlich weniger. Die kleine Michaela hatte keine Schwierigkeiten Zuwendung anzunehmen. Besorgnis erregend war eher ihre deutlich distanzlose Haltung. Ihr gesamtes Verhalten verwies darauf, dass dieses Kind bereit gewesen wäre, mit jedem beliebigen Erwachsenen mitzugehen, in der zuversichtlichen Gewissheit, dass es da nur besser werden könne, als sie es zuvor erlebt hatte. Sie besaß keine Selbstschutzgrenzen und war damit potenziell willfähriges Opfer weiterer Gewalthandlungen. Möglicherweise in Verbindung mit ihrer ausgesprochen guten Intelligenz, gelang es ihr, in tranceartige Zustände zu flüchten, in denen sie sich aus dem aktuellen Gewaltgeschehen und dessen Wahrnehmung herauszulösen vermochte. Alle drei Kinder wurden nach Abschluss der Diagnostik in einer Fach-Pflegefamilie untergebracht. Der leibliche Vater fand wieder einen liebevollen Kontakt zu seinen Kindern. Die Mutter trennte sich von ihrem Lebensgefährten, dem Schädiger, und besuchte ebenfalls die Kinder regelmäßig.

Dieses authentische Fallbeispiel soll an dieser Stelle einen Zugang schaffen, wie und mit welchem Hintergrund Kinder in stationäre Einrichtungen der Jugendhilfe kommen. Natürlich gibt es viele Gründe, warum Kinder nicht bei ihren Eltern leben, sondern in Ersatzfamilien, Wohngruppen oder ähnlichem. Dass Eltern sich nicht angemessen, in welcher Form auch immer, um ihre Kinder kümmern, ist sicherlich die häufigste Ursache von Fremdunterbringungen.

Gemäß § 27 Abs. 1 SGB VIII haben Personensorgeberechtigte Anspruch auf Hilfe zur Erziehung, wenn eine dem Wohl des Kindes entsprechende Erziehung nicht gewährleistet ist. In der Heimerziehung oder in sonstigen betreuten Wohnformen nach § 34 SGB VIII soll durch eine Verbindung von Alltagsleben mit pädagogischen und therapeutischen Angeboten die Entwicklung des Kindes oder Jugendlichen dem Alter entsprechend gefördert werden. Zudem soll durch die Verbesserung der Erziehungsbedingungen in der Herkunftsfamilie eine Rückkehrmöglichkeit in die Familie erreicht werden, die Erziehung in einer anderen Familie vorbereitet oder eine andere Lebensform angeboten werden, die zu einem selbstständigen Leben hinführt. Die Wahl und Gestaltung der Wohnformen und des spezifischen Unterstützungsangebotes hat sich nach den Wünschen und individuellen Bedarfslagen der Minderjährigen und ihren Familien zu richten. (§ 33 SGB I, § 5 und § 9 SGB VIII, § 9 SGB IX, § 9 SGB XII) Die Erziehung der Kinder erfolgt im Auftrag der Eltern oder sonstigen Sorgeberechtigten. (§ 1688 BGB)

Aufgabe der Einrichtungen der Erziehungshilfe ist es, den Mädchen und Jungen einen Lern- und Lebensort zu bieten, an dem ihre Grundbedürfnisse erfüllt werden, an dem sie Geborgenheit, Sicherheit und Wertschätzung erfahren, verlässliche Bindungen aufbauen und alters- und entwicklungsgerechte Freiräume nutzen können. Die Einrichtungen sollen die Entwicklung der Kinder und Jugendlichen zu eigenverantwortlichen und gemeinschaftsfähigen Persönlichkeiten und ihre gleichberechtigte Teilhabe am gesellschaftlichen Leben fördern. (§ 1 SGB VIII, § 1 SGB IX) Sie tragen dem wachsenden Bedürfnis der Kinder und Jugendlichen zu selbstständigem, verantwortungsbewusstem Handeln Rechnung und beteiligen sie hierzu an den sie betreffenden Angelegenheiten. (Art. 3 Abs.1 der UN-KRK verpflichtet alle öffentlichen und privaten Träger, ihr Handeln stets vorrangig am Wohl der Kinder und Jugendlichen zu orientieren).[227]

Dass diese Ziele und Rechte der Kinder auch umgesetzt werden, darauf achtet das Landesjugendamt als Aufsichtsbehörde. Darum ist das Landesjugendamt als unabhängige öffentliche Stelle ergänzend zum Schutz dieser Kinder und Jugendlichen in den Einrichtungen berufen und mit entsprechenden Fachkompetenzen und Befugnissen ausgestattet. (§ 85 Abs. 2 S. 6 SGB VIII) Der Aufsicht des Landesjugendamtes unterstehen alle Einrichtungen, in denen Minderjährige über einen längeren Zeitraum betreut und erzogen werden. Träger, die den Betrieb einer entsprechenden Einrichtung planen, haben dies dem Landesjugendamt anzuzeigen, um eine Betriebserlaubnis durch dieses einzuholen. Zu diesen Einrichtungen gehören insbesondere Heime und sonstige betreute Wohnformen der Erziehungshilfe nach dem § 27 und § 34 SGB VIII und der Eingliederungshilfe nach § 55 SGB IX in Verbindung mit § 35a SGB VIII oder § 53 SGB XII.

Durch die Anbahnung jeder Form von Hilfe zur Erziehung (in diesem Fall einer stationären Unterbringung des Kindes) entsteht ein sogen. »sozialrechtliches Leistungsdreieck« zwischen dem Träger der Einrichtung, dem Jugendamt und den Personensorgeberechtigten. Die Ansprüche und Hilfeleistungen, die sich aus diesem Verhältnis ergeben, werden durch gemeinsame Hilfeplangespräche in regelmäßigen Abständen definiert und überprüft.

In einer stationären Wohngruppe einer solchen Einrichtung leben mehrere Kinder und Jugendliche mit Pädagogen/-innen zusammen, die sich häufig im Schichtdienst

---

227 Positionspapier des LVR für Jugendämter, Kinder und Jugendliche und ihre Personensorgeberechtigten sowie für Träger von stationären Einrichtungen im Sinne der §§ 45 ff. SGB VIII. Köln, 2016.

abwechseln. In kleineren Maßnahmen, wie z.B. einer Projektstelle, einer sozialpädagogischen Lebensgemeinschaft oder ähnlichen Maßnahmen, gibt es auch sogenannten innewohnende Pädagogen/-innen, teilweise mit Zusatzkräften. Im Alltag kann dies zu Besonderheiten führen. Meist ist morgens eine Fachkraft allein im Dienst. Da die dort lebenden Kinder alle ihre Auffälligkeiten und Probleme haben, kann es gut geschehen, dass eines grade eine intensive Krise hat, die viel Aufmerksamkeit der Pädagogen/-innen erfordert, und dass deswegen z.B. nicht auffällt, dass ein anderes Kind ohne vollständiges Arbeitsmaterial in die Schule geht. Das kann auch bei den Hausaufgaben passieren, die nachmittags in der Regel von einem Pädagogen/-innen beaufsichtigt werden und möglicherweise nicht vollständig oder richtig sind. Aufgrund des Dienstplans kann es auch passieren, dass ein/e Erzieher/-in aus der Kita oder ein/e Lehrer/-in bei einem Anruf in der Einrichtung mit unterschiedlichen Pädagogen/-innen zu tun hat, was die Kommunikation erschweren kann. Schulen und Kitas können aber grundsätzlich davon ausgehen, dass die Mitarbeiter/-innen der Einrichtung sie in jedem Fall unterstützen, da sie als wichtige Erziehungsinstanzen angesehen werden.

Bezogen auf das geschilderte Fallbeispiel war es so, dass Yvonne auch im Schulkontext durch depressive Züge, misstrauisches Verhalten, Rückzüglichkeit oder Verstummen auffiel. Die Lehrer/-innen mussten erst verstehen, dass dies keine Beziehungsaussage beinhaltete oder sie »schlechte Lehrer« gewesen wären, sondern dass dies Yvonnes Art war, mit dem Erlebten umzugehen. Auch ihre Müdigkeit, die meist eine Folge unruhiger Nächte mit vielen Albträumen war, war keinesfalls gleichzusetzen mit Unlust. Sowohl die Lehrer/-innen wie auch die Fachpflegestelle profitierten sehr von einem intensiven und regelmäßigen Austausch von Anfang an.

Jonas zeigte sich im Kita-Kontext aggressiv, vermeintlich hyperaktiv und fiel schnell als »lautes Kind« auf. Er benötigte Begrenzung ohne Bewertung und keine Etikettierung. Durch den Austausch mit der Fachpflegestelle wurde für die Erzieherinnen bald deutlich, wie sehr der Junge Sicherheit, Ruhe und Beruhigung benötigte, da hinter der Aggression massive Ängste und Unsicherheiten standen.

Michaelas Trance-Zustände in der Kita waren keine Trotzreaktionen, obwohl es von außen betrachtet so wirkte, sondern waren vielmehr Ausdruck der inneren Flucht vor ihren Erinnerungen. Außerdem lief sie Gefahr, mit jeder beliebigen Person mitzugehen, und brauchte hier sehr viel Schutz und Aufmerksamkeit. Hilfreich war es für die Erzieherinnen, gemeinsam mit der Fachpflegestelle konkrete »Skills« zu überlegen, mit deren Hilfe sie Michaela jeweils in die Realität zurückholen konnten.

Es ist gut, sich all dies zu vergegenwärtigen, um daraus ableiten zu können, welche Möglichkeiten auch Schulen und Kitas haben, diese Kinder direkt oder auch indirekt zu unterstützen. Sie sind in einer besonderen Situation, weil sie ohnehin ihr Päckchen zu tragen haben – durch ihre oftmals belastete Geschichte ebenso wie durch die Tatsache an sich, dass sie nicht zu Hause leben. Trotzdem sind es Kinder, die Regeln und Strukturen benötigen und davon profitieren, wenn auch an der einen oder anderen Stelle mit etwas mehr oder anders ausgerichtetem Verständnis.

Gerade Kinder, die aus unsichereren Verhältnissen kommen bzw. Gewalt in Form von Vernachlässigung, physischer oder sexueller Gewalt erlebt haben, brauchen klare Strukturen und Grenzen, dies vermittelt ihnen Sicherheit. Sie brauchen Menschen an ihrer Seite, die sie verstehen und mögen wollen und nicht nur als zusätzliche Belastung, als »Störenfriede« oder aber als völlig hilflose Opfer ohne Ressourcen sehen. Dazu braucht es neben einem umfassenden Verstehen auch die Vernetzung der verschiedenen Institutionen und Fachpersonen, Respekt untereinander und den Willen zu kooperieren, nicht zuletzt auch den Eltern gegenüber. Der berechtigte Datenschutz darf an dieser Stelle nicht als »vorgeschobenes« Argument benutzt werden, um sich nicht auszutauschen. Es ist nicht notwendig, alle datenschutzrelevanten Details zu wissen, um die Kinder angemessen unterstützen zu können. Vielmehr bietet der Austausch über die aktuelle Verfassung des Kindes alle Ansatzpunkte dafür.

Auch bei Kindern, die Auffälligkeiten zeigen und zu Hause leben, ist der Einsatz seitens Kita und Schule von unschätzbarem Wert. Egal, welche Situation möglicherweise zu Hause vorliegt, dürfen sich die Kinder bis zu acht Stunden am Tag in einem gesicherten, strukturierten und gewaltfreien Rahmen bewegen, was ein großes Geschenk für sie darstellt.

»Es gibt Zeiten, da ist man bei sich und gelassen, und es gibt Zeiten, wo man weit weg ist von sich... und dann steht man in der Ferne und sieht das kleine Abbild seiner Selbst und man wird wütend, weil man etwas Perfektes erwartet und dann erkennt, dass man alles lernen muss, um es weitergeben zu können. Und da steht man und muss grinsen. Danke, dass Du mich beim Erwachsenwerden begleitet hast. Ersetzen kann man Eltern nicht, nur ohne die Arbeit von Euch würden Kinder nie erlernen, einen Grund zu haben, um hier auf der Erde zu sein.«

Diese junge Mutter, die dies geschrieben hat, hat es gut angetroffen, sie ist in einer Wohngruppe groß geworden, in der sie liebevolle und verständnisvolle, engagierte Pädagogen/-innen hatte, die sie viele Jahre ihres Lebens begleitet und alle ihre Höhen und Tiefen miterlebt haben.

8 Kinderschutz im familienrechtlichen Verfahren

»Kinder sind unsere besten Richter.«
(Otto von Bismarck)

Obwohl Eltern ihre Kinder lieben und zweifellos das Beste für sie wollen, geraten Kinder immer wieder zwischen die Fronten, wenn es den Eltern bei Scheidung oder Trennung nicht gelingt, Elternebene und Beziehungsebene zu trennen. Immer wieder werden Kinder beeinflusst, ausgefragt, als Boten benutzt oder ihr vermeintliches Wohl (bewusst oder unbewusst) vorgeschoben, um eigene Interessen durchzusetzen. Die Wünsche und Bedürfnisse der Kinder bleiben dabei oft ungehört.

Dies liegt zum einen daran, dass viele Eltern sehr mit sich selbst beschäftigt sind und zunächst einen Weg finden müssen, mit der neuen Situation umzugehen. Manch eine(r) kann eine Trennung nur schwer akzeptieren, wie die Zahlen von sogenanntem (Expartner-)Stalking zeigen.

Zum anderen haben die Bedürfnisse von Kindern noch nicht ausreichend Platz im familienrechtlichen Verfahren gefunden. Kinder werden in den gerichtlichen und außergerichtlichen Verfahren noch immer nicht als gleichberechtigte und aktive Subjekte behandelt, deren Meinungen und Forderungen gleichermaßen in den Trennungs- und Entscheidungsprozess mit einzubeziehen sind. Stattdessen werden Kinder paternalistisch, zu ihrem tatsächlichen oder auch nur vermeintlichen Wohl, aus den familienrechtlichen Verfahren weitgehend herausgehalten. Die Rechtsfigur des Verfahrensbeistandes soll hier, zumindest teilweise, Verbesserungen herbeiführen.

Die Rechte und Bedürfnisse von Kindern sind vom Familiengericht nicht nur im Rahmen von Trennungen und Scheidungen zu berücksichtigen. Gemäß § 1666 BGB »wird das körperliche, geistige oder seelische Wohl des Kindes oder sein Vermögen gefährdet und sind die Eltern nicht gewillt oder nicht in der Lage, die Gefahr abzuwenden, so hat das Familiengericht die Maßnahmen zu treffen, die zur Abwendung der Gefahr erforderlich sind […]

8.1 Trennung und Scheidung – Was Sie über das familienrechtliche Verfahren wissen sollten

Franziska Breitfeld

Wie jedes Rechtsgebiet war auch das Familienrecht im Laufe der Jahrhunderte stets im Wandel. Die gesetzlichen Neuerungen und Veränderungen verdeutlichen die gesellschaftliche Entwicklung, die eng mit sittlichen, moralischen, politischen, kulturellen, sozialen oder hierarchischen Vorstellungen verknüpft ist. Insbesondere die Gleichstellung von Mann und Frau und die Rechte der Kinder hatten und haben große Auswirkungen auf das heutige Familienrecht.

Nach den heutigen Regelungen des Familienrechts haben die Sorgeberechtigten, also in der Regel die Eltern, das Recht und die Pflicht, für ihre minderjährigen Kinder zu sorgen. Umfasst sind die Personen- und die Vermögenssorge (§ 1626 BGB), die zum Wohl des Kindes auszuüben sind (§ 1627 BGB). Können sich die Eltern nicht einigen, was beispielsweise für das Kind das Beste ist oder wo das Kind nach einer Trennung oder Scheidung leben soll, greift das Familiengericht auf Antrag eines Elternteiles ein (§ 1628 BGB). Es kann aber auch auf eigene Veranlassung eingreifen, wenn es eine Gefahr für ein Kind sieht (§ 1666 BGB).

Das Familiengericht

Eine spezialisierte Abteilung des Amtsgerichts ist das Familiengericht. Dieses ist zuständig für die sogenannten Familiensachen. Darunter fallen gemäß §111 FamFG Ehesachen, Kindschaftssachen, Abstammungssachen, Adoptionssachen, Ehewohnungs- und Haushaltssachen, Gewaltschutzsachen, Versorgungsausgleichssachen, Unterhaltssachen, Güterrechtssachen, sonstige Familiensachen und Lebenspartnerschaftssachen.

In Ehesachen wird über die Scheidung oder Aufhebung einer Ehe entschieden beziehungsweise das Bestehen oder Nichtbestehen einer Ehe festgestellt. Wird über die Scheidung entschieden, kann gleichzeitig auch über die sogenannten Folgesachen beschlossen werden. Folgesachen können sein »Versorgungsausgleichssachen, Unterhaltssachen…, Ehewohnungs- und Haushaltssachen und Güterrechtssachen. Folgesachen sind nach dem Gesetz auch Kindschaftssachen, allerdings selten in der Praxis, die Gerichte präferieren hier selbständige Verfahren. In Kindschaftssachen wird über die Übertragung oder Entziehung der elterlichen Sorge, das Umgangsrecht oder die Herausgabe eines gemeinschaftlichen Kindes der Ehegatten oder das Umgangsrecht eines Ehegatten mit dem Kind des anderen Ehegatten« (§ 137 FamFG) entschieden.

Außerdem ist das Familiengericht zuständig, wenn das Wohl des Kindes in Gefahr ist und die Sorge-berechtigten diese Gefahr nicht abwenden können oder wollen. In diesem Fall kann das Familiengericht die erforderlichen Maßnahmen treffen (§ 1666 BGB.)

Kinderschutz im familienrechtlichen Verfahren

Trennung und Scheidung

Im Jahr 2015 wurden in Deutschland 163.335 Ehen geschieden. Insgesamt waren 2015 rund 132.000 minderjährige Kinder von der Scheidung ihrer Eltern betroffen. Hinzukommen die Kinder, deren Eltern vor der Trennung nicht miteinander verheiratet waren bzw. die sich trennen, aber keine Scheidung einreichen. Sie werden statistisch nicht erhoben.

Familien in Trennungs- und Scheidungssituationen

Kinder und Jugendliche galten früher, etwa in den 1970er Jahren, als »Scheidungswaisen« wenn sich ihre Eltern trennten. Man ging davon aus, dass die Beziehung zwischen den Kindern zu dem verlassenden Elternteil mit der Scheidung ebenso beendet war, wie die Ehe selbst. Dieses Verständnis betont vor allem eine defizitäre Seite der Scheidung.

Inzwischen ist das Familienrecht darauf ausgerichtet, die Beziehung der Kinder zu beiden Elternteilen und deren Präsenz im jeweiligen Leben zu erhalten. Angestrebt wird, eine Beziehung zwischen allen Familienmitgliedern zu gestalten, welche es den Kindern ermöglicht, ohne (erhebliche) Beeinträchtigungen mit Beziehungen zu beiden Eltern aufzuwachsen. Trennung und Scheidung würden die Familie verändern, sollen sie aber nicht auflösen.

Im Mittelpunkt jeglicher gerichtlichen Entscheidung steht dabei das Kindeswohl.

Das Kindeswohl

Obwohl dem Begriff des Kindeswohls eine zentrale Bedeutung zukommt, wird dieser in der Verfassung nicht erwähnt. Er findet vielfach Erwähnung in den einfachgesetzlichen Regelungen, eine Definition findet sich im Gesetz nicht. Als unbestimmter Rechtsbegriff ist das Kindeswohl unter Zugrundelegung der verfassungsrechtlichen Regelungen im Einzelfall zu bestimmen, die Auslegung unterliegt voller gerichtlicher Kontrolle.

Die Definition des Kindeswohls gilt als besondere Herausforderung. Es beinhaltet den umfassenden (körperlichen, geistigen und seelischen) Schutz des Kindes.[228] Erläuternd wird teilweise auf § 1 Abs. 1 SGB VIII zurückgegriffen, wonach »jeder junge Mensch hat ein Recht auf Förderung seiner Entwicklung und auf Erziehung zu einer eigenverantwortlichen und gemeinschaftsfähigen Persönlichkeit.« hat.

Das brandenburgische Oberlandesgericht versteht unter dem Kindeswohl »die grundlegenden, unverzichtbaren Lebensbedürfnisse des beteiligten Kindes [...], auf deren vollständige und sichere, unbedingte, voraussetzungslose Erfüllung es in seinem gerade erreichten Stand des Entwicklung angewiesen ist. Die Oberlandesgerichte und auch die höchstrichterliche Rechtsprechung den Bundesgerichtshofs und

---

228 Palandt (2012), Nr. 24: § 1666, Rn. 9.

des Bundesverfassungsgerichts weichen von dieser Definition in verschiedenen Bereichen ab. Eine einheitliche Begriffsbestimmung ist im Recht bisher nicht gegeben.

Die Definition des Kindeswohls steht in Abhängigkeit zum gerichtlich zu betrachtenden Anspruch. Bei der Entscheidung über die elterliche Sorge sind beispielsweise die Kriterien (Un-)Geeignetheit zur Pflege und Erziehung, Kooperationsbereitschaft, Kontinuität, Förderung, Bindung an das Elternteil bzw. die Geschwister und der Kindeswille für die Beurteilung des Kindeswohls maßgebend.

Einvernehmen

Das Gericht soll in Kindschaftssachen, die die elterliche Sorge bei Trennung und Scheidung, den Aufenthalt des Kindes, das Umgangsrecht oder die Herausgabe des Kindes betreffen, in jeder Lage des Verfahrens auf ein Einvernehmen der Beteiligten hinwirken, wenn dies dem Kindeswohl nicht widerspricht. (§ 156 FamFG)

Mediation und außergerichtliche Konfliktbeilegung

Das Gericht kann einzelnen oder allen Beteiligten eine Mediation oder ein anderes Verfahren der außergerichtlichen Konfliktbeilegung vorschlagen. Sind die Beteiligten einverstanden, setzt das Gericht das Verfahren aus (§ 36 a FamFG).

Die Mediation ist ein Verfahren, bei dem ausgebildete Fachkräfte, die sogenannten Mediatoren, den Konfliktparteien helfen, ihre Situation zu reflektieren und eigenständig eine Lösung zu erarbeiten. Entwickeln beide Seiten ein Lösungskonzept gemeinsam, hat dies oft zur Folge, dass das Ergebnis besser akzeptiert wird und sich die Beteiligten eher an die Vereinbarungen halten. Auch führen diese Verfahren oft schneller zu einer Lösung und sind finanziell weniger belastend. Die Mediatoren sind dabei allparteilich und unabhängig.

Alternative außergerichtliche Konfliktlösungsverfahren sind coachings, Schlichtungen oder Schiedsverfahren.

Regelungsbefugnis des Familiengerichts

Können sich die Eltern beispielsweise nicht über das Umgangsrecht einigen, entscheidet das Familiengericht auf Antrag über Dauer und Umfang des Umgangs. Hierbei werden die Rechte der Eltern (aus Artikel 6 GG) und die Rechte und Bedürfnisse des Kindes im Einzelfall abgewogen. Wichtige Kriterien sind unter anderem »die Belastbarkeit des Kindes, die bisherige Intensität der Beziehung zum Umgangsberechtigten, die räumliche Entfernung, sonstige Interessen und Bindungen des Kindes, der Kindeswille, das Alter des Kindes, sein Entwicklungs- und Gesundheitszustand«, etc.

Das Gericht bestellt für das Kind in der Regel einen Verfahrensbeistand, welcher im Verfahren die Interessen des Kindes wahrnimmt. Das Kind und die Eltern werden

Kinderschutz im familienrechtlichen Verfahren

im Verfahren, ebenso wie das Jugendamt angehört. Sofern vorhanden, wirkt auch die Pflegeperson mit.

Verfahren bei Kindeswohlgefährdung nach § 1666 BGB

»Wird das körperliche, geistige oder seelische Wohl des Kindes oder sein Vermögen gefährdet und sind die Eltern nicht gewillt oder nicht in der Lage, die Gefahr abzuwenden, so hat das Familiengericht die Maßnahmen zu treffen, die zur Abwendung der Gefahr erforderlich sind. Um schwerwiegende Maßnahmen zu vermeiden, soll das Familiengericht möglichst früh mit den Eltern, dem Kind und dem Jugendamt sprechen, diese sensibilisieren und zu Präventivmaßnahmen motivieren (Erörterungsgespräch). Der Entzug der teilweisen oder gesamten Personensorge setzt voraus, »dass andere Maßnahmen entweder schon vergeblich versucht wurden oder anzunehmen ist, dass diese nicht ausreichen würden. […] Ein Schadenseintritt beim Kind muss sich dabei bereits mit einiger Sicherheit abzeichnen.« Auf ein Verschulden der Eltern kommt es dabei nicht an.

Begutachtung

Das Gericht kann zur Entscheidungsfindung Sachverständige heranziehen, wenn die eigene Sachkunde für die Entscheidungsfindung nicht ausreicht. Dies betrifft im familienrechtlichen Verfahren vor allem Fälle, in denen es psychologischen Fachwissens bedarf. Das Gericht formuliert dann konkrete Fragestellungen, welche durch den/die Gutachter/-in beantwortet werden sollen. Das Gericht ist nicht an das Gutachten gebunden, wird dieses jedoch bei der Entscheidungsfindung berücksichtigen.

Die Mitwirkung von Eltern an einem psychologischen Gutachten kann nicht erzwungen und auch dürfen keine Rückschlüsse aus der Verweigerung gezogen werden. Über die Zweckhaftigkeit sollten sich Verfahrensbeteiligte dringend mit einem/r Fachanwalt/-in beraten, denn das Gericht kann alternativ den/die Verweigernde/n vor Gericht in Anwesenheit des/der Sachverständigen anhören. Lassen die Eltern dagegen die Begutachtung ihres Kindes nicht zu, kann ihnen für kurze Zeit die Personensorge entzogen werden, wenn die Begutachtung als Schutzmaßnahme unerlässlich ist.

Kinderschutz in Kinderschuhen

Familienrechtliche Verfahren sind oft konfliktbelastet. Kinder sollen durch die Beschleunigung des Verfahrens, die Hinzuziehung eines Verfahrensbeistandes, Anhörungsrechte, die Kooperation mit dem Jugendamt und die Möglichkeit der Inanspruchnahme von Kinder- und Jugendhilfemaßnahmen entlastet werden. Auch gibt es inzwischen immer mehr kindgerechte Literatur und ein breiteres Verständnis für die Bedürfnisse von Kindern in familienrechtlichen Verfahren. Kindgerecht ist die Justiz jedoch noch immer nicht, sondern geprägt von einem paternalistischen Grundverständnis und einer Scheu davor, Kinder als fähige und gleichberechtigte

Subjekte aktiv mit in die Verfahren einzubeziehen. Der Kinderschutz und die Umsetzung der Kinderrechte steckt im deutschen Familienrecht vielmehr noch in den Kinderschuhen.

Kosten

Auch familiengerichtliche Verfahren sind mit einer teils erheblicher Kostenlast verbunden, doch kann für alle familiengerichtlichen Verfahren Verfahrenskostenhilfe beantragt werden. Der Verfahrensbeistand des Kindes erhält eine pauschale Vergütung von 350 Euro, die vorerst von der Staatskasse getragen, mit Abschluss des Verfahrens jedoch den Parteien im Rahmen der Verfahrenskosten auferlegt wird.

Entscheidung

Die Entscheidung des Gerichts ist auch dem Kind selbst bekannt zu machen, wenn es das 14. Lebensjahr vollendet hat und nicht geschäftsunfähig ist (§ 164 FamFG).

Rechtsmittel gegen Entscheidungen des Familiengerichts

Die Beschlüsse des Familiengerichts können mit der sogenannten Beschwerde angegriffen werden. Zuständiges Beschwerdegericht ist das jeweilige Oberlandesgericht, trotzdem muss die Beschwerde zunächst am zuständigen Familiengericht eingelegt werden. Dieses gibt die Unterlagen dann an das Beschwerdegericht. Hier müssen sich die Beteiligten in der Regel durch eine/n Anwalt/-in vertreten lassen.

8.2 Kindeswille und der Einfluss auf das familiengerichtliche Verfahren

Christina Sieger

Der Begriff des Kindeswillens ist gesetzlich nicht definiert. Die Beteiligten eines gerichtlichen Verfahrens verstehen darunter die subjektive Sicht und Haltung eines Kindes in Bezug auf seine eigene Zukunft, also einen Ausdruck von Eigenverantwortlichkeit, der auf nachvollziehbaren Beweggründen basiert.

Der Erhebung des Kindeswillens wird im familiengerichtlichen Verfahren doppelte Funktion beigemessen: damit soll einerseits die vom Kind empfundene Personenbindung ermittelt werden und dem Kind andererseits die Möglichkeit der Selbstbestimmung gegeben werden, wie es ihm als Grundrechtsträger zusteht.

Persönliche Anhörung

In allen Kindschaftssachen ist nach § 159 FamFG die persönliche Anhörung eines beteiligten Kindes erforderlich.

Es gilt der Amtsermittlungsgrundsatz, das bedeutet, der/die Richter/-in muss selbst an der Sachaufklärung mitwirken. Dies geschieht unter anderem durch die Anhörung des Kindes. Nur so kann das Gericht die Individualität des Kindes bei seiner Entscheidung berücksichtigen. Der Gesetzgeber unterstellt, dass der/die entscheidende Richter/-in sich selbst einen unmittelbaren Eindruck von dem Kind verschaffen muss, bevor er/sie über dessen Wohl entscheiden kann. Es macht einen Unterschied, ob er/sie das betroffene Kind mit seinen Bedürfnissen, Wünschen, Gefühlen und Ängsten persönlich oder nur als »Akteninhalt« aus verschiedenen schriftlichen Stellungnahmen kennt.

Außerdem dient die Anhörung des Kindes auch der Sicherstellung des grundrechtlich verankerten Rechtes des Kindes auf rechtliches Gehör. Das Kind ist durch die Entscheidung eines Gerichtes zu einer Sorge- oder Umgangsangelegenheit unmittelbar betroffen, diese kann unmittelbaren Einfluss auf sein weiteres Leben haben, also muss es die Möglichkeit haben, sich dazu zu äußern.

Das bedeutet weiter, dass Kinder jeden Alters angehört werden. Allerdings sind sowohl die Zielsetzung der Anhörung als auch die Ausgestaltung der Anhörung abhängig vom Alter des Kindes.

Anhörung eines über 14 Jahre alten Kindes

Betrifft ein gerichtliches Verfahren ein Kind, das über 14 Jahre alt ist, ist die persönliche Anhörung (außer bei Verfahren, die nur die Vermögenssorge betreffen) zwingend und es kann nur aus schwerwiegenden Gründen von dieser Anhörung abgesehen werden. Durch diese besondere Regelung soll nach dem Willen des Gesetzgebers der mit dem Alter wachsenden Selbstverantwortung des Kindes Rechnung getragen werden.

Die wachsende Selbstverantwortung des Kindes wird auch in anderen Bereichen deutlich, so kann das 14jährige Kind z.B. der Aufhebung der Mitsorge und Übertragung der Alleinsorge auf einen Elternteil widersprechen, vgl. § 1671 Abs. 1 Nr. 1 BGB. Auch im Verfahrensrecht wird dem über 14 Jahre alten Kind eine stärkere Rechtsposition eingeräumt, so ist ihm in der Regel z.B. eine Endentscheidung in Kindschaftssachen nach § 164 FamFG selbst bekanntzumachen, allerdings ggf. ohne oder nur mit teilweiser Begründung.

Der von dem über 14jährigen Kind geäußerte Wille ist also vom Gericht im Sinne der Selbstbestimmung zu verstehen und zu berücksichtigen.

Anhörung eines Kindes unter 14 Jahren

Nach § 159 Abs. 2 FamFG sind auch Kinder unter 14 Jahren in allen Kindschaftssachen persönlich anzuhören, denn auch wenn ein Kind noch nicht die Reife hat, um über sich selbst zu bestimmen, sind seine Neigungen, Bindungen und Wünsche für die Zukunft von Bedeutung für die gerichtliche Entscheidung.

Ein Mindestalter für die Anhörung eines Kindes ist nicht gesetzlich festgelegt. Da der Zweck der Anhörung darin besteht, dem Gericht einen unmittelbaren Eindruck von dem Kind zu verschaffen, wird überwiegend angenommen, dass ab einem Alter von drei Jahren eine persönliche Anhörung erforderlich ist, weil davon ausgegangen wird, dass Kinder ab diesem Alter generell in der Lage sind, Bedürfnisse, Wünsche und Gefühle sowie Ängste verbal zu äußern oder durch ihr Verhalten auszudrücken.[229]

Für die Sachaufklärung durch den/die Richter/-in und die Entscheidung sind bei sehr jungen Kindern die verbalen Äußerungen des Kindes und andere Erkenntnisse aus der persönlichen Wahrnehmung, wie z.B. eine Entwicklungsverzögerung, wichtig, aber auch Beobachtungen auf dem Gerichtsflur, wie etwa die Reaktion des Kindes auf einen Elternteil. Diese Erkenntnisse kann der Richter nur in einem persönlichen Treffen gewinnen.

Zum Teil wird bei Kleinkindern die Auffassung vertreten, dass statt der richterlichen Anhörung auch die Bestellung eines Verfahrensbeistandes ausreichend ist. Spätestens jedoch ab dem Schulalter entbindet auch die Bestellung eines Verfahrensbeistandes den Richter nicht von der persönlichen Anhörung des Kindes.

Absehen von der persönlichen Anhörung

Von einer persönlichen Anhörung kann aus schwerwiegenden Gründen oder wegen Gefahr im Verzug abgesehen werden (§ 159 Abs. 3 FamFG).

---

[229] Bundesverfassungsgericht vom 14.07.2010, AZ 1 BvR 3189/09.

Schwerwiegende Gründe um von einer persönlichen Anhörung abzusehen, liegen dann vor, wenn ein Kind durch die Anhörung aus seinem seelischen Gleichgewicht gebracht würde und eine Beeinträchtigung seines Gesundheitszustandes zu befürchten wäre. Zur Darstellung einer solchen Ausnahmesituation genügt es gerade nicht, nur pauschal auf eine »Belastung« eines Kindes hinzuweisen.[230]

Auch ergaben Untersuchungen seit den 1980er Jahren, dass die Belastung eines Kindes durch eine richterliche Anhörung oft überschätzt wird. Ergebnis dieser Untersuchungen ist unter anderem, dass die meisten Kinder keine dauerhafte Belastung entwickeln, sondern eher eine Anspannung besteht, die wie »Prüfungsangst« zwar vor der Anhörung ansteigt, aber sofort danach deutlich abflacht.

Um einen schwerwiegenden Grund anzunehmen, müssen die Auswirkungen für das Kind jedoch deutlich ausgeprägter sein. So sind schwerwiegende Gründe bei einer 16-jährigen angenommen worden, die sich in einer stationären psychotherapeutischen Behandlung befand und gegenüber dem Sachverständigen und weiteren Beteiligten wiederholt zum Ausdruck gebracht hatte, dass sie unter dem Streit der Eltern sehr leide und nicht in die Auseinandersetzung um die gemeinsame Sorge einbezogen werden wolle.[231]

Weiter kann von der Anhörung abgesehen werden, wenn diese z.B. im einstweiligen Anordnungsverfahren erst kürzlich erfolgte und es sich im Hauptsacheverfahren um den gleichen Verfahrensgegenstand handelt. Auch kann in der Beschwerdeinstanz davon z.B. dann abgesehen werden, wenn von der erneuten Anhörung keine neuen Erkenntnisse zu erwarten sind. Ein Verzicht der Eltern auf eine Anhörung stellt keinen schwerwiegenden Grund dar. Auch der Beschleunigungsgrundsatz nach § 155 Abs. 1 FamFG erlaubt es nicht, von der persönlichen Anhörung des Kindes abzusehen.

Wenn Gefahr im Verzug besteht, also eine akute Gefährdungssituation für ein Kind anzunehmen ist und unverzügliches Handeln des Gerichtes notwendig ist, wie z.B. bei einer unaufschiebbaren ärztlichen Behandlung oder einer drohenden Kindesentführung, kann das Gericht ohne vorherige persönliche Anhörung des Kindes entscheiden, dann muss die Anhörung jedoch unverzüglich nachgeholt werden.

Die Ermittlung des Kindeswillens

Der Kindeswille wird vom/von der entscheidenden Richter/-in im Rahmen eines persönlichen Gespräches ermittelt.

Das Kind wird über seine/n gesetzliche/n Vertreter/-in, also zumeist über den Elternteil, bei dem es lebt, geladen. Ist ein Verfahrensbeistand bestellt, ist er ebenfalls zum Termin zu laden und beim Gespräch anwesend. Weigern sich die Eltern das Kind zur Anhörung zu bringen, kann eine Erzwingung erfolgen, dies kommt in der Praxis aber selten vor.

---

230 Bundesverfassungsgericht vom 17.06.2009, AZ BvR 467/09.
231 Entscheidung des OLG Hamm vom 01.08.2011, AZ II-8 UF 136/11.

Wie die persönliche Anhörung durch den/die Richter/-in konkret durchgeführt wird, ist im Gesetz nicht ausdrücklich geregelt, sondern § 159 Abs. 4 FamFG regelt nur, dass der/die Richter/-in das Kind alters- und kindgerecht über Gegenstand, Ablauf und möglichen Ausgang des Verfahrens informieren soll, soweit dies mit dem Kindeswohl vereinbar ist. Jedem Kinde, egal welchen Alters, soll also erklärt werden, welche Aufgabe der/die Richter/-in hat, welche Entscheidung er/sie möglicherweise treffen muss und dass die Meinung des Kindes zu der zu entscheidenden Frage für ihn/sie relevant ist.

Allgemeine Regeln oder Vorgaben, wie die Anhörung am besten durchzuführen ist, gibt es nicht. In der Regel sind die Familienrichter/-innen darin aber sehr erfahren und haben entsprechende Fortbildungsangebote der Richterakademien wahrgenommen, so dass sie die notwendigen Techniken für die Gespräche mit Kindern erlernt haben und anwenden können sollten.

So wird sich jede/r Richter/-in in der Kindesanhörung bewusst entscheiden, ob er/sie offene oder geschlossene Fragen stellt, um effektiv den Willen des Kindes zu erfahren. Generell wird vertreten, dass es sinnvoll ist, dem Kind möglichst offene Fragen zu stellen und es hauptsächlich selbst erzählen zu lassen.

Bei manchem Kind funktioniert dies allerdings nicht und der/die entscheidende Richter/-in muss dann während der Anhörung auf eine andere Technik wechseln. In der Regel beginnen die Gespräche mit für das Kind leicht zu beantwortenden Fragen zu Schule, Freunden oder wer zur Familie des Kindes gehört, so dass sich bestehende Anspannungen etwas lösen können. Manchmal ist es auch gesprächsförderlich, wenn ein Kind nebenher malt oder spielt. Direktes Erfragen des Willens oder von Motiven sollte nur dann erfolgen, wenn das Kind signalisiert, dass es über seine Meinung sprechen will, ja vielleicht sogar froh darüber ist, diese mitzuteilen.

Manche Kinder können auch zur Willensäußerung motiviert werden, indem ihnen erklärt wird, dass nicht einfach ein/e fremde/r Richter/-in über sie entscheiden will, sondern dass es mit seiner Meinungsäußerung an der Entscheidungsfindung mitwirken kann. Allerdings muss dabei unbedingt vermieden werden, dem Kind den Eindruck zu vermitteln, dass es selbst entscheiden muss/darf. Zum einen ist es mit dieser Aufgabe überfordert, zum anderen soll das Kind nicht erleben, dass es sich überwindet, seine Meinung mitzuteilen und dann doch anders entschieden wird.

Es kann natürlich auch geschehen, dass ein Kind nichts sagen will oder dass die Anhörung kein für die gerichtliche Entscheidung verwertbares oder erhebliches Ergebnis bringt. Das ist vom/von der Richter/-in zu akzeptieren und er/sie darf nicht versuchen, das Kind zu Äußerungen zu überreden oder auf gar auf einer Antwort bestehen.

Ansonsten gehört es zu den individuellen Entscheidungen des/der Richters/-in in jedem einzelnen Verfahren, ob Geschwister getrennt oder gemeinsam angehört werden und in welchen Räumlichkeiten die Anhörung erfolgt, z.B. im Spielzimmer des Gerichtes, im Richterzimmer oder im Gerichtssaal. Der/die Richter/-in muss darauf achten, dass die Anhörung entsprechend des Alters des Kindes, seines Entwicklungsstandes gestaltet wird und Rücksicht auf seine möglicherweise angespannte seelische Verfassung nehmen.

Der/die Familienrichter/-in muss sodann den wesentlichen Inhalt der Kindesanhörung in einem Vermerk wiedergeben, dies kann auch im Sitzungsprotokoll erfolgen. Den Verfahrensbeteiligten, insbesondere den Eltern, muss zur Wahrung des rechtlichen Gehörs Gelegenheit gegeben werden, zum Ergebnis der Kindesanhörung Stellung zu nehmen.

Die nicht erfolgte Anhörung eines betroffenen Kindes im Sorgerechts- oder Umgangsverfahren stellt in der Regel einen schweren Verfahrensmangel dar. Dieser führt zur Aufhebung der Entscheidung und Zurückverweisung zur erneuten Bearbeitung und Entscheidung an die erste Instanz. Das gleiche gilt für einen Verstoß gegen die Pflicht zur Dokumentation des Anhörungsergebnisses bzw. zur Begründung, falls von der Anhörung ausnahmsweise abgesehen wurde.

Berücksichtigung des Kindeswillens

In der Praxis wird man immer wieder mit der Aussage konfrontiert, dass ein über 14jähriges Kind im Sorgerechts- und Umgangsverfahren selbst entscheiden kann. Diese pauschale Behauptung ist unzutreffend.

Der Wille eines Kindes kann zwar ausschlaggebend sein, dies ist aber nicht automatisch wegen des Alters der Fall, sondern muss vom Gericht sorgfältig unter Berücksichtigung weiterer Gesichtspunkte abgewogen werden.

Unabhängig vom Alter ist der Kindeswille nur dann zu beachten, wenn er auf verständlichen, berechtigten und subjektiv wie objektiv nachvollziehbaren Beweggründen beruht, das Kind also fähig ist, seine psychische und soziale Bindung zu beiden Elternteilen wirklichkeitsgetreu mitzuteilen. Dies ist nach Auffassung von Dettenborn der Fall, wenn sich die Äußerungen des Kindes an folgenden Maßstäben messen lassen:

- Zielorientierung (=die Fähigkeit des Kindes, Vorstellungen, wie ein Ziel erreicht werden kann, zu entwickeln und sich entsprechend zu verhalten)
- Intensität (= die Fähigkeit, nachdrücklich und entschieden an einem Ziel festzuhalten, auch wenn Hindernisse oder Widerstände überwunden werden müssen)
- Stabilität (= die Fähigkeit über eine gewisse Zeitdauer hinweg gegenüber verschiedenen Personen an dem Ziel festzuhalten)
- Autonomie (=also die Fähigkeit, individuell einen Willen zu bilden).

Nur wenn der Kindeswille diesen Anforderungen genügt, kann überhaupt ein geäußerter Kindeswillen angenommen werden. Je stärker die Kriterien erfüllt sind, desto höher ist die Gewichtung des Kindeswillens im Rahmen der Entscheidungsfindung.

Außerdem hängt die Entscheidung, wie stark die anhand der vorgenannten Kriterien geprüfte Willensäußerung zu beachten ist, ab vom Alter bzw. der Reife des Kindes, der Frage nach einer etwaigen Beeinflussung des Willens sowie insbesondere der Frage, ob der Kindeswillen dem Kindeswohl widerspricht.

Kindesalter / Kindesreife

Starre Altersgrenzen, ab wann der Kindeswille ausschlaggebend sein kann, bestehen nicht.

Bei Kindern von über 14 Jahren wird dies in der Regel angenommen, da die Persönlichkeitsentwicklung bereits weit fortgeschritten ist. Dies kann aber bereits bei deutlich jüngeren Kindern ebenso der Fall sein. Es wird geprüft, ob das Kind seine Äußerungen durchdacht und eigenständig formuliert hat. Das Gericht fragt außerdem nach den Ursachen und Gründen, die zu einer Willensäußerung geführt haben und wird sie akzeptieren, wenn sie nachvollziehbar dargelegt werden können. Dies kann aber auch für ein 12jähriges oder noch jüngeres Kind gelten.

Bei kleineren Kindern lässt der Reifezustand in der Regel eine eigenverantwortliche Entscheidung noch nicht sicher zu. Aber auch bei Kindern ab ca. 4 bis 5 Jahren ist anzunehmen, dass sie die nötigen psychischen Kompetenzen erworben haben können, um einen stabilen und autonomen Willen zu bilden. Auch bei der Anhörung von Kindern ab diesem Alter muss das Gericht die Gründe für die Willensäußerung erforschen. Wenn diese ernsthaft und nachvollziehbar sind, kann der Wille auch eines jüngeren Kindes nicht unbeachtet bleiben. Das Gericht hat die Aufgabe, eine Prognose zu erstellen, ob eine Veränderung der aktuellen Situation des Kindes, z.B. Wiederaufnahme von Umgang nach längerem Aussetzen, zu einer Veränderung im Willen des Kindes, das den Umgang aktuell ablehnt, führen kann. Wenn es zu einer positiven Prognose kommt, muss es auch gegen den Kindeswillen einen entsprechenden Beschluss erlassen.

Bei einem über 14jährigen ist in der Regel wegen der bereits gefestigteren Persönlichkeit eine Veränderung des Willens nicht mehr wahrscheinlich. Jeder vom Gericht ausgeübte »Zwang«, z.B. Umgangsanordnung gegen ausdrücklichen Willen, würde eher zu weiterer Ablehnung führen. Außerdem würde ein solcher Zwang auch einen Eingriff in das Selbstbestimmungsrecht des Kindes, das nach dem Willen des Gesetzgebers ab 14 Jahren besonders betont werden soll, darstellen. Ab diesem Alter steigt also die Wahrscheinlichkeit der Umsetzung des Kindeswillens.

Kindeswille beeinflusst?

Wenn ein Kindeswille beeinflusst wurde, ist zu entscheiden, ob dieser geäußerte Wille als weniger bedeutsam bewertet werden darf.

Eine Beeinflussung kann nach Dettenborn durch indirekte Einflussnahme (z.B. Versprechen von Geschenken) oder durch direkte Einflussnahme in offener Form (z.B. abwertende Äußerungen über den anderen Elternteil) oder in verdeckter Form (z.B. Gesicht verziehen, »Liebesentzug«) erfolgen. Die Formen der Beeinflussung können natürlich unterschiedliche Intensitätsstufen erreichen bis hin zu Zwang oder Drohung.

Bei einer Beeinflussung des Kindeswillens steht die Absicht eines Erwachsenen im Vordergrund, eigene Ziele durchzusetzen sowie natürlich auch die Interessen des anderen Elternteils zu schädigen.

Folgen einer solchen Beeinflussung können sein, dass das Kind sich äußerlich an die Absichten des beeinflussenden Erwachsenen anpasst, um z.B. Liebesentzug zu vermeiden, indem Herabsetzungen des anderen Elternteils unterstützt werden. Auch passiert es, das ein Kind sich z.B. bei Übergaben dem anderen Elternteil gegenüber zunächst abweisend verhält und dann sein Verhalten auf herzlich ändert, wenn der beeinflussende Elternteil nicht mehr anwesend ist.

Von einer Verinnerlichung spricht man, wenn das Kind die negativen Einstellungen und Gefühle des beeinflussenden Elternteils übernimmt und diese zu eigenen Einstellungen und Gefühlen des Kindes werden.

Je nach konkreter Form der Beeinflussung entscheidet sich die Frage, ob dem Kindeswillen zu folgen ist oder ob er eher zurückgestellt werden muss. Auch ein beeinflusster Kindeswille darf nicht automatisch unbeachtet oder gar disqualifiziert werden, da das Kind sich mit diesem beeinflussten Willen möglicherweise identifiziert.

Wenn der manipulierte Kindeswille sich als äußerliche Anpassung darstellt und nicht den wirklichen Bindungsverhältnissen entspricht, spricht vieles dafür, dem Kindeswillen keine überragend starke Bedeutung beizumessen. Das Kind reagiert auf die Verhaltensweisen des Erwachsenen und versucht, keine Angriffsfläche zu bieten, hat innerlich aber die Einstellung des beeinflussenden Erwachsenen nicht angenommen. Aus dieser Konstellation sollte ein Kind möglichst befreit werden, indem sein geäußerter Wille nicht als maßgeblich herangezogen wird.

Bei einer Verinnerlichung der Ablehnung des einen Elternteils durch den anderen allerdings, ist der Kindeswille unabhängig vom Alter des Kindes stärker in der Entscheidung zu berücksichtigen, da es für das Kind schädlicher sein kann, gegen seine innere Überzeugung z.B. zu Umgang gezwungen zu werden, als keinen Kontakt zum anderen Elternteil zu haben.

Gerade diese Konsequenz ist für den Elternteil, gegen den sich das Kind ausgesprochen hat und der möglicherweise keine Beeinflussungen vorgenommen hat, sehr schwer zu akzeptieren. Der Maßstab für das Gericht ist aber immer das Wohl des Kindes. Der/die Richter/-in darf niemals dem naheliegenden Reflex, dem beeinflussenden Elternteil »eine Lehre« erteilen oder dem benachteiligten Elternteil zu »seinem Recht« verhelfen zu wollen, nachgeben.

Entspricht der Kindeswille dem Kindeswohl

Kommt das Gericht zu dem Ergebnis, dass der Kindeswille aufgrund der Qualität der Äußerung beachtlich und aufgrund der Persönlichkeit des Kindes ausschlaggebend sein kann, muss das Gericht abschließend prüfen, ob die Beachtung des Kindeswillen nicht dem Kindeswohl widersprechen würde.

Dies kann dann der Fall sein, wenn das Kind innere oder äußere Lebensumstände unrealistisch einschätzt, z.B. unbedingt in den Haushalt eines Elternteils zurückwill, weil dort noch zwei Geschwister leben und obwohl es von dem Elternteil früher misshandelt wurde.

Auch kommt es vor, dass sich ein Kind aus einem Loyalitätskonflikt in der Weise befreit, dass es sich mit einem Elternteil überidentifiziert und den anderen ablehnt und deswegen Umgang verweigert, obwohl der Kontakt gerade förderlich wäre und zu einem »Geraderücken« der Verhältnisse führen könnte.

Richterliche Entscheidung

Anhand dieser verschiedenen vorgenannten Aspekte und immer unter dem übergeordneten Gesichtspunkt des Kindeswohls muss der/die Richter/-in prüfen, ob und inwieweit er/sie den Kindeswillen berücksichtigen muss und seine/ihre Entscheidung darauf stützen kann. Dabei muss er/sie gleichzeitig abwägen, dass er/sie in die Rechte der Eltern bei seiner/ihrer Entscheidung eingreift.

Literatur

Dettenborn (2014): Kindeswohl und Kindeswille.
Palandt (2016): Kommentar zum BGB.
Prütting/Helms (2014): Kommentar zum FamFG.

8.3 Der Verfahrensbeistand für das Kind im gerichtlichen Verfahren bei Kindeswohlgefährdung

Reinhardt Prenzlow

Vor nunmehr über 11 Jahren wurde die Rechtsfigur des »Verfahrenspflegers« – seit 2009 Verfahrensbeistand – im Familienrecht installiert – doch bis heute sind weder seine Aufgaben, noch seine Rechte als Interessenvertreter für Kinder und Jugendliche in der breiten Öffentlichkeit bekannt. Bis heute ist es leider so, dass die vordringlich Betroffenen – *die Kinder und Jugendlichen* – im Normalfall von ihren Rechten keine Kenntnis haben, da es keine verbindliche und flächendeckende Rechtsberatung für diesen Personenkreis gibt. Dies ist umso problematischer, weil selbst die über 14-jährigen mit besonderen Rechten ausgestatteten Jugendlichen vor Beginn eines familiengerichtlichen Verfahrens keine generelle Rechtsbelehrung erhalten. Aber auch im Bereich der professionell Tätigen gibt es viele offene Fragen. Daher werde ich an dieser Stelle einen kurzen Überblick über die Arbeitsweise der Verfahrensbeistände speziell in Verfahren bei Kindeswohlgefährdung geben.

In welchen gerichtlichen Verfahren werden Verfahrensbeistände eingesetzt?

Bei einem Großteil der Verfahren geht es meist um die elterliche Sorge (z.B. beim Streit darum, bei welchem Elternteil das Kind nach der Trennung der Eltern leben soll), um das Umgangsrecht (z.B. ob und wann und wie lange das Kind den Elternteil besuchen darf, bei dem es nicht lebt) oder die Kindesherausgabe (wenn z.B. eine Kindeswohlgefährdung vermutet wird).

In diesem Beitrag liegt der Fokus auf die Verfahren bei vermuteter (§ 8a SGB VIII) oder wahrscheinlicher Kindeswohlgefährdung (§ 1666 und 1666a BGB), die beim Familiengericht beantragt werden. In diesen Fällen handelt es sich um sogenannte *Amtsermittlungsverfahren*, in denen das Gericht verpflichtet ist, zu ermitteln, zu verhandeln und zu entscheiden.

Nach § 158 FamFG Abs. 1 hat das Gericht in den Fällen einen Verfahrensbeistand zu bestellen, *wenn die teilweise oder vollständige Entziehung der Personensorge in Betracht kommt (§ 158 Abs.2 S. 2 FamFG)*. Grundlage für ein entsprechendes Verfahren ist häufig der Vorwurf einer Kindeswohlgefährdung oder eines Fehlverhaltens des betroffenen Elternteils oder beider Elternteile gegenüber dem Kind.

Der Verfahrensbeistand vertritt beim Gericht die eigenständigen Interessen des Kindes (§ 158 Abs.4 S. 1 FamFG). Als »Interessen des Kindes« sind seine subjektiven Interessen, d.h. der Wille des Kindes, und seine objektiven Interessen, d.h. das Kindeswohl, einzubeziehen.

Der Verfahrensbeistand für das Kind

Welche Rechte hat der Verfahrensbeistand im Verfahren?

Der Verfahrensbeistand wird durch die Bestellung zum Beteiligten im Verfahren (§ 158 Abs. 3 S. 2 FamFG). Er hat die Rechte des Kindes wahrzunehmen, ohne an dessen Weisungen gebunden zu sein. Insofern unterscheidet sich seine Aufgabe von der eines/r Anwalts/-in. Denn dieser ist verpflichtet, den Aufträgen seines/ihres Mandanten zu folgen oder sein Mandat zurückzugeben. Der Verfahrensbeistand kann im Interesse des Kindes auch Rechtsmittel – in diesem Fall Beschwerde – gegen einen Beschluss des Amtsgerichts einlegen. Er hat aber keine Sorgerechtsanteile!

Welche Aufgaben hat der Verfahrensbeistand im Rahmen seiner Tätigkeit zu erfüllen?

Der Verfahrensbeistand hat das Interesse des Kindes festzustellen und im gerichtlichen Verfahren zur Geltung zu bringen

Die Arbeit mit dem Kind

Der Verfahrensbeistand spricht immer persönlich mit dem Kind, erkundet dabei seinen Willen zum Verfahrensgegenstand und informiert sich über die Lebenssituation des Kindes an seinem gewöhnlichen Lebensmittelpunkt. In diesen Verfahren kommt es oft zu einer Inobhutnahme mit Unterbringung in einer Bereitschaftspflegefamilie, einer Notunterkunft, einem Kinderheim oder ähnlichem. Dann ist es notwendig, die Kinder in der entsprechenden Einrichtung zu besuchen. Aber auch die Herkunftssituation des Kindes muss beachtet und Gespräche mit Eltern müssen geführt werden. Diese Trennung von den Eltern stellt immer eine große Belastung für ein Kind dar. In diesem Erstgespräch informiert der Verfahrensbeistand das Kind altersangemessen über das Gerichtsverfahren und die Möglichkeiten des Kindes, Einfluss auf das Ergebnis des Verfahrens zu nehmen. Er erörtert dabei auch, welche Wünsche und Vorstellungen das Kind zur Lösung des Konflikts hat. Sind die Kinder alters- oder entwicklungsbedingt noch nicht sprachfähig, erkundet er mithilfe einer Interaktionsbeobachtung die Beziehung und Bindung des Kindes an seine Eltern und Bezugspersonen. Im Gespräch mit dem Kind ist es seine Aufgabe, auch über mögliche zeitliche, personelle und örtliche Alternativen einer Unterbringung zu sprechen. Da in der Regel von einem Spannungs- bis hin zu einem Ablehnungsverhältnis zwischen Eltern und Jugendamt auszugehen ist, kann der Verfahrensbeistand in die Situation kommen, im Interesse des Kindes eine andere Meinung als das Jugendamt zu vertreten. Hier gilt es besonders, sehr sorgfältig neben der Ermittlung des Kindeswillens – dessen Erforschung wegen möglicher Schädigungen und Traumatisierungen des Kindes nicht leicht ist – auch die weitergehenden Interessen des Kindes unter Abwägung des Kindeswohls zu ermitteln, um eine sachlich begründete Stellungnahme abgeben zu können, die den Gesamtinteressen des Kindes gerecht wird. Die Akzeptanz der Rollen aller Beteiligten ist Grundvoraussetzung für das Gelingen einer am Kindeswohl orientierten Entscheidung, weil die Gefahr einer Instrumentalisierung und das Abrutschen auf eine persönliche Konfrontationsebene schon wegen der starken emotionalen Belastung bei einer möglichen Kindesherausnahme sehr groß sind.

Gespräche mit den Eltern/ Bezugspersonen

In der Regel führt er Gespräche mit den Eltern und anderen Bezugspersonen des Kindes (Geschwistern, Großeltern, Erzieher/-innen oder Lehrern/-innen, Pflegepersonen, der Mitarbeiter/-in des Jugendamtes, der Sachverständigen usw.). Seine Aufgabe ist es dabei, sich ein **eigenständiges** Bild von der vorliegenden Problematik zu machen. Im Gespräch mit den Eltern kann er auch auf die Möglichkeiten hinweisen, ggf. einer weiteren Unterbringung des Kindes freiwillig zuzustimmen. Diese Zustimmung kann durch einen Antrag auf Hilfe zur Erziehung beim Jugendamt erteilt werden, wodurch ein drohender Sorgerechtsentzug vermieden werden kann.

Im Gespräch mit Erzieher/-innen und Lehrern/-innen und ggf. weiteren Bezugspersonen des Kindes erkundet er die Lebenssituation des Kindes außerhalb des Elternhauses. Hilfreich können dabei auch Interaktionsbeobachtungen im Kindergarten zur Entwicklung und den Sozialkontakten des Kindes sein.

Gerade in den Verfahren bei Kindeswohlgefährdung ist diese Aufklärung im Umfeld besonders wichtig, da der Verfahrensbeistand in seiner Empfehlung an das Gericht unter Berücksichtigung der eigenständigen Kindesinteressen auch zu anderen Ergebnissen als das Jugendamt kommen kann.

Da in der Regel Kinder keine Trennung von ihren Eltern wollen, egal wie belastend und gefährdend ihr Zuhause für sie ist, steht der Kindeswille oft im klaren Gegensatz zum Kindeswohl. In diesem Spannungsfeld muss der Verfahrensbeistand sowohl den Kindeswillen im Verfahren deutlich machen, als auch nach weniger belastenden Lösungen als einer Trennung von den Eltern suchen.

Aufgaben im Familiengericht

Die Ergebnisse seiner Arbeit dem Gericht mitteilen: Den ermittelte subjektive Kindeswille (damit ist die vom Kind geäußerte Willensbekundung gemeint, die sich situativ, altersabhängig und auch von der Gefühlslage bestimmt verändern kann), Lösungsvorstellungen des Kindes, die Beobachtungen des Kindes während der Gespräche und Interaktionsbeobachtungen sowie die Aussagen der anderen Beteiligten werden in einer schriftlichen Stellungnahme dem Gericht übersandt. Mit dieser Stellungnahme gibt der Verfahrensbeistand in der Regel auch eine Empfehlung ab, wie eine kindgerechte Lösung aussehen könnte. In seiner Begründung muss er auch angeben, warum er eventuell nicht vollständig dem geäußerten Willen des Kindes in seiner Empfehlung gefolgt ist. Dies könnte der Fall sein, wenn sich seiner Meinung nach die objektiven Interessen des Kindes, also das Kindeswohl, von dem geäußerten Willen stark abweichen. Grundsätzlich müssen sich dabei die Arbeit und die Vorgehensweise am Einzelfall orientieren. Insbesondere sind das Alter des Kindes, sein Geschlecht, sein Entwicklungsstand, seine Sprach- und Ausdrucksfähigkeit und die unterschiedlichen Interessen von Geschwisterkindern zu beachten.

Gespräche und die Schweigepflicht

Kindesäußerungen

Die Kinder werden zu Beginn der Gespräche immer darauf hingewiesen, dass der Inhalt der Gespräche an das Gericht übermittelt wird, und somit auch ihren Eltern zur Kenntnis gelangt. Alle Daten dürfen grundsätzlich mit Zustimmung der Betroffenen weitergegeben werden. Diese **Schweigepflichtentbindung = Offenbarungsbefugnis** kann vom betroffenen Kind selbst gegeben werden. Dies gilt für alle Kinder und Jugendlichen, die **selbst einsichtsfähig** sind. Wenn Kinder auf Fragen nicht antworten oder sich nicht festlegen wollen, so ist dies ihr gutes Recht. Wollen sie etwas erzählen, was der Verfahrensbeistand nicht weitergeben soll, so ist dies möglich. Eine Begrenzung der Schweigepflicht besteht immer dann, wenn sich in diesen Angaben Anzeichen für mögliche Kindeswohlgefährdung finden. Der Verfahrensbeistand teilt in der Regel den Kindern zum Abschluss seiner Arbeit mit, was er dem Gericht mitteilen wird, wie seine Empfehlung aussehen wird und begründet dies gegenüber dem Kind.

Inhalt der Gespräche mit den Eltern

Die Eltern entscheiden frei, was sie über die Situation und ihre persönliche Lage erzählen wollen. Sie werden ebenfalls darauf hingewiesen, dass der Gesprächsinhalt ebenfalls an das Gericht übermittelt wird. Problematisch wird diese Konstellation, wenn die Personensorgeberechtigten Daten über ihre Kinder weitergeben, obwohl die Kinder selbst der Weitergabe ihrer Daten widersprochen haben.

Schweigepflicht anderer Beteiligter

Schwieriger stellt sich die Situation bei Gesprächen mit den Personen dar, die fachlich mit den Kindern befasst sind. Grundsätzlich unterliegen diese einer Schweigepflicht gegenüber dem Verfahrensbeistand. Diese Schweigepflicht ist allerdings in den verschiedenen Institutionen und Behörden verschieden ausgestaltet. Für Erzieher/-innen in Krippen und Kitas gelten spezielle Regelungen über den Sozialdatenschutz. Diese Bestimmungen gelten für **freie Träger** nicht unmittelbar. Sie haben die Bestimmungen dennoch als »abgeleitete Normadressaten« zu erfüllen, weil sie im Auftrag eines öffentlichen Trägers tätig werden, oder dies im entsprechenden Dienstleistungsvertrag so festgelegt wurde. In kirchlichen Einrichtungen gilt meist noch eine erweiterte Schweigepflicht, da die Mitarbeiter/-innen sich aufgrund eines Arbeitsvertrages zu einer Geheimhaltung dienstlich erlangten Wissens verpflichtet haben. Hier muss also der »Dienstvorgesetzte« – z.B. der Pastor – seine Genehmigung geben. Als Sozialdaten gelten dabei alle Einzelangaben über persönliche und sachliche Verhältnisse. Neben Namen, Geburtsdatum, Anschrift, Geschlecht, Religion usw. fallen auch Diagnosen und Prognosen darunter. Dabei ist es unerheblich, ob diese schriftlich oder mündlich beschafft wurden. Für Lehrer/-innen gelten die Datenschutzbestimmungen der jeweiligen Bundesländer.

Grundsätzlich gilt in Fällen der möglichen Kindeswohlgefährdung folgende Regelung: »Die Weitergabe von Informationen ist dann gerechtfertigt, wenn eine gegenwärtige, nicht anders abwendbare Gefahr für ein wichtiges Rechtsgut (Leib, Leben, Freiheit u.a.) besteht und das zu schützende Interesse das zu beeinträchtigende wesentlich überwiegt«. Dies gilt für alle in § 203 StGB genannten Personen und damit auch für Lehrer/-innen als Amtsträger.

Ausbildung und Qualifikation des Verfahrensbeistandes

Eine grobe Orientierung, welche Fertigkeiten als Mindestvoraussetzungen für eine Tätigkeit als Verfahrensbeistand anzusehen sind, geben die Aufnahmevorschriften der BAG Verfahrensbeistandschaft/ Interessenvertretung für Kinder und Jugendliche e.V. Hier sind als Voraussetzungen genannt:

- Abgeschlossenes Studium im sozialpädagogischen, pädagogischen, juristischen oder psychologischen Bereich.
- Mehrjährige Berufserfahrung im erlernten Beruf.
- Ein Zertifikat über den Abschluss einer Weiterbildung als Verfahrensbeistand von einem anerkannten Weiterbildungsinstitut.
- Die Vorlage eines polizeilichen Führungszeugnisses.

Ein abgeschlossenes Studium in einem der 4 obengenannten Fachrichtungen genügt in Verbindung mit einer Praxiserfahrung sicherlich zur Aufnahme eines entsprechenden Berufes. Für die praktische Arbeit als Verfahrensbeistand wird aber die erworbene Einzelkompetenz nicht ausreichen. Zusätzlich werden für die praktische Arbeit Kenntnisse und Erfahrungen in folgenden Bereichen benötigt:

Stichwort: *Erkennen einer psychologischen Perspektive.* Hierzu gehören die Arbeitsweisen Verhalten beschreiben, Verhalten erklären, Verhalten voraussagen und Verhalten verändern.

Stichwort: *Entwicklungspsychologische Grundlagen.* Die Kenntnis verschiedener Entwicklungsmodelle von z.B. Piaget, Freud, Erikson und die Folgen von Störungen oder Traumatisierungen der Kinder auf ihre normale Entwicklung.

Stichwort: *Systemische Betrachtung.* Kinder sind als Teil des Systems Familie Lebensbedingungen und Erwartungen unterworfen, die durch drei Begriffe geprägt werden: Grenzen, Rollen und Regeln. Diese unterscheiden sich je nach individueller Sozialisation der Eltern und ihrem sozialen Status erheblich.

Sinnvoll ist es außerdem, angesichts der Vielfalt und Unterschiedlichkeit der Fälle sich je nach eigenem Interesse Zusatzwissen in ausgewählten Bereichen zu erwerben. Dazu könnten gehören:

- Bei Kindern und Eltern mit Migrationshintergrund sind Sprachkenntnisse, das Wissen um die Auswirkungen auf die Einstellungen und das Verhalten aufgrund einer anderen Sozialisation, unterschiedlicher Rechtssysteme und religiöser Prägung und auch die Positionen der einzelner Mitglieder im Familienverband nützlich. Gerade in patriarchisch geprägten Familien kann ein männlicher Verfahrensbeistand einen anderen Zugang erhalten, da seine Akzeptanz allein wegen seines Geschlechtes höher sein kann.

- Bei Eltern mit einem Drogen- oder Alkoholproblem ist das Wissen über die gesundheitlichen und psychischen Folgen für die Kinder schon deshalb wichtig, da nur so das veränderte Rollenverhalten der Kinder, ihre eingeschränkte Erfüllung elementarer Bedürfnisse und die permanente psychische Belastung überhaupt wahrgenommen werden können.
- Bei Eltern mit einer psychischen Störung können zumindest rudimentäre Kenntnisse dieser Erkrankungen helfen, das Verhalten und die Äußerungen der Kinder einordnen zu können.

Wesentliche Fähigkeiten können auch nicht durch ein Studium allein erworben werden. Als Beispiele seien hier genannt: Empathie, eigenes Erleben mit Kindern, die Fähigkeit zur nonverbalen Kommunikation und deren Interpretation und allgemeine Lebenserfahrung.

Zusätzlich sind juristische Fachkenntnisse im Familienrecht, Jugendhilferecht und Familienverfahrensrecht notwendig, jedoch von untergeordneter Bedeutung, da es im gerichtlichen Verfahren schon viele rechtskundige Personen gibt.

Praxisbeispiele

Wie schon oben ausgeführt, ist die Vorgehensweise des Verfahrensbeistands in den Kindeswohlgefährdungsverfahren ähnlich. Die vorgestellten Beispielfälle enden in der Darstellung alle vor der Entscheidung, ob es zu einem Gerichtsverfahren kommen soll. Da ja grundsätzlich vor dem Gang zum Gericht das Jugendamt vorab alle seine ihm zur Verfügung stehenden Mittel – Hilfsangebote/ Unterstützungsangebote/ Beratung usw. – ausschöpfen muss, ist eine konkrete Verweisung auf die Arbeit des Verfahrensbeistands hier nicht möglich. Im jugendamtlichen Verfahren gibt es bisher keinen unabhängigen Interessenvertreter für das Kind, obwohl dies in der UN-KRK so vorgesehen ist! Ich stelle daher ein eigenes Praxisbespiel dar, um einen konkreteren Einblick zu ermöglichen.

Beispiel

Ausgangslage:

Ein 13-jähriges Mädchen A. wendet sich an das Jugendamt, da es und seine 3 jüngeren Geschwister vom alleinerziehenden Vater geschlagen und eingesperrt würden. Sie wolle jetzt nicht mehr bei ihm wohnen, sondern zu ihrer Mutter ziehen. Die Familie ist dem Jugendamt seit vielen Jahren bekannt, da A. schon im Alter von 3 Jahren von ihrer psychisch kranken Mutter auf Anordnung des Gerichts zum Vater wechselte. Dieser besitzt faktisch das alleinige Sorgerecht für alle 4 Kinder, da bei der Mutter das Ruhen der elterlichen Sorge angeordnet wurde. Trotz erheblichen Streits der Eltern wurden die weiteren Kinder – aktuell 11 Jahre, 9 Jahre und 5 Jahre – geboren und leben seitdem immer beim Vater. Es besteht ein unregelmäßiger Umgang.

Das Jugendamt hat A. in Obhut genommen und sie bei der Mutter untergebracht. Da der Vater der Inobhutnahme widersprochen hat, hat das JA einen Antrag nach § 8a für alle Kinder beim Gericht gestellt. Das Gericht hat daraufhin einen Verfahrensbeistand für alle Kinder eingesetzt.

Praktische Tätigkeiten:

Der Verfahrensbeistand hat danach folgende Gespräche geführt:

- Mit allen Kindern – mit A. einmal im Haushalt der Mutter, einmal an einem neutralen Ort, um deren Sichtweise zu den Vorwürfen und um ihre Meinung zu möglichen Folgen (Verbleib im Haushalt des Vaters bzw. der Mutter oder Fremdunterbringung) zu erfahren
- Mit beiden Eltern einzeln.
- Mit dem/der Mitarbeiter/-in des Jugendamts, um mehr über die bisher durchgeführten Maßnahmen, weitere Gründe für das aktuelle Handeln und mögliche Ziele zu erfragen.
- Mit der Bezugserzieherin im Kindergarten für das jüngste Kind und den Lehrerinnen bzw. Lehrern der anderen Kinder.

Nach Auswertung aller Gespräche hat der Verfahrensbeistand eine Stellungnahme an das Gericht geschrieben, in dem er die wörtlichen Aussagen der Kinder und die persönlichen Aussagen der anderen Befragten wiedergegeben, seine konkrete Empfehlung zum Verfahrensgegenstand und die entsprechende Begründung verfasst hat.

Die Empfehlung:

A. sollte einen Erziehungsbeistand erhalten. Ob sie bei der Mutter bleiben kann, muss durch ein ärztliches Gutachten geklärt werden. Sollte dieser Aufenthalt bei der Mutter möglich sein, müsste diese ihr Sorgerecht zurückerhalten. Die anderen Kinder bleiben unter der Bedingung beim Vater, dass dieser der Einrichtung einer Hilfe zur Erziehung in seinem Haushalt zustimmt. Es soll eine verbindliche Umgangsregelung für die Kinder erarbeitet werden!

Zusammenfassung

Die Gespräche mit der Erzieherin und den Lehrerinnen liefen unter der klaren Vorgabe, dass ausschließlich Fragen zum Verhalten, zu den Sozialkontakten und möglichen Erzählungen über die Belastungssituation der Kinder gestellt wurden. Es bleibt den Befragten immer überlassen, ob und wie konkret sie diese Fragen beantworten wollen. Eine persönliche Einschätzung ist zusätzlich immer hilfreich – diese abzugeben liegt aber im Ermessen der Fachkräfte. Einfacher wird es für sie, wenn eine Schweigepflichtsentbindung der Sorgeberechtigten vorliegt.

Literatur

Bundesarbeitsgemeinschaft Verfahrensbeistand Standards
Das FamFG: Bundestagsdrucksache 16/9733 v. 23.06.2008

8.4 Wer entscheidet über Kita, Schule und Co. bei Trennung oder Scheidung?

Franziska Breitfeld

Nach Angaben des Statistischen Bundesamtes wurden im Jahr 2014 in Deutschland 166.199 Ehen geschieden. Fast die Hälfte dieser Ehepaare hatte Kinder unter 18 Jahren. Insgesamt waren 2014 134.803 minderjährige Kinder von der Scheidung ihrer Eltern betroffen. Hinzu kommen die Mädchen und Jungen, deren getrennt lebende Eltern nicht miteinander verheiratet waren.

Trennungen und Scheidungen sind sehr belastend für die ganze Familie, denn abgesehen von der emotionalen Belastung ist der gesamte Alltag neu zu organisieren. Auf altbewährte Abläufe kann oft nicht mehr zurückgegriffen, die räumliche Entfernung muss eingeplant und ein Leben mit vielleicht zwei Lebensmittelpunkten gestaltet werden. Auch rechtlich gilt es vieles neu zu regeln. Umgang, Sorgerecht, Unterhalt- wie soll alles weitergehen.

Die neue Familiensituation stellt auch neue Ansprüche an die Kita- und Schulverantwortlichen. Pädagogische Fachkräfte fangen Kinder auf, unterstützen sie und helfen, die Resilienz zu stärken. Darüber hinaus ist jedoch auch zu klären, wer rechtlich welche Verantwortung für das Kind hat und wer nun Ansprechpartner/-in der Einrichtung ist. Nach Trennung und Scheidung bestehen oft große Unsicherheiten, welche Befugnisse den Eltern(teilen) nun eigentlich zustehen. Wann können sie allein Entscheidungen für das gemeinsame minderjährige Kind treffen, wann muss der ehemalige Partner zustimmen? Darf ein Elternteil das gemeinsame Kind ohne die Zustimmung des zweiten Elternteils in der Einrichtung an- oder abmelden? Wer darf das Kind abholen? Und wer darf das gerade nicht?

Der folgende Artikel soll Aufschluss über diese Fragen geben.

Grundfrage: Alleiniges oder gemeinsames Sorgerecht

Verheiratete Eltern haben in der Regel das gemeinsame Sorgerecht für ihr Kind. Sind die Eltern nicht miteinander verheiratet, können sie durch die Abgabe einer Sorgeerklärung beim Jugendamt die gemeinsame Mitsorge begründen.

Durch eine Trennung ändert sich am gemeinsamen Sorgerecht zunächst nichts. Die Übertragung des Sorgerechts auf nur einen Elternteil kann nur im Rahmen eines Gerichtsverfahrens vor dem Familiengericht erfolgen.

Alleiniges Sorgerecht

Hat nur ein Elternteil das Sorgerecht für das Kind inne, trifft dieser alle Entscheidungen selbst. Das Elternrecht des anderen Elternteils wird auf ein Umgangs- und Auskunftsrecht beschränkt.

Gemeinsames Sorgerecht

Steht den Eltern die gemeinsame Sorge zu, ist zwischen Angelegenheiten erheblicher Bedeutung und Belangen des täglichen Lebens zu unterscheiden.

Angelegenheit von besonderer Bedeutung für das Kind

Angelegenheit von besonderer Bedeutung für das Kind sind unter andrem die Wahl der Schule, Fragen der Ausbildung und der Religion sowie die Entscheidung über erhebliche medizinische Eingriffe.[232] Über diese Angelegenheiten müssen die Eltern vor und nach einer Trennung gemeinsame Entscheidungen treffen (§ 1687 Abs. 1 BGB). Sie müssen also gemeinsam und übereinstimmend eine entsprechende Erklärung abgeben. Wird die Entscheidung von nur einem Elternteil getroffen, kann der andere gerichtlich dagegen vorgehen.

Belange des täglichen Lebens

Als Belange des Kindes im täglichen Leben gelten in der Regel solche, die häufig vorkommen und die keine schwer abzuändernden Auswirkungen auf die Entwicklung des Kindes haben. Gemeint sind Regelungen darüber, wann das Kind ins Bett geht, ob es den Schulweg allein bestreiten darf, welche Ernährung bevorzugt wird, etc.

Solche Entscheidungen sind auch bei bestehender gemeinsamer Mitsorge jeweils von dem Elternteil zu treffen, von dem das Kind gerade betreut wird. Der Gesetzgeber hatte hier vor allem die tatsächlichen Gegebenheiten im Auge, denn faktisch wird es im Familienalltag, insbesondere nach einer Trennung, kaum möglich sein, jede der vielen alltäglichen Entscheidung gemeinsam zu treffen. Die stetige Rücksprache gäbe zudem Raum für Streitigkeiten und Verzögerungen.

Notvertretungsrecht

Neben den beschriebenen Entscheidungsbefugnissen steht jedem Elternteil ein Notvertretungsrecht nach § 1629 Abs. 1 S. 4 BGB zu. Dieses Sonderrecht setzt »Gefahr im Verzug« voraus, also eine Situation, bei der die Entscheidung des zuständigen Elternteils nicht abgewartet werden kann, ohne dass das Kind geschädigt würde. In diesem Ausnahmefall ist jeder Elternteil unabhängig von seinen üblichen Entscheidungsbefugnissen dazu berechtigt, alle Rechtshandlungen vorzunehmen, die zum Wohl des Kindes notwendig sind. Das gilt vor allem bei plötzlichen und unaufschiebbaren medizinischen Eingriffen. Der andere Elternteil ist unverzüglich zu unterrichten.

---

[232] vgl. Palandt/Diederichsen, BGB, 62. Aufl., § 1687, Rn. 7

Beispiele aus dem Kita- und Schulalltag

Eine klare begriffliche Abgrenzung zwischen Angelegenheiten des täglichen Lebens und solchen von erheblicher Bedeutung ist nicht möglich. Schon wegen der Vielschichtigkeit des kindlichen Lebens wird man in der Regel nur anhand der Berücksichtigung aller Umstände des jeweiligen Einzelfalles die Abgrenzung treffen können[233].

Ein Blick in die Rechtsprechung kann hier der Orientierung dienen:

Anmeldung in der Kita

Die Entscheidung über den Besuch einer Kita wurde von der oberlandesgerichtlichen Rechtsprechung[234] inzwischen als Angelegenheit von erheblicher Bedeutung eingestuft. Das Brandenburgische Oberlandesgericht geht immer dann von einer »erheblichen Bedeutung für das Kind« aus, wenn die Entscheidung geeignet ist, die kindliche Entwicklung auf Dauer zu bestimmen. Gemessen daran müsse man im Allgemeinen auch die Entscheidung darüber, ob, ab welchem Alter und für wie lange ein Kind eine Kindereinrichtung besuchen soll, als wesentlich für die weitere kindliche Entwicklung ansehen. Dies folge schon im Allgemeinen aus dem Umstand, dass es sich dabei für das Kind um einen regelmäßig gravierenden Einschnitt in seinem zukünftigen Tagesablauf handeln werde. Die im Wesentlichen auf seine Familie, insbesondere die Elternteile ausgerichtete Sichtweise des jungen Kindes verändere sich zumindest teilweise, wenn es in eine Kindertageseinrichtung verbracht werde.

Folglich können Eltern nur gemeinsam über die Anmeldung in einer Kita entscheiden, die Unterschriften beider Sorgeberechtigter sind zwingend. Vor diesem Hintergrund ist es für die Kita auch entscheidend, nach der Sorge für das Kind zu fragen, damit gewährleistet ist, dass die erforderlichen Unterschriften vorliegen.

Kitawechsel

Auch ein Kitawechsel setzt eine Einigung der Sorgeberechtigten voraus. Das entschied das Oberlandesgericht Frankfurt[235] entschied. Die Förderung durch den Kindergarten und die zum Teil ganz stark abweichenden Modelle der unterschiedlichen Einrichtungen würden das Kleinkind in ganz erheblichem Maße bei seiner weiteren Entwicklung prägen und damit keine Alltagsentscheidungen von untergeordneter Bedeutung darstellen.

Abmeldung

Das gleiche gilt für eine Abmeldung von der Kita. Auch diese stellt eine wichtige Änderung in der Lebenssituation des Kindes dar und muss von beiden Sorgeberechtigten durch Unterschrift bestätigt werden.

---

233 9 UF 89/04 Brandenburgisches Oberlandesgericht
234 OLG Brandenburg OLGR 2004, 440 = JAmt 2005, 47
235 OLG Frankfurt, Beschluss vom 14.11.2008 – 3 UF 334/07.

Kinderschutz im familienrechtlichen Verfahren

Welche Schule soll es sein?

Bei der Frage des Schulwechsels und der Frage, welche Schule ein Kind zukünftig besuchen soll, handelt es sich auch um eine Angelegenheit von erheblicher Bedeutung für das Kind.[236] Sind beide Elternteile sorgeberechtigt, müssen sie die Entscheidung gemeinsam treffen. Können sie sich nicht einigen, ist die Ersetzung der Zustimmung beim Familiengericht zu beantragen. Diese richtet sich nach dem Kindeswohl, § 1697 a BGB.

Abholen

Oft streiten Eltern darüber, ob ihr gemeinsames Kind von der neuen Partnerin/dem neuen Partner abgeholt werden darf. Manche Kita verlangt die Unterschrift beider Sorgeberechtigter, wenn ein Kind an jemand anderen als ein Elternteil herausgegeben werden soll. Dies entspricht jedoch nicht der aktuellen Rechtsprechung.

Gemäß einer Entscheidung des hanseatischen Oberlandesgerichts Bremen[237] betrifft die Frage, wer das Kind vom Kindergarten, Hort oder der Schule abholen und in den Haushalt des betreuenden Elternteils begleiten darf, eine Angelegenheit des täglichen Lebens. »Die Notwendigkeit für eine solche Entscheidung kann sich immer wieder, vor allem oft relativ kurzfristig stellen, wenn [der hauptsächlich betreuende Elternteil] – aus welchen Gründen auch immer – das Kind nicht selbst abholen kann. Mit der Entscheidung über die Frage der Begleitung werden weder Weichen für die Zukunft des Kindes gestellt (wie etwa bei der Frage der Anmeldung zu einem bestimmten Schulzweig), noch hat sie in anderer Weise schwer abzuändernde Auswirkungen auf seine Entwicklung.« Der rechtmäßig betreuende Elternteil kann daher bei gemeinsamer elterlicher Sorge allein entscheiden. Die Unterschrift des anderen Sorgeberechtigten ist nicht notwendig.

Nicht vergessen: Holt eine andere als die sorgeberechtigte Person das Kind ab, muss für diese Person eine Vollmacht des rechtmäßig betreuenden Elternteils in der Kita vorliegen.

Auskunft geben

Trotz oder gerade nach Trennung oder Scheidung haben Eltern in der Regel ein besonderes Interesse daran, zu erfahren, was im Leben ihrer Kinder passiert.

Der Gesetzgeber hat jedem Elternteil daher ein Auskunftsrecht eingeräumt (§ 1686 BGB):

»*Jeder Elternteil kann vom anderen Elternteil bei berechtigtem Interesse Auskunft über die persönlichen Verhältnisse des Kindes verlangen, soweit dies dem Wohl des Kindes nicht widerspricht.*«

Ein berechtigtes Interesse liegt nicht vor, wenn der um Auskunft ersuchende Elternteil die fraglichen Informationen von Dritten in zumutbarer Weise selbst besorgen kann.

---

236 Zum Beispiel: Schleswig-Holsteinisches OLG, Beschluss vom 07.12.2010 – 10 UF 186/10.
237 Hanseatisches Oberlandesgericht in Bremen, Beschluss vom 01.07.2008 – 4 UF 39/08.

Dritten, wie Schulen und Kitas, gegenüber haben Eltern ein Auskunftsrecht. Dieses ergibt sich aus §§ 1626, 1629 i.V.m. §§ 1631, 1632 BGB. Das Auskunftsrecht steht jedoch nur dem sorgeberechtigten Elternteil zu. Der nicht sorgeberechtigte Elternteil kann nur mit Zustimmung des sorgeberechtigten Elternteils Auskunft verlangen. Diese kann jederzeit widerrufen werden.

Elternabende, Elterngespräche

Sind beide Elternteile sorgeberechtigt, haben beide einen Auskunftsanspruch (s.o.). Beide sind daher auch zu Elternabenden und Elterngesprächen einzuladen. Um Konflikte zu vermeiden, sollte mit beiden Eltern, wenn nötig getrennt voneinander, besprochen werden, ob sie die Informationen gemeinsam oder getrennt voneinander erhalten sollen.

Nicht sorgeberechtigt Elternteile dürfen nur mit Einverständnis des sorgeberechtigten Elternteils informiert werden.

Klassenfahrten und Ausflüge

Wie die Teilnahme des Kindes an Tagesausflügen und Klassenreisen in Schule und Kindergarten wird juristisch als Angelegenheit des täglichen Lebens eingestuft.[238] Die Unterschrift des rechtmäßig betreuenden Elternteils reicht daher aus.

Umgang

Eine weitere Frage, mit der sich pädagogische Fachkräfte immer wieder auseinander zu setzen haben, ist die Frage des Umganges.

Problematisch ist dies vor allem, wenn die Eltern noch keine Umgangsregelung getroffen haben oder ein Elternteil das Kind von der Kita abholen möchte, ohne den anderen Elternteil zu informieren. Immer wieder wird von den Betreuer/-innen oder Lehrkräften verlangt, die Abholung durch den anderen Sorgeberechtigten zu untersagen. Einem sorgeberechtigten Elternteil steht dieses Recht jedoch zu, sodass das pädagogische Fachpersonal in Kita, Schule oder Hort das Kind herausgeben muss. Lehrer/-innen und Betreuende sollten daher von Zusagen Abstand nehmen und auf Unterstützungsangebote beim Jugendamt oder Beratungsstellen verweisen.

Fazit

Damit keine Unsicherheiten, etwa bei der Abholung des Kindes in der Kita oder Schule durch den nicht sorgeberechtigten Elternteil entstehen, sollte die Familiensituation, wenn sie nicht ohnehin offengelegt wird, abgefragt werden. Die pädagogischen Fachkräfte sollten wissen, wer ihr/e Ansprechpartner/-in und wer befugt ist, Entscheidungen für und über das Kind zu treffen. Auch die Umgangsregelung sollte bekannt gemacht werden und zusammen mit einer Telefonnummer für Rückfragen zu den Kita-Unterlagen hinzugefügt werden. Betreuende und Lehrkräfte sollten diese Fragen offen anzusprechen und in jedem Fall zu dokumentieren.

---

[238] Schilling, NJW 2007, 3233 ff.

9 Kinderschutz im strafrechtlichen Verfahren

Kinder erleben nichts so scharf und bitter wie Ungerechtigkeit.
(Charles Dickens)

Wird Gewalt gegen Kinder aufgedeckt oder vermutet, stellt sich in der Regel auch die Frage nach der strafrechtlichen Verfolgung der Tat.

Eine Anzeigepflicht besteht in Deutschland nicht (Ausnahme: § 138 StGB). Ein strafrechtliches Verfahren stellt für alle Beteiligten eine hohe Belastung dar. Es ist deshalb besonders wichtig, gut abzuwägen, möglichst viele Informationen einzuholen und auch das betroffene Kind entsprechend seinem Reifegrad an der Entscheidungsfindung zu beteiligen. Hier ist es ratsam, eine Fachberatungsstelle oder eine/n Fachanwalt/-in aufzusuchen.

Ein Strafprozess stellt auch deshalb eine Herausforderung dar, weil er so weit weg von der eigenen Lebenswirklichkeit ist. Was wir über Strafverfahren wissen, entstammt oft dem Hören-Sagen oder TV-Shows, welche auf dramatische Effekte und einen rüden Umgang setzen, um möglichst hohe Einschaltquoten zu erreichen. Die sich daraus ergebende Unwissenheit und Verunsicherung schürt Ängste.

Tatsächlich folgt das Strafverfahren, insbesondere die Hauptverhandlung vor dem zuständigen Strafgericht, strengen Regeln und Abläufen, welche den betroffenen Kindern und anderen Beteiligten einen festigenden Rahmen geben können. Werden Kinder oder Zeugen/-innen umfassend über die Abläufe, die Beteiligten und ihre Rollen und die eigenen Rechte und Möglichkeiten aufgeklärt, können sie sich besser auf die Verfahren einstellen. Dies kann entlastend wirken.

Betroffene Kinder sollten in einem strafrechtlichen Verfahren unbedingt durch eine/-n Nebenklagevertreter/-in vertreten werden, denn im Strafverfahren kommt den von einer Straftat Betroffenen allein die Rolle eines Zeugen zu. Die Möglichkeit, etwa durch Anträge aktiv am Prozess mitwirken und den eigenen Rechten und Interessen Gehör zu verschaffen, erhalten Betroffene nur dann, wenn sie sich im Rahmen der Nebenklage dem Prozess anschließen. Tun sie dies nicht, bleiben ihnen wesentliche Mitwirkungs- und Informationsrechte verwehrt.

Kinder müssen vor, während und nach einem strafrechtlichen Verfahren professionell betreut und unterstützt werden. Unterstützung können sie im Rahmen der psychosozialen Prozessbegleitung finden. Qualifizierte Fachkräfte tragen durch Aufklärung und Information dazu bei, dass betroffene Kinder durch die Verfahren nicht weiter oder zusätzlich traumatisiert oder viktimisiert werden. Die Entlastung des betroffenen Kindes steht dabei im Vordergrund. Ein innovatives Konzept ist dabei beispielsweise die psychosoziale Prozessbegleitung durch Hunde.

9.1 Nicht zu unterschätzen: Die erste Aussage bei der Polizei

Dirk Hädrich

Die Strafanzeige

Strafanzeigen können bei den Strafverfolgungsbehörden (z.B. Polizei, Staatsanwaltschaft) erstattet werden. Hierbei handelt es sich um die Mitteilung eines strafrechtlich relevanten Sachverhalts.

Ein einfacher Verdacht eines strafbaren Verhaltens, also die Beobachtung einer Misshandlung, eine verdächtige Verletzung, eine Selbstbezichtigung, belastende Aussage eines/r Zeugen/-in oder des Kindes selbst, reicht für die Einleitung eines Strafverfahrens aus. Sollte sich später herausstellen, dass keine strafbare Handlung vorgelegen hat, so muss der »Anzeigenerstatter« keine eigene Strafverfolgung[239] fürchten, solange er nicht wissentlich falsch angezeigt hat.

Bei der Verfolgung gilt für die Strafverfolgungsbehörden das Legalitätsprinzip, d.h. es besteht eine Verpflichtung bei der Kenntnis über strafrechtlich relevantes Verhalten ein Strafverfahren zu eröffnen – unabhängig vom Wunsch nach einer Strafverfolgung des Geschädigten. Hierbei gibt es – insbesondere bei der Polizei – keinen Ermessensspielraum.

Eine Besonderheit hierbei stellen die sogenannten **Antragsdelikte** (z.B. die einfache oder fahrlässige Körperverletzung, die Nachstellung, exhibitionistische Handlungen)[240] dar. Ein fehlender Strafantrag bedeutet ein Strafverfolgungshindernis, welches eine Verfahrenseinstellung zur Folge hat.

Die Antragsfrist für Strafanträge beträgt drei Monate. Sie können in der Regeln durch den durch Straftat Verletzten gestellt werden.[241]

Straf**anzeigen** hingegen können (bis zum Ablauf der Verjährungsfrist) jederzeit durch jedermann gestellt werden.

Aufgaben der Polizei

Häufig erfährt die Polizei als erste Institution durch z.B. besorgte Elternteile, Familienangehörige aber auch (Kinder-) Ärzten/-innen, Kitas, Schulen, Nachbarn/-innen oder Zufallszeugen/-innen vom Vorliegen einer Gewaltstraftat gegen Kinder.

Die Polizei tritt im Rahmen des ersten Tätigwerdens in der Regel doppelfunktional, also sowohl im Rahmen der **Gefahrenabwehr** nach den Polizeigesetzen der

---
239 zB. Wegen einer falschen Verdächtigung oder Vortäuschens einer Straftat.
240 §§ 223, 238, 183, 230 StGB und weitere.
241 §§ 77, 77a, 77b StGB.

Länder (in Berlin das ASOG), als auch im Rahmen der **Strafverfolgung** (StPO) auf.

Hierbei wird sie durch gesetzlichen Auftrag in zweifacher Hinsicht zum Handeln verpflichtet/beauftragt.[242]

Ziel der Ermittlungen ist es einerseits, Gefahren für das Kindeswohl zu erforschen um das Kind gegebenenfalls bis zur Übernahme der Verantwortung durch das originär für Kinderschutz zuständige Jugendamt zu schützen.[243]

Zum Zweck der Strafverfolgung andererseits dient die Sachverhaltserforschung zunächst – beim Vorliegen zureichender Verdachtsmomente – ein Strafverfahren einzuleiten, um hierdurch Kenntnis über alle be- aber auch entlastenden Momente hinsichtlich Tat und Täter/-in zu erlangen.

In jedem Fall aber kommt einer frühzeitigen Befragung bzw. Vernehmung von Kindern als Opfer und Zeugen eine hohe Bedeutung zu.

Die Vernehmung im Strafverfahren

Nach dem Bekanntwerden einer Straftat gegen ein Kind stellt sich den Ermittlungsbehörden die Frage nach Art, Umfang, Zeitpunkt und die weiteren Umstände der Vernehmung des Opfers.

Hinter dem Begriff der Vernehmung verbirgt sich im Wesentlichen nicht mehr als ein strukturiertes Interview mit dem Ziel der Gewinnung einer Aussage unter Beachtung der rechtlichen Erfordernisse eines Strafverfahrens.

So stellt die Aussage – soweit ein Kind willens und in der Lage ist im Strafverfahren mitzuwirken[244] – ein wichtiges persönliches Beweismittel dar. Fehlen weitere Zeugen oder Sachbeweise, zum Beispiel Verletzungen, Tatwerkzeuge, Ton- und Bildmaterial, Blut-, DNA und andere Sachspuren, so stellt der Personalbeweis durch die Aussage des Kindes häufig das **einzige Beweismittel** dar.[245] Das bedeutet damit natürlich auch, dass das Kind in diesem Fall auch der Einzige ist, der entlastende Angaben machen kann.

Nicht zuletzt daraus ergibt sich die hohe Bedeutung einer **frühzeitigen** und **umfassenden** Vernehmung des Kindes.

Psychische Aspekte von Befragungen / Vernehmungen

Ziel einer jeden Vernehmung ist die sogenannte realitätsbegründete Aussage. Das bedeutet, dass eine wahrheitsgemäße Darstellung der Wahrnehmungen des Kindes

---

242 § 163 StPO.
243 § 4 ASOG, näheres zum Kinderschutz siehe § 8a SGB VIII.
244 Oftmals stellen ein geringes Alter des Kindes, mangelnde Sprachkenntnisse, Behinderungen oder Verschlossenheit ein Hindernis dar.
245 Die Praxis zeigt, dass in einer Vielzahl der Kindesmisshandlungen und sexuellen Missbräuche sachliche Beweismittel fehlen und/oder keine weiteren Zeugen vorhanden sind.

für das Verfahren sichergestellt werden soll.

Kinder unterliegen – mehr noch als Erwachsene – psychischer Beeinflussung hinsichtlich Wahrnehmung, kognitiver Verarbeitung, Erinnerung und Wiedergabe[246].

Ihre Gedanken, Vorstellungen, Gefühle oder Wahrnehmungen sind besonders leicht zu manipulieren, zum Beispiel durch bewusste oder unbewusste suggestive Fragestellungen.

Daraus ergeben sich eine Reihe von Fehlermöglichkeiten, die es durch eine professionelle Befragung durch speziell geschultes Personal zu minimieren gilt.

Weiter muss beachtet werden, dass selbst unter günstigen Umständen jede erneute Beschäftigung mit der erlebten Straftat durch Befragung eines Kindes psychischen Stress verursachen kann, der eine Retraumatisierung zur Folge haben könnte.

Vernehmungszeitpunkt und Vernehmungsort

Der Zeitpunkt der Vernehmung spielt eine wichtige Rolle. Da der Vorgang des Vergessens bereits mit dem Ende eines Ereignisses beginnt, ist es erforderlich ein Kind **frühzeitig** zu vernehmen. Da bei Gewaltdelikten gegen Kinder häufig auch (gerichts-) ärztliche Untersuchungen vorgenommen werden müssen, bietet sich in diesem zeitlichen Umfeld eine Vernehmung geradezu an.

Vernehmungen von Kindern sollten nach Möglichkeit in geeigneten Räumlichkeiten erfolgen. In vielen Polizeidienststellen werden zu diesem Zweck spezielle Vernehmungszimmer bereitgehalten, die durch entsprechende Atmosphäre eine stressfreie Umgebung darstellen.

Es wird jedoch auch immer die Möglichkeit in Betracht gezogen das Kind an einem vertrauten Ort zu vernehmen. Hierbei wird das häusliche Umfeld wegen der oftmals belasteten Situation bzw. der Möglichkeit der Anwesenheit Tatverdächtiger[247], ausgeschlossen sein.

Infrage kommen aber sehr wohl »neutrale« Orte, wie z.B. Schulen, Kitas und andere private Räumlichkeiten, soweit sie o.a. Voraussetzungen erfüllen. Der Vernehmung könnten hierbei im Einzelfall vertraute Personen, wie z.B. Erzieher/-innen oder Lehrer/-innen hinzugebeten werden. Die Entscheidung hierzu trifft der Vernehmungsbeamte (mehr dazu siehe im Abschnitt Opferschutz).

Maßnahmen zum Opferschutz

Sowohl zum Schutz des Kindes, als auch für die Erfordernisse des (Straf-)Verfahrens, kann die Hinzuziehung von Vertrauenspersonen des Kindes (Lehrern/-innen, Erziehern/-innen, Freunden/-innen oder Verwandten), aber auch von Psychologen

---

[246] Z.B. durch die begrenzte Wahrnehmungsfähigkeit, Erinnerungslücken, Verdrängungsmechanismen oder schlichte Irrtümer.
[247] Die Phänomene der Kindesmisshandlung, des sexuellen Missbrauchs bzw. der Vernachlässigung finden in den allermeisten Fällen im familiären bzw. häuslichen Umfeld statt.

Kinderschutz im strafrechtlichen Verfahren

von Vorteil sein.

Beachtet werden muss hierbei jedoch, dass es unzweckmäßig ist, eine Person der Vernehmung des Kindes beiwohnen zu lassen, die selbst als Zeuge/-in in Betracht kommen könnte, da eine spätere unvoreingenommene Vernehmung dieser Person nur noch schwer möglich ist.

Wie bereits dargestellt, bedeutet jede Vernehmung bzw. Befragung von Kindern (bei Polizei, Jugendamt, Straf- und Familiengericht) immer die Gefahr psychischer Belastung. Aus diesem Grund wurden im formellen Strafrecht Regelungen in der StPO und den RiStBV zum Schutz von (minderjährigen) Zeugen/-innen getroffen.

Demnach ist die mehrfache Vernehmung von Kindern und Jugendlichen (vor der Hauptverhandlung) nach Möglichkeit zu vermeiden. Die Vernehmung minderjähriger (Opfer-)Zeugen/-innen soll hierfür auf Bild-Ton-Träger aufgezeichnet werden.[248] Für die Anwesenheit einer **Vertrauensperson** soll Sorge getragen werden. Weiterhin ist einem **anwaltlichem Beistand** bzw. **Nebenklagevertreter** die Anwesenheit gestattet[249] – die Hinzuziehung anderer Personen (Rechtsmedizin, Psychologen/-innen, Psychiater/-innen etc.) ist denkbar, solange kriminaltaktische Erwägungen nicht im Wege stehen bzw. der Zweck der Maßnahme dadurch nicht gefährdet wäre.

Allerdings sollte die Anzahl der teilnehmenden Personen auf ein Mindestmaß beschränkt bleiben um das Kind nicht durch eine Vielzahl unterschiedlicher Personen zu verängstigen.

Für eine spätere Verwendung der Aufzeichnungen als Beweismittel wird eine **richterliche Vernehmung** empfohlen. Für die Fälle, in denen Sorgeberechtigte bzw. Angehörige des Kindes als Tatbeteiligte in Betracht kommen könnten und der Minderjährige aufgrund mangelnder Verstandesreife das ihm zustehende Zeugnisverweigerungsrecht nicht erfassen kann, soll die Staatsanwaltschaft frühzeitig die Anordnung einer **Ergänzungspflegschaft** beim Familiengericht beantragen.

Bestehen (ggf. bereits vor Beginn der Vernehmung) Zweifel am Wahrheitsgehalt der Aussagen des Kindes, sollte die Beiziehung eines Sachverständigen mit Kenntnissen der Kinderpsychologie erfolgen.

Für die eigentliche Vernehmung gilt: Dem Kind soll mit besonderer Empathie und Rücksicht begegnet werden.

Um dem verblassenden Erinnerungsvermögen zu begegnen und eine Beeinflussung der kindlichen Zeugen zu vermeiden sollte die Vernehmung möglichst zeitnah erfolgen. Das Verfahren soll beschleunigt werden.[250] Für das gerichtliche Verfahren existieren darüber hinaus weitere Zeugenschutzregeln.[251]

---

248 RiSrBV 19, zur Frage der Videovernehmung siehe auch § 58a StPO.
249 § 406f StPO.
250 RiSrBV 19 19, 19a, 221.
251 Siehe RiStBV 130a, 135, 220, 221, 222.

Fazit

Die Befragung oder Vernehmung durch die Polizei bedeutet, wie im Übrigen auch jede Befragung durch andere Personen oder Institutionen[252], eine erneute Stresssituation für das ohnehin schon durch die Straftat belastete Kind.

Hierbei stehen Polizei und Justiz im Spannungsverhältnis zwischen der Notwendigkeit einer schnellen Sachverhaltserforschung zum Schutz des Kindes und Dritter und der Gefahr erneuter Traumatisierung des (Opfer-)Zeugen/-innen und dem Prozess des fortschreitenden Vergessens entgegen zu wirken.

In der Praxis werden Kinder häufig schon vor dem Einschalten von Polizei oder Jugendamt befragt. Fehler, die in ersten Befragungen durch Erzieher/-in, Lehrer/-in oder auch die Polizei gemacht werden, können im weiteren zeitlichen Verlauf häufig nicht mehr ausgeglichen werden.

Eine ausführliche Befragung bzw. Vernehmung von Kindern ist und bleibt Aufgabe **speziell ausgebildeter** Mitarbeiter/-innen von Jugendamt, Polizei, Staatsanwaltschaft und Gericht.

Eine erste behutsame Befragung muss im Einzelfall sicher auch von Kita- oder Schulpersonal vorgenommen werden. Der richtige Umgang mit Hinweisen und entsprechende kommunikative Fertigkeiten können in speziellen Schulungen schnell erlernt werden.

Ein Mittel zur Vermeidung von unberechtigten Vorwürfen über die Beeinflussung von minderjährigen Zeugen ist die o.a. (Bild-) Ton-Aufzeichnung von Vernehmungen bzw. Befragungen.

Vom Ergebnis einer professionellen, polizeilichen Vernehmung und deren umfassende Dokumentation kann sowohl das Strafverfahren, als auch das zivilrechtliche Verfahren bzw. andere Institutionen, wie z.B. Jugendamt, Sachverständige, etc. profitieren.

Umso mehr ist es aus diesen Erwägungen erforderlich, dass die Befragungen möglichst frei von Fehlern und auf ein Mindestmaß beschränkt bleiben.

Eine frühzeitige Einschaltung der Polizei bietet somit nicht nur die Möglichkeit die angezeigte Straftat möglichst schnell – und vor allem durch die Erlangung einer möglichst unbeeinflussten und wahrheitsgemäßen Aussage des Kindes – umfassend aufzuklären, sondern ermöglicht damit auch die Ergreifung ggf. notwendiger Maßnahmen zur Gefahrenabwehr.

Darüber hinaus kann durch den **fachkundigen** Umgang mit dem bereits traumatisierten Kind in dieser Phase die Gefahr einer weiteren Traumatisierung deutlich vermindert werden.

Bei Fragen oder Fortbildungsbedarf erreichen Sie den Auto unter: dhaedrich@gmx.de

---

252 z.B. Jugendamt oder Familiengericht.

9.2 Was Sie im Strafverfahren erwartet – Abläufe, Beteiligte und die Nebenklage

Franziska Breitfeld

Die Entscheidung für oder gegen die Einleitung eines strafrechtlichen Verfahrens ist trotz des staatlichen Strafverfolgungsanspruches vor allem eines: sehr persönlich. Und dies ist auch richtig so, denn in einem Rechtsstaat, der auf der Würde des Menschen fußt, muss der Mensch als aktives Subjekt im Mittelpunkt jeglichen Handelns und Entscheidens stehen. Von Straftaten Betroffene dürfen ebenso wenig als passive Opfer stigmatisiert wie Zeugen/-innen als reines Beweismittel verstanden und mit ihren Ängsten und Sorgen allein gelassen werden. Mit jedem Verfahren gehen für die Beteiligten, ob Kinder oder Erwachsene, große Belastungen und Ängste einher. Eine dieser Sorgen ist die Angst vor dem Unbekannten. Was wird passieren? Wer wird dabei sein? Wird man mir glauben? Werde ich auf den oder die Angeklagte/-n treffen? Die Entscheidung für und die Teilnahme an einem strafrechtlichen Verfahren fällt leichter, wenn Betroffene und Zeugen gut auf die Verfahren vorbereitet und begleitet werden. Hierzu gehört auch, die Abläufe eines strafrechtlichen Verfahrens, die Beteiligten und ihre Rollen und Aufgaben zu kennen und zu verstehen.

Strafantrag und Strafanzeige

Ein strafrechtliches Verfahren beginnt üblicherweise mit einer Strafanzeige oder einem Strafantrag. Alternativ werden die Strafverfolgungsbehörden selbstständig auf einen Sachverhalt aufmerksam und nehmen die Ermittlungen auf. Strafantrag und Strafanzeige können bei der Polizei, der Staatsanwaltschaft oder beim Amtsgericht gestellt werden.

Eine Strafanzeige ist dabei die bloße (mündliche oder schriftliche) Mitteilung eines Geschehens gegenüber den Strafverfolgungsbehörden. Jeder kann eine Strafanzeige vornehmen.

Der Strafantrag dagegen kann nur von der/dem Verletzten gestellt werden und verpflichtet die Staatsanwaltschaft zum tätig werden, man spricht von Offizialdelikten. Bei einigen Delikten bedarf es jedoch eines Strafantrages, damit die Tat überhaupt verfolgt werden kann (Antragsdelikte), da so deutlich wird, dass der oder die Betroffene ein Interesse an der Strafverfolgung hat. Der Strafantrag muss bei einem Gericht oder der Staatsanwaltschaft schriftlich oder zu Protokoll eines/-r Urkundsbeamten/-in, bei anderen Behörden schriftlich bis zum Ablauf einer Frist von drei Monaten angebracht werden. Die dreimonatige Frist beginnt mit dem Tag, an dem der/die Verletzte von der Tat beziehungsweise dem/der Täter/-in erfahren. Ausnahmsweise kann die Staatsanwaltschaft bei einigen Delikten einen fehlenden Strafantrag durch das sogenannte besondere öffentliche Interesse ersetzen.

Ablauf des strafrechtlichen Verfahrens

Das strafrechtliche Verfahren lässt sich grob in drei Abschnitte unterteilen:

Das Ermittlungsverfahren

Das Ermittlungsverfahren wird von der Staatsanwaltschaft geführt. Mit Unterstützung der Polizei wird der angezeigte Sachverhalt ausermittelt. Dazu werden zum Beispiel der/die Beschuldigte und Zeugen/-innen befragt, Sachverständige angehört, Durchsuchungen vorgenommen oder Datenmaterial ausgewertet. Teilweise bedarf es eines richterlichen Beschlusses, um konkrete Ermittlungsmaßnahmen durchzuführen.

Werden Kinder durch die Ermittlungsbehörden befragt, sollte vorab geprüft werden, ob die Vernehmung durch eine speziell für die Befragung von Kindern und Jugendlichen ausgebildete/-n Beamten/-in durchgeführt werden kann. Hier muss eventuell ein Termin vereinbart werden. Außerdem sollte dem Kind eine Vertrauensperson und/oder eine Person mit Fachkenntnissen, etwa ein/-e Fachanwalt/-in oder eine Fachkraft einer Beratungsstelle zur Seite stehen. Personen, welche als Zeugen/-innen am Verfahren teilnehmen könnten, sind hier weniger geeignet.

Die Aussage von Kindern oder Jugendlichen sollte, insbesondere wenn sie jünger als 16 Jahre alt sind, auf Video aufgezeichnet werden. So können dem Kind wiederholte Vernehmungen erspart werden. Auch kann durch eine zeitgleiche Übertragung in einen anderen Raum vermieden werden, dass das Kind auf den/die anwesenheitsberechtigte/n Angeklagte/-n trifft. Zudem sollte geprüft werden, ob eine Vernehmung durch eine/n Richter/-in sinnvoll ist. Das Ministerkomitee des Europarates hat Richtlinien für eine kindgerechte Justiz herausgegeben, welche die Rechte der Kinder sichern und Hinweise für entlastende Vernehmungen geben.

Am Ende des Ermittlungsverfahrens ist entscheidend, ob die Staatsanwaltschaft einen hinreichenden Tatverdacht bejahen kann. Dieser liegt vor, wenn die Verurteilungswahrscheinlichkeit höher ist als die eines Freispruches. Liegt kein hinreichender Tatverdacht vor, stellt die Staatsanwaltschaft das Verfahren ein (§ 170 Abs. 2 Satz 1 StPO). Wird der hinreichende Tatverdacht bejaht, erhebt die Staatsanwaltschaft die öffentliche Klage durch Einreichung der Anklageschrift beim zuständigen Gericht. (§170 Abs. 2 StPO).

Das Zwischenverfahren

Das zuständige Gericht prüft nun, ob es das Hauptverfahren eröffnet. Dazu zieht es alle Akten heran und gibt auch dem/der Angeschuldigten Gelegenheit zur Stellungnahme. Sieht das Gericht den hinreichenden Tatverdacht gegen den/die Angeschuldigte/n nicht für gegeben an, kann es weitere Ermittlungen veranlassen oder beschließen, das Hauptverfahren nicht zu eröffnen (§ 204 Abs. 1 StPO). Bejaht es den hinreichenden Tatverdacht, beschließt es die Eröffnung des Hauptverfahrens (§ 203 StPO).

Das Hauptverfahren

An der Eröffnung des Hauptverfahrens wird der/die Angeschuldigte als Angeklagte/r bezeichnet. Das Hauptverfahren setzt sich zusammen aus der Vorbereitung der Hauptverhandlung und der Hauptverhandlung selbst. Die Hauptverhandlung ist der wesentlichste Teil des strafrechtlichen Verfahrens, denn ihr Ergebnis ist maßgebend für das Urteil.

zuständiges Gericht

Welches Gericht zuständig ist, richtet sich nach den Regelungen des GVG und der StPO. Wir unterscheiden die örtliche und die sachliche Zuständigkeit. Die örtliche Zuständigkeit richtet sich nach dem Tatort, dem Wohnort/ Aufenthaltsort des Angeschuldigten oder dem Ergreifungsort. Die sachliche Zuständigkeit richtet sich nach dem zu erwartenden Strafmaß. In Betracht kommen das Amtsgericht und das Landgericht. Am Amtsgericht werden entweder der/die Strafrichter/-in oder das Schöffengericht tätig, am Landgericht können die kleine oder große Strafkammer oder das Schwurgericht zuständig sein. Außerdem können Sonderkammern, etwa für Wirtschaft, Staatsschutz oder Jugend gebildet werden.

Ladung

Die Ladung erfolgt durch das zuständige Gericht. Im Gegensatz zum Zivilgericht verpflichtet die gerichtliche Ladung im Strafverfahren den oder die Geladene/-n zum Erscheinen. Bei Nichterscheinen muss der/die Geladene mit einem Ordnungsgeld rechnen, auch können ihm/ihr die Kosten für den Termin auferlegt werden, sollte dieser, ohne den/die Geladene/-n, sinnlos geworden sein. Auch kommt eine Vorführung zum nächsten Termin in Betracht. Sollten Sie einen Ladungstermin aus wesentlichen Gründen nicht wahrnehmen können, sollten Sie sich frühzeitig an das zuständige Gericht wenden.

Beteiligte

Das Gericht entscheidet über die Anklage, es muss also alle be- und entlastenden Umstände ermitteln und abwägen und entscheiden, ob der/die Angeklagte im Sinne der Anklage zu verurteilen ist. Dabei ermittelt es »von Amts wegen«. Das bedeutet, dass das Gericht nicht an Anträge gebunden ist, sondern selbst alles in seiner Macht stehende tun muss, um einen möglichen Tathergang und die Tatumstände zu ermitteln.

Schöffen/-innen sind sogenannte Leihenrichter/-innen, also Ehrenamtliche, welche keine juristische Ausbildung haben, aber am gerichtlichen Verfahren mit gleichem Stimmrecht wie der/die Berufsrichter/-in mitwirken. Schöffen/-innen müssen eine Vielzahl von Kriterien erfüllen und werden, nachdem sie sich beworben haben oder aus den Melderegistern der Einwohnermeldeämter zufällig ausgewählt worden, auf eine Vorschlagsliste gesetzt. Aus dieser wählen die Schöffenwahlausschüsse aus.

Die **Staatsanwaltschaft** vertritt die Anklage. Wichtig dabei: die Staatsanwaltschaft ist nicht die Gegnerin der/des Angeklagten, sondern neutrale Behörde in einem strafrechtlichen Verfahren. Sie muss daher, auch wenn sie Anklage erhoben hat und von einer Verurteilung ausgeht, auch die Argumente offen abwägen, welche gegen eine Verurteilung sprechen. Die Staatsanwaltschaft hat im Verfahren einen Vielzahl von Rechten, etwa das Beweisantrags-, Anwesenheits-, Erklärungs-, Frage-, Akteneinsichts- und sonstige Antragsrechte.

Der oder die Angeklagte, ist jene Person, gegen die Anklage erhoben wird. Der/die Anklagte hat eine Vielzahl von Rechten, welche der Strafprozessordnung und den Menschenrechten entstammen. So muss der Angeklagte im gesamten strafrechtlichen Verfahren seine Rechte kennen, etwa sein Recht zu Schweigen und nicht an der Aufklärung der Tat mitwirken zu müssen. Zudem hat er Informations- und Belehrungsrechte, Frage- und (Beweis-)Antragsrechte, ein Anwesenheitsrecht, das Recht sich eines Verteidigers/-in zu bedienen, das Recht auf rechtliches Gehör, gegebenenfalls das Recht auf eine/n Dolmetscher/-in, etc.

Die Verteidigung hat dafür Sorge zu tragen, dass der/die Angeklagte ein faires, rechtsstaatliches Verfahren erhält und berät die/ den Angeklagten über seine/ ihre Möglichkeiten und Aussichten. Auch die Verteidigung hat umfassende (Beweis-) Antrags-, Anwesenheits-, Erklärungs-, Frage- und Einsichtsrechte. Die Verteidigung steht dem/der Angeklagten im Verfahren bei, kann diese/n jedoch nicht vertreten. Das bedeutet, dass das Erscheinen der/des Angeklagten in der Hauptverhandlungen auch dann nötig ist, wenn die Verteidigung vor Ort ist.

Eine von einer Straftat **betroffene Person** hat im Strafprozess die Position eines Zeugen, das heißt, sie hat keine Antrags- und Fragerecht. Auch wird sie nur über den Ausgang des Verfahrens informiert, wenn sie dies beantragt. Erst die Nebenklage ermöglicht es, aktiv an dem Verfahren mitzuwirken.

Nebenklage (§ 395 StPO)

Nebenkläger/-in kann grundsätzlich nur der/die Betroffene sein, also die Person, welche durch die Tat verletzt wurde. Die gleiche Befugnis steht sonst nur Personen zu, deren Kinder, Eltern oder Ehegatten/Lebenspartner durch eine rechtswidrige Tat getötet wurden.

Ein betroffenes Kind darf nicht selbst als Nebenkläger/-in auftreten, sondern muss durch einen gesetzlichen Vertreter (in der Regel ein oder beide Elternteile) vertreten werden. Unterstützen die Eltern das Kind nicht oder kommen sie als Tatverdächtige in Betracht, muss für das Kind ein/-e Ergänzungspfleger/-in bestellt werden.

Ein Anschluss als Nebenkläger/-in ist nicht in allen Verfahren möglich, sondern nur bei Sexual-, Beleidigungs-, Körperverletzungs-, Freiheits- und versuchten Tötungsdelikten sowie in Fällen des § 4 Gewaltschutzgesetz. Nötig ist es zudem, die Anschlusserklärung schriftlich beim zuständigen Gericht einzureichen.

Die Nebenklage eröffnet eine Vielzahl von Möglichkeiten und Rechten, welche einem/-r »Opferzeugen/-in« verwehrt bleiben:

So ist der/die Nebenklägerin zur Anwesenheit in der Hauptverhandlung berechtigt, selbst dann, wenn er/sie als Zeuge vernommen werden soll. Er/sie ist zur Hauptverhandlung zu laden, hat die Befugnis zur Ablehnung eines Richters oder Sachverständigen, das Fragerecht, das Recht zur Beanstandung von Anordnungen des Vorsitzenden und von Fragen, das Beweisantragsrecht sowie das Recht zur Abgabe von Erklärungen und einem Plädoyer. Auch ist der/die Nebenkläger/-in im gleichen Umfang wie die Staatsanwaltschaft zuzuziehen, zu hören und Informationen bekannt zu machen. Zudem hat der/die Nebenkläger/-in ein Recht auf Akteneinsicht und kann so in Erfahrung bringen, was etwa der Angeschuldigte oder andere Beteiligte ausgesagt haben.

Besonders wichtig: Als Nebenkläger/-in können Sie einen Antrag auf Ausschluss der Öffentlichkeit beziehungsweise Ausschluss des Angeklagten stellen. Dies trägt in der Regel sehr zur Entlastung der Betroffenen, insbesondere von Kindern, bei.

Um diese Rechte geltend zu machen, ist es ratsam, sich durch einen Fachanwalt/ eine Fachanwältin als Nebenklagevertreter/-in kann sich des Beistands eines Rechtsanwalts bedienen oder sich durch einen solchen vertreten lassen.

Die Kosten für die Beiordnung der Nebenklagevertretung können bei Vorlage verschiedener Voraussetzungen auf Antrag vom Staat getragen beziehungsweise Prozesskostenhilfe bewilligt werden. Auch kommt eine Finanzierung durch private Träger wie den Weissen Ring in Betracht.

Zeugen/-innen müssen bei Ladung vor Gericht erscheinen und sind zur Aussage über eigene Wahrnehmungen und zur Wahrheit verpflichtet. Ihnen stehen Zeugnis- oder Aussageverweigerungsrechte zu, etwa dann, wenn sie sich selbst durch eine Aussage belasten würden oder in einem besonderen Näheverhältnis zum/r Angeklagten stehen. Kinder und Jugendliche unter 18 Jahren dürfen nur durch das Gericht befragt werden.

Zeugen/-innen können Verdienstausfälle, notwendige Fahrtkosten, Mehraufwand wie notwendige Übernachtungskosten oder die Kosten einer erforderlichen Begleitperson auf Antrag erstattet werden.

Der/die Sachverständige ist eine Person mit besonderer Sachkunde, welche/r dann herangezogen wird, wenn die Sachkunde des Gerichts in dieser Frage nicht zur Beurteilung ausreicht. In Betracht kommen beispielsweise psychologische oder medizinische Fragen. Das Gericht bestimmt dabei den/die konkrete/n Sachverständige/-n und legt auch die zu erfüllenden Aufgaben fest.

Ablauf der Hauptverhandlung

Zum Ladungszeitpunkt wird vor dem angegebenen Sitzungssaal die jeweilige Strafsache aufgerufen. Alle Beteiligten dürfen nun in den Sitzungssaal eintreten. Sollten Zuschauer/-innen vor Ort sein, dürfen diese im Zuschauerbereich Platz nehmen. Der/ die Vorsitzende, also der/die Strafrichter/-in oder, bei einem Spruchkörper mit mehreren Richtern, der/die Vorsitzende Richter/-in stellt fest, ob der/die Angeklagte und der/die Verteidiger/-in anwesend und die Beweismittel herbeigeschafft, insbesondere die geladenen Zeugen/-innen und Sachverständigen erschienen sind.

Dann verlassen die Zeugen/-innen den Sitzungssaal, um in ihrer Aussage nicht von vorhergehenden Ereignissen in der Hauptverhandlung beeinflusst zu werden. Der/ die Vorsitzende vernimmt den/die Angeklagte/n über ihre/seine persönlichen Verhältnisse.

Daraufhin verliest der/die Staatsanwalt/-in den Anklagesatz und der/die Vorsitzende erklärt, ob es vorausgehende Erörterungen oder Verständigungen gegeben hat und berichtet gegebenenfalls über deren Inhalt.

Im Anschluss wird der/die Angeklagte darauf hingewiesen, dass es ihm/ihr frei stehe, sich zu der Anklage zu äußern oder nicht zur Sache auszusagen. Ist der/die Angeklagte zur Äußerung bereit, so wird er/sie zur Sache vernommen. Auch eventuelle Vorstrafen werden (jetzt oder später) durch Verlesung des Registerauszuges in die Hauptverhandlung eingeführt.

Nach der Vernehmung des/der Angeklagten erfolgt die Beweisaufnahme. Nach und nach werden alle Zeugen/-innen und Sachverständige über ihre Rechte und Pflichten belehrt und angehört und sonstige Beweismittel verlesen oder in Augenschein genommen. Auch eine Ortsbesichtigung im Rahmen eines Hauptverhandlungstermins ist möglich. Zu jedem Beweismittel erhalten die Staatsanwaltschaft, der/die Angeklagte und die Verteidigung Gelegenheit, Stellung zu nehmen und Fragen zu stellen.

Ist die Beweisaufnahmen abgeschlossen, halten die Staatsanwaltschaft und der/die Angeklagte beziehungsweise die Verteidigung ihre Schlussvorträge, die sogenannten Plädoyers. In diesen weisen sie auf die Ergebnisse der Beweisaufnahme hin und begründen daraus, welche Argumente für und gegen eine Verurteilung der/des Angeklagten sprechen. Am Ende der Plädoyers beantragen die Staatsanwaltschaft und die Verteidigung in der Regel den Freispruch oder ein konkretes Strafmaß. Je nach Straftat kommen hier Geld- oder Gefängnisstrafen in Betracht.

Dem/ der Angeklagten gebührt das letzte Wort bevor sich das Gericht zur Beratung (und Abstimmung) zurückzieht. Dabei darf es sich nur auf den Inhalt der Hauptverhandlung beziehen. Verbleiben nach dem Ende der Beweisaufnahme Zweifel, muss das Gericht den/die Angeklagten frei sprechen.

Zur Urteilsverkündung erheben sich alle im Sitzungssaal Anwesenden. Der/ die Vorsitzende verliest nun die Urteilsformel »Im Namen des Volkes«. Nachdem alle Anwesenden wieder Platz genommen haben, begründet das Gericht kurz das Urteil. Damit schließt die Hauptverhandlung.

Das Adhäsionsverfahren

Das deutsche Recht sieht üblicherweise vor, dass zivilrechtliche Ansprüche, etwa auf Schmerzensgeld, vor den Zivilgerichten geltend gemacht werden müssen. Eine Ausnahme stellt das Adhäsionsverfahren dar. Hier haben Betroffene die Möglichkeit, bereits im Rahmen des Strafverfahrens auch zivilrechtliche Ansprüche geltend zu machen. Dies hat gewichtige Vorteile: die Betroffenen werden nicht durch weitere Gerichtsverfahren belastet, es entstehen keine zusätzlichen Kosten, für welche die Antragstellenden im Zivilgerichtsverfahren in Vorleistung gehen müssen und auch die Beweislastregelungen im Strafrecht kommen den Betroffenen verglichen mit dem Zivilrecht entgegen.

Rechtsmittel

Als Rechtsmittel stehen im strafrechtlichen Verfahren die Beschwerde, die Berufung und die Revision zur Verfügung. Sie können von der Staatsanwaltschaft, dem/der Angeklagten beziehungsweise der Verteidigung, dem Privatkläger und der Nebenklage eingelegt werden. Berufung und Revision haben zur Folge, dass keine Rechtskraft eintritt und das Urteil nicht vollstreckt werden kann.

Haftvollstreckung

Die Verhaftung einer Person ist nur dann möglich, wenn ein Haftgrund vorliegt. Und selbst wenn der/die Anklagte am Schluss der Hauptverhandlung zu einer Freiheitsstrafe verurteilt wird, tritt diese/-r die Haftstrafe in der Regel nicht direkt an. Vielmehr wird dem/der Verurteilten erst nach der Rechtskraft des Urteils eine Aufforderung zum Strafantritt zu einem bestimmten Zeitpunkt zugesandt.

Fazit

Das Strafverfahren ist eine belastende Situation. Doch wissen Betroffene und Zeugen, was auf sie zukommt und werden Kinder sensibel und ihrem Reifegrad entsprechend unterstützt, informiert und beteiligt, kann es gerade Betroffenen helfen, die für sie richtige Entscheidung für oder gegen ein Strafverfahren zu treffen. Die Justiz ist noch immer nicht so betroffenenfreundlich und kindgerecht, wie wir es uns wünschen und einfordern, doch werden wir nicht müde, die Entwicklung voranzutreiben, damit die Stärke der Betroffenen und Zeugen/-innen auch im Prozess zur Geltung kommen und das Strafverfahren auch eine Chance sein kann, den eigenen Lebensweg aktiv zu gestalten.

9.3 Psychosoziale Prozessbegleitung für Kinder und Jugendliche im Strafverfahren

Andrea Wehmer

Kaum etwas kann das Leben und die Entwicklung eines Menschen so schwer belasten wie körperliche, sexuelle oder psychische Gewalt – das gilt insbesondere für Kinder und Jugendliche. Oft sind es nahestehende Personen, die diese schrecklichen Taten begehen und damit das ihnen entgegengebrachte Vertrauen missbrauchen. Neben den direkten Tatfolgen wie Verletzungen und Schmerzen tragen kindliche und jugendliche Gewaltopfer vielfach erhebliche physische und psychische Schäden davon.

Ist die Entscheidung für die Erstattung einer Strafanzeige gefallen, sind Kinder und Jugendliche in einem sich anschließenden Ermittlungs- und Strafverfahren zusätzlichen beträchtlichen Belastungen ausgesetzt. Wiederholte Befragungen durch wechselnde, fremde Personen (Polizisten, Staatsanwälte/-innen, Gutachter/-innen, Richter/-innen), medizinische Untersuchungen, fehlendes oder falsches rechtliches Wissen, mangelnde Informationen zum aktuellen Verfahrensstand, nicht selten lange Wartezeiten bis zum Hauptverhandlungstermin, die kühle gerichtliche Atmosphäre, die Konfrontation mit den Angeklagten, Befürchtungen, sich nicht richtig ausdrücken zu können und die Verantwortung für die Tat zugeschrieben zu bekommen, führen häufig zu weiterem psychischen Druck, zu Angst- und Unsicherheitszuständen bei den betreffenden Kindern und Jugendlichen.[253]

Kinder und Jugendliche, die bereits durch eine Straftat verletzt wurden, dürfen durch die Strafverfolgung und den Strafprozess nicht noch zusätzlich geschädigt werden. Auf sie muss in einem Strafverfahren besondere Rücksicht genommen werden. Das 3. Opferrechtsreformgesetz versucht dem mit einer Reihe von opferschutzrechtlichen Regelungen Rechnung zu tragen, so u.a. mit der **psychosozialen Prozessbegleitung**.

Zielsetzung und Nutzen psychosozialer Prozessbegleitung

Psychosoziale Prozessbegleitung stellt eine nichtrechtliche Form der Begleitung von besonders schutzbedürftigen Verletzten im Strafverfahren dar. Vornehmlich Kinder und Jugendliche als Betroffene schwerer Sexual- oder Gewaltdelikte sollen einen Rechtsanspruch auf qualifizierte Betreuung, Unterstützung und Informationsvermittlung vor, während und nach einer Hauptverhandlung bekommen (§ 406 g StPO).

Ziel der psychosozialen Prozessbegleitung ist es, den verletzten Zeugen/-innen Sicherheit und Orientierung zu vermitteln. Sie ermöglicht den betroffenen Kindern

---

253 Vgl. Volbert/Pieters (1993).

und Jugendlichen zu verstehen, was um sie herum geschieht und was von ihnen wann erwartet wird. Die individuellen Belastungen und Ängste der Kinder und Jugendlichen in einem Strafverfahren können auf diese Weise reduziert, drohende erneute Traumatisierungen durch das Verfahren selbst vermieden werden. Psychosoziale Prozessbegleitung kann sich auch an stark belastete Angehörige und Bezugspersonen der betroffenen Kinder und Jugendlichen richten. Deren Sorgen und Ängste sollen die betroffenen Kinder und Jugendlichen nicht noch zusätzlich belasten.

Von einer qualifizierten, professionellen Prozessbegleitung können darüber hinaus auch Polizei und Justiz profitieren. Weist die Prozessbegleitung bspw. auf besondere Ängste oder Schwierigkeiten der Zeugen/-innen hin, die dann auch entsprechende Berücksichtigung in den Verfahren finden, kann dadurch die Aussagebereitschaft und Aussagequalität der Zeugen/-innen erhöht werden. Zugleich kann Prozessbegleitung zu einer Entlastung anderer Verfahrensbeteiligte bei emotional belastenden Situationen in der Hauptverhandlung führen.

Grundsätze der psychosozialen Prozessbegleitung

Psychosoziale Prozessbegleiter/-innen sind bei der Begleitung von Kindern, Jugendlichen und deren Angehörigen bzw. Bezugspersonen in ihrem Handeln bestimmten übergeordneten Grundsätzen verpflichtet. Neben der Akzeptanz des Rechtssystems und seiner Verfahrensgrundsätze ist die neutrale Rolle der Prozessbegleitung gegenüber dem Strafverfahren und seinem Ausgang wesentlich, um die Aussagen der begleiteten Zeugen/-innen nicht zu beeinflussen. Psychosoziale Prozessbegleitung hat keine rechtliche und/oder rechtsvertretende Funktion und ersetzt daher auch keine Beratung und Therapie. Sie schließt Gespräche über den zur Verhandlung stehenden Sachverhalt mit den Kindern und Jugendlichen aus. Psychosoziale Prozessbegleiter/-innen arbeiten transparent und kooperieren wertschätzend mit allen am Ermittlungs- und Strafverfahren beteiligten Berufsgruppen.[254]

Psychosoziale Prozessbegleitung ganz konkret

• Zugänge zum Angebot

Die Strafprozessordnung (StPO) weist zwar in den § 406g und § 406i auf die rechtliche Möglichkeit der Beiordnung einer psychosozialen Prozessbegleitung für Verletzte hin, die wenigsten Betroffenen bzw. deren Angehörigen werden jedoch die einschlägigen gesetzlichen Bestimmungen kennen. Daher hängt die Inanspruchnahme der psychosozialen Prozessbegleitung in starkem Maße von ihrer Kooperation und Vernetzung mit anderen Einrichtungen, Institutionen, Behörden und Personen ab.

Dazu zählen im Wesentlichen:

– Opferhilfeeinrichtungen/Beratungsstellen
– Kriminalpolizei

---

254 Siehe Fastie (2008).

– Staatsanwaltschaft
– Gerichte
– Rechtsanwälte/-innen
– Jugendamt
– Schulsozialarbeiter/-innen
– Rechtsmedizin (Opferambulanzen)
– Hilfetelefone
– Hilfeportale im Internet

- **Begleitung VOR der Hauptverhandlung**

Das Angebot der psychosozialen Prozessbegleitung kann mit einem Informationsgespräch vor Anzeigenerstattung beginnen. Dieser erste Kontakt kann persönlich oder telefonisch erfolgen und dient neben dem gegenseitigen Kennenlernen auch der Weitergabe von zu diesem Zeitpunkt notwendigen Informationen.

Die Prozessbegleitung

– informiert (dem Alters- und Entwicklungsstand der Kinder/Jugendlichen entsprechend) über die Anzeigenerstattung, den Ablauf einer polizeilichen Vernehmung, über Rechte und Pflichten von Zeugen sowie über mögliche Opferschutzmaßnahmen
– weist auf die Möglichkeit einer anwaltlichen Vertretung (Nebenklagevertretung) hin und vermittelt kompetente Anwältinnen und Anwälte
– klärt über ihr fehlendes Zeugnisverweigerungsrecht auf und informiert in diesem Zusammenhang über Vor- und Nachteile ihrer Anwesenheit bei Vernehmungen
– vermittelt, wenn gewünscht, den Kontakt zur Kriminalpolizei und begleitet ggf. auch dorthin
– zeigt den Ablauf eines Strafverfahrens auf, erklärt Verfahrensgrundsätze und die Rollen der am Prozess beteiligten Personen
– klärt die aktuelle Situation sowie Erwartungen und den Unterstützungsbedarf der betroffenen Kinder und Jugendlichen
– begleitet zu Terminen mit Sachverständigen
– vermittelt weiterführende Hilfen (Beratung, Therapie etc.)

In Vorbereitung auf die Hauptverhandlung und in Abhängigkeit von individueller Situation und Bedarf der betroffenen Kinder und Jugendlichen kommen auf die Prozessbegleitung folgende Aufgaben zu:

– die Information über den Ablauf der Hauptverhandlung, Aufgaben der Prozessbeteiligten, Zeugenrechte und -pflichten; Einsatz des Gerichtskoffers bei kleinen Kindern (siehe Abb.1)
– das Besprechen von Ängsten und Befürchtungen, die Kinder und Jugendliche im Zusammenhang mit ihrer Vernehmung in der Hauptverhandlung haben können sowie die Erarbeitung von Handlungsmöglichkeiten für schwierige bzw. belastende Situationen während des Gerichtsprozesses
– das Besprechen evtl. notwendig werdender Opferschutzmaßnahmen auch in engem Austausch mit der Nebenklagevertretung

Kinderschutz im strafrechtlichen Verfahren

– der gemeinsame Besuch des Gerichtsgebäudes, die Besichtigung des vorgesehenen Gerichtssaales, des Zeugenschutzzimmers und soweit möglich das Kennenlernen des/der Vorsitzenden Richters/-in
– die Klärung und Bearbeitung möglicher Belastungen von Bezugspersonen, um damit Entlastung für die kindlichen bzw. jugendlichen Zeugen zu schaffen
– das Besprechen von Anfahrtswegen und Parkmöglichkeiten für den Tag der Hauptverhandlung

Abb. 1: Gerichtssaal im Miniaturformat, © Andrea Wehmer

• **Begleitung während der Hauptverhandlung**
Während der gesamten Verhandlung bleibt die Prozessbegleitung an der Seite der Kinder und Jugendlichen, kümmert sich um deren elementare Versorgung, sucht – soweit im Gericht vorhanden – das Zeugen(schutz)zimmer mit ihnen auf und überbrückt mögliche Wartezeiten. Die Prozessbegleitung erklärt den Kindern/Jugendlichen in verständlicher Sprache juristische Begriffe und rechtliche Abläufe. Sie sorgt dafür, dass eine Begegnung mit dem bzw. der Angeklagten außerhalb des Gerichtssaals vermieden wird. Während der Zeugenvernehmung ist die psychosoziale Prozessbegleitung mit im Gerichtssaal und leistet dort durch ihre Anwesenheit emotionalen Beistand. Darüber hinaus kooperiert sie mit den Prozessverantwortlichen, allen voran mit der Nebenklagevertretung und achtet gemeinsam mit dieser darauf, dass zeugenschonende Maßnahmen von allen Beteiligten eingehalten bzw. umgesetzt werden.

• **Begleitung NACH der Hauptverhandlung**
Nach Beendigung des Verfahrens bespricht die Prozessbegleitung mit den Kindern bzw. Jugendlichen Erfahrungen und Eindrücke, die diese im Verfahren gemacht haben. In enger Zusammenarbeit mit der Nebenklagevertretung erklärt die Prozess-

begleitung den Kindern/Jugendlichen ausführlich und verständlich den Verfahrensausgang. Bei Bedarf informiert die psychosoziale Prozessbegleitung über weitere denkbare Unterstützungsmöglichkeiten und vermittelt wenn gewünscht dorthin.

Werden Rechtsmittel eingelegt, unterstützt und begleitet die Prozessbegleitung die Kinder/Jugendlichen auch im weiterführenden Verfahren.[255]

Ausblick

Ab 01.01.2017 haben besonders schutzbedürftige Verletzte schwerer Sexual- und Gewaltstraftaten einen gesetzlichen Anspruch auf kostenlose psychosoziale Prozessbegleitung. Die psychosoziale Prozessbegleitung wird dann in einem eigenen Gesetz geregelt. Das Gesetz zur Stärkung der Opferrechte im Strafverfahren (3. Opferrechtsreformgesetz) vom 21.12.2015 schreibt dies fest.[256]

Literatur

BMJV – Bundesministerium der Justiz und für Verbraucherschutz: Bundesgesetzblatt Jahrgang 2015 Teil I Nr. 55: 3. Opferrechtsreformgesetz. Bonn, 2015.

Bundesverband Psychosoziale Prozessbegleitung: Qualitätsstandards für die Psychosoziale Prozessbegleitung. Berlin, 2013.

Fastie (Hrsg.) (2008): Opferschutz im Strafverfahren. Opladen/Farmington Hills.

Volbert/Pieters (1993): Zur Situation kindlicher Zeugen. Empirische Befunde zu Belastungsursachen und zu Reformmaßnahmen. Bonn.

---

255 Siehe Bundesverband Psychosoziale Prozessbegleitung (2013).
256 Vgl. BMJV (2015).

9.4 Tierische Helfer – Psychosoziale Prozessbegleitung mit Hund

Kerstin Kuntzsch

Mein Name ist Kerstin Kuntzsch. Ich bin 53 Jahre alt und wohne in Mehderitzsch, einem Ortsteil der Stadt Torgau in Sachsen.

Von Beruf bin ich Polizistin in der Polizeidirektion Leipzig. Seit 14 Jahren arbeite ich im Fachdienst Prävention speziell zu den Themen Gewalt und sexuelle Gewalt an Mädchen und Jungen. Darüber hinaus bin ich seit mehreren Jahren ehrenamtliches Mitglied im Verein »WEISSER RING« e.V. Hier bekommen Menschen, die Opfer von Straftaten geworden sind, Hilfe und Unterstützung. Durch beide Tätigkeiten konnte ich mehrere Weiterbildungen und Seminare besuchen.

Es wird immer wieder deutlich, dass Opfer von Straftaten, insbesondere Missbrauchsopfer, ziemlich hilflos sind und über das Erlebte nur schwer berichten können. Ihre Erfahrungen mit sexueller Gewalt haben sie oft schon in der Kindheit gemacht. Das führt bei den meisten Betroffenen dazu, dass die sexuellen Gewalterfahrungen ihr Leben nachhaltig verändern, sie Schuld- und Schamgefühle bekommen haben und es ihnen nicht möglich ist, sich jemandem anzuvertrauen. Viele mussten sogar die Erfahrung machen, dass man ihnen nicht glaubt, wenn sie über das Erlebte berichten. Dies lässt sie wiederum noch länger verstummen, sie verschließen sich und verlieren das Vertrauen in andere Menschen.

Genau hier setzt meine ehrenamtliche Tätigkeit mit Therapiebegleithunden an.

Während einer Erkrankung merkte ich, wie wohltuend die Anwesenheit meines Border Collies Nash ist. Er gab mir Kraft, ließ mich wieder optimistischer nach vorn blicken und trug so zu meinem Genesungsprozess bei. In dieser Zeit kam mir schließlich die Idee, dass der Hund möglicherweise auch bei Opfern von Straftaten eine positive Wirkung hat.

Eine Tagung zum Thema »Psychosoziale Prozessbegleitung – Chancen und Rahmenbedingungen für einen verbesserten Opferschutz im Strafverfahren« bestärkte mich schließlich in meinem Grundgedanken. Die Teilnehmer verschiedener Professionen machten deutlich, dass Betroffene durch das Strafverfahren und insbesondere einen Gerichtsprozess erheblichen psychischen Belastungen ausgesetzt sind. Für sie bedeutet das, wiederholt Fragen von Polizeibeamten/-innen, Anwälten/-innen, Richtern/-innen und Psychologen/-innen über die belastenden, schambesetzten Handlungen zu beantworten. Beängstigend empfinden es Opfer, wenn sie ein sogenanntes psychologisches Glaubwürdigkeitsgutachten »über sich ergehen lassen müssen«. Hierbei gehen sie von vornherein davon aus, dass an ihrer Glaubwürdigkeit gezweifelt wird.

Aus meiner beruflichen Erfahrung ist mir bekannt, wie man sich fühlt, wenn man als Zeuge vor Gericht aussagen muss. Das ist eine nicht alltägliche Situation und hinzu kommt noch, dass ich als Polizeibeamtin nicht direkt von dem Vorfall betroffen gewesen bin. Polizisten/-innen werden für diese Situationen geschult, was für Opferzeugen/-innen nicht zutrifft. Für sie sind zum einen ihre persönliche Lage und zum anderen die besondere Atmosphäre eines Gerichtssaals belastend. Beinahe unerträglich empfinden sie die Anwesenheit ihrer »Peiniger«.

Dem Gericht wird es immer darum gehen, möglichst viele Details über die Straftat zusammenzutragen, um den/die Täter/-in einer gerechten Strafe zuzuführen. Und genau diese detaillierten Schilderungen sowie die o.g. Aspekte machen eine Begleitung/Betreuung von Geschädigten unabdingbar.

Diese Gesichtspunkte waren für mich Anlass, meinen Border Collie Nash als Therapiebegleithund auszubilden. Seine Aufgabe ist es, Menschen, die Opfer von Straftaten geworden sind zu begleiten. Das heißt, er soll an ihrer Seite sein, wenn sie vor Gericht aussagen oder beispielsweise eine Wartezeit überbrücken müssen. Bereits vor den Verhandlungen stelle ich den Kontakt zwischen den Geschädigten und dem Hund her, um festzustellen, ob eine Begleitung geeignet ist. Es muss abgeklärt werden, ob der/die Betroffene Tiere überhaupt mag und sich auf den Hund einlassen kann.

Aber warum soll gerade ein Hund eine/n Betroffene/n begleiten?

Bereits beschrieben habe ich, dass diese Menschen das Vertrauen in andere verloren haben, weil sie entweder gewaltsame – vielfach sexuelle – Übergriffe erlebt haben oder man ihnen das Erzählte nicht geglaubt hat. Sie verändern sich dann unter Umständen in ihrer Persönlichkeit, verschließen sich, rebellieren oder legen andere Verhaltensweisen an den Tag, die für »normal« Denkende nicht nachvollziehbar sind. Menschen mit solchen Erfahrungen berichten häufig davon, dass sie sich wertlos fühlen. Und dieses Verhalten ist es dann, das von der Gemeinschaft nicht verstanden oder auch verurteilt wird. Mangelndes Einfühlungsvermögen, entsetzte Reaktionen und Fragen wie »Warum hast Du denn so lange geschwiegen?« etc. sind für Betroffene verwirrend, entmutigen sie und verstärken ihre Unsicherheit bzw. Selbstzweifel.

Ein Hund hingegen stellt keine Fragen, er urteilt nicht und nimmt den Menschen bedingungslos an, d.h., er »arbeitet« auf einer ganz anderen emotionalen Ebene. Er soll den Betroffenen ein Stück des verlorengegangenen Vertrauens zurückgeben und zur Stärkung ihres Selbstwertgefühls beitragen.

Über die pädagogische Arbeit mit Hunden kann ich keine Aussagen treffen, da ich keine pädagogische Ausbildung habe. Meine Herangehensweisen beruhen auf Erfahrungen, die ich während meiner beruflichen und ehrenamtlichen Tätigkeit gemacht habe. Darüber hinaus bekam ich während der Therapiebegleithundeausbildung das nötige Rüstzeug für ein Zusammenwirken zwischen Hund und Mensch.

Kann »tierische Begleitung« wirklich eine Stütze sein?

Im Herbst 2014 bekam ich eine Anfrage zur Unterstützung mit dem Therapiehund. Ein achtjähriges Mädchen, das in einem Heim lebt, war über einen längeren Zeitraum von einem Erwachsenen aus dem Bekanntenkreis sexuellen Übergriffen ausgesetzt. Das Kind sollte durch meinen Hund Nash zur Aussage vor einem Landgericht begleitet werden.

Zum gemeinsamen Kennenlernen trafen wir uns in den Räumen eines Opferhilfevereins. Das Kind wirkte sehr nervös, schüchtern und zum Teil unkonzentriert. Von ihren Betreuern/-innen hatte sie erfahren, dass sie einen Hund kennen lernen wird. Ich fragte sie, ob sie Angst vor Hunden hat. Darauf antwortete sie, dass sie als kleineres Kind schon einmal von einem Hund gebissen worden sei, sie aber trotzdem keine Angst vor den Vierbeinern hat. Sie war ziemlich aufgeregt und wollte Nash unbedingt kennen lernen. Als ich meinen Hund in den Raum holte, war ihre Begeisterung groß.

Behutsam gingen wir auf das Kind zu, und ich bat sie, den Hund an ihrer Hand schnuppern zu lassen. Ohne Scheu tat sie das und streichelte den Hund schließlich. Ich erklärte ihr, dass Nash ein sechs Jahre alter Border-Collie-Rüde ist und wofür diese Rasse ursprünglich gezüchtet wurde, nämlich um Schafe zu hüten. Schon hier merkte ich, dass sich das Mädchen gut auf den Hund einlassen kann und sie aufmerksamer als zu Beginn unseres Treffens wirkte. Ihre bessere Konzentration nutzte ich aus, um mit ihr einige Kommandos zu üben, die der Hund beherrscht. Dazu band ich ihr eine Gürteltasche um, in der sich Leckerlies für Nash befanden. Sie sollte Nash bei jedem ausgeführten Kommando als Belohnung jeweils ein Stück geben. Das Mädchen war voll bei der Sache und zeigte keinerlei Anzeichen von Nervosität. Die Kommandos gab sie deutlich und mit kräftiger Stimme, was für das Kind nicht selbstverständlich war.

Nach verschiedenen Übungen setzten wir uns wieder in die Beratungsecke. Nun erklärte ich ihr, wie der Tag der Zeugenbegleitung verlaufen kann. Ich zeigte mögliche Spiele auf, erklärte, dass Nash auch Erholungsphasen braucht und gab dem Mädchen zwei Arbeitsblätter mit einer Übersicht über die erlernten Befehle. Dieses Blatt durfte sie mit nach Hause nehmen.

Die Bezugsbetreuerin war ziemlich beeindruckt, denn die Achtjährige war auch nach 45 Minuten noch hoch konzentriert. Dies war für die Betreuerin insofern überraschend, weil ihre Konzentrationsfähigkeit aufgrund einer geistigen Behinderung eingeschränkt ist. Nash legte seinen Kopf wieder auf die Beine des Kindes, und sie streichelte ihn. Nachdem keine weiteren Fragen geklärt werden mussten, verabschiedeten wir uns voneinander bis zum nächsten Treffen, dem Tag der Gerichtsverhandlung.

Fünf Wochen später war dieser Termin. Wir trafen uns auf einem großen Platz gegenüber dem Gerichtsgebäude. Als das Kind uns sah, kam sie uns freudig entgegengelaufen. Ich fragte sie, ob ihr die Kommandos noch bekannt sind, auf die Nash hört, was sie bejahte und auch kurz demonstrierte.

Nachdem sich die anwesenden Personen begrüßt hatten, wies ich darauf hin, dass für Nash nun der »Arbeitsmodus« beginnt. Für meinen Hund wird das durch das Anlegen der Kenndecke deutlich. Bei dieser Prozedur bekommt der Hund von mir eine besondere Zuneigung (die hier nicht näher erklärt werden soll) und den Befehl »Arbeiten«. Ab diesem Zeitpunkt ist Nash ausschließlich für das zu begleitende Opfer da. Das heißt, ich habe dafür zu sorgen, dass der Hund von äußeren Einflüssen, wie das Ansprechen und Berühren durch andere Personen ferngehalten wird.

Gemeinsam mit der Bezugsbetreuerin und der Begleiterin der Opferhilfe betraten wir das Gerichtsgebäude und begaben uns in den Zeugenvorbereitungsraum. Dass ich mit dem Hund ein Gerichtsgebäude überhaupt betreten kann, bedarf der Genehmigung durch den Gerichtspräsidenten. Diese Genehmigung muss durch einen Opferhilfeverein oder eine Opferanwältin/einen Opferanwalt beim jeweiligen Gericht beantragt werden. Für dieses Gericht liegt die Genehmigung vor.

Darüber hinaus hängt es vom Wohlwollen der/des zu verhandelnden Richterin/Richters ab, ob der Hund während der Verhandlung mit anwesend sein darf oder sich die Begleitung des Opfers auf die Pausenzeiten beschränkt. Im Fall des achtjährigen Mädchens lehnte der Richter die Anwesenheit des Hundes ab. Also kam hier die Pausenüberbrückung in Frage. Schließlich kam die Opferanwältin, die zugleich als Nebenklägerin tätig war, in den Vorbereitungsraum und teilte uns mit, dass die Vernehmung per Videoaufzeichnung stattfinden wird. Das bedeutet, dass sich Opfer und Täter/-in nicht direkt gegenüberstehen, was allgemein als Erleichterung für Betroffene angesehen wird. Schon das Hinzukommen der Anwältin lösten in dem Kind Aufregung und Angst aus. Sie begann zu zittern. Ich ging mit dem Hund zu dem auf dem Boden sitzenden Mädchen. Der Hund legte seinen Kopf auf ihre Beine, und sie begann, ihn zu liebkosen und zu drücken. Diesen Prozess unterbrach ich nicht und ließ sie gewähren. Sie sollte sich wieder etwas beruhigen.

Ich erklärte dem Mädchen, dass der Hund sie nicht mit zur Aussage begleiten darf, wir aber im Zeugenvorbereitungsraum auf sie warten würden. Für diesen Fall gab ich dem Kind einen Plüsch-Border-Collie und einen Anti-Stressball mit. Nun ging es los! Gemeinsam mit der Begleiterin vom Opferhilfeverein kam für das Kind der schwierigste Teil – die Vernehmung.

Nach einer dreiviertel Stunde riss das Mädchen plötzlich die Tür auf, kam weinend in den Raum hinein und suchte sofort die Nähe meines Hundes. Sie streichelte und liebkoste ihn und sagte wiederholt: »Ich will da nicht mehr rein«. Die Verhandlung war für 20 Minuten unterbrochen worden. Diese Pause bedeutete für Nash wieder »Arbeit«. Es lag nun an ihm, das Mädchen erneut zu beruhigen und sie für die weitere Vernehmung wiederum etwas zu stärken. Um sie abzulenken, gab ich ihr eine Ausmalvorlage. Während sie das Bild ausmalte, lag der Hund neben ihr. Nach kurzer Zeit wurde das Kind erneut unruhig, und wir begannen zu spielen.

Die Spiele:

1. Das Kind stellte drei Hütchen auf. Der Hund sollte ein von ihr verstecktes Leckerlie finden, indem er das jeweilige Hütchen umstieß.
2. Beim nächsten, einem Würfelspiel, bewegt der Hund mit seiner Pfote einen Schaumgummiwürfel. Er bestimmt mit der gewürfelten Zahl, welche Aufgabe

zu bewältigen ist (das Kind malt etwas aus; der Hund führt eine Rolle aus; eine Geschichte wird vorgelesen etc.).

Nach der Pause erfolgte eine weitere 45-minütige Vernehmung. Auch danach kam sie völlig aufgelöst und weinend wieder heraus und ging sofort zu Nash. Kurz danach kam die Opferanwältin und sagte, dass die Vernehmung für diesen Tag beendet war und ein weiterer Gerichttermin anberaumt wurde.

Wir verließen das Gerichtsgebäude. Da ich zu diesem Zeitpunkt nicht wusste, ob ich das Kind noch einmal mit dem Hund begleiten kann, schenkte ich ihr noch ein Erinnerungsfoto von Nash. Ein abschließendes Spiel mit dem Hund kam hier nicht mehr in Frage, weil die Bezugsbetreuerin mit dem Kind zur Belohnung einige Sachen kaufen und zu McDonalds gehen wollte.

Drei Wochen später fand der zweite Gerichtstermin statt, zu dem wir das Mädchen wieder begleiteten. Auch an diesem Tag nahmen wir im Zeugenvorbereitungsraum Platz. Das Kind wusste vom ersten Verhandlungstag, was sie etwa erwartet. Sie war an diesem Tag viel entspannter und konnte sich auf Nash gut einlassen. Nash saß neben ihr und ließ sich geduldig bürsten. Man konnte spüren, dass sich die Ruhe des Tieres positiv auf das Kind auswirkte. Schließlich begann die Prozedur wie drei Wochen zuvor.

Wir erfuhren später durch die Begleiterin der Opferhilfe, dass der Richter, der dem Therapiebegleithundeteam zu Beginn skeptisch gegenüber stand, die Vernehmung mit Fragen über den Hund begann. Sie schätzte als erfahrene Opferbegleiterin ein, dass das Mädchen, indem es anfangs von dem Hund erzählte, anschließend konzentrierter auf hauptsächliche Fragen des Richters antworten konnte.

Schließlich sah der Richter die Tat als erwiesen an und verurteilte den Beschuldigten zu sieben Jahren Freiheitsentzug mit anschließender Sicherungsverwahrung.

In allen sieben Fällen, in denen wir als Begleithundeteam eingesetzt wurden, erhielten wir durch Angehörige von Betroffenen, durch Richter/-innen, Staatsanwälte/-innen oder Opferanwälte/-innen positive Resonanz. Diese Erfahrungen bestärken mich, weiterhin von Straftaten betroffene Menschen mit meinen Hunden in schwierigen Situationen zu begleiten. Inzwischen habe ich auch mit meinem zweiten Border Collie »Sid« die Ausbildung zum Therapiebegleithund erfolgreich absolviert.

10 Kinderschutz in meiner Einrichtung

Die Gewalt lebt davon, dass sie von Anständigen nicht für möglich gehalten wird.
(Jean-Paul Sartre)

Das Ziel einer jeden Einrichtung, die mit und für Kinder arbeitet, ist es, die von ihr betreuten Kinder sicher und gesund aufwachsen zu sehen und sie in ihrer Entwicklung zu unterstützen. Dazu gehört auch, mögliche Kindeswohlgefährdungen zu vermeiden, sie gegebenenfalls frühzeitig zu bemerken und einzugreifen.

Um Kinder in Einrichtungen wie Schulen oder Kitas vor Gewalt zu schützen, ist es zunächst wichtig, sich kritisch in der Einrichtung umzusehen, um potentielle Gefahren zu erkennen und Risiken zu analysieren. Die Analysefelder sind vielseitig. Steht ausreichend Personal zur Verfügung, um alle Kinder gut zu betreuen und mögliche Verhaltensveränderungen zu bemerken? Gibt es Zeit und Raum für die Kollegen/-innen, um sich auszutauschen und von den Erfahrungen anderer zu profitieren? Können neue Kollegen/-innen ausreichend eingearbeitet werden und ist auch Zeit für Gespräche mit den Eltern angedacht? Werden Themen wie Gewalt oder Sexualität in der Einrichtung tabuisiert oder offen angesprochen? Wie sehen die Räume aus? Haben Sie alle Kinder im Blick? Wer hat Zugang zur Einrichtung? Werden die Kinder bei der Nutzung von Laptops etc. betreut? Sind die Geräte gesichert? Sind Kameras an internetfähigen Fernsehern, Computern, Laptops und Tablets abgeklebt? Für Handys und Smartphones in der Einrichtung gilt: Fotos von den Kindern sind tabu und Kameras haben in Badezimmern oder Umkleidekabinen nichts zu suchen.

Jede Einrichtung sollte über ein Kinderschutzkonzept verfügen – und zwar, bevor etwas passiert. In diesem sollte festgehalten werden, wie im Fall von Hinweisen auf Kindeswohlgefährdungen zu reagieren ist. Auch sollten die Kontaktdaten des Jugendamts, der Kinderschutzfachkraft, regionaler Beratungsstellen und der Kinderschutzambulanz hinterlegt sein. Alle Mitarbeitenden müssen das Kinderschutzkonzept kennen und jederzeit schnell darauf zugreifen können. Auch müssen diese ihre Dokumentationspflichten kennen. Arbeiten Sie hier nach einheitlichen Dokumentationsvorlagen, um Missverständnisse und Unklarheiten zu vermeiden.

Präventionsarbeit ist bereits mit den Kleinsten möglich. Nutzen Sie die vielen regionalen und überregionalen Angebote verschiedener Träger und machen sie Themen wie Kinderrechte und Gewaltschutz zu Dauerthemen in ihrer Einrichtung.

Um Gewalt gegen Kinder erkennen und professionell reagieren zu können, brauchen Fachkräfte Unterstützung. Regelmäßige Schulungen zu Kinderrechten, Gewaltschutz, kindlicher (Sexual-) Entwicklung, Traumatologie und Diagnostik sind unverzichtbar. Hier sollte stets das gesamte Team geschult werden. Auch Haftungsfragen müssen offen thematisiert werden, denn nur so kann deutlich werden, dass Kinderschutz und Eigenschutz einander nicht widersprechen.

10.1 Mit einem Bein im Gefängnis? – Mythos und Wirklichkeit in Sachen Handlungspflichten und Haftungsrisiko

Thomas Mörsberger

Gewalt und Haftbarkeit. Hinweise auf einen komplexen Zusammenhang und auf Grundfragen des Rechts

Im nachfolgenden Beitrag geht es um Fragen der Haftung und also Fragen nach Verantwortlichkeiten und allgemein nach dem Recht. Im Kontext des übergreifenden Themas »Gewalt« tauchen dabei markante Besonderheiten auf.

Zunächst ist klar: Wer mit seinem Handeln – ob nun durch Tun oder in Form pflichtwidrigen Unterlassens – Schaden angerichtet hat, muss damit rechnen, dafür haftbar gemacht zu werden. Klagt jemand den ihm entstandenen Schaden ein, muss derjenige, der den Schaden verursacht hat und sofern er dabei fahrlässig oder gar vorsätzlich gehandelt hat, für den Schaden aufkommen. Hat ein/e Arbeitnehmer/-in gegen seine/ihre Pflichten aus dem Arbeitsvertrag verstoßen, wird er/sie möglicherweise gekündigt. Wurde durch jemand ohne Rechtfertigungsgrund und schuldhaft ein Straftatbestand erfüllt, steht ein Strafverfahren in Aussicht. Das gilt selbstverständlich auch für Erzieher/-innen, Sozialarbeiter/-innen, Lehrer/-innen, und das, obwohl – oder gerade weil – sich diese Menschen für Andere engagieren, wenn und soweit ihnen nämlich diese Menschen anvertraut wurden, sie also nach Möglichkeit nicht zu Schaden kommen sollen, sie nicht durch Gewalthandlungen geschädigt werden bzw. sie auf besondere Risiken zu achten haben. Alleine die Tatsache, dass man doch Gutes tun wolle, befreit nicht von einer möglichen Haftbarkeit.

Soweit das Prinzip. Aber wenn es konkret wird, bedarf es klarer Maßstäbe. Begriffe sind auslegungsbedürftig. Handlungskriterien, etwa zur jeweiligen Sorgfaltspflicht, sind oft nicht klar definiert, mitunter auch nicht ohne Weiteres definierbar. Handlungsspielräume (juristisch gesprochen Ermessens- oder Beurteilungsspielräume) sind nicht nur einzuräumen, sie sind gerade im Umgang mit anderen Menschen notwendig, fachlich von elementarer Bedeutung, gehören sie doch regel- und wesensmäßig zur jeweiligen Aufgabe. Das heißt aber auch: Erfüllt jemand seine Aufgabe sach- und fachgerecht, nimmt ein betreutes Kind aber trotzdem Schaden, würde es den Prinzipien unseres Rechtssystems widersprechen, wenn der zuständige Betreuer gleichwohl dafür haftbar gemacht würde.

Haftungsrisiken als Angstfaktor

Im erzieherischen Bereich und in der Sozialarbeit ist und bleibt aber für die juristische Bewertung die besondere Schwierigkeit, dass allzu oft unklar ist, was denn konkret im Einzelfall zu tun ist (bzw. hätte getan werden sollen), was überhaupt der originären Aufgabe welcher Fachkraft entspricht, wieviel Entscheidungsspielraum zugestanden wird bzw. werden muss. Es führt aber auch nicht weiter, wenn deshalb immer detaillierter und schematischer – so der aktuelle Trend bei vielen Institutionen – vorgegeben wird, was wann zu tun ist (nicht zu verwechseln mit der in der Alltagspraxis mitunter auftauchenden Notwendigkeit, dass bei offenkundiger Gedankenlosigkeit bzw. Nachlässigkeit kollegial oder durch Vorgesetzte schon mal »klare Ansagen« gemacht werden müssen).

So kann in schwierigen Fallsituationen bei Fachkräften zu sehr die – im Prinzip ja legitime – Frage in den Vordergrund rücken: Wie kann ich mich absichern? Dabei sollte doch wohl die vorrangige Frage lauten: Was ist zu tun, dass in der Einrichtung nichts Schlimmes passiert, dass Kinder – trotz akuter Probleme – keine dauerhaften Schäden davon tragen? Was kann zur Unterstützung der Familie getan werden, dass es dort nicht wieder zu einem Gewaltexzess kommt? Welche flankierenden Maßnahmen müssen ergriffen werden, um – wegen der möglicherweise bestehenden besonderen Risiken – den notwendigen Schutz zu gewährleisten? Darf in der sozialpädagogischen Planung nur noch vorsichtig agiert werden oder muss beim Jugendamt auch Geduld und Risikobereitschaft aufgebracht werden, um bei der Familie Änderungsprozesse zu ermöglichen? Oder ist jede weitere Verzögerung einer Inobhutnahme nicht mehr zu verantworten? Stattdessen erfährt man immer öfter davon, dass – neben dem allseits bekannten Kostendruck – der Aspekt der Absicherung (»alle Formulare wurden doch korrekt ausgefüllt«) dominiert.

Natürlich gibt es in der Pädagogik wie in der Sozialarbeit – neben den Erfahrungswerten der Unfallverhütung – Verhaltensstandards. Aber letztlich ist doch jeder Fall anders, hat zudem der/die ermittelnde Polizist/-in als Hilfsorgan der Staatsanwaltschaft angesichts seiner/ihrer spezifischen Aufgabenstellung einen anderen, nämlich misstrauischeren Blick auf die Dinge zu haben als die Fachkraft des Jugendamtes. In der Medizin und im Schulunterricht sind die Gesichtspunkte wieder andere, allerdings in der Regel klarer beschreibbar und also eingrenzbar (lateinisch: definiert). Auch innerhalb einer Berufsgruppe kann es auf sehr unterschiedliche Fokussierungen ankommen, sind sie in der Heimerziehung anders als in der Jugendarbeit, beim Vormund anders als im Allgemeinen Sozialdienst des Jugendamtes.

Reales und »gefühltes« Haftungsrisiko

Wie aber steht es tatsächlich um das Haftungsrisiko? Zwar hören wir immer wieder und öfter von Fällen, in denen der Schutz für Kinder nicht ausreichte bzw. jede Hilfe zu spät kam oder es zu einem schweren Unfall im Kindergarten kam, wissen aber, dass nur in wenigen Fällen – nicht mal im dramatischen wie spektakulären Fall Kevin in Bremen – Helfer, sozusagen erfolglose Helfer, später tatsächlich haftbar gemacht worden sind oder Erzieher/-innen bestraft worden wären. Zwar gibt es keine offizielle Statistik dazu. Eine informelle Nachfrage bei verschiedenen Stellen, die über solche Verfahren regelmäßig informiert werden, hat aber ergeben, dass es nur in sehr seltenen Fällen zu einer strafrechtlichen Verurteilung gekommen ist – und dabei meist nur in Form von Strafbefehlen i.S.v. §§ 407 ff. StPO. Akzeptierte Strafbefehle sind aber keineswegs als Schuldeingeständnis zu werten. Oft beruht der auf diese Weise erfolgte Verzicht auf eine (öffentliche) Hauptverhandlung auf der nüchternen Abwägung des Beschuldigten, nämlich welche Belastung ihm eher erträglich erscheint. Einige Beschuldigte wurden auch durch den Arbeitgeber gedrängt, den Strafbefehl zu akzeptieren, indem man auf die Risiken einer Hauptverhandlung und die entsprechenden Kosten hinwies, insbesondere aber vermeiden wollte, dass die Öffentlichkeit mit dem Vorgang konfrontiert wird. Bei Unfällen und namentlich hinsichtlich möglicher Schadensersatzansprüche wegen Verletzung der Aufsichtspflicht sieht es in aller Regel so aus, dass eine Haftpflichtversicherung »eingesprungen« ist und so von validen Zahlen einer Haftbarmachung kaum ausgegangen werden kann.

Aber vor der Strafjustiz haben viele Fachkräfte Angst, also trotz der extrem seltenen Fälle einer rechtskräftigen Verurteilung und auch trotz der Tatsache, dass ohnehin nur eine relativ niedrige Geldstrafe befürchtet werden müsste. Vielleicht sollte man sich vor Augen halten, dass ein jeder, der sich des morgens ans Steuer seines Autos setzt, ein zig-fach höheres Risiko eingeht, für einen Fahrfehler haftbar gemacht zu werden als für sein pädagogisches oder sozialarbeiterisches Wirken am Arbeitsplatz.

Die rechtlichen Anknüpfungspunkte für die Haftbarkeit – Differenzierung nach Rechtsgebieten

Trotz des statistisch geringen Risikos der Haftbarmachung soll im Folgenden ein Überblick gegeben werden über die rechtlichen Anknüpfungspunkte, über die Fachkräfte informiert sein sollten.

Auch wenn Irren menschlich ist und jedermann zunächst einmal aus Fehlern lernen sollte, gilt als allgemeines Prinzip, dass jeder für die Folgen eines von ihm zu verantwortenden Irrtums oder fehlerhaften Handelns einzustehen hat, dass also etwas an ihm »haften« bleiben kann. Die »klassischen« *zivilrechtlichen* Haftungstatbestände sind die Vertragsverletzung sowie die unerlaubte Handlung. Schuldhaft handelt, wer vorsätzlich oder fahrlässig den Schaden verursacht hat. Vorsatz ist das Wissen und Wollen des rechtswidrigen »Erfolgs« (problematisch für den Fall eines Irrtums). Fahrlässig handelt, wer die im Verkehr erforderliche Sorgfalt außer Acht lässt (§ 276 BGB). Fahrlässigkeit beinhaltet die Voraussehbarkeit des Schadenseintritts und zugleich die Zumutbarkeit des zur Abwendung eines möglichen Schadens erforderlichen Verhaltens. Anders als im Strafrecht (mit der individualisierenden Beurteilung des Verhaltens und der Schuldzuschreibung) ist im Zivilrecht (mit dem dort zugrunde liegenden Aspekt des Interessenausgleichs) nicht auf die individuellen Fähigkeiten des Schädigers (z.B. eines Jugendlichen mit Entwicklungsstörungen) abzustellen, sondern darauf, ob der Schädiger nach verallgemeinerten Kriterien (z.B. ein »normal« entwickelter Jugendlicher des gleichen Alters) die Gefährlichkeit seines Tuns hätte voraussehen und dieser Einsicht gemäß hätte handeln können und müssen.

Dieses Wissen um Haftungsfragen spielt für die meisten Menschen heutzutage keine große Rolle mehr, weil man sich inzwischen gegen fast alle Risiken versichern kann. Wer einen Anderen im Auto mitnimmt, denkt weniger an die Risiken, sondern fragt sich i.d.R. nur, ob der andere Fahrgast im Falle eines Unfalles mitversichert ist. Oder man vereinbart einen Haftungsausschluss. Vor chirurgischen Eingriffen durch Ärzte/-innen ist das z.B. zu einer Selbstverständlichkeit geworden. Auch bei der Betreuung von Kindern ist es üblich geworden, sich von den Eltern zumindest für Ausflüge entsprechende Erklärungen unterschreiben zu lassen. Ob das bei allzu pauschalen Entpflichtungen auch rechtswirksam ist, steht auf einem anderen Blatt.

Für viele Arbeitsfelder der Pädagogik und Sozialarbeit war und ist gleichwohl bis heute auch für viele Fallkonstellationen nicht eindeutig, wie das Haftungsrisiko jeweils einzuschätzen ist. Die höchstrichterliche Rechtsprechung hat sich in Deutschland zwar seit den 70er Jahren darauf eingestellt, dass für das Verhalten in der pädagogischen Arbeit die fachliche Vertretbarkeit maßgeblich ist, aber i.d.R. verbunden mit dem Leitsatz, dass es »auf die Umstände des Einzelfalles ankommt«. Jedoch gibt es den schon erwähnten rettenden Ausweg: Man überlässt die Einschätzung der Versicherungswirtschaft_ und sorgt dafür, dass für alle einigermaßen absehbaren Risiken Versicherungspolicen unterschrieben worden sind. Nicht versichern können sich allerdings Arbeitnehmer dagegen, *arbeitsrechtlich* haftbar gemacht zu werden, indem sie nach gravierenden Verstößen gegen die Pflichten des Arbeitsvertrages abgemahnt oder gekündigt werden. Immerhin sind aber die Voraussetzungen für eine Kündigung per Gesetz und höchstrichterliche Rechtsprechung einigermaßen überschaubar. Die Möglichkeit, sich durch eine Haftpflichtversicherung abzusichern, greift naturgemäß aber ebenfalls nicht beim *strafrechtlichen* Haftungsrisiko.

Wenn durch den Geschädigten Schadensersatz verlangt wird

Aber zunächst nochmal zum Thema Schadensersatz. Verletzt ein Beamter oder Angestellter eine Pflicht gegenüber einem Bürger, so haftet seine Anstellungskörperschaft aus Amtshaftung (§ 839 BGB i.V.m. Art. 34 S. 1 GG). Die Amtspflichtverletzung kann sowohl in der rechtswidrig, schuldhaften Nicht- oder Falschauskunft, in der rechtswidrigen Versagung einer Sozialleistung als auch in der Verletzung der Aufsichtspflicht liegen. Der Anspruch ist auf Schadensersatz in Geld gerichtet.

Besteht mit einem Leistungsempfänger oder einem freien Träger ein privatrechtlicher Vertrag, so ist haftungsrechtlich die Verletzung von Vertragspflichten sanktioniert. Es haftet (auch) die juristische Person, der der vertragsverletzende Beschäftigte angehört (§ 278 BGB). Daneben kann eine deliktische Haftung aus so genannter unerlaubter Handlung (§§ 823ff. BGB) gegeben sein, wenn unabhängig vom Bestehen eines Vertrags absolute Rechte eines Betroffenen verletzt werden. Eine Haftungsausweitung findet hier über § 831 BGB statt.

Aber: Das persönliche, zivilrechtliche Haftungsrisiko wird dem Aufsichtspflichtigen meist durch eine gesetzliche (z.B. für Kindergarten und Schule) oder private (i.d.R. durch den Träger abzuschließende) Unfallversicherung abgenommen. Bei Vorsatz oder grober Fahrlässigkeit des Aufsichtspflichtigen besteht für die Versicherung zwar die Möglichkeit, diesen in Regress zu nehmen. Das passiert aber sehr selten. Ähnliches gilt bei der Amtshaftung, wenn eine Fachkraft, die bei einem öffentlichen Träger angestellt ist, bei der Ausübung ihrer Tätigkeit ihre Amtspflichten verletzt. Zur Minderung des Haftungsrisikos bei Schäden, die durch einzelne Beschäftigte verursacht sind, ist meist eine Haftpflichtversicherung abgeschlossen worden, u.U. und empfehlenswert auch eine Rechtsschutzversicherung (bedeutsam nicht zuletzt für Strafprozesse, weil der Arbeitgeber bzw. eine Versicherung hier nicht etwa für eine Geldstrafe sozusagen einspringen darf und das Hauptrisiko ohnehin meist weniger in einer Verurteilung liegt als vielmehr in den Verfahrenskosten).

Spezialthema Aufsichtspflicht

Wird jemand von Gesetzes wegen als aufsichtsbedürftig angesehen (z.B. bei Minderjährigkeit oder wegen seines geistigen oder körperlichen Zustands) und einem Anderen zur Erziehung, Betreuung oder Behandlung anvertraut, so ist es dessen Aufgabe, den Aufsichtsbedürftigen vor Schaden zu bewahren. Dabei wird im Folgenden unter »Aufsichtspflicht« nur die Verhaltenspflicht verstanden, wie sie in § 832 BGB beschrieben ist, also nicht etwa die der »Dienst- bzw. Fachaufsicht« oder die im Zusammenhang mit den Aufgaben »institutionalisierter Aufsicht« (in der Praxis meist »Heimaufsicht« genannt) gem. §§ 43 ff. SGB VIII.

Die Pflicht zur Aufsicht kann sich aus dem Gesetz ergeben (z.B. für Eltern) oder durch Vertrag übernommen werden, der ausdrücklich (schriftlich oder mündlich) oder stillschweigend (konkludent) geschlossen werden kann (z.B. bei der Tagespflege). Die übergebene bzw. übernommene Aufsichtspflicht kann auch übertragen werden. Eine solche Übertragung ist jedoch dann pflichtwidrig und entlässt den Pflichtigen nicht aus seiner Verantwortung, wenn die mit der Übernahme betraute Person erkennbar zur Aufsicht nicht geeignet oder überfordert sein würde. Dies ist insbesondere zu beachten beim Einsatz von Praktikanten/-innen oder Ehrenamtlichen, aber auch bei fachlich nicht ausreichend qualifizierten Betreuungspersonen. Werden die personellen und sachlichen Rahmenbedingungen nicht beachtet, die für die geforderte Betreuung notwendig sind, kann auch ein Träger der Sozialen Arbeit insofern die Aufsichtspflicht verletzen und haftungspflichtig werden.

Kommen die betreute Person oder durch Sie andere Personen bzw. Sachen zu Schaden, so haftet der/die Aufsichtspflichtige nur, wenn er/sie seine/ihre Pflichten verletzt hat und diese Pflichtverletzung für den Eintritt des Schadens ursächlich war. Welche Handlungsanforderungen im Einzelfall zu erfüllen sind, lässt sich nur allgemein umschreiben und hängt von den Umständen im Einzelfall ab. Gleiches gilt für den Maßstab der Sorgfalt, der angelegt werden muss (z.B. Fahrlässigkeit, grobe Fahrlässigkeit oder Vorsatz). Pädagogische und juristische Kriterien stehen hier in einem Wechselverhältnis. Weder entspricht es dem pädagogischen, pflegerischen o.ä. Auftrag, wenn sich Verantwortliche unter dem Hinweis auf drohende Haftungsrisiken der Verantwortung entziehen. Noch ist es legitim oder dient es der Fachlichkeit, wenn der sozialarbeiterische Auftrag mit der Drohung möglicher Haftungsfolgen fachfremdem Einfluss ausgesetzt wird.

Für das sozialarbeiterische Handeln gelten die allgemeinen Maßstäbe der Hilfe bzw. der pädagogischen Ziele. Es ist die Entwicklung zur Selbstständigkeit und zu sozialem Handeln, die Entfaltung individueller Fähigkeiten, der Respekt vor der allgemeinen Handlungsfreiheit i.S. von Art. 2 Abs. 1 GG ebenso zu berücksichtigen wie die äußeren Bestimmungsfaktoren wie Alter der Aufsichtsbedürftigen, ihre körperliche und psychische Verfassung, die Gruppensituation bzw. -dynamik, die örtlichen und räumlichen Gegebenheiten, die Gefährlichkeit von Gegenständen, Aktionen oder Spielformen. Die Rechtsprechung hat insoweit immer wieder hervorgehoben, dass besonders belastende oder gefährliche Situationen – soweit absehbar – in geeigneter Weise vorbereitet werden müssen. Je nach Konstellation kann dies erfolgen durch Information, Warnung, Ermahnung, evtl. können aber auch Stichprobenkontrollen o.Ä. das geeignete Sicherungsinstrument sein.

Maßgeblich für die Bestimmung der Aufsichtspflichten ist im Wesentlichen das fachliche Handlungskonzept, das den Schutz vor Gefahren als integrierten Bestandteil hat. Es ist eine sach- und aufgabengerechte Risikoabwägung notwendig, die selbstverständlich situativ geprägt sein muss. Die Aufsichtspflicht reicht dabei nur so weit, wie die entsprechenden Handlungen machbar und zumutbar sind. Der/die Betreuer/-in kann seine/ihre Augen nicht überall haben und nicht gleichzeitig an mehreren Stellen anwesend sein. Aufsichtspflicht ist daher nicht zwingend mit Anwesenheitspflicht gleichzusetzen. Es wird allerdings verlangt, dass der/die Aufsichtspflichtige je nach Alter oder Aufsichtsbedürftigkeit der beaufsichtigten Person(en) einen ausreichenden Überblick über das Geschehen hat, um ggf. bei drohender Gefahr eingreifen zu können. Ein bedeutender Risikofaktor, der so weit wie möglich minimiert werden sollte, sind mangelhafte Absprachen, insbesondere zu der Frage, wer wann welche Aufgabe/Verantwortung hat.

Von besonderer Bedeutung ist praktisch wie juristisch, dass für einen möglichen Unglücksfall Vorkehrungen getroffen werden. Dazu zählen Erste-Hilfe-Fähigkeiten, Kenntnis der örtlichen Verhältnisse, ausreichende Personalstärke usw. Gelegentlich ergeben sich die Schutzvorkehrungen auch aus speziellen Vorschriften (z.B. beim Sport, insbesondere beim Schwimmen). Dienstliche bzw. arbeitsrechtliche Anweisungen sind zu beachten. Verfolgen diese jedoch nur den Zweck der Absicherung der anweisenden Stelle und engen sie damit den Aufsichtspflichtigen vor Ort situationsunangemessen ein, so können sie nach Erkenntnissen des modernen Arbeitsschutzes ihrerseits zu Risiken führen und steigern mitunter auch unnötig das persönliche Haftungsrisiko derer, die die praktische Aufsicht führen (»In der Dienstvorschrift Nr. 102a hatten wir doch ausdrücklich angeordnet, dass ...« oder »Wir hatten doch allgemein verboten, dass ...«). Andererseits ist wichtig, dass die Leitungskräfte – in angemessenem Umfang – Vorgaben machen, damit Missverständnisse vermieden und Sicherheiten gegeben werden. Werden keine entsprechenden Handlungsorientierungen gegeben, kann es zu einem sog. Organisationsverschulden kommen.

Aufsichtspflicht: Ein Prüfschema für die Praxis

Das nachfolgende Prüfschema entspricht keiner juristischen Systematik, kann aber – wie schon vielfach erfolgreich erprobt – dazu dienen, alle wesentlichen Aspekte in eine der Alltagspraxis entsprechenden Abfolge in den Blick zu bekommen und entsprechend zu planen bzw. aus erkannten Fehlern zu lernen.

1. Frage: Wer ist wann aufsichtspflichtig?

Hält sich das Kind im Heim (oder einer anderen Einrichtung) auf, so obliegt die Aufsichtspflicht – übertragen durch die Eltern bzw. Personensorgeberechtigten – dem Träger der Einrichtung. Dieser delegiert sie wiederum an seine Mitarbeiter/-innen. Es bedarf zur Begründung dieser Aufsichtspflicht keiner förmlichen Vereinbarung; vielmehr genügt es, dass ein Kind in die Obhut der Einrichtung kommt (dies gilt auch für Besuchskinder, Geschwisterkinder usw.).

Probleme treten mitunter an den Übergangsstellen auf, wenn beispielsweise Eltern ihre Kinder in die Einrichtung bringen oder die Kinder sie zu Hause besuchen. Wer trägt die Aufsichtspflicht in der Übergangszeit? Hier kommt es auf klare Absprachen an. Allerdings wird ein verantwortungsbewusster Pädagoge/-in ein Kind nicht sich selbst überlassen, wenn die Eltern erkennbar ausfallen, auch wenn er sich über die unzuverlässigen Eltern ärgern mag.

Eine ähnliche »Nahtstelle« entsteht, wenn Eltern in der Einrichtung zu Gast sind – sei es aus Besuchsgründen oder der Mithilfe wegen. Trägt das anwesende Elternteil die Aufsichtspflicht über den Sprössling oder weiterhin die Einrichtung? Auch hier kommt es auf unzweideutige Vereinbarungen an. Im Zweifel obliegt die Aufsichtspflicht jedenfalls – solange die Veranstaltung dauert – der Einrichtung. In jedem Falle obliegt ihr, für Klarheit zu sorgen!

2. Frage: Wer trägt innerhalb der Einrichtung für was die Verantwortung?

Vielfach heißt es, letztlich sei die Leitung für alles verantwortlich. Dies ist sicherlich falsch. Die Antwort lautet vielmehr: Jeder ist für seine/ihre Aufgabe verantwortlich! So hat die Leitung die Aufgabe, für eine sachgerechte Organisation der Einrichtung zu sorgen, Absprachen zu veranlassen, neue Mitarbeiter/-innen in die Arbeit einzuführen und dergleichen. Sie kann ihre Aufgabe z.B. dadurch verletzen, dass sie einzelne Mitarbeiter/-innen überfordert, insbesondere Praktikanten/-innen. Ihre Aufgabe macht einen guten Kontakt zu allen Mitarbeiter/-innen erforderlich. Denn einer »gefürchteten« Leitung werden sich die Mitarbeiter/-innen seltener mit Arbeitsproblemen offenbaren als einer zuvorkommenden und an Teamarbeit interessierten Leitung.

Welche Aufgabe hat dann der/die Gruppenleiter/-in? Ihm/ihr obliegt die fachgerechte Planung und Durchführung der Aktionen wie die Kind-Betreuung überhaupt. Wenn sie aber mit Eltern als ehrenamtlichen Helfern oder mit Praktikanten/-innen zusammenarbeiten, kommt eine weitere Aufgabe hinzu, nämlich diese Personen sachgemäß auszuwählen bzw. anzuleiten.

Auch den ehrenamtlichen Helfer/-innen und den Praktikanten/-innen kommt eine Aufgabe zu, für die sie einzustehen haben, und zwar je nach Vereinbarung.

Unbegrenzt ist diese Reihe fortzuführen. Auch der Träger hat für die Erfüllung der ihm gestellten Aufgaben zu haften, z.B. für die Beseitigung von Baumängeln an Spielgeräten (die ihm allerdings vom Personal gemeldet werden müssen), für die Beseitigung personeller Überforderung usw. Wie schon zu Frage 1 betont, kommt es auch hier darauf an, dass die Aufgabenverteilung im Kollegen/-innenkreis konkret abgesprochen wird.

3. Frage: Welche pädagogischen Überlegungen bestimmen die Planung?

Wenn bei einer Unternehmung / Spielaktion »etwas passiert«, ist die folgerichtige Rückfrage an die aufsichtspflichtige Pädagogin: » Was haben Sie sich dabei gedacht, als sie diese Spielaktion geplant haben?« Die Rückfrage bezieht sich auf die allgemeinen Erziehungsziele (wie z.B. Selbständigkeit, Umgang mit gefährlichen Gegenständen, soziales Verhalten) und ebenso auf die einzelnen Entwicklungsstufen des Programms (von leicht zu schwieriger, von ungefährlich zu gefährlicher). Sie bezieht sich aber auch auf andere Bestimmungsfaktoren wie etwa die individuellen Fähigkeiten des Kindes, das Alter, die physische und psychische Konstitution, die Gruppensituation, die räumlichen Gegebenheiten sowie die Gefährlichkeit von Gegenständen oder Spielarten. Zu fragen ist auch, ob bzw. wie die Kinder auf gefährliche Situationen vorbereitet wurden, sei es durch Übungen oder auch durch Ermahnungen und Warnungen.

Dabei geht es nicht um richtig oder falsch. Von Bedeutung ist vielmehr, ob das Konzept fachlich durchdacht war und pädagogisch begründet werden kann, was die Ausgangslage des Leistungsauftrages war, was die besonderen Ziele. Das Vorliegen einer schriftlich fixierten Konzeption ist also auch unter diesem Gesichtspunkt betrachtet von großem Vorteil. Darauf sollte auch von Trägerseite und durch Leitungskräfte hingewiesen werden. Es macht einen entscheidenden Unterschied, ob das Kind selbstständig einkauft, weil dies zur Selbständigkeitserziehung gehört, oder ob es die Zeitung kaufen soll, die die Pädagogin am Morgen abzuholen vergessen hat. Im zweiten Fall sind damit Fragen der Berufsmoral angesprochen.

Wer sich pädagogischen Programmüberlegungen gegenüber gleichgültig verhält, wird sich zu Recht dem Vorwurf stellen müssen, er werde seinem pädagogischen Auftrag nicht gerecht. Die Frage der Aufsichtspflicht als einem Aspekt pädagogischer Praxis kann davon nicht unberührt bleiben.

4. Frage: Welche konkreten Gefahren sind – absehbar – mit den geplanten Unternehmungen / Spielaktionen verbunden?

Nachdem das pädagogische Konzept entwickelt ist, stellt sich die Frage nach den damit verbundenen Gefahren. Dabei soll das Bewusstwerden der Gefahren nicht etwa dazu dienen, ein möglicherweise nicht risikofreies Vorhaben aufzugeben.

Vielmehr fördert die freie Phantasieentwicklung im Hinblick auf Gefahrenquellen einen klaren Blick für Sicherungsmaßnahmen. Besonders nützlich ist insofern der Rat von Kollegen/-innen, denn eine jede baut auf unterschiedlicher Erfahrung auf. Erst wer Gefahren lernt zu erkennen, vermag sie zu bewältigen. Ein exemplarischer Lernprozess, der auch für Kinder (unabhängig vom Aspekt reiner Unfallverhütung) fruchtbar werden kann.

5. Frage: Ist das gleiche pädagogische Ziel auch mit weniger gefährlichen Mitteln erreichbar? Lohnt das Risiko (Abwägung)?

Oft kann einen die pädagogische Idee so packen, dass der Blick für weniger gefährliche Handlungsalternativen verstellt ist. Beispiel: Programmpunkt ist die gemeinsame Vorbereitung des Mittagessens. Die Kinder sollen dazu die Kartoffeln schälen. Pädagogisches Ziel ist in erster Linie die Beteiligung an der »Selbstversorgung«. Müssen die Messer dann Küchenmesser sein oder genügt nicht auch ein Kartoffelmesser, dazu ein stumpfes Messer für die »Augen« der Kartoffeln? Ohne Aufgabe des pädagogischen Ziels kann hier ein Risiko verringert werden. Ohne Risikobereitschaft ist sinnvolle Pädagogik aber auch nicht vorstellbar. Kritische Selbstreflexion ist hier allerdings gefragt. Es kann ja auch sein, dass die persönliche pädagogische Zielvorstellung ein etwas zu hohes Schadensrisiko vorsieht, das weder den Vorstellungen des Trägers noch denen der Eltern entspricht? Pauschal ist die Frage nicht zu beantworten, sie sollte aber bedacht werden.

6. Frage: Habe ich jederzeit die Übersicht über das Geschehen?

Die aufsichtspflichtige Person muss sich darum bemühen, jederzeit die Übersicht über das Geschehen zu behalten. Damit ist zugleich gesagt, dass sie keineswegs überall da körperlich anwesend sein muss, wo sich Kinder ihrer Gruppe aufhalten. Dies wäre auch ein Ding der Unmöglichkeit. Allerdings gibt es Situationen, die auch eine (und zwar sehr wache) körperliche Anwesenheit erforderlich machen; wenn z.B. mit gefährlichem Werkzeug gespielt wird. Andererseits kann auch das unbeaufsichtigte Hantieren mit Säge, Hammer, Zange – etwa im Baubereich – sinnvoll und erwünscht sein – unter der Voraussetzung, dass die »Spielregeln« vorher geklärt worden sind. Außerdem gibt es Spiele, z.B. im Freien, die von der Möglichkeit des Sich-verstecken-dürfens leben. Auch kann es pädagogisch wichtig sein, dass die Kinder sich mal unbeobachtet fühlen. Die Kunst und Kompetenz der Pädagogen/-innen liegt darin, sich zusammenbrauende Schwierigkeiten »zu riechen«. Das wird umso leichter möglich sein, je besser sie die Kinder schon kennen und sie einschätzen können.

7. Frage: Bin ich (wie) auf einen Unglücksfall vorbereitet?

Die Möglichkeit eines Unglücksfalles ist nicht zu ignorieren. Also fragt sich, welche Vorbereitungen dafür erforderlich sind. Zum einen sind sie personeller Art: Unabhängig von Kinderzahl und Gruppengröße ist es sehr nützlich, wenn mindestens zwei Aufsichtspersonen zur Verfügung stehen. Denn was soll mit der Restgruppe geschehen, wenn sich der allein anwesende Pädagoge/-in um ein verletztes Kind kümmern muss? Ausführlich sollte im Kollegen/-innenkreis aber auch darüber diskutiert werden, wie ein verletztes Kind – meist durch einen Schock zusätzlich belastet – begleitet werden sollte. Gerade in einer solchen Situation kann die persönliche Weiterbetreuung durch die Bezugsperson der Einrichtung wichtig sein. Ist die Einrichtung organisatorisch auf diese Möglichkeit vorbereitet? Sind die einschlägigen Telefonnummern jederzeit greifbar? Beherrscht jeder die Grundregeln in der Ersten Hilfe?

Das strafrechtliche Haftungsrisiko – Mythos und Wirklichkeit

Der Hinweis auf die Empirie, also auf die statistische (Un-)Wahrscheinlichkeit einer Verurteilung, genügt erfahrungsgemäß nicht, Ängste abzubauen. Außerdem sind sich viele Fachkräfte nicht sicher, ob sie im Zweifelsfall durch ihre Arbeitgeber Unterstützung erfahren würden i.S. einer Kostenübernahme für Anwalts- und Verfahrenskosten. Tatsächlich gibt es insofern keine einheitliche Praxis.

Seit Ende der 90er Jahre das Stichwort »Garantenpflicht«, bis dahin i.d.R. nur für Juristen eine geläufige Kategorie der Strafrechtsdogmatik, zu einem Standardbegriff in der allgemeinen Fachdiskussion – insbesondere in der Kinder- und Jugendhilfe – geworden ist, sehen sich viele Sozialarbeiterinnen und Sozialarbeiter durch ein tatsächliches oder aber nur vermeintliches »neues« Haftungsrisiko bedroht. Zahlreiche Initiativen zur Formulierung von Orientierungshilfen, Prüfschemata und Handlungsanweisungen haben neben den sicher sinnvollen Hinweisen den Nebeneffekt, dass sie nämlich so aussehen, als seien sie insbesondere dazu da, sich und auch die Leitungsebene (wegen des möglichen »Organisationsverschuldens« oder zum Zwecke politischer Rückendeckung) abzusichern, zeigen also, wie »riskant« es zu sein scheint, in diesem Bereich tätig zu sein.

Insbesondere aber werden Ängste dadurch verursacht oder verstärkt, dass nach wie vor die Maßstäbe für das, was Fachkräfte der Kinder- und Jugendhilfe aus strafrechtlicher Sicht zu tun oder zu lassen haben, völlig unklar sind. Die höchstrichterliche Rechtsprechung hat sich zu diesem Themenkomplex im Bereich des Strafrechts noch nicht geäußert. Deshalb gibt es zu den Maßstäben der strafrechtlichen Beurteilung – anders als mitunter behauptet – noch keine sog. herrschende Meinung, nicht einen einzigen Fall, in dem zentrale Kriterien in diesem Zusammenhang durch ein höchstrichterliches Urteil die notwendige Autorität erfahren hätten.

Prüfung der Sorgfaltspflicht

Wie im Zivilrecht kann auch bzw. erst recht im Strafrecht nur jemand haftbar gemacht werden, der schuldhaft gehandelt hat. Schwierig wird die Subsumtion, weil im Bereich professionellen Helfens Entscheidungsspielräume geradezu konstitutiv sind für qualifiziertes Handeln, während schematische Zuordnungen insbesondere angesichts der Vielfalt von Fallkonstellationen und der Unterschiedlichkeit der Akteure nicht unbedingt fachgerecht sind. Jedenfalls wird man in zweierlei Richtungen differenzieren müssen. So macht es einen Unterschied, ob es konkretisierende Vereinbarungen gab, die ein mehr oder weniger hohes Maß an Sorgfalt erwarten lassen durften. Hier kann es – zu Recht – darauf ankommen, ob man möglicherweise schützende Initiativen zugesagt hatte, sie aber dann nicht einhielt. Ggf. ist auch zu berücksichtigen, um wen es bei einem Hilfeprozess gehen soll. So kann es sehr wohl passieren, dass ein Familienhelfer sich auftragsgemäß und in qualifizierter Form um einzelne Kinder in einer Familie kümmert, sich aber nicht verantwortlich sieht dafür, dass ein anderes Kind der Familie durch Umstände, die für ihn nicht auf Anhieb erkennbar waren, in besonderer Weise der Hilfe bzw. des Schutzes bedarf (wenn z.B. die eigentlich zuständigen medizinischen Dienste versagen).

Vorwurf des pflichtwidrigen Unterlassens: Thema Garantenstellung/Garantenpflicht

Im Zentrum aller Diskussionen um das Haftungsrecht in Arbeitsfeldern der Pädagogik und Sozialarbeit stehen seit einigen Jahren die Fallkonstellationen, bei denen sich der Vorwurf auf ein pflichtwidriges Unterlassen bezieht, es um die Voraussetzungen der sogenannten Garantenpflicht geht. Dazu hier erst einmal einige juristische Basisinformationen:

Normalerweise ist das Unterlassen einer Handlung strafrechtlich irrelevant. Anders als beispielsweise im Zivil-und Verwaltungsrecht betreffen die meisten Tatbestände des Strafgesetzbuchs ein verbotenes Tun. Zwar kommt theoretisch mitunter auch die Prüfung eines Straftatbestandes in Betracht, bei dem ausdrücklich unterlassene Hilfeleistung als Straftat fixiert ist (§ 323c StGB). Die Voraussetzungen, die gegeben sein müssen, um nach § 323c StGB zu einer Bestrafung zu kommen, sind aber so eng gefasst, dass sie für die Praxis kaum eine Rolle spielen. Entgegen solchen so genannten echten Unterlassungsdelikten kann auch eine Strafbarkeit in Betracht kommen in Form eines so genannten unechten Unterlassungsdeliktes, wenn nämlich die Voraussetzungen des § 13 StGB (Begehen durch Unterlassen) erfüllt sind.

§ 13 StGB bestätigt zunächst, dass grundsätzlich das Unterlassen einer Handlung nicht strafbar ist, nennt dann aber die Ausnahme und ihre Voraussetzungen: Wer »rechtlich dafür einzustehen hat«, dass ein bestimmter »Erfolg« nicht eintritt, kann sehr wohl bestraft werden, allerdings nur, »wenn das Unterlassen der Verwirklichung des gesetzlichen Tatbestandes durch ein Tun entspricht«. So kompliziert die Gesetzesformulierung auch klingt, ist unübersehbar, dass in solchen Fällen eine genaue Bewertung erforderlich ist, es also nicht genügt zu prüfen, inwieweit jemand verpflichtet ist, einen bestimmten« Erfolg« zu verhindern, sondern eine Wertung vorzunehmen, inwieweit je nach den Umständen des Falles ein aktives schädigendes Tun dem betreffenden Unterlassen einer Handlung entspricht.

Garant zu sein bedeutet in der Rechtssprache eben anders als im allgemeinen Sprachgebrauch nicht etwa, etwas »garantieren« zu müssen. Vielmehr geht es um die Fälle, in denen bei einer bestimmten Pflichtenstellung (Garantenstellung) das Unterlassen eines aktiven Tuns ähnlich bestraft werden kann wie eben ein aktives Tun, sofern dadurch eine für den konkreten Fall gegebene Handlungspflicht (Garantenpflicht) nicht erfüllt wurde.

Rechtsprechung und Lehre haben zum Thema Garantenpflicht typische Fallgruppen entwickelt. Es kommt aber maßgeblich darauf an, ob bzw. inwieweit angesichts der Besonderheiten des Einzelfalles und den konkreten Anforderungen an die jeweilige Fachkraft eine Strafbarkeit in Betracht kommt.

Bei der Bewertung der Frage, ob ein Straftatbestand erfüllt wurde bzw. eine Garantenstellung gegeben war, spielt so eine maßgebliche Rolle, wie der Kontakt zu dem Kind im konkreten Fall aussah. Die »Betreuung« durch ASD-Mitarbeiter/-innen, die zumeist nicht mit Aufsichtstätigkeiten einhergeht, ist naturgemäß anders zu bewerten als die unmittelbare Beaufsichtigung von Kindern und Jugendlichen, wie sie etwa in einer Einrichtung stattfindet.

Die strafrechtliche Garantenpflicht ist zudem personen-, nicht institutionengebunden. Sie kann daher nur entstehen, wenn die Fachkraft dem konkreten Kind gegenüber eine spezifizierte Pflicht hat, es vor erkennbar drohenden Schäden zu schützen. Diese Pflicht muss im Einzelfall anhand des konkreten Betreuungsverhältnisses ermittelt werden, kann sich demnach also nur aus tatsächlicher bzw. erklärter Pflichtenübernahme ergeben. Dabei ist wiederum zu klären, was konkret an Handlungspflicht übertragen wurde und ob dies deutlich erkennbar geworden war bzw. dass ein Nicht-Erkennen strafrechtlich zum Vorwurf gemacht werden kann. Eine Garantenstellung kann nicht schon dann angenommen werden, wenn eine Fachkraft von tatsächlichen Anhaltspunkten für eine Kindeswohlgefährdung erfährt. Sie ist diesem Kind in diesem Augenblick noch nicht als »Beschützerin« zugeordnet, sondern zunächst einmal nur verpflichtet, ihre jeweiligen Aufgaben und allgemeinen Verfahrenspflichten (ggf. z.B. die Einleitung einer kollegialen Gefährdungseinschätzung) zu erfüllen.

Wer kommt aber überhaupt als »Täter/-in« in Betracht? Die Titulierung als »fallzuständige Fachkraft« allein reicht nämlich – anders, als vielfach behauptet wird – nicht aus. Der Begriff der Fallzuständigkeit hat jedenfalls zunächst nur eine reine innerorganisatorische Funktion, soll hierarchische Verantwortlichkeiten für Management-Aufgaben erkennbar machen. Das Strafrecht verlangt aber, dass es zwischen den konkret Verantwortlichen und dem Fallgeschehen tatsächlich und nicht nur formal-organisatorisch einen Kausalzusammenhang gibt. Beide Zusammenhänge können zwar identisch sein, müssen es aber nicht. So können bestimmte Teilaufgaben delegiert oder anderswo angesiedelt sein, ohne dass von der vorgesetzten Stelle immer jeder Schritt überprüft werden müsste, um insgesamt die strafrechtliche Verantwortlichkeit zu übernehmen.

Die »fallzuständige Fachkraft« muss im Zuge dieses Erkenntnisprozesses zudem damit betraut worden sein, eine sich konkretisierende Gefährdung nach Möglichkeit abzuwenden. Diese Möglichkeiten wiederum sind nach fachlichen Gesichtspunkten zu wägen. Erst bei einer vorwerfbaren Nichtbeachtung dieser Gesichtspunkte befindet sie sich in einer Position, in der man ihr eine strafrechtlich relevante Pflichtverletzung vorhalten kann, wenn das Kind dadurch zu Schaden kommt.

Sofern eine Garantenstellung im strafrechtlichen Sinne anzunehmen ist, stellt sich die weitere Frage, unter welchen Umständen der Garant handlungspflichtig gewesen wäre, wann sein Unterlassen also strafrechtlich relevant ist (Garantenpflicht). Solange das betroffene Kind bei seinen Eltern lebt, ist zu beachten, dass primär seine Eltern für das Kindeswohl verantwortlich sind. Der Fachkraft kann, auch wenn sie eine Garantenstellung hat, nur dann ein strafrechtlich relevantes Unterlassen vorgeworfen werden, wenn ihr Ermessen in dem konkreten Fall »auf Null reduziert« war, wenn sie also – rechtlich betrachtet – zwingend in einer bestimmten Weise zugunsten des Kindes hätte eingreifen müssen. Dieses konkretisierte Unterlassen muss zudem kausal für die Schädigung des Kindes gewesen sein. Das bedeutet, dass für die Fachkraft erkennbar sein muss, wenn die Eltern die Gefahr von ihrem Kind nicht abwenden können oder selbst eine massive Gefahr für ihr Kind darstellen.

Erkennt eine Fachkraft Gefährdungen nicht, weil die Hinweise darauf durch die vorrangig Verantwortlichen (Eltern, Pflegeeltern, Erzieher/-innen usw.) glaubwürdig entkräftet oder überhaupt Sachverhalte beschönigt wurden, kommt eine Strafbarkeit i.d.R. auch nur in Betracht, wenn handfest Grund dazu gegeben war, erhebliche Zweifel an deren Darstellung zu hegen. Ein allgemeiner, den Strafverfolgungsbehörden vergleichbarer Ermittlungsauftrag ist aus dem SGB VIII nämlich nicht abzuleiten; grundsätzliches Misstrauen gegenüber den Adressaten der Hilfe würde den Zugang zu den möglicherweise gefährdeten Kindern behindern und sich kontraproduktiv auf die Erfüllung der Aufgaben des SGB VIII auswirken.

Gibt es eine Pflicht zur »Meldung«? Zur Anzeige? Und was ist mit dem Datenschutz?

Wenn es um das Thema Handlungspflichten und Haftbarkeit geht – ob nun im Hinblick auf ein fragwürdiges Tun oder ein möglicherweise pflichtwidriges Unterlassen – geht es oft auch um Fragen zum »Recht der Informationsbeziehungen« (kurz gefasst: zum Datenschutz) und der Dokumentation (Aktenführung/-organisation). Die rechtlichen Vorgaben sind zwar je nach gesetzlichen Zuständigkeiten (Sozialgesetzbuch, Landesdatenschutzgesetz, Bundesdatenschutzgesetz usw.) bzw. Profession (z.B. bei § 203 Abs.1 StGB für Sozialarbeiter/-innen, Ärzte/-innen usw.) unterschiedlich. Letztlich beruhen sie aber auf einheitlichen bzw. übergreifenden Prinzipien, die erfahrungsgemäß auch für die meisten Fallkonstellationen als maßgebliche Orientierung dienen können. Zur Begrifflichkeit ist darauf hinzuwiesen, dass sich der Gesetzgeber stark an die Sprache der Informatik angelehnt hat, was mitunter zu Missverständnissen führen kann. So ist in den einschlägigen Vorschriften von »Daten« die Rede, obwohl in der eigentlichen Wortbedeutung »Informationen« gemeint sind (in der Sprache der Informatik sind »Daten« nur Symbole für Informationen).

> **Kurz: Die wichtigsten Grundsätze des Datenschutzes für die Praxis**
>
> 1. Der Umgang mit Informationen von/über Klienten/-innen ist *legitimationsbedürftig*. also das Sammeln (»Erheben« von Daten), Aufbewahren (»Speichern«), Weitergeben (organisationsintern »Nutzen«, -extern »Übermitteln«), Vernichten (»Löschen«) oder mit strengen Zugriffsschranken versehen (»Sperren«).
>
> 2. Es wird i.d.R. *Erforderlichkeit* verlangt, und zwar im Sinne der – für die jeweilige Stelle zu beschreibenden – *Aufgabenstellung*.
>
> 3. Legitimiert ist die *Weitergabe*, wenn der *Zweck* dem entspricht, wozu die Informationen erhoben worden sind, aber auch und insbesondere, wenn der Betroffene ausdrücklich oder »konkludent« zugestimmt hat. Eine entsprechende »*Einwilligungserklärung*« ist allerdings nur rechtswirksam, wenn vorher über den Inhalt der Information bzw. die möglichen Konsequenzen aufgeklärt wurde (was in der Praxis sehr oft nicht bedacht wird).
>
> 4. *Besonderer Vertrauensschutz* gilt für anvertraute Informationen, wenn die Voraussetzungen des § 65 SGB VIII bzw. § 203 Abs.1 StGB erfüllt sind.
>
> 5. Für besondere *Gefahrenlagen* – wie z.B. unter den Voraussetzungen der §§ 62 Abs. 3 Nr.4 SGB VIII, § 65 Abs. 1 Nr.3 SGB VIII oder § 4 Abs. 3 KKG in Art.1 BKiSchG – gelten spezielle Befugnisse.
>
> 6. Verschwiegenheitspflichten haben auch in gerichtlichen Verfahren Bestand, allerdings in Grenzen. Für die Praxis ist dabei weniger das viel zitierte Zeugnisverweigerungsrecht relevant als vielmehr der *Vorbehalt der Aussagegenehmigung*, der z.T. auch für freie Träger gilt.

Diskretion, fairer Umgang mit anvertrauten Informationen und die Sicherung geschützter Räume für Beratung stehen in keinem Gegensatz zu den Erfordernissen des Kinderschutzes, sondern bieten die unentbehrliche Chance, dass Hilfeinitiativen bzw. Schutzmaßnahmen überhaupt den Zugang finden zu denen, die realiter und aktuell den für das Befinden von Kindern und Jugendlichen praktischen Einfluss haben. Es macht Sinn, dass für Polizei und Staatsanwaltschaft das sogenannte Legalitätsprinzip gilt, also der Verdacht strafbarer Handlungen weiterverfolgt werden muss. Ebenso aber macht es Sinn, dass für die pädagogische und sozialarbeiterische Tätigkeit keine gesetzlichen Meldepflichten für drohende Gefahren oder erfolgte Straftaten existieren.

Der Gesetzgeber hat versucht, Handlungsorientierungen zu konkretisieren. So macht § 8 a SGB VIII deutlich, dass bei sogenannten Anhaltspunkten für eine Kindeswohlgefährdung – in der Sprache der Sozialarbeit also bei einem besonderen Hilfe- und/oder Schutzbedarf – zunächst immer erst die originär Verantwortlichen für die betreffenden Kinder und Jugendlichen (in der Regel sind das die Eltern) angesprochen werden sollen und mit ihnen gemeinsam die erforderlichen Schritte zur Klärung oder Abhilfe zu gehen. Gelingt dies nicht ohne Eingriff in die elterliche

Sorge, ist erforderlichenfalls das Familiengericht anzurufen. Eine gesetzliche Pflicht zur Anzeige bei der Polizei gibt es für diese Fälle nicht; eine solche existiert nur für ernstlich geplante schwere Straftaten im Sinne und unter den Voraussetzungen des § 138 StGB. Auch das seit 2012 geltende Bundeskinderschutzgesetz konstituiert lediglich bestimmte Befugnisse der Informationsweitergabe gegenüber dem Jugendamt, aber keine »Meldepflicht«. Im Zentrum steht ein Beratungsgespräch gegenüber dem Jugendamt (u.a. § 8 b SGB VIII).

Was die *Dokumentation* und *Aktenführung* bzw.-Organisation angeht, hängen die Anforderungen natürlich maßgeblich von der jeweiligen Aufgabenstellung ab. Um Missverständnisse zu vermeiden, sollten Vorgaben gemacht werden, die sowohl praxis- als auch routinegerecht sein müssen. Dokumentation dient als Erinnerungshilfe, als Selbstkontrolle, aber auch zur Sicherung notwendiger Informationen für Nachfolger bzw. Vertreter und auch Vorgesetzte. Zuletzt können Akten natürlich auch zum Beweismittel werden, wenn es um die Überprüfung fachlichen Tuns geht. Aus der Erfahrung des Verfassers als Strafverteidiger sei hier mitgeteilt: Eine möglichst konzentrierte, sachgerechte Dokumentation der eigenen Arbeit wirkt sich in aller Regel positiv für potentiell Beschuldigte aus, also nicht etwa die Unterdrückung vermeintlich belastender Dokumente.

Schlussbemerkungen

Nicht nur auf den ersten Blick sind die Fragen, die bezüglich der Handlungspflichten und möglichen Haftbarkeit zu beantworten sind, sehr komplex, nämlich wie die Arbeit selbst, bei der jeweils kritisch überprüft werden muss, inwieweit Verantwortlichkeiten adäquat wahrgenommen worden sind. Da kann und darf es weder zu Vorverurteilungen noch zu Freibriefen kommen. Aber hier gilt wie für viele andere Situationen im Leben: Angst ist selten ein guter Berater, Mythos und Wirklichkeit sollten unterschieden werden.

Literatur

Albrecht (2004): Sozialarbeit und Strafrecht: Strafbarkeitsrisiken in der Arbeit mit Problemfamilien, in: DIJuF: Verantwortlich handeln – Schutz und Hilfe bei Kindeswohlgefährdung. Köln, S. 183-228.

Bänfer/Tammen (2006): Aufsichtspflicht. Schutz von Kindern und Jugendlichen in der Erziehungshilfe, AFET (Hrsg.). Hannover.

Bringewat (2012): Strafrechtlich relevante Fehler bei der »Einschätzung des Gefährdungsrisikos« nach § 8a SGB VIII, in: Zeitschrift für Kindschaftsrecht und Jugendhilfe (ZKJ), S. 330-336.

Mörsberger/Restemeier (1997): Helfen mit Risiko. Zur Pflichtenstellung des JA bei Kindesvernachlässigung. Neuwied.

Mörsberger/Restemeier (2013): Das Strafrecht als prima ratio des SGB VIII? in: ZKJ, S. 21-24, 61-67.

Mörsberger/Restemeier (2015): Datenschutz (=Anh.4), mit Wiesner, R.: Kinderschutz (=Anh.1); mit Wapler: Jugendamt und Justiz (=Anh.2), in: Wiesner, SGB VIII. München.

Weitzmann: Aufsichtspflichten in der Jugendarbeit: Grundsätze, Themeneinführung TE-1115, www.kijuf-online.de, hrsg. vom DIJuF. Heidelberg.

10.2 Und wenn es doch geschieht? Hilfreiche Tipps zur Entwicklung eines Krisenleitfadens

Christine Rudolf-Jilg

Auch wenn alle bisher erprobten Maßnahmen der Prävention eingeführt und konsequent umgesetzt werden, kann der Schutz vor sexuellem Missbrauch durch Mitarbeiter/-innen in der Einrichtung nie hundertprozentig sein. Damit im Verdachtsfall professionelles Handeln an die Stelle schlotternder Knie tritt, sollte ein Krisenleitfaden die erforderliche Orientierung geben und so eine Basis für konsequentes und angemessenes Handeln im Sinne des Kinderschutzes darstellen.

Träger der Kinder- und Jugendhilfe benötigen für den Betrieb einer Einrichtung eine Erlaubnis (§ 45 SGB VIII). Die Erlaubnis wird unter der Maßgabe erteilt, dass das Wohl der Kinder oder der Jugendlichen in der Einrichtung gewährleistet ist. Dies wird u.a. dann angenommen, wenn geeignete Beteiligungsverfahren sowie Beschwerdemöglichkeiten für Kinder und Jugendliche in die Praxis eingeführt und umgesetzt werden. Darüber hinaus müssen Träger in der Konzeption darlegen, welche Maßnahmen der Qualitätsentwicklung und -sicherung sie ergreifen. Und: sie müssen sicherstellen, dass sie erweiterte Führungszeugnisse von allen Beschäftigten einholen und prüfen. Träger sind lt. Absatz 7 verpflichtet, alle Gefährdungen in der Einrichtung von Kindern und Jugendlichen abzuwenden, andernfalls kann die Betriebserlaubnis entzogen werden. Der § 47 SGB VIII verpflichtet die Träger dazu, der betriebserlaubniserteilenden Behörde gegenüber unverzüglich Meldung zu machen, wenn es zu Ereignissen innerhalb der Einrichtung kommt, die das Wohl der Kinder und Jugendlichen beeinträchtigen können.

Gibt es eine Vermutung oder sogar einen Verdacht auf sexuelle Grenzverletzungen oder gar sexuellen Missbrauch gegenüber Kindern und Jugendlichen durch Mitarbeitende in der eigenen Organisation, entsteht plötzlich ein hoher Handlungsdruck für den Träger: Eile ist geboten! Der Schutz betroffener Kinder und Jugendlicher vor weiteren Grenzverletzungen hat an vorderster Stelle zu stehen. Gleichzeitig ist die Sorgfalt im Rahmen des Klärungsprozesses zu beachten, geht es doch darum, den Schutz tatsächlich wirksam und nachhaltig sicher zu stellen, einen Beschuldigten nicht vorschnell mit einem Verdacht zu konfrontieren, aber auch Verdächtige nicht vorschnell zu verurteilen. Dies könnte nicht nur eventuellen Tatverdächtigen, sondern auch den mutmaßlichen Opfern schaden.

Notwendigkeit eines abgestimmten Verfahrens

Im Falle eines entstehenden Verdachts gegenüber einem/r Mitarbeiter/-in ist es daher sinnvoll, auf ein bereits diskutiertes und innerhalb der Organisation beschlossenes Verfahren zurückgreifen zu können, das im Vorfeld mit dem zuständigen Jugendamt und der Heimaufsicht abgestimmt und vereinbart werden sollte. Die überörtlichen Träger sollen dabei die Träger der Einrichtung beraten (§ 8b Abs. 2 SGB VIII). Solch ein Verfahren, wir nennen es »Krisenleitfaden«, muss der Leitung sowie allen Mitarbeiter/-innen bekannt und im akuten Verdachtsfall zugänglich sein (z.B. über ein Handbuch, das Leitung und Mitarbeiter/-innen besitzen).

> **§ 8b SGB VII**
>
> **Fachliche Beratung und Begleitung zum Schutz von Kindern und Jugendlichen**
>
> (1) Personen, die beruflich in Kontakt mit Kindern oder Jugendlichen stehen, haben bei der Einschätzung einer Kindeswohlgefährdung im Einzelfall gegenüber dem örtlichen Träger der Jugendhilfe Anspruch auf Beratung durch eine insoweit erfahrene Fachkraft.
>
> (2) *Träger von Einrichtungen, in denen sich Kinder oder Jugendliche ganztägig oder für einen Teil des Tages aufhalten oder in denen sie Unterkunft erhalten, und die zuständigen Leistungsträger, haben gegenüber dem überörtlichen Träger der Jugendhilfe Anspruch auf Beratung bei der Entwicklung und Anwendung fachlicher Handlungsleitlinien*
>
> 1. zur Sicherung des Kindeswohls und zum Schutz vor Gewalt sowie
>
> 2. zu Verfahren der Beteiligung von Kindern und Jugendlichen an strukturellen Entscheidungen in der Einrichtung sowie zu Beschwerdeverfahren in persönlichen Angelegenheiten.[257]

Diese Krisenleitfäden sind einerseits verallgemeinerbar (d.h. enthalten für fast alle Institutionen und Träger gleiche Elemente), andererseits *individuell* zu erarbeiten, damit trägerspezifische Besonderheiten berücksichtigt werden können. Zudem sollten sie in klaren Formulierungen regeln, wann und ggf. wie und auch durch wen externe Stellen hinzuzuziehen sind (Jugendamt, Heimaufsicht, Beratungsstellen, Polizei) und alle wichtigen Kontaktdaten konkret auflisten. Die Träger der Dienste und Einrichtungen der freien Kinder- und Jugendhilfe müssen bei der Erstellung eines Krisenleitfadens die Vorgaben des § 45 und 47 SGB VIII berücksichtigen und ihre nach § 8a Abs.4 SGB VIII mit den Jugendämtern getroffenen Vereinbarungen und Auflagen damit abgleichen.

Damit Leitfäden im Krisenfall tatsächlich Handlungssicherheit geben können, bedarf es innerhalb der Organisation eines einheitlichen Verständnisses davon, wann überhaupt ein »Krisenfall« gegeben ist. Dazu müssen Begriffe wie »Grenzverletzung«, »sexueller Übergriff«, »sexueller Missbrauch«, aber auch was ist professionelle Nähe oder professionelle Distanz gemeinsam reflektiert und im Leitfaden möglichst umfassend definiert werden.

---

257 http://www.sozialgesetzbuch-sgb.de/sgbviii/8b.html (Download: 14.03.2016).

Der bloße Verweis auf Strafvorschriften reicht hierbei nicht aus, denn nicht jede Handlung, die Kindern und Jugendlichen Schaden zufügt, ist auch strafbar.[258] Geht z.B. der Hausmeister einer Jugendwohneinrichtung eine sexuelle Beziehungen mit einer oder mehreren der Bewohnerinnen und Bewohner ein, handelt er derzeit noch straffrei, sofern die Jugendlichen 14 Jahre oder älter sind, er ihnen kein Geld für ihre Dienste anbietet, weder Zwang noch Gewalt anwendet und auch keine Zwangslage oder eine für ihn offenkundige Unfähigkeit des Opfers zur sexuellen Selbstbestimmung ausnutzt. Denn § 174 StGB stellt als Missbrauch von Schutzbefohlenen nur sexuelle Handlungen derjenigen Einrichtungsmitarbeiter/-innen mit Kindern und Jugendlichen unter Strafe, denen das Opfer »zur Erziehung, Ausbildung oder Betreuung in der Lebensführung« anvertraut ist und die diese Position ausnutzen und zu sexuellen Zwecken missbrauchen.[259] Mag das Verhalten des Hausmeisters auch straffrei sein, so handelt es sich doch um eine Form des Umgangs mit Jugendlichen, die der Träger als unprofessionell und untragbar betrachten muss. Will er arbeitsrechtliche Schritte gegen den Hausmeister in Form einer Abmahnung oder Kündigung ergreifen, muss er im Streitfall vor dem Arbeitsgericht darlegen können, dass sich der Hausmeister vertragswidrig verhalten, also gegen seine arbeitsrechtlichen Pflichten verstoßen hat.

Doch welche Nähe und Distanz ist vertragsgemäß, welche vertragswidrig? Dies sollte im Vorfeld mit allen Mitarbeiter/-innen geklärt und in sogenannten Schutzvereinbarungen fixiert worden sein. Dabei kann natürlich auch nur ein grober Rahmen gesteckt werden. Was innerhalb dieses Rahmens an körperlicher oder emotionaler Zuwendung tatsächlich professionell angemessen ist oder nicht, lässt sich dann am besten im Einzelfall beurteilen, weil sich das richtige Maß an Nähe und Distanz immer auch nach den individuellen Bedürfnissen der Kinder und Jugendlichen, dem Anlass der Begegnung, dem Kontext, in dem sie steht, nach der Position der Mitarbeiterin bzw. des Mitarbeiters und der spezifischen Qualität ihrer bzw. seiner Beziehung zu dem betreffenden Mädchen oder Jungen richtet[260].

Massive Unsicherheiten bei der Grenzziehung gehen nicht nur zu Lasten eines wirkungsvollen Kinderschutzes, sie lösen auch bei den Mitarbeiter/-innen Verunsicherung und Angst vor Kriminalisierung aus: »Mache ich mich schon verdächtig, wenn ich einen weinenden Jungen zum Trösten auf den Schoß nehme?« Definiert werden muss des Weiteren, was genau unter einem »Verdacht« zu verstehen ist. Ob und welche Schritte zu veranlassen sind und rechtlich veranlasst werden können, hängt nicht alleine von der Schwere des drohenden Schadens für ein Kind ab, sondern auch vom Grad des Verdachts. Bloße Spekulationen und vage Vermutungen (»der guckt die Marie immer so komisch an«) gebieten nur erhöhte Aufmerksamkeit, rechtfertigen aber noch keinen Eingriff in die Rechtssphäre der verdächtigten Mitarbeiter/-innen.

---

258 Vgl. hierzu und zu den nachfolgenden rechtlichen Ausführungen die Beiträge von Zinsmeister in: IzKK-Nachrichten 1/2007, S.20 ff. und in Fachbereich Soziale Arbeit und Gesundheit, Fachhochschule Frankfurt (Hrsg.) (2011), S.125 – 144 sowie Zinsmeister/Ladenburger (2011): Schwere Grenzverletzungen. Abschlussbericht zur Untersuchung im Auftrag der Deutschen Provinz der Jesuiten, S. 25 ff./ 87 ff.
259 Vgl. OLG Koblenz, Beschluss v. 29.12.2011 – 1 Ss 213/11 = NJW 2012, 629; BGH 5 StR 180/08 – Urteil vom 10.06.2008 (Download: 14.11.2014).
260 Zur Entwicklung von Schutzvereinbarungen vgl. Rudolf-Jilg (2010 und 2013).

Kinderschutz in meiner Einrichtung

Handeln muss und kann die Jugendhilfe hingegen, wenn es das Wohl von Kindern und Jugendlichen in der Einrichtung gefährdet sieht, es also einen, auf konkrete Tatsachen gestützten Verdacht auf Fehlverhalten von Mitarbeitenden gegenüber Kindern und Jugendlichen gibt. Ein Anfangsverdacht begründet z.B. die Pflicht zur weiteren Gefahrenabklärung, je gewichtiger die Hinweise sind, umso weitreichender kann ein eingreifendes Handeln gerechtfertigt sein, bis hin zur Kündigung eines/r Mitarbeiters/-in, wenn dieser bzw. diese unter dringendem Verdacht steht, ein Kind missbraucht zu haben.

Fach- oder Leitungskräfte sind demnach ggf. auch dann zum Handeln verpflichtet, wenn sie persönlich nicht von der Schuld der oder des Verdächtigten überzeugt sind. Es ist nicht Verantwortung und Kompetenz der Kinder- und Jugendhilfe, über Schuld und Unschuld zu entscheiden. Träger sind nicht die Polizei, sie müssen keine Ermittlungen führen und Beweise sammeln. Ihr Auftrag ist der Schutz der Mädchen und Jungen vor Gefahren. Und dieser Schutzauftrag besteht solange, wie die bestehenden konkreten Verdachtsmomente nicht *entkräftet werden können*. In »dubio pro reo«[261] gilt in der Kinder- und Jugendhilfe nicht bzw. eben nur begrenzt.

Welche Schutzmaßnahmen beim Vorliegen stichhaltiger Anhaltspunkte der Gefährdung des Wohls von Kindern oder Jugendlichen in einer Einrichtung (§ 45 SGB VIII) geeignet und erforderlich sind, aber auch, welche Eingriffe in die Rechtssphäre der Verdächtigten zum Schutz des oder der Kinder gerechtfertigt sind, richtet sich also sowohl nach der Dringlichkeit der Gefahr, der Schwere des drohenden Schadens als auch dem Grad des Verdachts.

Der Umgang des Einrichtungsträgers mit den Verdachtsmomenten muss im Krisenleitfaden entsprechend differenziert, d.h. aus rechtlicher Sicht vor allem am Verhältnismäßigkeitsgrundsatz und am Schutz des Kindes vor Gefährdungen durch Mitarbeitende der Einrichtung gemessen werden.[262] Hierzu kann dringend empfohlen werden, die Beratung des überörtlichen Jugendhilfeträger gemäß § 8b Abs. 2 SGB VIII vorab in Anspruch zu nehmen.

Schutz und Sorgfalt müssen auch bei der Anwendung des fertigen Krisenleitfadens, z.B. bei einer Verdachtsabklärung, Hand in Hand gehen. Das Hinzuziehen einer externen Fachberatung ist dringend erforderlich. Dies dient dazu, einerseits Rollen- und Loyalitätskonflikte, interne »Beißhemmungen« und geheime und unklare Absprachen zu verhindern, andererseits den erforderlichen Sachverstand bei der Einschätzung des Gefährdungsrisikos und der Auswahl der geeigneten und erforderlichen Schritte zu erhalten.

---

[261] Rechtsgrundsatz aus dem Strafrecht: Im Zweifel für den Angeklagten.
[262] Vgl. hierzu eingehender mit zahlreichen Beispielen Zinsmeister et al. 2011, S.25, 27 f.

Elemente eines Krisenleitfadens

Verbindlich festlegen sollten die Verfahrensrichtlinien eines Krisenleitfadens u.a.:

- das zugrunde gelegte Verständnis von »Grenzverletzungen«, »Übergriffen« oder »Fehlverhalten« und Hinweise darauf, wo die Handlungspflicht der Fachkräfte beginnt (nicht jedes grenzverletzende Verhalten ist bereits strafbar, nicht jedes straflose Verhalten noch hinnehmbar).
- die unterschiedlichen Grade eines Verdachts (z.B. anhand der rechtlichen Definitionen des Anfangsverdachts, des hinreichenden und dringlichen Verdachts) mit Hinweis auf deren Bedeutung für die Interventionsplanung,
- die Pflicht des Einrichtungsträgers, alle Kinder und Jugendlichen in der Einrichtung alters- und entwicklungsgerecht über das Risiko von Grenzverletzungen, über ihre Rechte und Beschwerdemöglichkeiten (interne und externe Ansprechpartner/-innen in Fachberatungsstellen, Fachkräfte bei der Heimaufsicht der Regierung) und über unabhängige Anlaufstellen, Beratungsstellen, Notrufnummern) zu informieren und Angebote zur Förderung ihre Selbstschutzkompetenz vorzuhalten.
- die Verpflichtung aller Mitarbeiter/-innen bei einem Verdacht auf Übergriffe und/oder andere Formen der Gewalt entweder die Leitung oder eine bzw. einen der benannten Ansprechpartner/-innen innerhalb und außerhalb der Institutionen zu informieren.
- die Verpflichtung aller Mitarbeiter/-innen konkrete Anhaltspunkte der Gefährdung von Kindern und Jugendlichen innerhalb der Einrichtung (z.B. beobachtete oder von Kindern berichtete Übergriffe bzw. andere Formen der Gewalt) schriftlich zu fixieren und hierbei eventuelle Fragen an Zeugen/-innen und deren Aussagen möglichst wortgetreu zu protokollieren.
- das Recht aller Mitarbeiter/-innen sowie Nutzer/-innen der Einrichtung, sich im Falle eines Verdachts auf Grenzverletzungen, Übergriffe oder andere Formen der Gewalt von einer Fachberatungsstelle beraten zu lassen,
- die Pflicht aller Mitarbeiter/-innen hierbei die Bestimmungen des Daten- und Berufsgeheimnisschutzes zu beachten (insbesondere §§ 61 Abs. 3, 65 SGB VIII, 203 Abs.1 Nr.2 und 5, § 34 StGB),
- klare Vorgaben zur Sicherung des Opferschutzes (z.B. verbindliches, für die Kinder und Jugendlichen stets transparentes Handeln, angemessene Beteiligung der Kinder und ihrer Erziehungsberechtigten, in der Regel keine Gegenüberstellungen des Opfers mit dem/der Beschuldigten, sofortige Trennung von Opfer und Beschuldigten),
- klare Vorgaben zur Wahrung der Fürsorgepflicht gegenüber einem/r beschuldigten Mitarbeiter/-in (z.B. sofortige Freistellung, keine Vorverurteilung, Beteiligung der Mitarbeitervertretung),
- die Verpflichtung der Leitung bzw. des Trägers zur Abklärung eines Verdachts (darf in keinem Fall an eine Supervision der Mitarbeiter/-innen delegiert werden),
- die Verpflichtung der Einrichtungsleitung, bei konkreten Anhaltspunkten, die den Verdacht der Gefährdung von Kindern und Jugendlichen innerhalb der Einrichtung begründen, den Träger, die höhere Verbandsebene etc., zu informieren sowie

den Meldepflichten, z.B. an das örtliche Jugendamt (im Falle einer Einschätzung, dass nach § 8a SGB VIII die Eltern zu einem schützenden Verhalten nicht in der Lage sind und ein weiteres Vorgehen erforderlich ist) und insbesondere die Heimaufsicht (§ 47 Nr. 2 SGB VIII) nachzukommen,
- die Verpflichtung der Einrichtungsleitung, sich eine vom Träger unabhängige, im Umgang mit der Problematik erfahrene Fachberatung von außen zu holen,
- die klare Trennung zwischen Krisenmanagement, therapeutischen Interventionen und der Begleitung betroffener Mädchen und Jungen im Strafverfahren (bei der polizeilichen Aussage und der Aussage als Zeuge/-in vor Gericht),
- die Sicherstellung von (therapeutischen) Unterstützungsangeboten und Prozessbegleitung des Opfers durch andere Anbieter (Beratungsstellen, Rechtsanwalt/-in etc.), die Pflicht der Verantwortlichen, die Mädchen und Jungen auf diese Angebote und auf bestehende Beschwerdemöglichkeiten aufmerksam zu machen,
- unterstützende Angebote für die aufdeckenden Kollegen/-innen (z.B. Übernahme der Kosten für eine anwaltliche Beratung und anwaltlichen Zeugenbeistand, externe Supervision),
- unterstützende Angebote für die Teamkollegen/-innen übergriffiger Mitarbeiter/-innen (z.B. Supervision).
- den Umgang mit Verdachtsmomenten, die im weiteren Verlauf weder erhärtet noch vollständig entkräftet werden konnten.
- die Möglichkeit der Erstattung einer Strafanzeige.
- die Rehabilitation des Beschuldigten bei widerlegtem Verdacht.

Diese Verfahrensregeln sind schriftlich zu fixieren und allen Mitarbeiter/-innen bereits bei der Einstellung auszuhändigen. Eine professionelle Kooperation mit Heimaufsicht und belegenden Jugendämtern ist zwingend erforderlich!

Leitlinien zur Einschaltung von Strafverfolgungsbehörden

Nach den Leitlinien zur Einschaltung der Strafverfolgungsbehörden, einer Broschüre, die vom Bundesministerium der Justiz und für Verbraucherschutz, herausgegeben wurde, sollten grundsätzlich die Strafverfolgungsbehörden eingeschaltet werden, wenn es tatsächliche Anhaltspunkte dafür gibt, dass in einer Institution sexueller Missbrauch stattgefunden hat. Von diesem Grundsatz sind aus Sicht des Justizministeriums nur begrenzte Ausnahmen möglich, deren Voraussetzungen in den Leitlinien ebenfalls beschrieben werden. Fallbeispiele sollen die Anwendung in der Praxis erleichtern.

In der Praxis scheint das empfohlene Verfahren nicht in allen Fällen so umsetzbar zu sein, wenngleich es wünschenswert erscheint, dass möglichst viele Fälle sexueller Gewalt in Institutionen ins Hellfeld rücken. [263]

---

263 Die Broschüre finden Sie hier: http://www.bmjv.de/SharedDocs/Publikationen/DE/Verdacht_Kindesmissbrauch_Einrichtung.html (Download: 14.03.2016)

Beteiligte im Rahmen eines Verdachtsfalls innerhalb der Institution

Folgende Beteiligte im Rahmen des Klärungs- und Prüfprozesses bei Verdacht auf sexuelle Grenzverletzungen durch Mitarbeiter/-innen müssen unter Berücksichtigung des Datenschutzes gesehen und angemessen berücksichtigt werden:

- Betroffene Kinder bzw. Jugendliche
- Beschuldigter/Beschuldigte
- Betroffene Eltern, Vormund bzw. Amtsvormund oder Ergänzungspfleger/-in
- Interventionsbeauftragte bzw. Interventionsbeauftragter der Einrichtung
- Fallführende Stelle (Einrichtungsleitung, Träger, Vorstand)
- Externe Fachberatung
- zuständiges Jugendamt und zuständige Heimaufsicht
- mutmaßlich nichtbetroffene Kinder und Jugendliche und deren Eltern
- Kollegen/-innen des/der Täters/-in, u. U. weitere Mitarbeiter/-innen
- Kooperationseinrichtungen, z.B. Jugendsozialarbeit an Schulen usw.
- Presse

Betroffene Kinder bzw. Jugendliche

Kinder und Jugendliche, die von sexueller Gewalt berichten, müssen ernst genommen werden. Ihr Schutz vor erneuten Übergriffen ist zu gewährleisten. Sie sollten, ebenso wie ihre Sorgeberechtigten über alle weiteren Schritte der Einrichtung informiert werden und jede erforderliche Hilfe und Unterstützung erhalten. Eine externe Fachstelle kann hier gezielt unterstützen und helfen.

Beschuldigte bzw. Beschuldigter

Sorgfalt in der Verdachtsabklärung bedeutet, eine Vorverurteilung des/der Beschuldigten zu vermeiden und ein faires Prüfverfahren mit externer Fachlichkeit zu gewährleisten, in dem die Rechte der Mitarbeitenden gewahrt werden. Ebenso geht es darum, während des Klärungsprozesses diskret mit Anschuldigungen umzugehen und nur die Personen zu informieren, die direkt zu einer Klärung beitragen können. Der/die Beschuldigte wird (sobald der Schutz des Kindes bzw. Jugendlichen) sichergestellt ist, über die Vorwürfe informiert und muss sich dazu äußern können. Eine Stellungnahme muss zugestanden werden, wird in der Regel allerdings wenig erhellend sein, da Beschuldigte, ungeachtet dessen, ob sie zu Recht oder Unrecht beschuldigt werden, sich nicht äußern wollen oder die Vorwürfe oftmals abstreiten. Die ersten Schritte werden im Rahmen dieses Gesprächs angekündigt, der Personalrat bzw. die Mitarbeitervertretung ordnungsgemäß einbezogen. Dieses Erstgespräch wird am besten mit externer Unterstützung (Fachberatungsstelle, Rechtsanwalt/-in) vorbereitet. In der Regel werden auch Beschuldigte einen Rechtsbeistand hinzuziehen, der sie im Folgenden berät. Beschuldigte haben ein Recht darauf, dass der Träger alle erforderlichen Maßnahmen zur Rehabilitation ergreift, sollte sich die Beschuldigung als falsch herausstellen.

Kinderschutz in meiner Einrichtung

Betroffene Eltern

Die Eltern des bzw. der betroffenen Kinder oder Jugendlichen müssen schnellstmöglich informiert werden, wenn sich ihre Kinder ihnen gegenüber nicht bereits mitgeteilt haben. Diese Information ist mit den betroffenen Kindern zu besprechen. Lediglich bei älteren Jugendlichen und minderschweren Vorwürfen kann von einer Information der Sorgeberechtigten abgesehen werden, wenn die Jugendlichen dies nicht wünschen. Allerdings ist diese Option an § 8 a SGB VIII zu messen und daher wohl nur vertretbar, wenn die Einbeziehung der Eltern zur Folge hätte, dass der bzw. die Jugendliche eine weitere Kooperation verweigert und so der Schutz nicht sichergestellt werden kann.

Interventionsbeauftragte bzw. Interventionsbeauftragter der Einrichtung

Innerhalb eines Trägers bzw. einer Einrichtung muss mindestens eine Person benannt sein, an die Meldungen über einen Verdacht auf sexuelle Gewalt zu richten sind. Günstig ist es, wenn sowohl eine männliche als auch eine weibliche Person dafür zur Verfügung stehen. Namen und Kontaktwege dieser Personen müssen für alle Mitarbeiter/-innen und Leitungsverantwortlichen, die Kinder und Jugendlichen und deren Sorgeberechtigte, eventuell vorhandenes Verwaltungspersonal, aber auch externe Kooperationspartnerinnen und -partner jederzeit aktuell zugänglich sein (mehrere Zugangswege, z.B. Telefon UND E-Mail). Um eine Überforderung des/ der Beauftragten zu vermeiden, ist eine enge Zusammenarbeit mit kompetenten Fachberatungsstellen, aber auch möglicherweise mit dem Jugendamt und der Heimaufsicht dringend zu empfehlen. Eine Vertretungsregelung ist zu fixieren.

Fallführende Stelle (Einrichtungsleitung, Träger)

Bei einer Vermutung bzw. einem Verdacht müssen letztendlich Entscheidungen getroffen werden. Hier reicht es nicht aus, die Klärung eines Verdachts zu delegieren, eine letztendliche Bewertung und die Einleitung der erforderlichen Schritte liegt bei den Verantwortlichen in der Einrichtung bzw. beim Träger. Dieser hohen Verantwortung kann umso besser nachgekommen werden, desto klarer die eigene Aufgabe innerhalb des Klärungsprozesses definiert und gesehen und desto mehr externe Fachlichkeit zugelassen wird.

Zuständiges Jugendamt, zuständige Aufsichtsbehörde

Grundsätzlich besteht immer dann die Pflicht zur Einbindung des Jugendamtes, wenn dies zur Abwendung einer Kindeswohlgefährdung erforderlich ist. Darüber hinaus ist es im Rahmen eines bereits bestehenden Hilfeplans wichtig, zusätzliche Belastungen (sexueller Missbrauch durch Mitarbeitende ist da sicherlich eine starke Belastung), die auf das Kind einwirken, zu berücksichtigen und ggf. gemeinsam zusätzliche erforderliche Hilfen einzuleiten (therapeutische Angebote u.Ä.).

Oft scheuen sich Einrichtungen, den zuständigen Aufsichtsbehörden von »Missständen« innerhalb der Einrichtung zu berichten. Doch eine Einrichtung diskreditiert noch nicht alleine der Umstand, dass es zu Übergriffen kommt, sondern allenfalls ihr unprofessioneller Umgang damit. Tatsächlich besteht für alle Einrichtungen auch die *Pflicht zur Meldung besonderer Vorkommnisse*.

Im Verdachtsfall wird insbesondere die Heimaufsicht dem Träger, aber auch der Einrichtungsleitung Unterstützung leisten, sei es in Form fachlicher Beratung oder aber auch durch eigene Intervention. Die Aufsichtsbehörde kann z.B. nach § 48 SGB VIII eine Tätigkeitsuntersagung aussprechen, aber auch letztlich die Schließung einer Einrichtung anordnen, wenn die Gefährdung nicht anders abgewendet werden kann.

Externe Fachberatung

Träger können in der Regel kompetente Unterstützung bei der Bearbeitung eines akuten Verdachtsfalls sexueller Gewalt bei spezialisierten Fachberatungsstellen erhalten. Viele Fachberatungsstellen können aufgrund jahrelanger Erfahrung Verdachtsmomente qualifiziert einschätzen und bewerten. Sie kennen die erforderlichen und notwendigen Schritte im Rahmen der Verdachtsabklärung und können so Einrichtungen und Träger durch einen Verdachtsfall hindurch steuern. Zudem verfügen sie in der Regel über ein umfassendes Netzwerk an weiteren Hilfsangeboten, z.B. unter Umständen erforderliche therapeutische Hilfen für die betroffenen Kinder und deren Eltern, Beratungs- oder Supervisionsangebote für Mitarbeiter/-innen, spezialisierten Rechtsbeiständen o.Ä.

Anzuraten ist eine Kontaktaufnahme bereits im Vorfeld eines Verdachts. Informieren Sie sich daher vorab bereits über die Möglichkeiten der Kontaktaufnahme, die Reaktionszeit der Fachstelle für einen Beratungstermin, die Kompetenzen bei der Verdachtsabklärung bei Missbrauch in Vereinen und über die Netzwerke, die ergänzend genutzt werden können.[264]

Bei Kooperation mit Fachberatungsstellen sollten in einem Vorgespräch (bereits vor einem Verdachtsfall) folgende Fragen geklärt werden:

- Hat die Beratungsstelle ausgewiesene Erfahrungen zum Thema sexueller Missbrauch?
- Hat die Beratungsstelle Erfahrungen in der Begleitung von Institutionen beim Verdacht auf sexuellen Missbrauch durch eine/n Mitarbeiter/-in?
- Hat die Beratungsstelle unterschiedliche Berater/-innen, die ggf. bei einem Verdachtsfall
  – die Leitung
  – eventuell betroffene Kinder bzw. Jugendliche
  – eventuell deren Eltern beraten könnte.

Eine Interessenskollision könnte so bestmöglich vermieden werden.

---

[264] Bedauerlicherweise sind nach wie vor derzeit nicht alle Orte in Deutschland gleichermaßen mit geeigneten Fachberatungsstellen ausgestattet. Eine Übersicht findet sich auf der Website der Deutschen Gesellschaft für Prävention und Intervention (DGfPI) e.V.: http://dgfpi.de/mitgliedsorganisationen.html (Download: 14.03.2016).

Ist die Beratungsstelle in der Lage eine kurzfristig nötige Krisenberatung zu leisten? Mit welcher Reaktionszeit ist zu rechnen?

Nichtbetroffene Kinder und Jugendliche und nichtbetroffene Eltern

Auch Kinder und Jugendliche, die von den sexuellen Übergriffen (vermutlich) nicht direkt betroffen waren, sind in der Regel stark verunsichert, wenn ein Vorfall bekannt wird. Wichtig ist es daher, sowohl sie als auch ihre (ebenso verunsicherten) Eltern in Eckdaten ohne Namensnennung darüber zu informieren, was vermutlich vorgefallen ist.

Diese Aufgabe ist durch die Leitung der Einrichtung bzw. den Vorstand zu leisten. Eine Möglichkeit der Information wäre z.B.: »*Ein Junge hat erzählt, dass er während der Hausaufgabenhilfe von einem unserer Mitarbeiter mehrfach sexuell belästigt wurde. Wir haben den Mitarbeiter sofort nach Bekanntwerden der Vorwürfe von allen Aufgaben entbunden und prüfen den Vorfall zusammen mit der Beratungsstelle XY sorgfältig. Der Mitarbeiter hat zwei weitere Jungen in Betreuung. Mit diesen Jugendlichen und ihren Eltern sind wir im Gespräch. Wir werden euch bzw. Sie über das Ergebnis der Prüfung, das voraussichtlich Ende des Monats vorliegen wird, weiter informieren.*«

Dass auf all jene Kinder und Jugendliche sowie deren Eltern ein besonderes Augenmerk zu richten ist, die in den Vorjahren den/die mutmaßliche/n Täter/-in als Bezugsbetreuung hatten, entspricht der Sorgfaltspflicht bei der Klärung des Falls. Nicht auszuschließen ist es, dass es bereits im Rahmen vorhergehender Betreuungen zu sexuellen Übergriffen kam. Auch hier können Fachberatungsstellen helfen und unterstützen.

Kollegen/-innen des/der Täters/-in und u. U. weitere Mitarbeiter/-innen

Haben bereits die Aufdeckungsprozesse der vergangenen Jahre von sexuellen Übergriffen durch Erwachsene im Rahmen von Erziehung und Betreuung von Kindern und Jugendlichen zu einer massiven Verunsicherung bei pädagogischen Fachkräften und Ehrenamtlichen geführt, so ist solch eine Verunsicherung bei den restlichen Mitarbeiter/-innen verstärkt dann zu vermuten, wenn ein Verdachtsfall in der eigenen Organisation auftritt.

Eine kurze sachliche Information der Leitung muss zeitnah für alle erfolgen, um einer Gerüchteküche keinen Vorschub zu leisten. Persönliche (u. U. gute) Kontakte zum/r mutmaßlichen Täter/-in verunsichern Mitarbeiter/-innen zusätzlich und lassen eine solide Bewertung und Einschätzung der Situation in der Regel nicht zu. Damit eine Einrichtung sich wieder finden und die Krise bewältigen kann, die durch solch einen Verdachtsfall entsteht, muss auch für alle nicht direkt Beteiligten innerhalb der Organisation ein Rahmen für die Bewältigung des Vorgefallenen geschaffen werden. Auch hier kann eine externe Fachberatung unterstützen.[265]

---

265 U. Enders spricht von z. T. »traumatisierten Institutionen« (Enders 2012), bei denen ohne Hilfekonzept eine Weiterarbeit nicht möglich ist. Weitere hilfreiche Hinweise zu institutionellen Dynamiken und Hilfen für die verschiedenen Ebenen einer Institution sind im Buch von Enders (2012) zu finden.

Kooperationseinrichtungen, z.B. Schulen, Jugendsozialarbeit an Schulen

Professionelles Handeln beinhaltet auch, dass Kooperationseinrichtungen durch den Träger bzw. die Leitung von einem Verdachtsfall zu erfahren, arbeiten sie doch in der Regel bereits lange Zeit und vertrauensvoll mit der Einrichtung zusammen. Eine Information in Eckdaten (siehe oben »nichtbetroffene Kinder und deren Eltern«) reicht in der Regel aus, der Datenschutz (keine Weitergabe von personenbezogenen Daten) ist zu berücksichtigen.

Presse

Eine Information der Presse bei Vorliegen einer Verdachtsmeldung ist nur in wenigen Fällen sinnvoll und erforderlich. So etwa dann, wenn der Vorfall so schwerwiegend ist, dass eine sofortige Anzeigeerstattung durch die betroffenen Kinder bzw. deren Eltern und/oder den Träger erfolgt ist. In diesem Fall ist für die personenbezogenen Daten sowie Details des Vorfalls in Bezug auf alle Betroffenen und den/die mutmaßliche/n Täter/-in Diskretion zu wahren und lediglich die Anzeigeerstattung wegen sexuellen Kindesmissbrauchs oder Missbrauchs von Schutzbefohlenen zu berichten. Wichtig ist es, dass der Kontakt zur Presse von einer (geschulten und erfahrenen) Person der Einrichtung bzw. des Trägers wahrgenommen wird, die Anfragen zeitnah beantworten und vor allem die betroffenen Kinder und Jugendlichen sowie deren Eltern vor Anfragen und Bloßstellung schützen kann. Mit der kooperierenden Fachstelle sollte besprochen werden, dass die Pressekommunikation lediglich über die vom Träger benannte Person geführt wird.

Um die Transparenz der Bearbeitung von Verdachtsfällen zu erhöhen, Mitarbeiter/-innen umfassend vor falschen Anschuldigungen zu schützen und in Zweifelsfällen höchstmögliche Sicherheit zu gewinnen, ist es bei allen Verdachtsfällen zu empfehlen, die vertrauliche Zusammenarbeit mit einer Fachberatungsstelle, aber auch bei konkreten Hinweisen unbedingt mit der Heimaufsicht zu suchen. Auf jeden Fall ist es sinnvoll, mit diesen im Vorfeld fallunabhängig verbindliche Kooperations- und Verfahrensstrukturen zu vereinbaren.

Fazit

Die Entwicklung eines Krisenleitfadens ist ein wichtiges Element der Prävention. Solange das Verhalten im Krisenfall unklar ist, werden Träger und Mitarbeiter/-innen sich scheuen, Anhaltspunkten auf sexuelle Gewalt nachzugehen. Auch Kinder und Jugendliche benötigen für ihr Disclosure[266] eine Vorstellung davon, wen sie ansprechen können und was dann geschieht. Zudem bevorzugen Täter/-innen vornehmlich Einrichtungen, in denen sexuelle Gewalt (und die Reaktionsmöglichkeiten darauf) tabuisiert sind. Es ist zu vermuten, dass Einrichtungen, die einen Krisenleitfaden besitzen, besser geschützt sind.

---

266 Erstmaliges, absichtsvolles Berichten von erlebter sexueller Gewalt.

Kinderschutz in meiner Einrichtung

Generell wird empfohlen, aufgrund vorliegender Erkenntnisse über sexuelle Übergriffe durch Kinder und Jugendliche auch hier mittelfristig einen Leitfaden zu entwickeln und ein Vorgehen zu standardisieren.

Literatur

Bundesarbeitsgemeinschaft Landesjugendämter (2012): Handlungsleitlinien zur Umsetzung des Bundeskinderschutzgesetzes im Arbeitsfeld der betriebserlaubnispflichtigen Einrichtungen nach § 45 SGB VIII. Mainz. http://www.bagljae.de/downloads/115_handlungsleitlinien-bkischg_betriebserlaub.pdf (Download: 14.03.2016)

Djafarzadeh/Rudolf-Jilg (2010): Prävention geht alle an! Plädoyer für eine erwachsenenzentrierte Präventionsarbeit. München.

Enders (2012) (Hrsg.): Grenzen achten. Schutz vor sexuellem Missbrauch in Institutionen. Köln.

Fachbereich Soziale Arbeit und Gesundheit der Fachhochschule Frankfurt am Main (2011) (Hrsg.): Grenzverletzungen. Institutionelle Mittäterschaft in Einrichtungen der Sozialen Arbeit. Frankfurt a. M.

Härtl/Unterstaller (unveröffentlichter Text 2011). Gefährdungsanalyse einer Einrichtung und Vorschläge für ein Schutzkonzept. München.

Karlstetter/Rudolf-Jilg (2013): Verletzliche Patenkinder. Das Praxishandbuch für Patenschaftsprojekte. München.

Oeffling/Rudolf-Jilg (unveröffentlichter Text 2012): Gefährdungsanalyse einer Einrichtung und Vorschläge für ein Schutzkonzept. München.

Der Runde Tisch »Sexueller Kindesmissbrauch in Abhängigkeits- und Machtverhältnissen in privaten und öffentlichen Einrichtungen und im familiären Bereich«, Abschlussbericht, Anlage 3: Leitlinien zur Prävention und Intervention sowie zur langfristigen Aufarbeitung und Initiierung von Veränderungen nach sexualisierter Gewalt durch Mitarbeiterinnen und Mitarbeiter in Institutionen.

Zinsmeister (2007): Rechtliche Handlungsmöglichkeiten und -pflichten der Einrichtungsleitungen bei Verdacht auf sexualisierte Gewalt in Institutionen. In: IzKK-Nachrichten des Deutschen Jugendinstituts 1/2007, S. 17–20.

Zinsmeister/Ladenburger (2011): Schwere Grenzverletzungen zum Nachteil von Kindern und Jugendlichen im Aloisiuskolleg Bonn – Bad Godesberg. Abschlussbericht zur Untersuchung im Auftrag der Deutschen Provinz der Jesuiten. https://www.jesuiten.org/fileadmin/Redaktion/Downloads/Abschlussbericht_AKO_Zinsmeister.pdf (Download: 14.03.2016)

10.3 Prävention in Kita und Grundschule – Produkte für die Präventionsarbeit mit Kindern

Ursula Schele

Ja zum Nein ist das Grundprinzip aller PETZE Projekte. Wir haben sie vor gut 15 Jahren entwickelt, um Grundschulen und Kitas praxisnah und kindgerecht in der Prävention von sexuellem Missbrauch zu unterstützen. Bei unserer Gründung im Jahr 1997 haben wir uns PETZE genannt, weil wir Kindern mit dem Slogan »Hilfe holen ist kein Petzen!« verdeutlichen wollten, dass sie sich immer Hilfe holen dürfen. Viele der bewährten Präventionsprinzipien resultieren aus den Erkenntnissen der Täterarbeit und wir wissen, wie massiv der Geheimhaltungsdruck auf betroffene Mädchen und Jungen ist. Hilfe holen (»petzen«) ist also eine zentrale Kernkompetenz, die gerade kleinen Kindern und ganz besonders auch Jungen schon früh vermittelt werden sollte.

Das vielfältige Konzept von Echte Schätze! ist genau auf die Besonderheiten des Elementarbereichs zugeschnitten und so aufgebaut, dass Erzieher/-innen die einzelnen Präventionsbotschaften anhand des gleichnamigen Bilderbuchs, der »Starke-Sachen-Kiste« und des zugehörigen Arbeitshandbuchs spielerisch erarbeiten können. Zentral sind hierbei die Selbstwertstärkung und der Aufbau eines positiven Selbstkonzepts.

Im Kita Programm wird 5-10 Wochen lang anhand des Bilderbuchs »Echte Schätze!«, des Echte Schätze!-Handbuchs und einer großen Schatzkiste, der »Starke-Sachen-Kiste« gearbeitet. Das Bilderbuch und die »Starke-Sachen-Kiste« zeigen einen normalen Kita-Tag. Mit einer Fülle an Materialien und Methoden können die Fachkräfte die einzelnen Präventionsbotschaften mit den Kindern erarbeiten. Im begleitenden Handbuch wird das umfangreiche Projekt Schritt für Schritt angeleitet. Bei Unsicherheiten, Fragen oder Unterstützungsbedarf bieten die PETZE oder die begleitende Fachstelle vor Ort telefonische Beratung während des Projekts an.

Das Programm ist für eine Gruppe von 8-12 Kindern z.B. als »Schulkinder-Projekt« konzipiert. Da jede der 20 Projekteinheiten ca. 60-90 Minuten zur Erarbeitung in Anspruch nimmt, ist Echte Schätze! aufgrund des Arbeitsumfangs für 5 – 6 -jährige Kinder ideal. In reduzierter Form ist das Projekt jedoch auch schon gut mit jüngeren Kindern durchzuführen und eignet sich daher auch für altersgemischte Kitagruppen.

Das Kita-Personal wird im Vorfeld zu den Themenfeldern kindliche Sexualität, sexueller Missbrauch und Hilfen bei Verdacht sowie in der Umsetzung des Präventionsprogramms mit der »Starke-Sachen-Kiste« geschult. Ein Informationsabend für Eltern und Erziehungsberechtigte klärt über das Thema »Sexueller Missbrauch«, eine präventive Erziehungshaltung, kindgerechte Sexualpädagogik und den Projektverlauf auf. Der Elternabend findet idealerweise mit einer regionalen Fachberatungsstelle statt, die sich den Erziehungsberechtigten an diesem Abend somit gleichzeitig vorstellt und den Weg zu Beratung und Hilfe bei Missbrauchsfällen ebnet.

Nach Ende des Projekts werden in einem Reflexionsgespräch offene Fragen und weitere Anliegen der Kita geklärt. Das Echte Schätze! – Hand- und das Bilderbuch, die projektbezogenen CDs mit den eingeführten Präventionsliedern sowie Minibücher für jedes Kind verbleiben zur Sicherung der Nachhaltigkeit in der Kita. Bei Bedarf können zusätzliche Fortbildungen und Workshops z.B. zu sexuellen Übergriffen unter Kindern oder Begleitung bei einer Schutzkonzeptentwicklung gebucht werden.

Präventionsbotschaften

Mädchen und Jungen sollen in ihrer Persönlichkeit gestärkt werden. Sie sollen befähigt werden, Grenzverletzungen als solche wahrzunehmen und Wege zu finden, sich auf ihre Weise einer Person ihres Vertrauens mitzuteilen. Konkret haben sich zur Prävention von sexuellem Missbrauch folgende Botschaften durchgesetzt und wurden von vielen entwickelt und erfolgreich umgesetzt:

1. Mein Körper gehört mir und ich darf darüber bestimmen!

Kinder sollen ihren Körper kennenlernen und ihn als einzigartig und wertvoll erleben. Wenn sie sich im eigenen Körper wohl fühlen und stolz auf ihn sein können, wächst ihr Selbstwertgefühl. Selbstbewusste Mädchen und Jungen können sich eher gegen sexuelle Übergriffe wehren und Grenzen setzen. Kinder sollen alle Körperteile bezeichnen können und darüber sprechen dürfen. So können sie sexuelle Übergriffe leichter benennen und sich Hilfe holen.

2. Meine Gefühle sind richtig und ich kann ihnen vertrauen!

Es ist wichtig, Kinder mit den verschiedenen Gefühlen vertraut zu machen. Wer eigene Gefühle ernst nimmt, kann einen sexuellen Übergriff eher wahrnehmen. Mädchen und Jungen, die sexuell missbraucht werden, nehmen ihre Gefühle oft nicht mehr wahr. Sie fühlen sich häufig schuldig. Die Verantwortlichkeit liegt jedoch immer bei der übergriffigen Person! Bestärken Sie Kinder darin, den eigenen Gefühlen zu vertrauen und diese auszudrücken.

3. Ich kann zwischen angenehmen und unangenehmen Berührungen unterscheiden!

Es gibt Berührungen, die sich gut anfühlen und glücklich machen. Aber nicht alle Berührungen sind schön. Unterstützen Sie Kinder darin, unterschiedliche Berührungen wahrzunehmen und zu überlegen, welche für sie angenehm sind und welche nicht. Geben Sie Kindern ausdrücklich die Erlaubnis, unangenehme Berührungen auch von geliebten Menschen zurückzuweisen.

4. Ich kenne den Unterschied zwischen guten und schlechten Geheimnissen!

Kinder haben meist viel Freude an Geheimnissen, denn mit anderen ein Geheimnis zu teilen ist aufregend und spannend. Der Spaß an Geheimnissen wird jedoch von Täter/-innen ausgenutzt. Sie manipulieren Kinder und zwingen ihre Opfer, den Übergriff zu verschweigen, indem sie sie unter Druck setzen oder den

Übergriff als gemeinsames Geheimnis bezeichnen. Daher ist es für Mädchen und Jungen wichtig, zwischen guten und schlechten Geheimnissen unterscheiden zu können. Sie müssen das Bewusstsein dafür entwickeln, dass sie Geheimnisse, die ihnen ein ungutes Gefühl machen, weitererzählen sollen.

5. Ich darf Nein sagen und habe keine Schuld, wenn mir etwas passiert!

Alle Kinder haben Rechte. Es ist wichtig, dass sie lernen, in bestimmten Situationen Grenzen zu setzen und Nein zu sagen. Sie sollen darin unterstützt werden, dieses Recht auch gegenüber Erwachsenen wahrzunehmen und ihr Nein-Gefühl zu vertreten, wenn sie etwas nicht möchten. Manchmal kommen Mädchen und Jungen jedoch in Situationen, in denen sie eine Berührung zwar ablehnen, aber ihr Nein nicht beachtet wird. Sie sollen wissen, dass sie nie Schuld haben, wenn ihnen etwas zustößt. Dies gilt auch, wenn sie nicht Nein gesagt haben oder ihr Nein übergangen wurde.

6. Ich hole mir Hilfe, wenn ich etwas allein nicht schaffe!

Es gibt viele Situationen, in denen Kinder sich nicht allein helfen können. Jungen und Mädchen sollen lernen, dass Hilfe holen kein Zeichen von Schwäche, sondern mutig und schlau ist. Bestärken Sie Kinder darin, sich in schwierigen Situationen Hilfe zu holen, und überlegen Sie gemeinsam, bei wem sie diese konkret erhalten können. Kinder sollen wissen, dass Hilfe holen kein Petzen ist.

Fortbildungen

Petze bietet Fortbildungen zufolgenden Schwerpunkten an:

Grundlagen zum sexuellen Missbrauch

Was sollten Kita-Fachkräfte über sexuellen Missbrauch wissen, um Kinder stärken und schützen zu können? Definition, Einschätzung von Situationen, Ausmaß, Täter/-innen-Strategien sowie Folgen für die betroffenen Kinder.

Umgang mit Verdacht auf sexuellen Missbrauch und Möglichkeiten der Intervention

Reflexion möglicher eigener Unsicherheiten, Vorgehen bei Vermutung, Handlungsschritte bei erhärtetem Verdacht oder Aussagen eines Kindes, das Unterstützungssystem für Fachkräfte, betroffene Kinder und Angehörige, Besonderheiten bei sexuellem Missbrauch im Zusammenhang mit § 8a, § 8b und dem Bundeskinderschutzgesetz, Handlungsmöglichkeiten und Grenzen für Erzieher/-innen in ihrem Arbeitsauftrag.

Grundlagen zur Prävention von sexuellem Missbrauch Vorstellung von positiven Strukturen für Kindertageseinrichtungen und der Themenbausteine (Präventionsprinzipien) im pädagogischen Alltag mit Kita-Kindern. Reflexion der eigenen Haltung, Auseinandersetzung mit einhergehenden Herausforderungen im Umgang mit Kita-Kindern, Fragen zu Elternängsten und -wünschen.

Kinderschutz in meiner Einrichtung

Praktische Prävention mit Kita-Kindern

Kennenlernen von praktischen Übungen, Liedern, Spielen und Gesprächsanlässen. Informationsabend für Eltern bzw. Erziehungsberechtigte, möglichst in Kooperation mit einer Fachberatungsstelle

---

Merksätze

Du bist nicht allein. Das passiert vielen Mädchen und Jungen.

Du bist nie schuld. Verantwortlich ist immer der Erwachsene.

Du darfst darüber reden, wenn du es willst.

Ich nehme dich ernst und werde Dir helfen, weitere Hilfe zu finden.

Ich werde nichts gegen Deinen Willen tun. Wenn ich das doch einmal tun muss, werde ich dich vorher darüber informieren.

Wir suchen gemeinsam einen Weg, damit der Missbrauch aufhört.

Es sehr wichtig, dass Erwachsene, eigene Gefühle zurückzustellen, nicht in Panik verfallen oder vorschnell handeln, sondern die Offenbarung des Kindes als ein großes »Geschenk« annehmen, mit dem alle verantwortungsvoll, professionell und sorgsam umgehen sollten. Zu berücksichtigen ist, dass alle pädagogisch Verantwortlichen nach dem Bundeskinderschutzgesetz verpflichtet sind, bei Kindeswohl angemessen aktiv zu werden. Das bedeutet in jedem Fall gute Dokumentation und die Einbindung der Schulleitung.

Die Fachstellen vor Ort werden Lehrkräfte gerne dabei unterstützen. Kompetente Ansprechpartner/-innen finden Sie beim Hilfetelefon des Bundes unter: 0800 22 55 530 oder in einer Fachberatungsstelle vor Ort (siehe: www.ubskm.de).

Petze-Institut für Gewaltprävention

10.4 Fortbildungen und Schulungen stärken und schützen Kinder

Katharina von Renteln

In den Fortbildungsveranstaltungen stelle ich häufig fest, dass die Wissensvermittlung über sexualisierte Gewalt kein fester Bestandteil in der Ausbildung pädagogischer Berufe ist. Gut informierte Fachkräfte leisten aber einen äußerst wichtigen Beitrag zum Schutz der Kinder vor sexueller Gewalt, sowie bei der Beendigung von sexuellem Missbrauch.[267] Ein wichtiges Ziel von Fortbildungen und Schulungen ist die Sensibilisierung für sexuellen Missbrauch, um Signale von betroffenen Kindern erkennen und Hilfsangebote machen zu können. Exemplarisch stelle ich im Folgenden die Fortbildungsangebote von Dunkelziffer e.V. vor.

Der Verein engagiert sich seit 1993 gegen sexuellen Missbrauch und Kinderpornographie. Bundesweit bietet er fachliche Fortbildungen für haupt- und ehrenamtlich Tätige in der Arbeit mit Kindern und Jugendlichen an, sowie Internet-Intensiv-Seminare für Kriminalbeamte/-innen, Staatsanwälte/-innen und Richter/-innen. Kinder sind die Zukunft der Gesellschaft. Kein Kind kann für sein Kindeswohl alleine sorgen. Verantwortlich dafür sind erwachsene Bezugspersonen, die Mädchen und Jungen auf ihrem Weg, die Welt zu entdecken, begleiten. Sie haben die Aufgabe ihnen Sicherheit, Geborgenheit und Schutz zu geben.

Pädagogen/-innen und Eltern sollten Kinder altersgerecht auf die Risiken des Alltags hinweisen. Für die Aufklärung von Eltern einerseits und um Raum für den Erfahrungsaustausch zu schaffen, bietet Dunkelziffer e.V. neben den Schulungen für Fachkräfte auch themenbezogene Elternabende an.

Elternabende zum Thema »Kinder stärken-Kinder schützen« klären über die kindliche Sexualentwicklung auf und informieren Eltern, was sie zum Schutz der Kinder vor Gewalt, speziell auch der sexuellen Gewalt tun können. Das Fortbildungsangebot »Prävention sexuelle Gewalt im frühen Kindesalter« richtet sich an pädagogische Fachkräfte, die Kinder im Alter von 0-6 Jahren betreuen. Ziel der Fortbildung ist es, Handlungssicherheit bei Verdachtsfällen der Kindeswohlgefährdung aufgrund von sexuellem Missbrauch zu bekommen. Der Umgang mit den betroffenen Kindern und ihren Bezugspersonen wird erarbeitet, sowie präventive Arbeitsansätze vorgestellt.

Mit Fortbildungen, wie »Ein Tabu zum Thema machen« werden hauptamtlich und ehrenamtlich Tätige im Bereich Schule, Kirche, Sportvereine, Pfadfindergruppen, Jugendfeuerwehr etc. über sexuellen Missbrauch an Kindern informiert und über Schutzmöglichkeiten aufgeklärt. In den Schulungen der Erwachsenen sind neben der Wissensvermittlung, der Perspektivwechsel, sowie das Einfühlen in das betroffene Kind wichtige Lernerfahrungen.

---

267 Fegert et al. (2015).

Kinderschutz in meiner Einrichtung

Ein besonderes Anliegen von Dunkelziffer e.V. ist, dass die Teilnehmer/-innen für einen opfersensiblen Blick auf das betroffene Kind geschult werden. Um einem Kind hilfreich zur Seite stehen zu können, ist es wichtig zu wissen, was sein persönliches Problem ist und was es benötigt. Was mache ich als Mitarbeiter/-in, wenn ich den Verdacht habe, ein Kind meiner Gruppe könnte missbraucht werden? Was tue ich, wenn ich sexuelle Grenzverletzungen durch Jugendliche oder Erwachsene wahrnehme? Wer schnell und gut helfen will, muss langsam und bedacht vorgehen. Wir ermutigen die Teilnehmer/-innen die eigenen Gefühle in einer Verdachts- oder Aufdeckungssituation zu reflektieren, um gutgemeinten aber ungeeigneten Reaktionen vorzubeugen. Kinder brauchen Handlungsschritte von Erwachsenen, die Kinder langfristig vor sexuellem Missbrauch schützen. Außerdem erarbeiten wir mit den Teilnehmern/-innen Präventionsmöglichkeiten, um Kinder zu stärken und zu schützen.

Die Schulungen werden bedarfs- und zielgruppenorientiert geplant. Für Kindergärten, Schulen, Vereine oder andere Institutionen werden auch Fortbildungen zur Entwicklung und Implementierung einrichtungsbezogener Schutzkonzepte, einschließlich sexualpädagogischer Konzepte angeboten.

Ein weiterer Bereich sind Fortbildungen und Schulungen zu den Risiken, die mit der Nutzung der digitalen Medien verbunden sind. Da die digitalen Medien inzwischen fester Bestandteil des gesellschaftlichen Lebens- auch für Kinder und Jugendliche sind, bietet Dunkelziffer e.V. auch Fortbildungen, Elternabende und Schulklassenprojekte zu den Risiken und der sicheren Nutzung digitaler Medien an. Die Erfahrungen der meisten Erwachsenen zeigen, dass Kinder und Jugendliche häufig mehr über den Umgang mit den digitalen Medien wissen als sie selbst und ihnen bei der Bedienung überlegen sind. Eine sichere Mediennutzung müssen sie aber erst lernen. So ahnen und wissen sie nicht, dass auch Pädokriminelle die digitalen Medien nutzen, um in Kontakt mit Kindern zu treten. Es passiert nicht selten, dass sich Mädchen und Jungen in Gefahr bringen, wenn sie sich schutzlos und ohne eine erwachsene Bezugsperson zu informieren mit Bekanntschaften aus dem Internet treffen.

In den Fortbildungen »Online sein. Smart sein.« erhalten die pädagogischen Fachkräfte Informationen und Arbeitsmethoden zu den Themen Mediennutzung von Kindern und Jugendlichen, Sexting, Cybermobbing und Cybergrooming. Die Erwachsenen werden in die Welt der Mediennutzung der Kinder und Jugendlichen eingeführt und bekommen Wege aufgezeigt, wie sie mit den Kindern und Jugendlichen im Gespräch bleiben können. Nur wenn Erwachsene die Erfahrungswelt der Kinder und Jugendlichen in den digitalen Medien ansatzweise kennen und Verständnis für die Motivation der Mediennutzung haben, sprechen diese sie auch bei Problemen an.

Zur Bekämpfung von Kinder- und Jugendpornographie im Internet bietet Dunkelziffer e.V. regelmäßig Schulungen für Kriminalbeamte/-innen, Staatsanwälte/-innen und Richter/-innen aus allen Bundesländern an. Referenten/-innen aus den

Fachbereichen Staatsanwaltschaft, Bundeskriminalamt, Landeskriminalamt und Therapeuten/-innen aus der Opfer- und Täterarbeit garantieren einen fachlichen Austausch zwischen den einzelnen Berufsgruppen. Die Resonanz der Teilnehmer/-innen ist äußerst positiv und die Nachfrage groß. Mit dieser bundesweit einzigartigen Initiative gelingt es Dunkelziffer e.V., alle an der Ermittlung beteiligten Berufsgruppen im Kampf gegen Kinderpornografie zu stärken. Der Verein schafft dadurch ein überregionales, interdisziplinäres Forum und schnelle Kommunikationswege.

Erwachsene, die über grundlegendes Wissen und Erfahrungswerte über sexuellen Missbrauch verfügen, können Kinder besser beschützen, begleiten und sie befähigen, sich im Bedarfsfall Hilfe zu suchen.

Dunkelziffer e.V. finanziert seine Arbeit ausschließlich aus Spenden und Bußgeldzuweisungen und nimmt keine öffentlichen Mittel in Anspruch. Weitere und aktuelle Informationen erhalten sie unter www.dunkelziffer.de

Literatur

Fegert/Hoffmann/König/Niehues/Liebhardt (2015): Sexueller Missbrauch von Kindern und Jugendlichen. Heidelberg.

Autoren/-innenverzeichnis

Yasmine Baghdad ist Kinderärztin der Klinik für Gynäkologie und Geburtenhilfe im DRK Klinikum Berlin – Köpenick.

Klára Bartel ist systemische Familien- und Paartherapeutin und bei der Mädchenberatungsstelle Wildwasser e.V. tätig.

Verena Blaas ist Assistenzärztin im Arbeitsbereich Forensische Medizin am Institut für Rechtsmedizin der Universität Rostock.

Rainer Becker ist ehemaliger Polizeidirektor der Fachhochschule für öffentliche Verwaltung, Polizei und Rechtspflege in Güstrow und Vorstandsvorsitzender der Deutschen Kinderhilfe e.V.

Prof. Dr. Kathinka Beckmann ist Professorin für klassische und neue Arbeitsfelder der Pädagogik der Frühen Kindheit an der Hochschule Koblenz.

Franziska Breitfeld ist Volljuristin mit Schwerpunkt Kinderschutz und Kinderrechte und Referentin für Gewaltschutz und Familienrecht bei der Deutschen Kinderhilfe e.V.

Dr. Peter Büttner ist Diplom-Psychologe, psychologischer Psychotherapeut für Kinder, Jugendliche und Erwachsene, stellvertretendes Mitglied des Landesjugendhilfeausschusses Hessen, Vorstandsmitglied des SOS Kinderdorf Deutschland e.V. und Geschäftsführer von Projekt PETRA.

Ursula Enders ist Diplom-Pädagogin und Traumatherapeutin. Sie unterstützt seit mehr als 30 Jahren kindliche Opfer sexuellen Missbrauchs. Sie ist Mitbegründerin und Leiterin von »Zartbitter Köln«, der Kontaktstelle gegen sexuellen Missbrauch an Mädchen und Jungen.

Ellen Engel ist Rechtsanwältin mit Schwerpunkt Strafrecht und Strafprozessrecht in Berlin.

Pauline C. Frei ist Überlebende, schaffte als junge Frau den Ausstieg. Seit vielen Jahren begleitet sie Betroffene und deren Helfernetzwerke beim Ausstieg aus ritueller Gewalt. Zudem ist sie Moderatorin des Vielenetzwerkes, einem Netzwerk für Menschen mit Dissoziativer Identitätsstruktur. Pauline Frei ist Mitautorin von »Leiden hängt von der Entscheidung ab« und »Von der Dunkelheit zum Licht«, erschienen im Junfermann Verlag. www.pauline-frei.de

Jochen Gladow ist Mitarbeiter der Integrierten Täter-Opfer-Beratungsstelle »Stop-Stalking« in Berlin.

Claus Gollmann ist Kinder- und Jugendpsychotherapeut (appr.) und Geschäftsführer von »KID – Kind in Düsseldorf.«

Dirk Hädrich ist Kriminaloberkommissar beim Landeskriminalamt Berlin.

Autoren/-innenverzeichnis

Dr. Uwe Hammer ist Facharzt der Rechtsmedizin und freier Mitarbeiter am Institut für Rechtsmedizin der Universität Rostock.

Prof. Dr. Marion Hundt ist Professorin für Öffentliches Recht im Studiengang Soziale Arbeit der Evangelischen Hochschule Berlin. Zuvor war sie als Richterin am Verwaltungsgericht Berlin mit den Schwerpunkten Schul-, Hochschulzulassungs-, Gesundheitsverwaltungs-, Ausländer- und Asylrecht, Sozial- und Jugendhilferecht.

Dr. Ralf Kownatzki ist Facharzt für Kinder- und Jugendmedizin, Mitbegründer und Vorsitzender von RISKID und Träger des Verdienstordens des BDK, dem »Bulle-merite«.

Kerstin Kubisch-Piesk ist Sozialarbeiterin/Sozialpädagogin, Regionalleiterin des Regionalen Sozialen Dienstes in der Region Berlin - Gesundbrunnen und seit 2005 Multiplikatorin für Familienräte.

Kerstin Kuntzsch ist Polizistin und hat mit ihren Hunden Nash und Sid die Therapiebegleithundausbildung erfolgreich absolviert. Sie begleitet mit den Hunden Kinder durch strafrechtliche Verfahren.

Dr. Stefanie Märzheuser ist Oberärztin an der Klinik für Kinderchirurgie der Charité in Berlin, Präsidentin der BAG Mehr Sicherheit für Kinder e.V. und Mitglied im Steuerungsgremium der European Child Safety Alliance.

Thomas Mörsberger ist Rechtsanwalt. Von 1993 bis 2004 war er Leiter des Landesjugendamts Baden in Karlsruhe und von 2005 bis 2011 war er Justitiar beim Kommunalverband für Jugend und Soziales Baden-Württemberg (KVJS) in Stuttgart. Seit 1999 ist er Vorsitzender des Deutschen Instituts für Jugendhilfe und Familienrecht e.V. (DIJuF), Heidelberg.

Holger Münch ist der Präsident des Bundeskriminalamtes. Zuvor war er Polizeipräsident der Freien Hansestadt Bremen und Staatsrat beim Senator für Inneres und Sport der Freien Hansestadt Bremen.

Dr. med. Khalid Murafi ist Facharzt für Kinder- und Jugendpsychiatrie und Psychotherapie, Chefarzt der Klinik Walstedde sowie Leiter einer auf psychiatrisch erkrankte Kinder spezialisierten Jugendhilfeeinrichtung. www.dr-murafi.de; www.klinik-walstedde.de; www.klinische-jugendhilfe.de

Prof. Elisabeth Mützel ist Leiterin der Kinderschutzambulanz am Institut für Rechtsmedizin der Ludwig-Maximilians-Universität München.

Carolina Nowak ist Politikwissenschaftlerin (B.A.) und Projektmanagerin für Unfallprävention der Deutschen Kinderhilfe e.V.

Reinhard Prenzlow ist Vorsitzender des Berufsverbandes der Verfahrensbeistände, Ergänzungspfleger und Berufsvormünder für Kinder und Jugendliche -BVEB- e.V., Gymnasiallehrer, Verfahrensbeistand, Ergänzungspfleger und Einzelvormund.

Autoren/-innenverzeichnis

Sigrid Richter-Unger ist Diplom-Soziologin und Gestalttherapeutin. Mitgründerin von Kind im Zentrum, Berlin, dort heute Geschäftsführerin und therapeutische Mitarbeiterin.

Prof. Dr. Rainer Rossi ist Chefarzt der Kinder- und Jugendmedizin im Perinatalzentrum des Vivantes Klinikums Berlin.

Christine Rudolf-Jilg ist Diplom-Sozialpädagogin (FH) und Computermedienpädagogin. Seit 2004 ist sie Mitarbeiterin bei AMYNA e.V., davor in den Bereichen der Offenen Kinder- und Jugendarbeit, der Jugendverbandsarbeit und der Familien- und Erwachsenenbildung. Arbeitsschwerpunkte sind die Leitung von Projekten, Beratung von Trägern, Erwachsenenbildung und Fachveröffentlichungen. Themen u.a.: Missbrauch in Institutionen, Prävention und Ehrenamt. Kontakt: AMYNA e. V.; crj@amyna.de; Telefon: 089/890 57 45-113

Susann Rüthrich ist Bundestagsabgeordnete, Mitglied des Bundestagsausschusses für Familie, Senioren, Frauen und Jugend, Kinderbeauftragte der SPD-Bundestagsfraktion und Mitglied der Bundestags-Kommission zur Wahrnehmung der Belange der Kinder.

Ursula Schele ist Leiterin des Präventionsbüros PETZE in Kiel; Grund- und Hauptschullehrerin, Bildungsreferentin im Notruf für vergewaltigte Mädchen und Frauen; Fachberaterin im Themenbereich »Sexualisierte Gewalt« und zuständig für Fortbildungen, Fachtagungen, Fallsupervision, Elternarbeit, Öffentlichkeitsarbeit, Gremien- und Politikberatung sowie die Entwicklung von Präventionsmaterialien.

Thomas Schlingmann ist Berater bei Tauwetter, Anlaufstelle für Männer, die in Kindheit oder Jugend sexualisierter Gewalt ausgesetzt waren.

Heike Schlizio-Jahnke ist Sozialarbeiterin/Sozialpädagogin, seit 2005 Multiplikatorin für Familienräte und Regionalleiterin des Regionalen Sozialen Dienstes der Region Berlin –Wedding.

Renate Schusch ist Vorsitzende des Aktivverbundes Berlin e.V., sie berät und begleitet Aussteiger/-innen bei organisierter und ritueller Gewalt und ist Vorsitzende einer Clearingstelle des Fonds Sexueller Missbrauch (EHS FSM). Frau Schusch ist Trägerin der Verdienstmedaille des Verdienstordens der Bundesrepublik Deutschland für ehrenamtliche Arbeit mit benachteiligten Kindern und für die Betreuung und Begleitung von kindlichen Opfern sexueller Gewalt, sowie für das ehrenamtliche Engagement in diesem Bereich.

Christina Sieger ist Rechtsanwältin und Fachanwältin für Familienrecht in Berlin.

Olga Sieplemeyer ist Leiterin der Integrierten Täter-Opfer-Beratungsstelle »Stop-Stalking« in Berlin.

Wiebke Siska ist Sozialpädagogin des Sozialdienstes und der Kinderschutzgruppe der Charité Berlin.

Autoren/-innenverzeichnis

Jens Volkmer ist Teamleiter im Allgemeinen Sozialen Dienst (ASD) des Jugendamtes Mönchengladbach und Lehrbeauftragter an der Hochschule Koblenz.

Kati Voß ist Sozialpädagogin und Traumapädagogin bei der Kinder- und Jugendberatung der Interventionsstelle gegen häusliche Gewalt Rostock.

Andrea Wehmer ist Diplom-Sozialpädagogin/Sozialarbeiterin und Psychosoziale Prozessbegleiterin (RWH) des Kinderschutzbundes Rostock.

Tim Wersig hat »Soziale Arbeit« studiert, ist Systemischer Therapeut/Familientherapeut (DGSF), Systemischer Berater (SG), Erziehungs- und Familienberater (bke) und Mediator (ASH).

Prof. Dr. Dr. h.c. Reinhard Wiesner ist Honorarprofessor an der Freien Universität Berlin – Fachbereich Erziehungswissenschaften und Psychologie, Herausgeber eines Kommentars zum SGB VIII - Kinder- und Jugendhilfe –, Mitherausgeber des Handbuchs Münder/Wiesner Kinder- und Jugendhilferecht sowie der Zeitschrift für Kindschaftsrecht und Jugendhilfe (ZKJ), Rechtsanwalt und war Leiter des Referats Rechtsfragen der Kinder- und Jugendhilfe im Bundesministerium für Familie, Senioren, Frauen und Jugend in Berlin.

Anne Sofie Winkelmann ist Mitarbeiterin der Anti-Bias-Werkstatt Berlin, Diplom Interkulturelle Pädagogin und freiberufliche Bildungsreferentin, unter anderem zur Thematik Adultismus.

Juri Winkler ist Schüler des Albert-Einstein Gymnasiums Berlin-Neukölln und Schauspieler.

Dr. Sybille Winter ist kommissarische Direktorin der Klinik für Psychiatrie, Psychosomatik und Psychotherapie des Kindes- und Jugendalters der Charitè Berlin.

Katharina von Renteln ist Fachberaterin und Diplom-Psychologin bei Dunkelziffer e.V. in Hamburg.

Prof. Dr. Kerstin Ziemen hat einen Lehrstuhl für Pädagogik und Didaktik bei Menschen mit geistiger Behinderung an der Humanwissenschaftliche Fakultät der Universität zu Köln.

Dorothea Zimmermann ist Psychologische Kinder- und Jugendtherapeutin, Supervisorin und Traumatherapeutin. Seit 1990 arbeitet sie bei Wildwasser e.V. Frau Zimmermann ist Mitinitiatorin und langjährige Vorstandsfrau bei BIG (Berliner Initiative gegen häusliche Gewalt) und in der Fortbildungsarbeit zu sexueller und häuslicher Gewalt, Kinderschutz, interkultureller Elternarbeit und selbstschädigendem Verhalten tätig.

Abkürzungsverzeichnis

Abb.	Abbildung
Abs.	Absatz
ADHS	Aufmerksamkeits-Defizit-Hyperaktivitäts-Störung
AG	Amtsgericht
ASD	Allgemeiner Sozialer Dienst
ASOG	Allgemeines Gesetz zum Schutz der öffentlichen Sicherheit und Ordnung in Berlin
Art.	Artikel
Aufl.	Auflage
AWO	Arbeiterwohlfahrt
AZ	Aktenzeichen
Bd.	Band
BDSG	Bundesdatenschutzgesetz
BGB	Bürgerliches Gesetzbuch
BGBl.	Bundesgesetzblatt
BGH	Bundesgerichtshof
BKA	Bundeskriminalamt
BKiSchG	Gesetz zur Stärkung eines aktiven Schutzes von Kindern und Jugendlichen (Bundeskinderschutzgesetz)
BMFSFJ	Bundesministerium für Familie, Senioren, Frauen und Jugend
BmG	Bundesgesundheitsministerium
BT-Drucks.	Drucksachen des Deutschen Bundestages
BVerfG	Bundesverfassungsgericht
BZgA	Bundeszentrale für gesundheitliche Aufklärung
ca.	zirka
DGgKV	Deutsche Gesellschaft gegen Kindesmißhandlung und Vernachlässigung e.V.
d.h.	das heißt
DIJuF	Deutsches Institut für Jugendhilfe und Familienrecht
DVJJ	Deutsche Vereinigung für Jugendgerichte und Jugendgerichtshilfen
ebd.	Ebendort
EGMR	Europäischer Gerichtshof für Menschenrechte
et al.	und andere
etc.	et cetera
ET	Elternteil
e.V.	eingetragener Verein

Abkürzungsverzeichnis

f./ff.	folgende/fortfolgende
FamFG	Gesetz über das Verfahren in Familiensachen und in den Angelegenheiten der freiwilligen Gerichtsbarkeit
G-BA	Gemeinsamer Bundesausschuss für Ärzte
GG	Grundgesetz
ggf.	gegebenenfalls
GewSchG	Gesetz zum zivilrechtlichen Schutz vor Gewalttaten und Nachstellungen
GVG	Gerichtsverfassungsgesetz
Hrsg.	Herausgeber/-in
HzE	Hilfen zur Erziehung
i.d.R.	in der Regel
Jg.	Jahrgang
JGG	Jugendgerichtsgesetz
JH	Jugendhilfe
KG	Kammergericht
KGSt	Kommunale Gemeinschaftsstelle für Verwaltungsmanagement
KJH	Kinder- und Jugendhilfe
KJHG	Gesetz zur Neuordnung des Kinder- und Jugendhilferechts
KKG	Gesetz zur Kooperation und Information im Kinderschutz
KM	Kontraktmanagement
KUB e.V.	Kontakt- und Beratungsstelle für Flüchtlinge und Migrant_innen e. V.
KWG	Kindeswohlgefährdung
Lat.	lateinisch
LDSG	Gesetz zum Schutz personenbezogener Daten im Land (Landesdatenschutzgesetz)
LG	Landgericht
LMU	Ludwig-Maximilian-Universität
LVR	Landesverband Rheinland
Mrd.	Miliarden
MRT	Magnetresonanztomographie
M-V	Mecklenburg-Vorpommern
NJW	Neue Juristische Wochenschrift
Nr.	Nummer
NRW	Nordrhein-Westfalen
NSM	Neues Steuerungsmodell
OpferRRG	Gesetz zur Verbesserung der Rechte von verletzten im Strafverfahren (Opferrechtsreformgesetz)
o.g.	oben genannten

OLG	Oberlandesgericht
PA(S)	Parental Alienation (Syndrom)
PKS	Polizeiliche Kriminalstatistik
PsychKG	Gesetz über Hilfen und Schutzmaßnahmen bei psychischen Krankheiten
RiStBV	Richtlinien für das Strafverfahren und das Bußgeldverfahren
Rn.	Randnummer
S.	Satz, siehe
SGB	Sozialgesetzbuch
s.o.	siehe oben
SOG	Sicherheits- und Ordnungsgesetz (Mecklenburg-Vorpommern)
SPD	Sozialdemokratische Partei Deutschlands
StGB	Strafgesetzbuch
StPO	Strafprozessordnung
s.u.	siehe unten
Tab.	Tabelle
Tel	Telefonnummer
u.a.	unter anderem
u.ä.	und ähnliches
UN	United Nations/Vereinte Nationen
UN-KRK	Kinderrechtskonvention der Vereinten Nationen
v.	vom
vgl.	vergleiche
WHO	World Health Organisation/Weltgesundheitsorganisation
z.B.	zum Beispiel
ZKJ	Zeitschrift für Kindschaftsrecht und Jugendhilfe
ZPO	Zivilprozessordnung
z.T.	zum Teil